图解法律常识

一本全

———❧———

春之霖◎编著

中国华侨出版社
北京

图书在版编目（CIP）数据

图解法律常识一本全 / 春之霖编著 . —北京：中
国华侨出版社，2017.12（2020.8重印）
ISBN 978-7-5113-7257-4

Ⅰ . ①图… Ⅱ . ①春… Ⅲ . ①法律—中国—图解
Ⅳ . ① D92-64

中国版本图书馆 CIP 数据核字（2017）第 309087 号

图解法律常识一本全

编　　著：春之霖
责任编辑：若　奚
封面设计：冬　凡
文字编辑：胡宝林
美术编辑：刘欣梅
插图绘制：张　玲 李　腾
经　　销：新华书店
开　　本：720mm×1020mm　1/16　印张：28　字数：660 千字
印　　刷：三河市兴博印务有限公司
版　　次：2018 年 5 月第 1 版　2021 年 1 月第 4 次印刷
书　　号：ISBN 978-7-5113-7257-4
定　　价：75.00 元

中国华侨出版社　北京市朝阳区西坝河东里 77 号楼底商 5 号　邮编：100028
法律顾问：陈鹰律师事务所
发 行 部：（010）88893001　　　传　　真：（010）62707370
网　　址：www.oveaschin.com　E-mail：oveaschin@sina.com

如果发现印装质量问题，影响阅读，请与印刷厂联系调换。

前　言

　　法律常识是我们必知的，跟日常生活、工作和权益密切相关的法律知识，是我们应该且必须具备的基本常识。了解一些基本的法律常识，也就是我们通常所说的"懂法"，我们才能明确哪些行为是合法的、哪些是违法的、哪些权利是受保护的、哪些责任是必须承担的，从而规范行为，明白生活，理智处世，合法维权。

　　在法治时代，法律常识是大众生活的"日常必需品"，因为法律已经渗透到了我们日常生活中的各个方面。衣食住行、理财消费、生老病死、教育就业、创业投资、借贷租赁、写作发明、邻里关系，无不处在法律的规范之下；男女老少、官商工农、开车族、蜗居族，每个人的言语、行为都受到法律的约束和保护。懂法，便眼明心亮，能洞察社会上的大事小情，懂得规避风险，在涉及各类纠纷时依法维护切身利益，在社会中生活得游刃有余。如今，"有理走遍天下"的说法已经行不通了，只有懂法才能走遍天下。当你帮他人照看的物品丢失，你需要赔偿时；当你好心把钱借给邻居，几年后却被邻居告知这钱不用再还时，你是否大吃一惊？是否感到有理无处诉？……如果你不掌握人生必备的法律常识，你终将为自己的无知埋单。

　　不懂法律常识，会在工作、生活中埋下很多隐患，甚至发生非常严重的后果。官员不懂法，则玩忽职守，贪污受贿；老板不懂法，则经营风险陡增，企业前途断送；企业员工不懂法，则自身权益得不到保障；青少年不懂法，则容易莽撞行事，酿成悲剧……不懂法就如同盲人骑瞎马、夜半临深渊，小则丧失钱物，大则危及生命安全；不懂法也可能会让我们掉入他人设置的陷阱，越过合法行为的边界，受到法律制裁。我们常说"不知者不为过"，但情容法不容，一旦触及法律，这句话并不能成为免责的依据和理由，因为法院宣判是"以事实为依据，以法律为准绳"的。

　　总之，懂法，才能增强法律意识，才能守法用法，以法护身；不懂法，则法律意识淡薄，容易以身触法，害己害人。一段普法三字经说得好："不懂法，害处大；如盲人，骑瞎马；学法规，长知识；心明亮，走天下。"对于处在现代社会的每一个人而言，不但应学习法律常识，还应像意大利18世纪著名的法理学家切萨雷·贝卡利亚所说的那样，让法律的力量跟随着我们，就像影子跟随着身体一样，时刻约束并指导我们的行为，让法律变成我们的生活方式。

为了帮助读者轻松掌握日常必知必备的法律常识，《图解法律常识一本全》汇总了与我们的生活息息相关的500多个法律常识，通过案例、法律解析、法条链接3个板块，对我们在婚姻家庭、遗产继承、合同纠纷、物业纠纷、房屋买卖租赁、交通事故、医疗事故、工伤赔偿、消费理财、著作发明、刑事犯罪、诉讼程序等方面经常遇到的法律问题进行解答，使我们快速、便捷地找到法律上的解决办法，成功运用法律这一武器维护我们的合法权益，是个人、企业经营、家庭必备的法律工具书。

目录

宪法篇
保障公民权利与义务的无敌法王

◎ **平等权** ◎ ……………………………………………………………… 1
　　"男性优先"是否合法 ………………………………………… 1
◎ **人权与人身自由权** ◎ ……………………………………… 2
　　什么是人格尊严 ………………………………………………… 2
　　"三无人员"就可以被随意关押殴打吗 …………………… 3
　　村委会有权限制村民的人身自由吗 ………………………… 4
◎ **公民住宅权** ◎ …………………………………………………… 4
　　非法侵入他人家中需承担责任吗 …………………………… 4
◎ **选举权和被选举权** ◎ ……………………………………… 5
　　具备怎样的条件才有选举权和被选举权 ………………… 5
　　精神病人也具有选举权和被选举权吗 …………………… 5
　　对选民资格有异议怎么办 …………………………………… 7
◎ **言论、出版、集会、结社、游行、示威的自由** ◎ …… 7
　　言论自由权是无限制的吗 …………………………………… 7
　　公民可以自发举行游行吗 …………………………………… 8
◎ **宗教信仰自由** ◎ ………………………………………………… 9
　　拜佛求神属于宗教信仰吗 …………………………………… 9
　　能不能强迫他人信仰宗教 …………………………………… 10
◎ **通信自由权** ◎ …………………………………………………… 10
　　为了解思想动向，老师能拆看学生的私人信件吗 …… 10
　　私藏女友信件，是否侵犯了女友的通信自由权 ……… 12
◎ **受教育的权利与义务** ◎ …………………………………… 12
　　接受义务教育仅仅是公民的权利吗 ……………………… 12
　　女大学生在校怀孕，学校能将其开除吗 ……………… 13

◎ 妇女权益保护 ◎ ···14
　　丈夫虐待妻子，妻子应该怎么办 ·············14
　　劳动合同中能否包含"禁止生育"条款 ········15
　　丈夫不同意妻子人工流产怎么办 ·············16
◎ 未成年人权益保护 ◎ ······························16
　　未成年人可以自己更改姓名吗 ···············16
　　未成年人能否进入娱乐场所 ·················17
　　未成年人有不良行为，监护人该怎么办 ·······17
◎ 公民的基本义务 ◎ ·································19
　　政府处罚不愿服兵役者是否合法 ·············19
　　公民为什么要向国家纳税 ···················20

民事权益篇
民事权益民事活动

◎ 公民民事权利能力与民事行为能力◎ ·········21
　　"住所"和"居所"是一回事吗 ···············21
　　对婴儿出生日期有异议，以什么为准 ·········22
　　5岁的孩子具有民事权利吗 ·················22
　　16周岁少年的交易行为有效吗 ···············24
　　父亲必须偿还儿子欠下的债务吗 ·············25
◎ 监 护 ◎ ···25
　　单亲父母无力抚养孩子，能将孩子送人吗 ·····25
　　离婚后，父母该如何行使对孩子的监护权 ·····26
　　父母可以任意支配孩子的存款吗 ·············28
　　未成年人致人损伤的，由谁承担责任 ·········28
　　父母在世，可以由别人成为未成年人的监护人吗 ···29
　　受委托照管未成年人，需要承担未成年人致人损害的赔偿责任吗 ········30
　　父母可以随意处分未成年子女的财产吗 ·······30
◎ 合伙与法人 ◎ ·····································32
　　法人和法人代表应该如何理解 ···············32
　　夫妻合伙承包经营的，妻子应该承担亡夫的债务吗 ···32
　　顾客在合伙经营的饭店就餐中毒，应向谁索赔 ···33
　　退伙后还要承担合伙的债务吗 ···············33
　　企业被兼并，所欠债务由谁承担 ·············35

◎ **财产所有权与财产权** ◎ ………………………………………… 36

　　捡钱不还又弄丢，失主能否向拾得者索赔 ……………………… 36

　　拾得者趁机要挟，非法侵占怎么办 ……………………………… 36

　　走失的宠物被别人购买，失主可以索还吗 ……………………… 38

　　损坏集体财产的怎么办 …………………………………………… 39

　　赌博输的钱，想要回，能告他人侵犯自己财产权吗 …………… 39

　　购买赃物能取得所有权吗 ………………………………………… 40

　　挖出的财物，所有权归谁 ………………………………………… 41

　　夫妻共同拥有的房屋，一方能否擅自买卖 ……………………… 42

　　儿子将父亲赶出家门，侵占其住房，应负什么责任 …………… 43

　　有借无还，折价赔偿 ……………………………………………… 44

◎ **债权** ◎ …………………………………………………………… 44

　　将捡到的钱捐给慈善机构，要承担责任吗 ……………………… 44

　　助人为乐却伤了自己，能否找受益人索赔 ……………………… 46

　　借款人不履行归还义务，债权人将其拘禁 ……………………… 46

　　债权人可以要求债务人之一承担所有的债务吗 ………………… 47

　　将钱错还给别人，能否要回 ……………………………………… 48

　　债务在身，不能随便赠送 ………………………………………… 49

　　因银行失误而多给顾客钱，需要返还吗 ………………………… 50

◎ **人身权** ◎ ………………………………………………………… 51

　　第三者也有隐私权吗 ……………………………………………… 51

　　遭到前男友恶意诽谤，应该怎么办 ……………………………… 52

　　死人还有名誉权吗 ………………………………………………… 52

　　别人冒用了你的姓名，应该怎么办 ……………………………… 54

　　以公司的名义借款，需承担法律责任吗 ………………………… 55

　　公民本人同意，就可以无偿使用他的肖像吗 …………………… 55

◎ **民事责任** ◎ ……………………………………………………… 57

　　路人被街道旁的广告牌砸伤，该怎么办 ………………………… 57

　　警察执行公务致无辜者受伤，需要赔偿吗 ……………………… 58

　　见义勇为而自身受到伤害，应由谁来赔偿 ……………………… 58

　　雇员造成他人伤害，雇主有责任吗 ……………………………… 60

　　被人群殴致伤却找不出具体的侵害人，怎么办 ………………… 60

◎ **诉讼时效** ◎ ……………………………………………………… 62

　　借条未写明还款日期，该怎么办 ………………………………… 62

　　买到不合格产品，过了诉讼期还能追究责任吗 ………………… 62

因意外事故下落不明，诉讼时效从何时起算 …………………… 63

本可以不还的钱，还了能否要回 …………………………………… 64

婚姻家庭篇
为家撑起保护伞

◎ 结 婚 ◎ ……………………………………………………………65

  精神病患者可以结婚吗 …………………………………………… 65

  服刑期间可以结婚吗 ……………………………………………… 67

  公公与儿媳可以结婚吗 …………………………………………… 67

  堂兄妹之间可以结婚吗 …………………………………………… 68

◎ 婚姻的无效与可撤销 ◎ ………………………………………… 68

  隐瞒自己性病情况结婚的婚姻关系有效吗 …………………… 68

  什么情形才可以申请宣告婚姻无效 …………………………… 70

  婚姻被法院确认无效以后能否提起上诉 ……………………… 70

  父母可以代替子女申请撤销婚姻吗 …………………………… 71

  可撤销婚姻的请求权有时间限制吗 …………………………… 71

◎ 夫妻间的权利义务 ◎ …………………………………………… 72

  男方包养情人，女方可以要求撤销婚姻吗 …………………… 72

  家庭暴力构成犯罪吗 ……………………………………………… 72

  丈夫要求妻子做全职太太，合理吗 …………………………… 74

◎ 离 婚 ◎ ……………………………………………………………75

  丈夫被判刑，妻子能否要求离婚 ……………………………… 75

  丈夫下落不明，妻子能离婚吗 ………………………………… 75

  妻子出轨怀孕，丈夫提出离婚法院会受理吗 ………………… 77

  父母可以代替子女申请离婚吗 ………………………………… 77

  离婚协议可以请他人代办吗 …………………………………… 78

  离婚时抚养子女的一方能否要求得到补偿 …………………… 78

◎ 夫妻间财产关系 ◎ ……………………………………………… 79

  夫妻可以约定婚前个人财产的归属吗 ………………………… 79

  婚前父母为子女买的结婚用房属于夫妻共有财产吗 ……… 79

  结婚未登记，分手时能否分到一半房产 ……………………… 80

  男女未婚同居，分手后财产怎样处理 ………………………… 81

  离婚时，在什么情况下可以要求损害赔偿 …………………… 81

  请求再次分配夫妻共有财产有时效限制吗 …………………… 83

夫妻个人财产损坏，离婚时可要求以共同财产抵偿吗 ……………… 83

离婚时一方转移共同财产怎么办 …………………………………… 84

◎ 父母与子女关系 ◎ ……………………………………………… 84

妻子已绝育，离婚时对于孩子的抚养请求能否得到照顾 ………… 84

离婚后如何计算子女的抚育费 …………………………………… 86

离婚后，可以要求变更孩子的抚养权吗 ………………………… 87

离婚后养子女该归谁抚养 ………………………………………… 88

非婚生子女有权要求亲生父母履行抚养义务吗 ………………… 88

放弃继承权的子女可以不赡养父母吗 …………………………… 89

因物价上涨，子女可否要求增加抚养费 ………………………… 89

遗产继承篇
指点迷津

◎ 遗 产 ◎ …………………………………………………………… 91

五保户的遗产应归谁 ……………………………………………… 91

抚恤金属于遗产吗 ………………………………………………… 92

未指定受益人的保险金能作为被保险人的遗产吗 ……………… 93

◎ 继承权 ◎ ………………………………………………………… 94

继子女有继承权吗 ………………………………………………… 94

过继子女有继承权吗 ……………………………………………… 94

非婚生子女有继承权吗 …………………………………………… 95

不履行赡养义务的子女还有继承权吗 …………………………… 96

未出生的胎儿有继承权吗 ………………………………………… 96

代位继承人该怎么确定 …………………………………………… 97

继承权纠纷提起诉讼的期限是多长时间 ………………………… 97

◎ 法定继承 ◎ ……………………………………………………… 99

法定继承的顺序是什么 …………………………………………… 99

夫妻都死亡，留下的遗产该如何分割 …………………………… 99

遗留在银行的存款该怎么继承 …………………………………… 100

依靠被继承人扶养的孤儿可以要求分得适当遗产吗 …………… 101

◎ 遗嘱继承 ◎ ……………………………………………………… 101

因受胁迫所立的遗嘱有效吗 ……………………………………… 101

以电子邮件形式所立的遗嘱有效吗 ……………………………… 102

遗嘱设立后，又对遗嘱财产进行处理，遗嘱还有效吗 ………… 102

临终前立的口头遗嘱怎样才算有效 ················· 103
涉及死后个人财产处分内容的遗书是遗嘱吗 ········· 104
遗嘱可以剥夺法定继承人的继承权吗 ··············· 104
遗嘱继承与法定继承哪个优先 ····················· 106

◎ 遗 赠 ◎ ·· 106
养子女有权接受生父母的遗赠吗 ··················· 106
遗嘱与遗赠扶养协议哪个优先 ····················· 107

◎ 遗产的处理 ◎ ··· 108
要继承遗产，债务必须一并继承吗 ················· 108
如何办理股票继承手续 ··························· 108
婚前共同出资购买的房产应如何分割 ··············· 110

合同篇
理智交易警惕陷阱

◎ 合同的订立与效力 ◎ ································· 111
合同签订需自愿，乘人之危不合法 ················· 111
高价牟取不正当利益的买卖合同是无效的吗 ········· 113
未成年人签订的合同是否有法律效力 ··············· 113
公司不同意确定中标人，能拒绝签合同吗 ··········· 114
假意磋商，造成损失怎么办 ······················· 115
口头形式的买卖合同有效吗 ······················· 116

◎ 合同履行中的纠纷 ◎ ································· 117
合同对交易价格不明确，应当如何确定 ············· 117
对方提前履行合同，造成损失谁来担责 ············· 118
照相馆"如有遗失只赔胶卷费"合法吗 ··············· 119
什么是代位权 ··································· 120
什么是先履行抗辩权 ····························· 121
什么是不安抗辩权 ······························· 121
企业濒临破产，要求中止履行合同是否合法 ········· 122

◎ 合同的撤销、解除与终止 ◎ ······················· 124
合同被撤销，造成的损失谁来赔偿 ················· 124
违约方放弃定金，就可以解除合同吗 ··············· 125
债务还没到期，能够主张抵消吗 ··················· 126
合同没到期，商场有权解除合同吗 ················· 127

◎ **违约责任** ◎ ·· **128**

因别人原因造成违约，就不承担违约责任吗 ··········· 128

合同约定向第三人履行义务，义务方应向谁承担违约责任 ··· 129

收取定金后不履行合同，须双倍返还定金 ··········· 130

定金，违约金和赔偿金 ···························· 131

由第三人造成的违约责任，需分别解决 ··············· 132

◎ **商品买卖** ◎ ·· **133**

商品在送货途中损坏，购买人能否要求换货 ··········· 133

货物价格没有达成一致，买卖合同能否成立 ··········· 133

买卖合同中一定要交付物品，所有权才发生转移吗 ····· 135

没有按约定时间提货导致货物损毁，损失谁来承担 ····· 135

双方都存在违约情况怎么办 ························ 137

卖方交付的商品与样品不一致，构成违约吗 ··········· 137

◎ **借款贷款** ◎ ·· **138**

未按约定用途使用借款，借款可提前收回 ··········· 138

借款合同没有约定还款时间怎么办 ·················· 139

未按约定提取借款，也要付利息吗 ·················· 139

"利滚利"受法律保护吗 ·························· 140

用假名签的借条有效吗 ···························· 140

借条被撕毁，其复印件能否作为证据呢 ··············· 142

帮邻居写下假欠条，却被起诉借钱不还，怎么办 ······· 143

◎ **融资租赁** ◎ ·· **144**

租赁物损毁，承租人能否解除租赁合同 ··············· 144

出租房屋的维修费用应该由谁承担 ·················· 146

未签订租赁合同是否为不定期租赁 ·················· 147

租赁期满，租约不能"自动续约" ·················· 148

出租人未按约定交付租赁物，造成损失谁来承担 ······· 149

承租人无权改变承租房屋的用途 ···················· 149

转租他人违法经营，谁来赔偿出租人的损失 ··········· 150

承租人不交付房租怎么办 ·························· 152

租来的房屋不安全可以要求退房吗 ·················· 152

◎ **建设工程** ◎ ·· **153**

变更工程量引发价款变化怎么办 ···················· 153

发包方违约，承包方能否解除施工合同 ··············· 153

盖了房子拿不到工钱，怎么办 ······················ 155

工人能越过包工头直接向建筑公司索要劳动报酬吗 …………………… 156

◎ 仓储保管 ◎ ………………………………………………………………157

提取货物时货物损毁，保管人如何承担责任 …………………………… 157

交给超市无偿保管的物品丢失怎么办 …………………………………… 158

寄存贵重物品没有向保管人声明，丢失以后如何赔偿 ………………… 158

不交保管费，保管人可以留置保管物 …………………………………… 159

◎ 交通运输 ◎ ………………………………………………………………160

擅自变更运输工具，乘客是否可以要求承运人赔偿损失 …………… 160

货运公司擅自改变路线，托运人是否有权索赔 ………………………… 160

延迟运送货物，造成损失谁来担责 ……………………………………… 162

运输途中行李丢失，承运方担责还是自负责任 ………………………… 163

托运货物受损应按什么标准进行赔偿 …………………………………… 163

飞机晚点，乘客可以改乘或者退票吗 …………………………………… 164

坐公共汽车发生交通事故，责任在第三人，应向谁索赔 …………… 164

运输过程中未对患病乘客及时救治，客运公司承担责任吗 ………… 166

物权篇
私有财产不容侵犯

◎ 物权的设立与变更 ◎ ……………………………………………………167

一物卖给两人，谁能取得所有权 ………………………………………… 167

通过判决、拍卖取得的房屋，何时取得所有权 ………………………… 168

抵押的房屋被损坏，所有权人和抵押权人都有权提出赔偿 ………… 169

车辆买卖未过户发生交通事故，登记车主是否承担赔偿责任 ……… 169

◎ 房屋权益 ◎ ………………………………………………………………170

未办理产权过户，房款付清能取得房屋所有权吗 …………………… 170

买房没有办理过户登记怎么办 …………………………………………… 170

一房两卖如何确定所有权，按照合同还是房产证 …………………… 172

有协议能否不办理房屋过户登记 ………………………………………… 172

◎ 所有权 ◎ …………………………………………………………………173

不知是赃车而购买是否适用善意取得 …………………………………… 173

产权证上登记谁的名字，谁就是业主吗 ………………………………… 174

刊登悬赏广告，说到就应该做到 ………………………………………… 175

拾得遗失物拒不归还怎么办 ……………………………………………… 175

能要回被保管人卖掉的物品吗 …………………………………………… 177

　　将欺骗得来的房产转让，有效吗 ······ 177

◎ 业主权益 ◎ ······ 178

　　与邻居共用的楼梯平台，可以私自圈占吗 ······ 178
　　小区内的绿地归谁所有 ······ 179
　　小区内的停车位归谁所有 ······ 179
　　业主可以将自家房屋里的墙拆掉吗 ······ 181
　　自家住房变餐馆，需经相关业主同意 ······ 181
　　拆迁房被改作商用，遭遇违法拆迁怎么办 ······ 182
　　不满物业公司的服务，就可以拒绝支付物业费吗 ······ 183
　　噪声扰民，业主如何维权 ······ 183

◎ 相 邻 ◎ ······ 185

　　居民将住宅转为商业用途，邻居有权说"不"吗 ······ 185
　　邻居私搭乱建，影响生活怎么办 ······ 185
　　进出无路，是否只能另辟蹊径 ······ 186
　　噪声危害如何索赔 ······ 186
　　遭遇光污染怎么办 ······ 187
　　楼上装修危及楼下住户房屋怎么办 ······ 187
　　邻居墙壁倒塌损害自家物品，是否应赔偿 ······ 189
　　承包鱼塘的排水纠纷如何解决 ······ 189
　　邻居排水造成污染如何解决 ······ 190
　　相邻房屋滴水纠纷如何解决 ······ 190

◎ 共 有 ◎ ······ 191

　　未经其他共有人同意，可以擅自出售共有的房屋吗 ······ 191
　　房屋共有人应怎样承担连带债务 ······ 192
　　共有住房能分割吗 ······ 193
　　共有人之一致人伤亡，其他共有人要承担连带责任吗 ······ 193

◎ 建设用地使用权 ◎ ······ 194

　　村委会可以转让土地使用权给房地产公司吗 ······ 194
　　如何取得建设用地使用权 ······ 196
　　公司签土地出让协议在法律上有效吗 ······ 196
　　非法出租土地用于非农业建设，应该如何处罚 ······ 197

◎ 宅基地使用权 ◎ ······ 197

　　宅基地买卖合同和宅基地转让登记，谁更有效 ······ 197
　　宅基地包括住房的附属设施用地吗 ······ 199
　　宅基地是否可以继承 ······ 199

城镇居民可以购买农村宅基地吗 ································· 201
◎ **抵押担保** ◎ ·· **201**
　为赌债所做的担保有效吗 ································· 201
　当物的担保与人的担保同时存在时，谁先承担担保责任 ····· 203
　债务未经担保人同意而转让，担保人还要负担保责任吗 ······· 203
　房屋出租以后又抵押，抵押权人不能要求承租者搬迁 ········· 205
　共同财产抵押，如何认定抵押有效 ························· 205
◎ **质押担保** ◎ ·· **206**
　什么是质权？质权自何时起设立 ··························· 206
　质权人私自使用质押物导致损坏怎么办 ····················· 206
　擅自转质导致质押物损毁如何处理 ························· 208
　因没有及时行使质权受到损失，责任谁来承担 ··············· 208

劳动保障篇
维护你的职场权益

◎ **应聘中的权益** ◎ ··· **209**
　用人单位在招聘时应当告知哪些内容 ······················· 209
　用人单位扣押职工的身份证合法吗 ························· 210
　职前培训是否应认为是劳动关系的建立 ····················· 211
◎ **劳动合同的签订与效力** ◎ ································· **212**
　企业招工不签合同怎么办 ································· 212
　进入单位后，什么时候开始签劳动合同 ····················· 212
　什么样的劳动合同是无效的 ······························· 213
　劳动合同到期没续签该如何处理 ··························· 214
◎ **劳动合同的履行** ◎ ······································· **215**
　用人单位不交付劳动合同怎么办 ··························· 215
　应以什么形式变更劳动合同 ······························· 216
　用人单位可以强行调换劳动者的工作岗位吗 ················· 216
◎ **劳动合同的解除与终止** ◎ ································· **217**
　用人单位违法终止劳动合同怎么办 ························· 217
　什么情况下劳动者可以解除合同 ··························· 218
　企业重组能否与职工解除劳动合同 ························· 218
　职工可以随时解除劳动合同吗 ····························· 219
　解除合同，押金还能要回吗 ······························· 220

　　劳动者患精神病，公司可以辞退吗 ……………………………… 220

　　员工单方解除合同需要赔偿吗 …………………………………… 221

　　公司经营困难，可以大规模裁员吗 ……………………………… 222

　　学校是否可以单方解除合同 ……………………………………… 223

◎ 试用、见习 ◎ ……………………………………………………224

　　试用期内劳动者有哪些权利 ……………………………………… 224

　　见习期与试用期有什么区别 ……………………………………… 225

　　试用期间能否随时辞职 …………………………………………… 225

　　试用期内发现劳动者不符合录用条件怎么办 …………………… 226

◎ 薪酬待遇与休息休假 ◎ …………………………………………227

　　非全日制用工的薪酬是如何计算的 ……………………………… 227

　　工作日怎么计算 …………………………………………………… 227

　　加班工资应按照什么标准计算 …………………………………… 229

　　有医保住院后就不发工资吗 ……………………………………… 229

　　工资可以用实物代替吗 …………………………………………… 230

　　什么情况下工资可以延迟支付 …………………………………… 230

　　用人单位拖欠劳动者工资，劳动者可获赔偿吗 ………………… 232

　　合同无效就可拒付工资吗 ………………………………………… 232

　　用人单位可以采用签订协议的方式延长工作时间吗 …………… 233

　　实行计时工资制，可以带薪休假吗 ……………………………… 233

　　服务期内是否应该享受工资调整的待遇 ………………………… 234

　　符合哪些条件可以得到供养亲属抚恤金 ………………………… 234

　　什么情况下会停止享受抚恤金待遇 ……………………………… 236

◎ 女职工与未成年工保护 ◎ ………………………………………236

　　怀孕时被解雇，仲裁请求为何被驳回 …………………………… 236

　　女性职工流产的可以休假吗 ……………………………………… 237

　　产假期间的工资按照什么标准发放 ……………………………… 237

　　女职工待产期间，用人单位可以将其辞退吗 …………………… 239

　　影视公司招录未成年人违法吗 …………………………………… 239

　　未成年工不能从事哪些劳动 ……………………………………… 241

◎ 违约金与经济补偿金 ◎ …………………………………………241

　　未签订劳动合同，辞职能否要求经济补偿 ……………………… 241

　　经济补偿金的工资基数包括哪些项目 …………………………… 242

　　公司搬迁，辞退员工是否该给予经济补偿 ……………………… 243

　　公司可以约定违约金数额吗 ……………………………………… 243

违反保密义务的赔偿标准是什么 ································· **244**

损害赔偿篇
捍卫权益

◎ **交通事故损害赔偿** ◎ ··· **245**

酒后驾车出事故，双方可以私了吗 ··························· 245

违章停车遭遇酒后驾车，责任如何承担 ····················· 246

什么是机动车无过错责任 ······································· 247

双方都存在过错导致交通事故，责任如何划分 ············· 248

在高速公路正常行驶的机动车撞上行人可以免责吗 ······· 248

交通肇事逃逸，要承担更严重的后果吗 ····················· 249

交通事故认定书应在多长时间内作出 ························ 250

故意借交通事故实施自杀，机动车一方要承担责任吗 ····· 250

雇员承担了刑事责任，雇主还能行使追偿权吗 ············· 252

事故车被扣最长时间是多久 ···································· 252

◎ **医疗事故赔偿** ◎ ··· **253**

社区医院输血染肝炎该如何举证 ······························ 253

对献血者超量采集血液造成损害，是否应当赔偿 ··········· 253

哪些情形不属于医疗事故 ·· 254

到无证的私人诊所就医出现意外，不属医疗事故 ··········· 255

医院伪造病历侵犯了患者的哪些权利 ························· 255

医院能拒绝进行尸检吗 ··· 257

家属对死者尸体逾期不处理，医院可以私自处理吗 ········· 257

专家未按时接诊，病人能要求医院赔偿吗 ··················· 258

◎ **工伤鉴定及赔偿** ◎ ·· **258**

签了"免责合同"能免除工伤责任吗 ··························· 258

没有劳动合同，就不能认定为工伤吗 ························ 259

职工探亲期间受伤，可以认定为工伤吗 ····················· 259

加班途中受伤的，是否属于工伤 ······························ 261

自由职业者享受工伤保险待遇吗 ······························ 262

临时工是否享受工伤保险待遇 ································· 262

申报工伤必须在一定期限内进行吗 ··························· 264

单位没有为职工上工伤保险，发生工伤事故怎么办 ········· 264

门诊病历是否能作为认定工伤的证据 ························· 265

◎ **人身损害赔偿** ◎ ·· **265**

　　六旬老汉劝架受损，误工费照赔吗 ······································· 265

　　帮朋友送货导致受伤，谁来赔偿 ·· 267

　　事故导致胎死腹中，可否提出精神损害赔偿的请求 ··········· 267

　　天降横祸致伤，管理部门要赔偿吗 ····································· 268

　　老虎发威伤人，管理员、家长谁该担责 ····························· 268

　　旅客死因不明，铁路部门该担责吗 ····································· 269

◎ **精神损害赔偿** ◎ ·· **269**

　　公开病人隐疾，可以请求精神损害赔偿吗 ························· 269

　　公司的产品被人谣传致癌，可以要求精神损害赔偿吗 ······· 271

　　洗眉洗出疤痕，美容院应赔偿精神损失吗 ························· 271

　　结婚戒指在清洗时被经营者弄丢，是否可以要求精神赔偿 ······· 272

刑事篇
趋利避害远离雷区

◎ **犯罪与刑罚** ◎ ·· **273**

　　出卖亲生子女是否构成犯罪 ·· 273

　　强拘熟人索要财物，是否构成犯罪 ····································· 274

　　与恋人相约自杀而后后悔，对方自杀身亡，算是故意杀人罪吗 ······· 275

　　贩卖假纪念币违法吗 ··· 275

　　由于"不小心"致人死亡是否构成犯罪 ······························· 276

　　不满16周岁者盗窃又抗拒抓捕并致人死亡，该如何定罪 ······· 276

　　第二次被公安机关逮捕会从重处罚吗 ·································· 278

　　犯罪后主动投案会减轻处罚吗 ··· 278

　　被迫自卫致人死亡要负刑事责任吗 ····································· 279

　　紧急避险要负刑事责任吗 ·· 279

　　给赃车"换装"，也有罪吗 ·· 280

　　私藏"假枪"也犯法吗 ·· 280

　　骗取离婚手续改嫁算重婚 ·· 281

　　挪用公款后主动还上，是否构成犯罪 ·································· 281

◎ **危害国家、公共安全罪** ◎ ··· **282**

　　剥夺政治权利是什么意思 ·· 282

　　私藏枪支犯罪吗 ··· 284

　　买卖炸药犯罪吗 ··· 284

制作警服、警用器械可以销售吗 ································· 285

将禁止出口的珍贵文物私自赠送给外国友人，构成犯罪吗 ······· 285

◎ **破坏市场经济秩序罪** ◎ ································· **286**

骗购经济适用房的行为是否构成犯罪 ····················· 286

以虚假合同骗取银行贷款应负什么责任 ··················· 287

以假消息严重影响股市交易，是否违法 ··················· 287

虚报遭窃的数额骗取保险金构成犯罪吗 ··················· 289

暴力抗税的行为要承担刑事责任吗 ······················· 290

◎ **侵犯公民人身权利、民主权利罪** ◎ ·················· **290**

随便诬陷诽谤别人构成犯罪吗 ··························· 290

公然进入他人住宅进行搜查是否构成犯罪 ················· 292

殴打侮辱他人，寻衅滋事受惩罚 ························· 292

虐待家人，情节恶劣要被治罪 ··························· 293

与精神病人发生性关系，构成犯罪吗 ····················· 293

恶毒辱骂他人致使对方自杀，骂人者要承担什么责任 ········· 294

◎ **妨害社会管理秩序罪** ◎ ····························· **294**

戏称商场有炸弹，也会被判刑吗 ························· 294

奸淫幼女，会被从重判刑吗 ····························· 295

花钱"买媳妇"，会承担什么刑事责任 ···················· 296

故意传播艾滋病要承担什么刑事责任 ····················· 297

随意砍伐树木的行为构成犯罪吗 ························· 298

公民持有多少毒品就属违法了 ··························· 299

发生食物中毒事件，食品生产厂家要负刑事责任吗 ··········· 299

拒不执行法院的判决，要承担什么刑事责任 ··············· 300

窝藏赃物要承担什么刑事责任 ··························· 300

诉讼篇
教你怎样打官司

◎ **民事诉讼** ◎ ······································· **301**

被告不是本地人，到哪个法院去起诉 ····················· 301

合同纠纷应该到哪个法院起诉 ··························· 302

受诉法院移送管辖是否合理 ····························· 303

在向法院提起诉讼后，还可以撤诉吗 ····················· 303

什么是有独立请求权的第三人 ··························· 304

儿子被伤，母亲能以原告的身份起诉吗 ················· 304

儿童也能当原告吗 ··············· 305

在他人住所里偷拍偷录的视听资料是合法的证据吗 ········· 306

离婚时，妻子可以查询丈夫的存款吗 ············· 307

在民事诉讼中，哪一方当事人有责任提供证据 ··········· 308

什么是举证责任倒置 ··············· 308

被逼迫写下的欠条，有效吗 ············· 309

哪些案件可以请求法院先予执行 ············· 310

法院拘传应符合哪些条件 ··············· 311

民事上诉状能否直接交到二审法院 ············· 312

◎ 刑事诉讼 ◎ ·················313

犯罪嫌疑人可以自行辩护吗 ············· 313

没钱请律师，当事人只能自行辩护吗 ············· 313

被告律师引诱证人改变证词怎么办 ············· 315

被告人可以中途更换辩护律师吗 ············· 316

取保候审的保证人要满足什么条件 ············· 316

什么是监视居住，监视居住有时间限制吗 ············· 318

接受委托后，辩护律师可以与被关押的委托人见面吗 ········· 319

妇女在怀孕期间犯罪的，可以申请监外执行吗 ········· 319

◎ 行政诉讼 ◎ ·················321

对劳动教养不服可以直接向法院起诉吗 ············· 321

可以起诉110报警中心吗 ············· 321

住院期间发生医疗纠纷，可以起诉卫生行政主管部门吗 ········· 322

行政篇
与国家机关打交道

◎ 治安管理 ◎ ·················323

对于哪些治安管理处罚，当事人可以要求听证 ········· 323

不服治安管理处罚决定的，当事人可以采取怎样的救济措施 ····· 324

什么样的情况下人民警察可以当场收缴罚款 ············· 325

公安机关接到报案有受理期限吗 ············· 325

公安机关作出的处罚有失公平怎么办 ············· 326

公安人员可以当场作出行政处罚吗 ············· 327

警察可以对治安案件进行调解吗 ············· 327

派出所民警可以作出拘留的处罚吗 ················· 328
违反治安管理的,有哪些法定的减轻或从重情节 ············· 328
哪种情况下,应给予行政拘留处罚的,不再执行行政拘留处罚 ······· 330

◎ **行政处罚** ◎ ·······················330
私刻公章会受到什么处罚 ······················ 330
私自买卖外汇会受到什么处罚 ···················· 331
被行政拘留而后被判刑的,之前被监禁的时间怎么算 ········· 331
该处罚决定是否违反法定程序 ···················· 332
税务机关的二次处罚决定违法吗 ·················· 332
业主违规装修,物业公司无权越级"行政处罚" ·········· 333
被罚商贩拒不缴纳罚款怎么办 ···················· 333

◎ **警察与国家赔偿** ◎ ···················335
怎样申请国家赔偿 ·························· 335
国家赔偿诉讼时效有什么规定 ···················· 336
交通救助不当导致的伤亡,交警要承担责任吗 ··········· 336

◎ **信 访** ◎ ·······················337
公民享有哪些信访权利 ······················ 337
公民在信访活动中应该遵守哪些规定?遵守什么样的程序 ······· 338
行政机关办理信访案件是否受期限的限制 ·············· 339
信访人违反法律、法规应该如何处理 ················ 340

经济篇
经济维权的盾牌

◎ **投 资** ◎ ·······················341
股民因券商工作失误而致配股未能成交,能否索赔 ········· 341
买的股票退市了,股民怎么办 ···················· 342
公司能否回收股东的股权 ······················ 342
股东不想继续追加投资,能否请求法院解散公司 ·········· 344
可以用贷款作为对公司的出资吗 ·················· 344

◎ **创 业** ◎ ·······················345
什么是"有限责任公司" ······················ 345
合伙企业中被除名,不服该怎么办 ·················· 345
合伙企业的负责人,能否转让合伙企业 ··············· 347
创业合伙人怎样才能退出公司 ···················· 347
合伙人退伙了还对合伙期间的债务承担责任吗 ··········· 348

日常消费篇
衣食住行明白消费

◎ **服 装** ◎ 349
　　商家处理的商品售出后，能退货吗 349
　　促销价格反而高，能告商家欺诈吗 350
　　衣物质量有缺陷造成损害怎么办 351
　　洗衣店规定的"行规"合法吗 351
◎ **食 品** ◎ 352
　　购买过期食品，生病住院谁来赔偿 352
　　饭店收取服务费、纸筷费、开瓶费是否合理 353
　　最低消费规定合法吗 353
　　预订的酒席被取消，可以双倍索还定金吗 355
　　产品致消费者受伤，可以要求赔偿吗 355
　　酒店可以禁止顾客自带酒水吗 356
　　消费者维权可采取哪些途径 356
◎ **美容娱乐** ◎ 357
　　不按照优惠券载明的内容履行，属于违约行为吗 357
　　年卡"猝死"，该由谁承担责任 358
　　美容变毁容，人身损害、精神损害赔偿责任都要担 358
　　免费服务泡了汤，商家应该赔偿吗 359
◎ **旅行出游** ◎ 359
　　因雨雪天气而缩短行程，旅行社是否应支付违约金 359
　　旅行社是否承担违约责任 361
　　旅行社遗漏游览景点，赔偿如何计算 361
　　宾馆过了中午12点加收半天房租的惯例合法吗 362
　　游客住宾馆被盗，可以向宾馆索赔吗 362
◎ **产品"三包"** ◎ 363
　　售出7日后，可不可以要求退货 363
　　送货上门没检查，质量问题由谁负责 364
◎ **消费纠纷的解决** ◎ 365
　　消费者有权要求商家兑现"假一赔十"的承诺吗 365
　　消费者维权，可以就近选择法院吗 365
　　商场可以对消费者搜身吗 366

知识产权篇
保护我们的无形产权

◎ 商 标 ◎ ··367

　将他人的注册商标作域名是否构成侵权 ·································· 367

　利用名牌提包做广告构成侵权吗 ·· 368

　某厂为打开产品销路，使用未经注册的商标标识合法吗 ·········· 368

　两个企业同时申请一个商标怎么办 ··· 370

◎ 专 利 ◎ ··371

　委托别人研发产品，研发人是否享有专利申请权 ··················· 371

　老师完成的发明，专利权归本人还是学校 ······························ 371

◎ 著作权 ◎ ··372

　著作权不分老幼，一经征用就需付费 ····································· 372

　因职务作品获得的奖励归谁 ·· 373

　著作权的保护期限有多长 ··· 374

　什么情况下属于一稿多投 ··· 374

　用作教学材料，可以合理使用已发表的作品吗 ······················ 375

　双方在合同中约定侵权责任，出版者就一定无责了吗 ············· 376

保险篇
让我们的人生更保险

◎ 投 保 ◎ ··377

　商业保险能否代替社会保险 ·· 377

　未征得被保险人的同意能为其购买人身保险吗 ······················ 378

　保险公司可以因离婚而拒赔保险受益人吗 ······························ 379

　被保险人死亡，保险公司应该向谁支付保险金 ······················ 380

　投保人未告知疾病，保险公司可以据此不赔吗 ······················ 380

◎ 保险合同 ◎ ··381

　首期保费已缴，但保单未签发，合同成立吗 ·························· 381

　受益人故意杀死被保险人，还能获得赔付吗 ·························· 382

　紧急避险造成第三者损失，保险公司是否赔偿 ······················ 382

　投保2年之内自杀身亡，保险公司是否会赔偿 ························ 383

　被保险人交通肇事逃逸，保险公司能否拒赔 ·························· 384

◎ 车辆保险 ◎ ···385
　车辆转让未变更保单，保险人可以拒赔吗 ··············· 385
　车辆保险是按投保时的保险金额赔付还是按车辆的实际价值赔付 ····· 385
　投保车辆被盗，保险公司该理赔 ·························· 387
　使用假牌照的车发生事故，保险公司还赔吗 ············· 388
　因紧急避险导致车损，保险公司应赔付吗 ··············· 388
◎ 保险公司、保险代理人与保险经纪人 ◎ ····················389
　投保人"耍手段"，保险公司会买单吗 ··················· 389
　未告知特别约定，保险公司是否应该赔偿 ··············· 390

房产车产篇
安居乐业

◎ 购房签约 ◎ ···391
　买房子支付了首付及部分按揭还能退掉吗 ··············· 391
　未写进合同的赠送内容有法律效力吗 ····················· 392
　开发商延期交房，可以要求退房吗 ······················· 393
　一房多卖怎么办 ··· 393
　对于开发商隐瞒实情，能否要求其双倍赔偿 ·············· 394
　房价下跌，是否可以退房 ··································· 394
◎ 交房收房 ◎ ···395
　商品房交房条件是什么 ····································· 395
　新房出现质量问题应如何解决 ······························ 395
　房屋假层能否按实际建筑面积计算 ······················· 397
　房间面积有误差，是否要补交房款 ······················· 397
◎ 房屋贷款与抵押 ◎ ···398
　贷款买房提前还贷，是守信还是违约 ····················· 398
　房屋买卖合同解除，按揭贷款怎么办 ····················· 399
　夫妻双方其中一方不同意，能把房子抵押出去吗 ········ 399
◎ 房屋产权与登记 ◎ ···400
　已经登记的买卖合同是否可解除 ··························· 400
　买了夫妻共有的房子过不了户，房产中介有责任吗 ······ 400
　开发商拖延，业主拿不到房产证该怎么办 ················ 402
◎ 物业纠纷 ◎ ···402
　物业管理费是从业主入住才开始交吗 ····················· 402

物业管理公司可以随意提高物业管理费吗 ················· 403

物业服务合同未签订，业主可以拒交物业费吗 ············· 403

业主与前物业公司的约定对新物业公司还有效吗 ··········· 405

◎ 房屋拆迁 ◎ ·· 405

未经行政裁决，房子能否被强制拆迁 ····················· 405

被拆迁人有权知道房屋拆迁评估报告吗 ··················· 406

拆迁范围内的房屋能否出租 ······························· 406

房屋在未过户的情况下，拆迁款应给谁 ··················· 407

◎ 车的购买与维修 ◎ ······································ 408

刚提的新车有损伤能否要求更换 ························· 408

没有按时换证，车管部门就可以进行注销吗 ··············· 409

修理机动车不当出了问题，可以要求无偿返修吗 ··········· 410

教育培训篇
保障我们受教育的权利

◎ 学前教育 ◎ ·· 411

宝宝没有免疫接种证不能入托吗 ························· 411

幼儿园由于生源太多采取考试录取，是否合法 ············· 412

◎ 义务教育 ◎ ·· 412

如何维护外地务工人员子女的受教育权 ··················· 412

对于特殊儿童的义务教育学校有什么特殊要求 ············· 413

◎ 高等教育 ◎ ·· 413

自考注册信息与身份证不一致怎么办 ····················· 413

学校可以因学生违反校规而拒绝颁发学位证书吗 ··········· 414

对学校作出的处分不服怎么办 ··························· 415

◎ 民办学校 ◎ ·· 416

民办小学为追求特色可以只开所谓"国学课"吗 ··········· 416

学生中途退学，可以要求退还学费吗 ····················· 416

民办学校招生简章虚假欺骗学生怎么办 ··················· 417

◎ 学生伤害事故处理 ◎ ···································· 418

学生擅自离校后发生的事故，学校承担责任吗 ············· 418

假期补课期间学生死亡，责任由谁来承担 ················· 419

在学校受伤，由谁来承担赔偿呢 ························· 420

宪法篇
保障公民权利与义务的无敌法王

◎ 平等权 ◎

"男性优先"是否合法

【案例】

　　某公司招聘项目经理，经过严格的初试、笔试和面试，综合测试下来，林小姐得了第一，张先生第二，但是最终录取的却是张先生。林小姐找到公司负责人讨要说法，负责人则称此项目经理职位男性优先，林小姐不能接受此说法，认为该公司侵犯了其平等权。那么，该公司所称的"男性优先"是否合法？

【法律解析】

　　根据《宪法》第三十三条的规定，中华人民共和国公民在法律面前一律平等。该公司所称的"男性优先"是不合法的。项目经理并不属于对性别有特殊要求的"不适合妇女的工种"，该公司以"男性优先"对公民以区别对待，明显是对女性的歧视，该公司的说法侵犯了林小姐的平等权。

【法条链接】

　　《宪法》第三十三条　凡具有中华人民共和国国籍的人都是中华人民共和国公民。

　　中华人民共和国公民在法律面前一律平等。

　　《中华人民共和国劳动法》（以下简称《劳动法》）第十三条　妇女享有与男子平等的就业权利。在录用职工时，除国家规定的不适合妇女的工种或者岗位外，不得以性别为由拒绝录用妇女或者提高对妇女的录用标准。

◎ 人权与人身自由权 ◎

什么是人格尊严..

【案例】

孙女士去一家超市购物，当其离开该超市时，超市门口的警报器就响了起来。于是，该超市一女保安员上前阻拦孙女士，并将孙女士强行带入保安室，女保安用手提电子探测器对其全身进行检查，还要求孙女士脱去裤子接受检查。孙女士拒绝

○ 经营者应该如何维护消费者的人格尊严

不得对消费者进行侮辱、诽谤。任何经营者不得对消费者采用捏造、散布虚假事实，以不文明、不礼貌的语言，贬低、诋毁消费者的人格尊严。

不得搜查消费者的身体及其携带的物品。任何经营者均不得以任何理由，自行搜查消费者的身体及其携带的物品。

不得侵犯消费者的人身自由。任何经营者均不得以任何理由、任何手段随意限制消费者的人身自由，甚至扣留、殴打消费者。

无效后，在女保安及另一女文员在场的情况下，被迫脱裤接受检查，然而女保安并未在孙女士身上搜出任何物品。后来孙女士将女保安告上法庭，认为其侵犯了她的人格尊严。那么，什么是人格尊严呢？

【法律解析】

人格尊严是公民对自身和他人的人格价值的认识和尊重，它要求公民尊重他人的价值，同时也要求他人尊重自己的价值，从而使公民能够作为与他人平等的社会成员而与他人进行正常的交往。人格尊严是和个人的存在相伴随的，它是不可剥夺的，即便是因为违法犯罪而受到制裁的公民，其人格尊严同样应该受到尊重，而不能受到侮辱。

【法条链接】

《宪法》第三十八条 中华人民共和国公民的人格尊严不受侵犯。禁止用任何方法对公民进行侮辱、诽谤和诬告陷害。

《中华人民共和国民法通则》（以下简称《民法通则》）第一百零一条 公民、法人享有名誉权，公民的人格尊严受法律保护，禁止用侮辱、诽谤等方式损害公民、法人的名誉。

"三无人员"就可以被随意关押殴打吗...

【案例】

2003年3月17日晚，在广州打工的湖北籍青年孙志刚，外出时被天河区黄村派出所民警拦住检查身份证，因未带身份证、暂住证与工作证，被认定为"三无人员"，并带到派出所。孙志刚的同事闻讯后到派出所送去了孙志刚的身份证，但孙志刚仍然被作为"三无人员"送到收容遣送站。3月20日，孙志刚死亡，尸检报告证明孙志刚死前72小时内曾遭致命的毒打。这就是当年轰动全国的孙志刚案。

公民没有携带身份证及暂住证，就可以被关押甚至殴打吗？

【法律解析】

孙志刚因未携带身份证、暂住证，导致在收容所内遭到毒打而身亡，这是收容所人员滥用行政权力的结果，也是一种严重的犯罪行为。我国有关法律明确规定，保障公民的人身权不受侵犯。本案中，收容所的工作人员的行为，严重侵犯了我国《宪法》关于人身权的规定。2003年6月9日，法院对此案进行了一审判决，涉案的违法者也都受到了法律的制裁。

【法条链接】

《宪法》第三十三条 第三款 国家尊重和保障人权。

第三十七条 中华人民共和国公民的人身自由不受侵犯。

任何公民，非经人民检察院批准或者决定或者人民法院决定，并由公安机关执行，不受逮捕。

禁止非法拘禁和以其他方法非法剥夺或者限制公民的人身自由，禁止非法搜查公民的身体。

村委会有权限制村民的人身自由吗...

【案例】

村民吴某的摩托车被偷，他向村委会反映怀疑是同村柳某所为。村委会找到柳某问话。柳某坚决否认，村委会主任觉得其态度恶劣，于是便将柳某锁在村委会办公室内，并派人日夜看守，连续三昼夜对其讯问。村委会有权限制村民的人身自由吗？

【法律解析】

村委会无权限制村民的人身自由。人身自由是我国《宪法》确认的公民的基本权利，我国《宪法》明确规定公民的人身自由不受侵犯。任何公民，非经人民检察院批准或者决定或者人民法院决定，并由公安机关执行，不受逮捕。禁止非法拘禁和以其他方法非法剥夺或者限制公民的人身自由，禁止非法搜查公民的身体。本案中，村委会擅自拘禁柳某属于对公民人身自由权的侵犯，属于违法行为。

【法条链接】

《宪法》第三十七条 中华人民共和国公民的人身自由不受侵犯。

任何公民，非经人民检察院批准或者决定或者人民法院决定，并由公安机关执行，不受逮捕。

禁止非法拘禁和以其他方法非法剥夺或者限制公民的人身自由，禁止非法搜查公民的身体。

◎ 公民住宅权 ◎

非法侵入他人家中需承担责任吗...

【案例】

小宫是一家私企职工，女友小兰与其分手之后，小宫一直对其纠缠不休。后来，小宫听说小兰有了新男友并与之同居，不禁又气又恨，为索"情债"，小宫跑到小兰家，小兰开门后见是小宫，拒绝让他进入，小宫强行进入小兰屋内，小兰一直要求其离开，小宫就是赖着不走。无奈之下，小兰只好拨打110求助。那么，小宫的行为合法吗？

【法律解析】

　　小宫的行为触犯了《宪法》第三十九条"公民的住宅不受侵犯"的规定，小兰拒绝小宫进入时，小宫强行进入，并且在小兰一直要求其离开的情况下，小宫依然不肯离开，侵犯了小兰的住宅权，小宫应承担相应的责任。

【法条链接】

　　《宪法》第三十九条　中华人民共和国公民的住宅不受侵犯。禁止非法搜查或者非法侵入公民的住宅。

◎　选举权和被选举权　◎

具备怎样的条件才有选举权和被选举权...

【案例】

　　村子里马上就要进行换届选举了，上初中的小强（14岁）曾经听老师说过公民具有选举权和被选举权。因此，小强非常想知道，自己也能参加选举吗？到底具备什么条件才有选举权和被选举权呢？

【法律解析】

　　我国法律规定，中华人民共和国年满十八周岁的公民，不分民族、种族、性别、职业、家庭出身、宗教信仰、教育程度、财产状况和居住期限，都有选举权和被选举权；但是依照法律被剥夺政治权利的人除外。因为小强只有14岁，不符合年龄规定，无法取得选举权和被选举权。

【法条链接】

　　《宪法》第三十四条　中华人民共和国年满十八周岁的公民，不分民族、种族、性别、职业、家庭出身、宗教信仰、教育程度、财产状况、居住期限，都有选举权和被选举权；但是依照法律被剥夺政治权利的人除外。

精神病人也具有选举权和被选举权吗...

【案例】

　　某村25岁村民小李平日行为疯癫，神智失常，经医院诊断为重症精神病患者。村里举行换届选举时，没有发给他选民证。其家人认为小李已经年满18周岁，应该具有选民资格。请问，精神病人也具有选举权和被选举权吗？

○ 在我国哪些人不具备选举权和被选举权

在我国，拥有选举权的主体空前广泛，但并不是所有公民都有选举权，下列三种情况的公民没有选举权：

1.未满18周岁的公民：因未满18周岁的公民心智未达到独立思维阶段，看待政治问题不够成熟，难以承担起法律赋予的选举重担。

2.依照法律被剥夺政治权利的人：剥夺政治权利主要包括选举权和被选举权，言论、出版、集会、结社、游行、示威自由的权利等。

3.在中国境内居住但尚未取得我国国籍的人：外国人、已加入外国国籍的华人、无国籍的人等。

【法律解析】

　　并非所有的精神病患者都不具备选民资格，只有在病情严重到无法行使选举权的情况下才不具备。本案中，小李神智失常，被医院诊断为重症精神病患者，病情已经严重到无法行使选举权，因此不具备选举权和被选举权。

【法条链接】

　　《中华人民共和国选举法》（以下简称《选举法》）第二十六条 第二款 精神病患者不能行使选举权利的，经选举委员会确认，不列入选民名单。

对选民资格有异议怎么办...

【案例】

　　2008年，村民董某因犯罪被法院判处剥夺政治权利2年。2009年春,村委会换届选举，因为董某是村委会主任的亲戚，村里依然给董某发了选民证。这事后来被村民刘某知道，他认为董某不具备选民资格，可他不知道向谁反映。请问，对选民资格有异议该怎么办?

【法律解析】

　　选举委员会公布的选民名单把不应列入的公民列入，或者应当列入的公民没有列入，对公布的选民名单有不同意见的人，可以向选举委员会提出申诉，选举委员会对申诉意见，应在三日内作出处理决定。申诉人如果对选举委员会的处理决定不服，可以在选举日的五日以前向选区所在地基层人民法院起诉，人民法院受理选民资格案件后，必须在选举日前审结。

【法条链接】

　　《选举法》第二十八条 对于公布的选民名单有不同意见的，可以在选民名单公布之日起五日内向选举委员会提出申诉。选举委员会对申诉意见，应在三日内作出处理决定。申诉人如果对处理决定不服，可以在选举日的五日以前向人民法院起诉，人民法院应在选举日以前作出判决。人民法院的判决为最后决定。

◎ 言论、出版、集会、结社、游行、示威的自由 ◎

言论自由权是无限制的吗...

【案例】

　　一位名叫"草蜢"的网民在某花园饭店用餐后，在某网站发表了如下言论："它号称'一座有故事的房子'，见他个大头鬼，早给他弄得像乡镇企业家的屋子了；它号称'一家有好菜的饭店'，这个死不要脸的!"该饭店见到此言论后，认为此帖侵犯了其名誉权。由于很难得知发表此帖的网民到底为何人，该饭店只好将该网站告上法庭。请问，该网站的行为构成侵权吗?

【法律解析】

虽然我国《宪法》赋予了公民言论自由权，但同时也规定，公民在行使自由和权利的时候，不得损害社会的、国家的、集体的利益和其他公民合法的自由和权利。

本案中，网民"草蜢"的点评内容已经超过了一般网友评论的范围，夹带具有侮辱性质的谩骂，构成对他人权利的侵犯，超出了法律许可的尺度。而案例中的网站作为一家为社会公众提供交流信息的媒介，对网民通过其网站发表的信息和评论有合理审核的义务。因此被告方的过错行为构成对原告名誉权的侵权。

【法条链接】

《宪法》第三十五条 中华人民共和国公民有言论、出版、集会、结社、游行、示威的自由。

第五十一条 中华人民共和国公民在行使自由和权利的时候，不得损害国家的、社会的、集体的利益和其他公民的合法的自由和权利。

公民可以自发举行游行吗

【案例】

2005年4月，由于日本在一系列历史遗留问题上的错误态度和错误行为，引起了中国人民的强烈不满。在中国北京、上海等地，先后发生了部分群众和学生自发举行的反日游行示威活动。在活动中，少数社会闲杂人员以游行示威为借口，公然进行打砸公私财物、扰乱社会秩序等行为。请问公民可以自发举行游行示威活动吗?对活动中的打砸行为等要承担法律责任吗?

【法律解析】

我国公民需经过申请，获得主管部门许可后方可进行游行示威活动。我国《宪法》赋予了公民游行示威权。按照法律规定，公民要举行游行示威活动，须提前向公安机关提出申请，得到批准后方可按规定的时间及路线举行游行示威活动。未经公安机关批准，或者没有按照公安机关许可的目的、方式、标语、口号、起止时间、地点、路线等进行的，在进行中出现危害公共安全或者严重破坏社会秩序情况的，均属违法。游行示威要和平地进行，不得携带武器、管制刀具和爆炸物，不得使用暴力或者煽动使用暴力，不得违反相关法律的规定。如果在游行示威活动中出现了违反法律的行为，当事人要依法承担相应的责任。

【法条链接】

《宪法》第三十五条 中华人民共和国公民有言论、出版、集会、结社、游行、示威的自由。

第五十一条 中华人民共和国公民在行使自由和权利的时候，不得损害国家的、社会的、集体的利益和其他公民的合法的自由和权利。

《中华人民共和国集会游行示威法》（以下简称《集会游行示威法》）第七条 举行集会、游行、示威，必须依照本法规定向主管机关提出申请并获得许可。

下列活动不需申请：

（一）国家举行或者根据国家决定举行的庆祝、纪念等活动；

（二）国家机关、政党、社会团体、企业事业组织依照法律、组织章程举行的集会。

◎ 宗教信仰自由 ◎

拜佛求神属于宗教信仰吗..

【案例】

村民龚某身体一直不好，听朋友说某寺庙的菩萨很灵验，于是去该庙里拜佛求神，希望可以借助菩萨的保佑，恢复自己的健康。请问，他这是信仰宗教吗？

【法律解析】

不是，这是搞封建迷信的行为。我国保护正常的宗教活动，而且禁止任何人利用宗教进行破坏社会秩序、损害公民身体健康、妨碍国家教育制度的活动。现实生活中，我们应正确区分宗教信仰和封建迷信。宗教与封建迷信是有着明显区别的。宗教是一种特定形式的思想信仰，宗教还是一种一定形态的文化现象。而封建迷信主要是指那些迷信职业者利用封建社会遗留下来的巫术，进行装神弄鬼、妖言惑众、骗钱害人的活动。

【法条链接】

《宪法》第三十六条 中华人民共和国公民有宗教信仰自由。

任何国家机关、社会团体和个人不得强制公民信仰宗教或者不信仰宗教，不得歧视信仰宗教的公民和不信仰宗教的公民。

国家保护正常的宗教活动。任何人不得利用宗教进行破坏社会秩序、损害公民身体健康、妨碍国家教育制度的活动。

宗教团体和宗教事务不受外国势力的支配。

能不能强迫他人信仰宗教

【案例】

信仰佛教的青年胡某与信仰基督教的张某2006年相恋，2009年年底，二人决定到婚姻登记机关登记结婚。正当他们准备举行婚礼的时候，信仰基督教的张某和哥哥向胡某提出了一个要求，要求胡某也必须信仰基督教，否则他们就不结婚。胡某不答应，张某的哥哥于是纠集了家中亲友将胡某"好好教育"了一番，并声称如果胡某不信基督教就休想与自己的妹妹结婚。请问张某和她哥哥的做法对吗？

【法律解析】

张某和她哥的做法不对，已经触犯了法律。他们强迫胡某信仰宗教，违反了我国《宪法》关于公民有宗教信仰自由的规定。同时，依照《中华人民共和国婚姻法》（以下简称《婚姻法》）中规定的婚姻自由的原则，法律并不限制不同宗教信仰的男女之间结婚。但是，任何人都不能因双方结婚就强迫对方信仰某种宗教。在不同宗教信仰的当事人之间的婚姻中，双方应从有利于家庭和睦出发，互谅互让、求同存异，创造和谐的婚姻家庭关系。

【法条链接】

《宪法》第三十六条 第一款 中华人民共和国公民有宗教信仰自由。

任何国家机关、社会团体和个人不得强制公民信仰宗教或者不信仰宗教，不得歧视信仰宗教的公民和不信仰宗教的公民。

◎ 通信自由权 ◎

为了解思想动向，老师能拆看学生的私人信件吗

【案例】

某省级示范学校高三班主任程某因担心学生早恋会影响学习成绩，对学生的日常举动严加监视。她以了解学生的思想动向为由，经常私自拆看学生的信件，甚至还将学生的大多数信件扣留，不转交给学生本人。班主任程某的这种行为合法吗？

【法律解析】

程某的行为不合法，侵犯了《宪法》赋予公民的通信自由权。通信是人们日常生活中不可缺少的联系方法，通信自由是公民的一项基本的民主权利，因此我国《宪法》规定保护公民的通信自由和通信秘密。隐匿、毁弃、非法拆开他人信件都是对公民民主权利的侵犯，即使是老师，也无权对学生的信件私自拆看或者扣留。侵犯他人通信自由与通信秘密情节严重构成犯罪的，还要承担相应的刑事责任。

【法条链接】

　　《宪法》第四十条　中华人民共和国公民的通信自由和通信秘密受法律的保护。除因国家安全或者追查刑事犯罪的需要，由公安机关或者检察机关依照法律规定的程序对通信进行检查外，任何组织或者个人不得以任何理由侵犯公民的通信自由和通信秘密。

　　《中华人民共和国刑法》（以下简称《刑法》）第二百五十二条　隐匿、毁弃或者非法拆开他人信件，侵犯公民通信自由权利，情节严重的，处一年以下有期徒刑或者拘役。

○ 侵犯公民通信自由的表现

　　何为通信自由？通信自由是指公民享有通信包括信件、电报、电话在内的自由和秘密不受侵犯的权利。

妈妈，你为什么要把小明给我写的这封信藏起来？！

1.对公民的信件随意扣押、隐匿或者毁弃。把他人的信件隐匿起来不让人发现或者销毁扔掉，使收信人收不到信件。

2.对公民的信件、邮包、电报以及电话等，随意开拆、偷阅或者窃听。凡破坏封缄的都算是开拆他人信件。

李峰又有信来了，我们打开看看写的什么。

不行！这是他的秘密！

私藏女友信件，是否侵犯了女友的通信自由权·····························

【案例】

　　小军一直很介意女友小婷和其前男友阿江保持联系，尽管阿江和他们并不在一个城市，只是节日时互致祝福卡，小军也很不高兴。一次，小婷在小军的书里发现了一封去年阿江给自己寄来的生日贺卡，于是质问小军为什么一直没有交给自己。小军称去年阿江寄贺卡给小婷，自己从物业处经过时看到就替小婷取了回来，但是小军认为小婷不应再和阿江保持联系，才会将信件扣押，这没有什么不对。小婷很是生气，觉得自己的通信自由权受到了侵犯。

【法律解析】

　　根据《宪法》第四十条的规定，公民的通信自由和通信秘密受法律的保护。而本案中，小军私藏小婷的信件，侵犯了小婷的通信自由权。

【法条链接】

　　《宪法》第四十条　中华人民共和国公民的通信自由和通信秘密受法律的保护。除因国家安全或者追查刑事犯罪的需要，由公安机关或者检察机关依照法律规定的程序对通信进行检查外，任何组织或者个人不得以任何理由侵犯公民的通信自由和通信秘密。

◎ 受教育的权利与义务 ◎

接受义务教育仅仅是公民的权利吗·····························

【案例】

　　在社会上一些不良现象的影响下，有的家长形成了"读书无用论"的思想，他们认为孩子花钱读书，即使能考上中专、大学，也找不到工作，跳不出农门，孩子还不如不读书，趁早打工赚钱。还有学生家长认为，接受教育是孩子的权利，孩子可以放弃此项权利。请问，接受义务教育仅仅是公民的权利吗？

【法律解析】

　　接受义务教育不仅是公民的权利，也是公民必须履行的义务。义务教育是国家统一实施的所有适龄儿童、少年必须接受的教育，是国家必须予以保障的公益性事业。适龄儿童、少年的父母或者其他法定监护人应当依法保证其按时入学接受并完成义务教育。

【法条链接】

《宪法》第四十六条 中华人民共和国公民有受教育的权利和义务。

国家培养青年、少年、儿童在品德、智力、体质等方面全面发展。

《中华人民共和国义务教育法》（以下简称《义务教育法》）第二条 第二款 义务教育是国家统一实施的所有适龄儿童、少年必须接受的教育，是国家必须予以保障的公益性事业。

第四条 凡具有中华人民共和国国籍的适龄儿童、少年，不分性别、民族、种族、家庭财产状况、宗教信仰等，依法享有平等接受义务教育的权利，并履行接受义务教育的义务。

女大学生在校怀孕，学校能将其开除吗......

【案例】

2005年5月，某高校大三女生吴某因与男友同居而怀孕。此事被学校知道后，校领导认为此事严重影响了学校声誉，于是责令吴某及其男友写出深刻检查，后又以吴某对错误认识不到位、严肃校纪为由对吴某作出勒令退学的处罚。请问，女大学生在校期间怀孕，学校有权将其开除吗？

【法律解析】

受教育权是《宪法》赋予公民的一项基本权利。法律没有规定在校期间怀孕就要被剥夺受教育权，因此，在本案中，学校可以对吴某及其男友进行惩戒，但却无权以严肃校纪、校规为由，勒令她退学，否则就侵犯了公民的受教育权。

另外，自2005年9月1日起，我国《高等学校学生行为准则》和《普通高等学校学生管理规定》正式实施。根据这两个规范性文件，大学生在校期间不仅可以享有性权利，而且还可以结婚。因此，女大学生在校期间怀孕的，学校不能将其开除。

【法条链接】

《宪法》第四十六条 第一款 中华人民共和国公民有受教育的权利和义务。

《普通高等学校学生管理规定》第五十二条 对有违法、违规、违纪行为的学生，学校应当给予批评教育或者纪律处分。

学校给予学生的纪律处分，应当与学生违法、违规、违纪行为的性质和过错的严重程度相适应。

◎ 妇女权益保护 ◎

丈夫虐待妻子，妻子应该怎么办...

【案例】

　　钢铁厂职工胡某与某中学老师李某是夫妻。胡某是个大男子主义思想严重的人，他一直用"三从四德"的一套来管束妻子，不但要求妻子工资、奖金全部交给

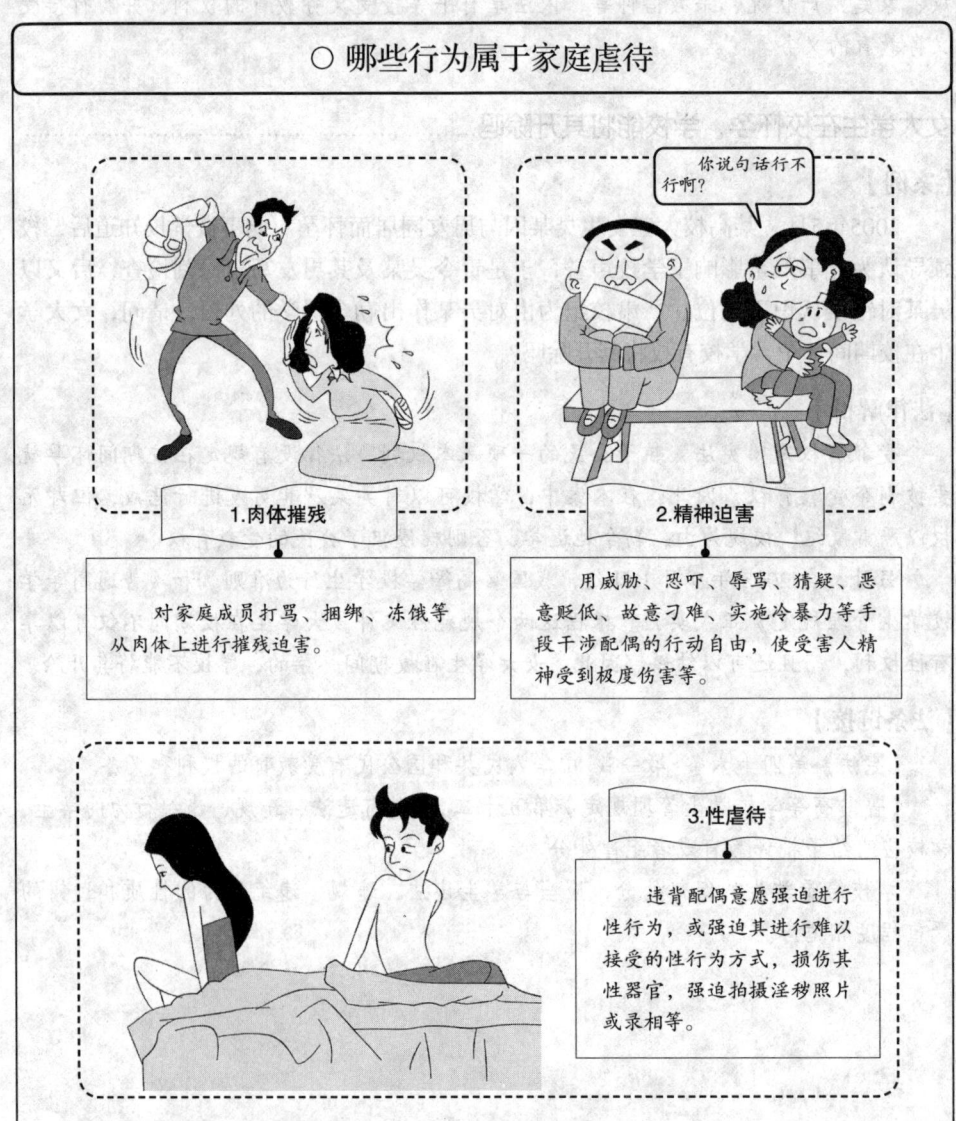

○ 哪些行为属于家庭虐待

你说句话行不行啊？

1.肉体摧残

　　对家庭成员打骂、捆绑、冻饿等从肉体上进行摧残迫害。

2.精神迫害

　　用威胁、恐吓、辱骂、猜疑、恶意贬低、故意刁难、实施冷暴力等手段干涉配偶的行动自由，使受害人精神受到极度伤害等。

3.性虐待

　　违背配偶意愿强迫进行性行为，或强迫其进行难以接受的性行为方式，损伤其性器官，强迫拍摄淫秽照片或录相等。

他，而且每日还要为他做饭、炒菜、打理家务，稍不如意便恶语相向，李某稍有争辩，胡某就对其拳脚相加。妻子李某受不了丈夫胡某的虐待，她应该怎么办？

【法律解析】

丈夫胡某的行为已经违反了我国法律的相关规定，侵犯了李某在家庭中的平等权及人身权利。李某为了维护自身权益，可以向胡某所在单位和其他组织反映情况，要求对胡某进行批评教育。如果胡某虐待妻子的手段和情节恶劣，李某还可以向人民法院提出刑事自诉，要求对胡某的行为进行制裁，也可以向法院提出离婚的诉讼请求，人民法院将根据有关的法律规定，作出切实保障妇女权益的判决和调解。

【法条链接】

《宪法》第四十八条 第一款 中华人民共和国妇女在政治的、经济的、文化的、社会的和家庭的生活等各方面享有同男子平等的权利。

劳动合同中能否包含"禁止生育"条款

【案例】

杨某在一家制药厂找到一份待遇不错的工作，在签订劳动合同时，杨某发现其中有一条规定是合同期内禁止妇女生育。杨某很是疑惑，但姐妹劝说她，你和你丈夫都还没买房呢，也没经济实力养孩子，这时候多赚点钱，以后再要孩子。杨某于是签订了合同。但一年后，杨某怀孕了。厂里通知她要么堕胎要么辞工。杨某不禁陷入了两难的境地，她既不想失去工作，更不想把孩子做掉。

【法律解析】

女职工行使其生育权，必然引起自身生理功能发生一系列变化，对所从事的工作带来一定影响，因此，一些用人单位在劳动合同中规定了诸如"禁止生育"等条款，这侵犯了妇女的生育权。我国《宪法》规定，婚姻、家庭、母亲和儿童受国家的保护。《中华人民共和国妇女权益保障法》（以下简称《妇女权益保障法》）规定妇女有按照国家规定生育子女的权利。本案中劳动合同中规定"禁止生育"条款是违法的无效条款。

【法条链接】

《宪法》第四十九条 婚姻、家庭、母亲和儿童受国家的保护。

夫妻双方有实行计划生育的义务。

《妇女权益保障法》第五十一条 妇女有按照国家有关规定生育子女的权利，也有不生育的自由。

《中华人民共和国合同法》（以下简称《合同法》）第五十二条有下列情形之一的，合同无效：

（一）一方以欺诈、胁迫的手段订立合同，损害国家利益；

（二）恶意串通，损害国家、集体或者第三人利益；

（三）以合法形式掩盖非法目的；

（四）损害社会公共利益；

（五）违反法律、行政法规的强制性规定。

丈夫不同意妻子人工流产怎么办

【案例】

小丹在一家公司做职业模特，两年前结婚的时候，丈夫就提出要个孩子，但是小丹希望过几年再要，以免影响自己的职业发展。现在，小丹终于怀孕了，丈夫和婆婆都很高兴，但是小丹偷偷瞒着丈夫，和自己的母亲到医院做了流产，丈夫知道后，认为医院在没有征得自己同意的情况下，就为妻子做了流产手术，应承担赔偿责任。

【法律解析】

《妇女权益保障法》第五十一条规定，妇女有按照国家有关规定生育子女的权利，也有不生育的自由。这是我国法律上给予妇女的特殊保护，妇女自行终止妊娠的这项人身权利，有权独立行使，不需要经过丈夫同意。医院根据妻子的要求，为其实施引产手术，是履行正常的医疗职责，因此，医院的行为没有过错，医院不应承担任何赔偿责任。

【法条链接】

《宪法》第四十九条　婚姻、家庭、母亲和儿童受国家的保护。

夫妻双方有实行计划生育的义务。

《妇女权益保障法》第五十一条　妇女有按照国家有关规定生育子女的权利，也有不生育的自由。

◎　未成年人权益保护　◎

未成年人可以自己更改姓名吗

【案例】

正在上初三的李小福今年15岁，很喜欢文学。随着阅读文学书籍的增多，他逐渐开始对李小福这个名字感到不满意，觉得很俗气，于是很想给自己取一个高雅的名字。可是由于他才15岁，还未成年，他感到有些担忧，他自己能更改姓名吗？

【法律解析】

公民享有姓名权，可以自己决定、使用和改变姓名。未成年人既可以随父姓，也可以随母姓。因此，未成年人可以自己决定更改姓名。但是，根据《中华人民共和国户口登记条例》（以下简称《户口登记条例》）第十八条第一款，更改姓名不可以随意进行，必须由未成年人本人或者其父母、收养人向户口登记机关申请变更登记。

【法条链接】

《户口登记条例》第十八条 公民变更姓名，依照下列规定办理：

一、未满十八周岁的人需要变更姓名的时候，由本人或者父母、收养人向户口登记机关申请变更登记；

二、十八周岁以上的人需要变更姓名的时候，由本人向户口登记机关申请变更登记。

未成年人能否进入娱乐场所

【案例】

暑假期间，8岁的小明到表姐家玩。一天，表姐的几个大学同学来邀请表姐去舞厅跳舞，小明听到后，也想跟着表姐一起去玩，可是表姐告诉他，未成年人是不可以进入娱乐场所的。请问小明能进入舞厅玩耍吗？

【法律解析】

不可以。禁止未成年人进入娱乐场所，是为了保护他们的身心健康。根据《未成年人保护法》的有关规定，营业性歌舞娱乐场所、互联网上网服务营业场所等不适宜未成年人活动的场所，不得允许未成年人进入，电子游戏场所只有在国家法定假日才能向未成年人提供。否则，文化行政管理部门可以给予警告、停业整顿、没收违法所得或罚款的处罚；情节严重的，工商行政部门可以吊销其营业执照。

【法条链接】

《未成年人保护法》第三十六条 中小学校园周边不得设置营业性歌舞娱乐场所、互联网上网服务营业场所等不适宜未成年人活动的场所。

营业性歌舞娱乐场所、互联网上网服务营业场所等不适宜未成年人活动的场所，不得允许未成年人进入，经营者应当在显著位置设置未成年人禁入标志；对难以判明是否已成年的，应当要求其出示身份证件。

未成年人有不良行为，监护人该怎么办

【案例】

初中生刘某近来经常与社会上一些不三不四的人混在一起。受那些人的影响，刘某学会了抽烟，说脏话，还动不动就打骂同学。后来刘某的行为被班主任和他的

养父母发现，他们应该怎么办？

【法律解析】

　　未成年人的不良行为，是指轻微违法或违背社会公德的行为，如旷课、夜不归宿、打架斗殴、辱骂他人、参与赌博或者变相赌博等，《预防未成年人犯罪法》第二十二至二十四条规定，父母或者其他监护人对未成年人有直接教育责任，应当以健康的思想、品性和适当的方式教育未成年人，引导未成年人进行有益于身心健康的活动，预防和制止未成年人的不良行为；学校发现未成年人有不良行为的，应当对其加强教育管理，而不可以不闻不问，任由其实施不良行为，更不可以歧视有不

○ 未成年人的不良行为有哪些

　　我国《预防未成年人犯罪法》将不良行为划为两类：一类是不良行为；一类是严重不良行为。

不良行为

　　旷课、夜不归宿；打架斗殴、辱骂他人；强行向他人索要财物；偷窃、故意毁坏财物；参与赌博等违背社会公德的不良行为。

严重不良行为

　　结伙滋事，扰乱治安；携带管制刀具且屡教不改；多次拦截殴打他人或者强行索要他人财物；吸食、注射毒品等严重危害社会的行为。

良行为的未成年人。

【法条链接】

《预防未成年人犯罪法》第二十二条 继父母、养父母对受其抚养教育的未成年继子女、养子女，应当履行本法规定的父母对未成年子女在预防犯罪方面的职责。

第二十三条 学校对有不良行为的未成年人应当加强教育、管理，不得歧视。

第二十四条 教育行政部门、学校应当举办各种形式的讲座、座谈、培训等活动，针对未成年人不同时期的生理、心理特点，介绍良好有效的教育方法，指导教师、未成年人的父母和其他监护人有效地防止、矫治未成年人的不良行为。

◎ 公民的基本义务 ◎

政府处罚不愿服兵役者是否合法

【案例】

20岁的男子秦某是2008年冬季征兵的应征公民，入伍应征体检及政治审查都合格。但他听别人说当兵很苦，因此不愿服兵役，并于同年12月外出，从而逃避了兵役。为此，秦某所在县政府征兵办公室根据有关法规，对他作出"给予一次性罚款1500元"，"劳动部门两年内不予以开具招工证明，乡政府、村民委员会3年内不安排其进乡、村办企业工作"处罚。请问，县政府征兵办公室对秦某的处罚决定合法吗？

【法律解析】

县政府征兵办公室对秦某作出的处罚决定是符合法律规定的。服兵役是我国公民的宪法性义务，每个适龄青年都应依法服兵役，履行自己的神圣义务。秦某作为适龄青年，身体合格，政治审查也合格，但因为怕吃苦而逃避服兵役。这一行为是对《宪法》的破坏，必须受到严厉的惩处。

【法条链接】

《宪法》第五十五条 保卫祖国、抵抗侵略是中华人民共和国每一个公民的神圣职责。

依照法律服兵役和参加民兵组织是中华人民共和国公民的光荣义务。

《中华人民共和国兵役法》(以下简称《兵役法》)第三条 第一款 中华人民共和国公民，不分民族、种族、职业、家庭出身、宗教信仰和教育程度，都有义务依照本法的规定服兵役。

第六十一条 有服兵役义务的公民有下列行为之一的，由县级人民政府责令限期改正；逾期不改的，由县级人民政府强制其履行兵役义务，并可以处以罚款：

（一）拒绝、逃避兵役登记和体格检查的；

（二）应征公民拒绝、逃避征集的；

（三）预备役人员拒绝、逃避参加军事训练和执行军事勤务的。

有前款第（二）项行为，拒不改正的，在两年内不得被录取为国家公务员、国有企业职工，不得出国或者升学。

战时有第一款第（二）、（三）项行为，构成犯罪的，依法追究刑事责任。

公民为什么要向国家纳税

【案例】

2006年，某著名歌手因涉嫌偷税漏税被公安机关正式逮捕。由于有一部分演艺人员偷税漏税，北京一些重点城区地税局的所得税科都有一本演艺人员纳税档案，以对演艺界的高收入人群进行重点监控，同时对公众普及纳税知识，举办有关纳税知识的讲座，在这些讲座上常能看到一些著名的演艺人员认真听课的身影，普通公众及演艺人员依法纳税的意识得到了提高。那么，公民为什么要向国家纳税呢？

【法律解析】

税收是国家为了实现其职能，依照《宪法》和法律规定，向企业事业单位和公民个人无偿地取得财政收入的一种手段。我国《宪法》规定，公民有依法纳税的义务。《刑法》中也专门规定了涉税的犯罪，同时，国家还制定了一系列有关税收征收管理的法律，以保障税收征管的顺利进行。税收的本质是无偿性的、强制性的；其用途是"取之于民，用之于民"。偷逃税款的行为不但违反了《宪法》所规定的基本义务，且其实质是侵吞公众财产，扰乱正常经济秩序，践踏公平竞争原则，因此要受到法律的严惩。

【法条链接】

《宪法》第五十六条 中华人民共和国公民有依照法律纳税的义务。

民事权益篇
民事权益民事活动

◎ 公民民事权利能力与民事行为能力 ◎

"住所"和"居所"是一回事吗...

【案例】

楚某原户籍所在地是北京市，2005年楚某从北京市迁出，迁往上海市，在去户籍登记处的路上发生了车祸，后住院半年。出院后，楚某在上海市一朋友家休养一年，未办理任何登记手续。身体康复后他又前往深圳打工，并依法在深圳办理了暂住证，居住期限为六个月。现在楚某决定为自己购买一份保险，那么他的法定住所一栏应如何填写呢？

【法律解析】

楚某仍应依照自己在北京市的户籍所在地地址填写。我国法律规定公民的法定住所地以户籍所在地为准，经常居住地与住所不一致，应以经常居住地为准。所谓经常居住地，是指公民离开住所地最后连续居住一年以上的地方，住医院治病的除外。司法解释规定，公民由其户籍所在地迁出后至迁入另一地之前，无经常居住地的，仍以其原户籍所在地为住所。本案中因为楚某在上海期间没有办理任何登记手续，所以不能视上海为其经常居住地。综上所述，由于楚某从北京迁出后并没有经常居住地，所以其法定住所仍应以北京的户籍所在地地址为准。

【法条链接】

《民法通则》第十五条 公民以他的户籍所在地的居住地为住所，经常居住地与住所不一致的，经常居住地视为住所。

《最高人民法院关于贯彻执行〈中华人民共和国民法通则〉若干问题的意见》（以下简称《民法通则意见》）第九条 公民离开住所地最后连续居住一年以上的地方，为经常居住地。但住医院治疗的除外。

公民由其户籍所在地迁出后至迁入另一地之前，无经常居住地的，仍以其原户籍所在地为住所。

对婴儿出生日期有异议，以什么为准

【案例】

眼看着毛毛的周岁生日就要到了，可妈妈却对毛毛的法定出生日期到底是哪一天犯了嘀咕。医院出具的出生证明上记载的是6月5号，在毛毛家的户口本上登记的却是6月4号。那么，毛毛的法定出生日期到底应以哪个为准？

【法律解析】

毛毛的法定出生日期应以户口本上的登记日期为准。根据我国有关法律的规定，公民的民事权利能力自出生时开始。出生的时间以户籍证明为准；没有户籍证明的，以医院出具的出生证明为准，没有医院证明的，参照其他有关证明认定。由此可知，认定婴儿出生日期的标准首先为户籍证明。本案中，毛毛在户口本上的登记日期是6月4号，那么，就应认定这一天为法定出生日期。

【法条链接】

《民法通则意见》第一条 公民的民事权利能力自出生时开始。出生的时间以户籍为准；没有户籍证明的，以医院出具的出生证明为准，没有医院证明的，参照其他有关证明认定。

5岁的孩子具有民事权利吗

【案例】

小杰家境颇好，2009年6月10日是小杰5岁的生日，为了庆祝这一喜庆的日子，家里每个人都准备了丰厚的礼物。爸爸为小杰购买了人身意外保险，妈妈为小杰购买了一把小提琴，而爷爷用自己的养老金以小杰的名义购买了一套商品房作为生日礼物。请问，小杰能作为买卖合同的当事人购买商品房吗？

【法律解析】

小杰可以成为买卖合同的当事人。因为能否成为合同的当事人，涉及的是权利能力的法律范畴，而不是行为能力的法律关系。我国法律规定公民从出生到生命终止都具有民事权利能力，依法享有民事权利。因此5岁的小杰具有民事权利能力，

○ 我国公民民事权利能力具有平等性

1.我国所有公民，无论民族、种族、性别、年龄、职业、政治态度、宗教信仰、教育程度等方面有何差异，在民事权利能力方面都是平等和无区别的。

2.我国所有公民，都有资格平等地参加民事法律关系，取得民事权利，承担民事义务，不受有无行为能力的限制。

3.我国所有公民，当其合法民事权利受到侵害时，都有权依法向人民法院提起诉讼，请求人民法院通过法律手段制裁违法行为人，给公民合法民事权益的实现提供法律保障。

也依法享有民事权利。法律还规定公民的民事权利一律平等。也就是说，公民的民事权利不因年龄大小而发生改变。在本案中，不管小杰是5岁还是50岁，或者是100岁，他都享有民事权利能力，可以依法行使自己的民事权利。

【法条链接】

《民法通则》第九条 公民从出生时起到死亡时止，具有民事权利能力，依法享有民事权利，承担民事义务。

第十条 公民的民事权利能力一律平等。

16周岁少年的交易行为有效吗

【案例】

赵某在过16周岁生日时收到了爷爷奶奶给的8000元红包，赵某很高兴，遂拿着钱自己去商场购买了一台心仪已久的价值8000元的笔记本电脑，后来被赵某父母发现，他们要求赵某将电脑退回，赵某不从。其父母于是拿着笔记本电脑返回商场，以赵某是未成年人为由要求退货。那么，赵某的行为到底是否有效呢？

【法律解析】

赵某买电脑的行为属于法律规定的"效力待定"行为。效力待定是指行为成立时，是有效还是无效尚不能确定，还待以后一定事实的发生来确定其效力的民事行为。具体到本案中，赵某购买电脑的行为是在其16周岁生日的当天，并没有满周岁，满周岁是指过了生日的第二天，可见，赵某并不能视为完全民事行为能力人。限制民事行为能力人订立的合同，经法定代理人追认后，该合同有效。也就是说，赵某买电脑的行为须经其父母追认后才能确定为有效。

【法条链接】

《民法通则》第十二条 十周岁以上的未成年人是限制民事行为能力人，可以进行与他的年龄、智力相适应的民事活动；其他民事活动由他的法定代理人代理，或者征得他的法定代理人的同意。

不满十周岁的未成年人是无民事行为能力人，由他的法定代理人代理民事活动。

《合同法》第四十七条 限制民事行为能力人订立的合同，经法定代理人追认后，该合同有效，但纯获利益的合同或者与其年龄、智力、精神健康状况相适应而订立的合同，不必经法定代理人追认。

相对人可以催告法定代理人在一个月内予以追认。法定代理人未作表示的，视为拒绝追认。合同被追认之前，善意相对人有撤销的权利。撤销应当以通知的方式作出。

父亲必须偿还儿子欠下的债务吗 ....

【案例】

李某与周某是好朋友。一日，李某逛街时看上一款手机，因身上没带钱，便从同行的周某处借了1500元，并写下借条。后来，李某因犯罪被判处有期徒刑6年。周某遂拿着李某写的借条向李某的父亲讨债。请问，李某父亲是否应替儿子偿还债务呢？

【法律解析】

李某父亲可以不替儿子还债。我国法律规定：18岁以上的公民是成年人，可以独立进行民事活动，是完全民事行为能力人。完全民事行为能力人可以以自己的行为依法确定、变更和废止民事法律关系，并承担其后果。本案中，李某是具有完全民事行为能力的人，并且其所借款项的用途与其父无关，那么，他与周某的借贷民事法律关系仅对李、周两人有约束力。也就是说，只有借债的人，才有还债的法定义务，与其他人无关，所以李某的父亲可以不替儿子偿还债务。

【法条链接】

《民法通则》第十一条 第一款 十八周岁以上的公民是成年人，具有完全民事行为能力，可以独立进行民事活动，是完全民事行为能力人。

第八十四条 债是按照合同的约定或者依照法律的规定，在当事人之间产生的特定的权利和义务关系。享有权利的人是债权人，负有义务的人是债务人。

债权人有权要求债务人按照合同的约定或者依照法律的规定履行义务。

◎ 监 护 ◎

单亲父母无力抚养孩子，能将孩子送人吗 ....

【案例】

小红的父亲因病早逝，母亲身体状况也很差，根本没有能力抚养小红。小红的母亲只好将其送给一家家境殷实且无子女的远房亲戚收养，很快到民政部门办了收养手续。小红的爷爷知道后非常生气，认为自家的孙女未经其允许就给了别人，于是向法院起诉小红的母亲，称自己也是小红的监护人，其母办的收养手续无效，请求依法取回自己对小红的监护权。那么，小红爷爷的请求会得到法院的支持吗？

【法律解析】

小红爷爷的请求无法得到法院的支持。根据我国有关法律规定，夫妻一方死亡后，另一方如果没有能力抚养子女将其送给他人收养，而收养方对子女的健康成长无不利的，并且又办了合法的收养手续，其收养关系就已成立。其他有监护资格的人不得以收养未经其同意主张收养关系无效。本案中，小红的父亲早逝，母亲又无能力抚养小红才将其送给他人收养，且收养的家庭没有对其健康成长不利，又办了合法的收养手续。因此，小红的母亲将小红送给他人收养的行为有效，小红的爷爷无权干涉。

【法条链接】

《民法通则意见》第二十三条 夫妻一方死亡后，另一方将子女送给他人收养，如收养对子女的健康成长并无不利，又办了合法收养手续的，认定收养关系成立。其他有监护资格的人不得以收养未经其同意而主张收养关系无效。

离婚后，父母该如何行使对孩子的监护权..

【案例】

女孩芳芳4岁时父母因生活琐事经常吵架，最终导致离婚。法院判定，芳芳跟母亲生活，父亲按时给芳芳生活费。但离婚后芳芳的母亲就搬离了原来的生活住处，也没有通知前夫。芳芳的父亲思女心切，几经打听终于找到了她们母女，但芳芳的母亲拒绝让前夫见女儿，还声称如果前夫再骚扰她们的话，她会报警。芳芳的爸爸很是苦恼，他能否见到自己心爱的女儿？

【法律解析】

芳芳的爸爸可以见到自己的女儿。我国法律规定，父母是未成年人的法定监护人，依法享有监护权。父母分居或离异，其监护人的资格不受影响。也就是说，与子女共同生活的一方无权取消对方对子女的监护权。除非一方对子女有犯罪行为、虐待行为或者对子女有明显不利的，可以由人民法院取消其监护权。本案中，芳芳的爸爸是芳芳的监护人之一，依法享有监护权，他没有虐待孩子或者明显对其不利的行为，所以芳芳的母亲无权拒绝前夫探视女儿。

【法条链接】

《民法通则》第十六条 第一款 未成年人的父母是未成年人的监护人。

《民法通则意见》第二十一条 夫妻离婚后，与子女共同生活的一方无权取消对方对该子女的监护权。但是未与该子女共同生活的一方，对该子女有犯罪行为、虐待行为或者对该子女明显不利的，人民法院认为可以取消的除外。

《婚姻法》第三十八条 第一款 离婚后，不直接抚养子女的父或母，有探望子女的权利，另一方有协助的义务。

○ 法院在确定子女直接监护人时应考虑哪些因素

1.哺乳期内的子女，以随哺乳的母亲抚养为原则。但在特殊情况下，如母亲患有严重疾病，子女不宜与其共同生活的也可由父亲抚养。

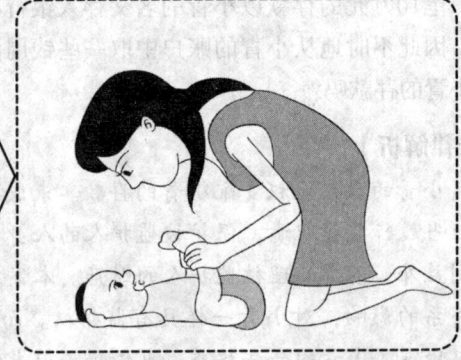

如果爸妈离婚，你想跟谁？

我要跟妈妈。

2.一方与子女共同生活时间较长，不宜改变子女生活环境；注意对于十周岁以上有识别能力的子女应考虑本人的意见。

3.一方生活条件较好，无不良嗜好，对子女成长有利，而另一方患有严重疾病，或者有其他不利于子女身心健康的情形，不宜与子女共同生活。

还学会顶嘴了，看我不打死你！

你就知道打我，我要找妈妈……

父母可以任意支配孩子的存款吗..

【案例】

6岁的小青父母离异,她与母亲一起生活,父亲每月给小青800元生活费,并将一笔10万元的存款以小青的名义存入银行,以备女儿急需。小青母亲生活并不宽裕,因此不时地从小青的账户中取一些钱周济生活。请问,小青的母亲可以任意支配小青的存款吗?

【法律解析】

小青的母亲无权支配小青的存款。未成年人的父母是未成年人的监护人,监护人应当履行监护职责,保护被监护人的人身、财产及其他合法权益,除了被监护人的利益外,不得处理被监护人的财产。本案中,小青父亲的法定监护人身份不受婚姻关系的影响,对小青一样具有监护权。而小青的母亲擅自支取小青存款的行为,不仅侵害了小青的合法权益,也侵犯了前夫的监护权,所以她应该归还前夫为小青准备的存款。

【法条链接】

《民法通则》第十八条 第一款 监护人应当履行监护职责,保护被监护人的人身、财产及其他合法权益,除为被监护人的利益外,不得处理被监护人的财产。

未成年人致人损伤的,由谁承担责任..

【案例】

陈某11岁的儿子小军活泼好动,常常惹出一些麻烦。星期天下午,小军在小区内与小伙伴一起玩,不小心将伙伴小鹏推倒了,造成小鹏小腿擦伤,送到医院治疗。后来,小鹏的家长找到陈某,说要告小军。陈某觉得莫名其妙,小军才11岁,告他没有法律依据,小军无须承担责任。陈某的理由成立吗?

【法律解析】

陈某的理由不成立。依据法律规定,被监护人造成他人损害的,由监护人承担民事责任。本案中,小军将小鹏推倒导致其受伤的行为,造成了小鹏的人身伤害,侵害了小鹏的人身利益。根据"对于侵害公民身体造成伤害的,应当赔偿医疗费、因误工减少的收入、残废者生活补助费等费用;造成死亡的,并应当支付丧葬费、死者生前扶养的人必要的生活费等费用"这一法律规定,小军应对小鹏的身体伤害赔偿医疗费。但因为小军属于限制行为能力人,无力承担民事责任,所以按照上述规定,应由其父陈某承担民事责任。

【法条链接】

《民法通则》第一百一十九条 侵害公民身体造成伤害的，应当赔偿医疗费、因误工减少的收入、残废者生活补助费等费用；造成死亡的，并应当支付丧葬费、死者生前扶养的人必要的生活费等费用。

《民法通则意见》第一百五十九条 被监护人造成他人损害的，有明确的监护人时，由监护人承担民事责任；监护人不明确的，由顺序在前的有监护能力的人承担民事责任。

父母在世，可以由别人成为未成年人的监护人吗……………………………

【案例】

小华今年12岁，他的父母身体一向不好，父亲长期卧病在床；更加不幸的是，在去年的一次交通意外中，他的母亲左腿被轧，造成残疾，父母现在已经没有能力抚养小华。同村的耿某很同情小华一家，于是他向小华的母亲提出，让自己担任小华的监护人，抚养小华生活、读书。请问可以吗？

【法律解析】

耿某可以成为小华的监护人。《民法通则》第十六条第一、二款规定，父母是未成年人的监护人，包括亲生父母、有抚养关系的养父母、继父母。如果父母均在世或者有一方还在世，但是缺乏监护能力，如身体患有严重疾病，或经济困难，没有能力抚养子女等，可以由别人来担任未成年人的监护人。

【法条链接】

《民法通则》第十六条 未成年人的父母是未成年人的监护人。

未成年人的父母已经死亡或者没有监护能力的，由下列人员中有监护能力的人担任监护人：

（一）祖父母、外祖父母；

（二）兄、姐；

（三）关系密切的其他亲属、朋友愿意承担监护责任，经未成年人的父、母的所在单位或者未成年人住所地的居民委员会、村民委员会同意的。

对担任监护人有争议的，由未成年人的父、母的所在单位或者未成年人住所地的居民委员会、村民委员会在近亲属中指定。对指定不服提起诉讼的，由人民法院裁决。

没有第一款、第二款规定的监护人的，由未成年人的父、母的所在单位或者未成年人住所地的居民委员会、村民委员会或者民政部门担任监护人。

受委托照管未成年人，需要承担未成年人致人损害的赔偿责任吗.....................

【案例】

小明的爸爸妈妈因工作需要出国学习半年。在他们出国之前，爸爸妈妈将8岁的小明委托给亲戚孙某照管。在孙某照管期间，一次小明和小伙伴阿毛发生打斗，阿毛受伤。阿毛的父母后来找到孙某，要求其承担赔偿责任。孙某感到很无辜，理由是自己并不是小明的监护人，只是代为看管。请问这种情况，孙某需要承担赔偿责任吗？

【法律解析】

需要视具体情况而定。《民法通则意见》第二十二条规定，监护人可以将监护职责部分或者全部委托给他人。因被监护人的侵权行为需要承担民事责任的，应当由监护人承担，但另有约定的除外；被委托人确有过错的，负连带责任。本案中，小明的爸爸没有和孙某就其委托责任另行约定，可视为全部委托。所以，孙某就此事应承担赔偿责任。

【法条链接】

《民法通则意见》第二十二条 监护人可以将监护职责部分或者全部委托给他人。因被监护人的侵权行为需要承担民事责任的，应当由监护人承担，但另有约定的除外；被委托人确有过错的，负连带责任。

父母可以随意处理未成年子女的财产吗...

【案例】

过年时，亲戚们给12岁的小芳红包总计有1000多元，小芳的爸爸要求小芳将这些钱交给他保管。后来，小芳的爸爸在与朋友赌博时，输掉了其中1000元。小芳的爸爸做法对吗？父母可以随意处理未成年子女的财产吗？

【法律解析】

小芳的爸爸做法不对，父母不可以随意处分未成年子女的财产。《民法通则》第十八条第一款规定，未成年人的父母或者其他监护人可以保管并保护未成年人的财产，其使用或处分该财产必须对未成年人有利。因此父母不可以随意使用未成年人的财产，更不可以将未成年人的财产赠送他人、出售或者做其他对未成年人不利的处理。

【法条链接】

《民法通则》第十八条 第一款 监护人应当履行监护职责，保护被监护人的人身、财产及其他合法权益，除为被监护人的利益外，不得处理被监护人的财产。

○ 法定监护人的职责有哪些

1. 保护被监护的未成年人的人身

　　监护人担负有维护未成年人的人身健康和安全的责任，以及排除来自各方面的对未成年人的人身权利实施侵害的义务。

2. 管理被监护的未成年人的财产

　　监护人于监护职责范围内管理好被监护的未成年人的财产，维护未成年人的合法的财产权益。

3. 代理未成年人行使索赔请求权

　　当未成年人的合法权益遭到不法侵害时，监护人有权也有责任代理未成年人行使损害赔偿的请求权。

◎ 合伙与法人 ◎

法人和法人代表应该如何理解..

【案例】

李某是某乡镇企业的法人代表，李某在以该企业法人的名义与朋友蒋某合作经营的过程中，由于自身原因给蒋某造成了经济上的损失，蒋某要求李某承担民事责任，李某却以自己不是法人为由拒绝。到底谁应为蒋某的损失承担责任呢？

【法律解析】

作为法人的李某所在企业应当承担责任。法人是具有民事权利能力和民事行为能力，依法独立享有民事权利和承担民事义务的组织，而法人代表则是依照法律或者法人组织章程规定，代表法人行使职权的负责人。由此可见，法人是一种组织，而法人代表则是代表这种组织行使职权的自然人。也就是说，有法人才会有法人代表，当然，没有法人代表的法人也是不存在的。按照我国《民法通则》的规定，企业法人应当对它的法定代表人的经营活动承担民事责任。所以，本案中，李某在经营中给蒋某造成的损失，应由该法人即该案例中的乡镇企业承担民事责任。

【法条链接】

《民法通则》第三十六条 法人是具有民事权利能力和民事行为能力，依法独立享有民事权利和承担民事义务的组织。

法人的民事权利能力和民事行为能力，从法人成立时产生，到法人终止时消灭。

第三十八条 依照法律或者法人组织章程规定，代表法人行使职权的负责人，是法人的法定代表人。

第四十三条 企业法人对它的法定代表人和其他工作人员的经营活动，承担民事责任。

《民法通则意见》第五十八条 企业法人的法定代表人和其他工作人员，以法人名义从事的经营活动，给他人造成经济损失的，企业法人应当承担民事责任。

夫妻合伙承包经营的，妻子应该承担亡夫的债务吗....................................

【案例】

村民杨某承包了一个小型林场，其妻谢某也参与经营，经营所得收益除了用于家庭生活外，其余都存了起来。2008年，杨某因林场火灾意外身亡。杨某生前为经营林场曾向朋友刘某借款10万元。现在杨某已经死亡，刘某要求谢某偿还债务，但遭到谢某拒绝。请问，谢某是否应替夫还债呢？

【法律解析】

谢某应该偿还欠款。本案中，杨某与其妻谢某共同经营林场，收益用于家庭生活，其债务依法也应以家庭财产承担。我国法律规定，经家庭共有财产承担责任的，应保留家庭成员的生活必需品和必要生产工具。所以，谢某应在保留家庭成员的生活必需品和必要的生产工具后，依法承担债务，偿还丈夫杨某的欠款。

【法条链接】

《民法通则》第二十九条 个体工商户，农村承包经营户的债务，个人经营的，以个人财产承担；家庭经营的，以家庭财产承担。

《民法通则意见》第四十四条 个体工商户、农村承包经营户的债务，如以其家庭共有财产承担责任时，应当保留家庭成员的生活必需品和必要的生产工具。

顾客在合伙经营的饭店就餐中毒，应向谁索赔

【案例】

孙某与朋友程某合伙开一家饭店，孙某提供店面，程某负责饭店一切事物，两人五五分成。没想到饭店开张不久，因卫生不达标，顾客吃饭时出现了中毒事件，遭到顾客索赔，孙某和程某相互推托。那么，顾客应该找谁索赔？

【法律解析】

顾客可向他们两人中的任意一人提起索赔，或者向他们两人共同索赔。此案例中，程某是饭店直接经营人，要为中毒事件承担责任。而孙某与程某之间的关系为合伙关系，虽然孙某只提供了铺面，并未参与经营，但按照约定参与了盈余分配，根据相关法规规定，合伙人对合伙债务承担连带责任。因此，孙某也应为此次中毒事件承担连带责任，顾客向他们共同或任一人索赔都可以。

【法条链接】

《民法通则意见》第四十六条 公民按照协议提供资金或者实物，并约定参与合伙盈余分配，但不参与合伙经营、劳动的，或者提供技术性劳务而不提供资金、实物，但约定参与盈余分配的，视为合伙人。

《民法通则》第三十五条 合伙的债务，由合伙人按照出资比例或者协议的约定，以各自的财产承担清偿责任。

合伙人对合伙的债务承担连带责任，法律另有规定的除外。偿还合伙债务超过自己应当承担数额的合伙人，有权向其他合伙人追偿。

退伙后还要承担合伙的债务吗

【案例】

赵某、王某与邓某三人合资，办了一家汽车配件店。因经营管理不善，导致配件店严重亏损。后来，王某家有急事需用钱，遂向赵某、邓某提出退伙，赵某、邓

○ 合伙和法人的区别

财产性质不同：合伙财产具有相对独立性，而法人财产具有完全独立性，法人财产与法人成员的个人财产截然分开。

你既是合伙人，又是法人代表，很高兴和你合作！

既然我们都是合伙人，那就大家有钱一起赚！

那就预祝我们合作愉快吧！

合伙具有团体性，表现在合伙的人格、财产、利益和民事责任都具有相对的独立性，但是独立性没有法人高，团体性没有法人强。

合伙人对合伙债务的承担并不以出资额为限，应对合伙承担连带无限责任，而法人独立承担民事责任。

某同意。三人经协商约定：王某放弃一切合伙权利，也不承担合伙债务。那么，王某是否可以由此免除对原合伙配件店的债务？

【法律解析】

王某仍应对原合伙配件店的债务承担连带责任。根据相关法律规定，合伙经营期间发生的亏损，合伙人退出合伙时未按约定分担或者未合理分担合伙债务的，退伙人对原合伙的债务，应当承担清偿责任。本案中，虽然赵某、邓某均同意王某不承担合伙期间的债务，但这明显属于未合理分担合伙债务，并不能因此免除王某对合伙期间的债务所应承担的责任。所以，王某仍应对原合伙企业的债务承担责任。

【法条链接】

《民法通则意见》第五十三条 合伙经营期间发生亏损，合伙人退出合伙时未按约定分担或者未合理分担合伙债务的，退伙人对原合伙的债务，应当承担清偿责任；退伙人已分担合伙债务的，对其参加合伙期间的全部债务仍负连带责任。

企业被兼并，所欠债务由谁承担

【案例】

某快餐店欠范某一笔借款，后来该快餐店被某酒店兼并，成立了某餐饮有限公司。范某按期找到原快餐店负责人收账，负责人告诉范某，原快餐店的所有债权债务已由餐饮公司负责。范某于是找到该餐饮公司，要求其支付欠款，可该公司法人代表却说快餐店的债务并未交接。那么，范某到底应向谁要自己的钱？

【法律解析】

餐饮公司应该替快餐店偿还欠范某的借款。我国法律规定：当事人一方发生合并、分立时，由变更后的当事人承担或分别承担履行合同的义务和享有的权利。在范某与快餐店的借款合同有效的前提下，其债权也是合法的，是受法律保护的。快餐店被餐饮公司兼并，根据有关规定，快餐店的债权债务也应由餐饮公司承担。因为原企业的债权债务的移转，属于法定移转，无须征得相对人的同意。所以，餐饮公司称债务未交接是不符合事实的，也是没有法律根据的，范某可依法要求餐饮公司返还原快餐店所欠的借款。

【法条链接】

《民法通则》第四十四条 企业法人分立、合并或者有其他重要事项变更，应当向登记机关办理登记并公告。

企业法人分立、合并，它的权利和义务由变更后的法人享有和承担。

◎ 财产所有权与财产权 ◎

捡钱不还又弄丢，失主能否向拾得者索赔...

【案例】

中学生刘某（15岁）和高某（15岁）放学后回家，在某路的拐弯处，发现地上有一个黑色塑料袋，二人捡起来后发现里面是一沓百元钞票。二人躲至僻静处，仔细清点，一共有5000元。二人商量决定，先各拿500元零花，剩下的4000元藏起来，以后慢慢花。不料，两天后，二人去藏钱处取钱时，却发现钱不翼而飞。一个月后，失主卢某得知此事，于是找到刘某和高某的父母，追要丢失的5000元现金。协商无果，卢某只好诉至法院。法院经审理，判令刘某和高某的父母在判决生效后十日内赔偿卢某5000元。

【法律解析】

我国《民法通则》第七十九条第二款规定："拾得遗失物、漂流物或者失散的饲养动物，应当归还失主，因此而支出的费用由失主偿还。"如果刘某和高某捡到钱后，寻找失主或上交学校及有关部门，由此所支出的费用应当由失主卢某来承担，即使途中现金被盗或又丢失，二人也不负返还义务。但是本案中，二人并没有寻找失主，也没有上交学校或有关部门，而是打算将钱分掉，主观上有非法占有该款的恶意，客观上实施了私分以及隐藏行为，因此，对于后来钱又丢失，二人应全部赔付给失主。由于刘某和高某是限制民事行为能力的未成年人，所以由其监护人对此承担赔偿责任。

【法条链接】

《民法通则》第七十九条 第二款 拾得遗失物、漂流物或者失散的饲养动物，应当归还失主，因此而支出的费用由失主偿还。

《刑法》第二百七十条 将他人的遗忘物或者埋藏物非法占为己有，数额较大，拒不交出的，处2年以下有期徒刑、拘役或者罚金；数额巨大或者有其他严重情节的，处2年以上5年以下有期徒刑，并处罚金。

拾得者趁机要挟，非法侵占怎么办...

【案例】

胡某工作途中丢失一个重要的皮包，内有身份证和一些文件，还有1000美元和一个5万元人民币的存折。不久，孙某将包送上门来，开出条件要求支付500美元酬劳。胡某把价砍到200美元，孙某不乐意，威胁不给钱就不还包。这种情况下，胡某该怎么办？

○ 侵占罪的犯罪对象

1.代为保管的他人财物

2.他人的遗忘物

3.他人的埋藏物

【法律解析】

本案中，拾得人孙某索要的报酬明显超出合理必要的范围，并在商谈未果的情况下，拒绝返还拾得物，已经构成非法侵占。因此失主胡某完全可以通过法律手段为自己讨回公道，并且可以拒绝向其支付任何费用。

【法条链接】

《民法通则》第七十九条 第二款 拾得遗失物、漂流物或者失散的饲养动物，应当归还失主，因此而支出的费用由失主偿还。

《中华人民共和国物权法》（以下简称《物权法》）第一百零九条 拾得遗失物，应当返还权利人。拾得人应当及时通知权利人领取，或者送交公安等有关部门。

第一百一十二条 权利人领取遗失物时，应当向拾得人或者有关部门支付保管遗失物等支出的必要费用。

权利人悬赏寻找遗失物的，领取遗失物时应当按照承诺履行义务。

拾得人侵占遗失物的，无权请求保管遗失物等支出的费用，也无权请求权利人按照承诺履行义务。

走失的宠物被别人购买，失主可以索还吗

【案例】

郭某的一只名贵宠物狗于几日前走失，后被钟某拾得。钟某的邻居赵某见到此狗非常喜爱，也没问钟某狗是哪儿来的，当即决定购买。一天，赵某牵狗出门遛弯时被郭某认出，郭某遂要求赵某还狗。赵某称此狗为自己花钱购买，不同意还给郭某。这种情况该如何处理？

【法律解析】

赵某应将狗还给郭某，至于其损失，可以向钟某讨还。我国《物权法》规定，物品遗失，原所有权人有权讨回。如果该物被转让，则原所有权人可以向无处分权人请求赔偿，也可以在规定的时间内向受让人请求返还原物。

【法条链接】

《民法通则》第七十九条 第二款 拾得遗失物、漂流物或者失散的饲养动物，应当归还失主，因此而支出的费用由失主偿还。

《物权法》第一百零七条 所有权人或者其他权利人有权追回遗失物。该遗失物通过转让被他人占有的，权利人有权向无处分权人请求损害赔偿，或者自知道或者应当知道受让人之日起二年内向受让人请求返还原物，但受让人通过拍卖或者向具有经营资格的经营者购得该遗失物的，权利人请求返还原物时应当支付受让人所付的费用。权利人向受让人支付所付费用后，有权向无处分权人追偿。

损坏集体财产的怎么办

【案例】

某村的两条道路的交叉口有一座小石桥，桥原宽为1.6米。由于原桥面宽度不足，经大家商议，决定将桥加宽至2.6米，以方便大家出入。但是路西居住的吴某认为不应将桥加宽，多次趁人不备时将桥毁坏。那么，村民有权要求吴某赔偿损失吗？

【法律解析】

根据《物权法》的规定，该石桥属于集体所有，集体所有的财产受法律保护，禁止任何单位和个人侵占、哄抢、私分、破坏。根据《民法通则》的规定，损坏国家的、集体的财产或者他人财产的，应当恢复原状或者折价赔偿。因此，村民可以要求吴某将桥恢复原状并赔偿损失。

【法条链接】

《民法通则》第一百一十七条 侵占国家的、集体的财产或者他人财产的，应当返还财产，不能返还财产的，应当折价赔偿。

损坏国家的、集体的财产或者他人财产的，应当恢复原状或者折价赔偿。

受害人因此遭受其他重大损失的，侵害人并应当赔偿损失。

赌博输的钱，想要回，能告他人侵犯自己财产权吗

【案例】

小李与小刘是邻居，两人都喜欢玩牌，有时还会有钱财上的输赢。一天，两人又在一起玩，小李运气不好，输了500元。小李心中郁闷，便要求小刘返还其钱财，遭到小刘的拒绝。小李于是以小刘侵犯其财产权为名将其告到法院。请问，小刘的行为属于侵犯小李的财产权吗？

【法律解析】

小刘没有侵犯小李的财产权。财产所有权是指所有人依法对自己的财产享有占有、使用、收益和处分的权利。本案中，小李将财产作为赌资，其实质是违法行为，不受法律的保护，更谈不上财产权被侵犯。

【法条链接】

《民法通则》第七十一条 财产所有权是指所有人依法对自己的财产享有占有、使用、收益和处分的权利。

第七十二条 财产所有权的取得，不得违反法律规定。

按照合同或者其他合法方式取得财产的，财产所有权从财产交付时起转移，法律另有规定或者当事人另有约定的除外。

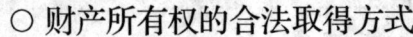

○ 财产所有权的合法取得方式

财产所有权的合法取得方式可分为原始取得和继受取得。

1.继受取得是指通过一定法律行为从原所有人那里受让所有权的所有权取得方式。取得方式包括转让财产；接受继承、遗赠等。

今年又是好收成，这一年没白忙活！

2.原始取得：是指根据法律的规定，因一定的法律事实，财产所有权第一次产生或者不以原所有人的所有权和意志为根据，而直接取得所有权。取得的主要形式包括：劳动生产、没收、先占、无主财产、收益、失散的饲养动物等。

购买赃物能取得所有权吗..

【案例】

在几年前的一次拍卖会上，何先生以不菲的价格购买了一幅名人字画，可是不久便证实这幅画竟是一件被盗卖的赃物。有关部门找到何先生，要求他物归原主。何先生想不通，自己花了那么多钱通过正规渠道获得的字画，怎么能就这样简简单单地退回去呢？

【法律解析】

何先生拍卖取得的字画由于是被盗赃物，根据有关规定，不能适用善意取得，因此何先生不能取得该字画的所有权，必须物归原主。何先生为此支付的价款，可以请求出卖人偿还。

【法条链接】

《民法通则》第七十二条 财产所有权的取得，不得违反法律规定。

按照合同或者其他合法方式取得财产的，财产所有权从财产交付时起转移，法律另有规定或者当事人另有约定的除外。

《物权法》第一百零七条 所有权人或者其他权利人有权追回遗失物。该遗失物通过转让被他人占有的，权利人有权向无处分权人请求损害赔偿，或者自知道或者应当知道受让人之日起二年内向受让人请求返还原物，但受让人通过拍卖或者向具有经营资格的经营者购得该遗失物的，权利人请求返还原物时应当支付受让人所付的费用。权利人向受让人支付所付费用后，有权向无处分权人追偿。

挖出的财物，所有权归谁

【案例】

农民宋某挖地基时挖出一个瓦罐，内有5000块银元及一张棉布，棉布上写着：葛胜，1940年8月10日。葛胜是同村葛民的祖父。葛民后来了解了此事，于是向宋某索回。宋某认为银元是从自家的地基中挖出，应该归己所有，而葛民则认为银元是自己祖父的，现在祖父不在，应该归自己所有，两人因此发生争执。那么，这些银元到底应归谁所有？

【法律解析】

银元应该归葛民所有。《民法通则》规定，所有人不明的埋藏物、隐藏物，归国家所有。而本案中的银元明确标有所有人的姓名、日期，因此该银元不应归国家所有。《民法通则意见》还规定：公民、法人对于挖掘、发现的埋藏物、隐藏物，如果能够证明属其所有，而且根据现行的法律、政策又可以归其所有的，应当予以保护。本案中银元为葛胜所埋，能够证明归其所有。而葛民是葛胜的孙子，依法享有继承权。

【法条链接】

《民法通则》第七十九条 所有人不明的埋藏物、隐藏物，归国家所有。接收单位应当对上缴的单位或者个人，给予表扬或者物质奖励。

拾得遗失物、漂流物或者失散的饲养动物，应当归还失主，因此而支出的费用由失主偿还。

《民法通则意见》第九十三条 公民、法人对于挖掘、发现的埋藏物、隐藏物，如果能够证明属其所有，而且根据现行的法律、政策又可以归其所有的，应当予以保护。

夫妻共同拥有的房屋，一方能否擅自买卖······

【案例】

赵某和杜某是夫妻，他们结婚后不久购买了一套房子。由于杜某长期在外地工作，夫妻感情没有以前那么亲密。赵某不想再同杜某生活下去，于是，赵某找到街道

○ 夫妻共有房产如何加名

在二手房交易的过户手续中，只要求房本上写有名字的人到场办理手续，如果房本上写了夫妻二人的名字，那么过户就需要夫妻二人都到现场办理手续。所以，共有产权房写两人名字更安全。夫妻共有房产如何加名？

走，我们把房产证加上你的名字去！

1.夫妻共有房产如果只写了其中一方名字，想加上另一方名字的，如果房屋没有贷款，二人直接带结婚证和房本，到房管局办理即可。

2.如果房屋有贷款，则必须由贷款银行出示同意变更的相关证明，但在实际操作中，由于涉及主贷款人变更等问题，大多数银行不会同意变更。

办事处出具了杜某的死亡证明，然后将房屋卖给了张某，并办理了房屋产权变更登记手续。张某入住大半年之后，杜某从外地工作回来，发现房屋已被卖掉，而且找不到其妻赵某。于是，杜某向张某要房，张某不答应。请问，房屋的所有权属于谁？

【法律解析】

本案中，赵某与杜某是夫妻，该房屋属于二者共同共有，原则上赵某处分该房屋的行为应为无效。但是，由于杜某在外地工作，赵某又出具了杜某已死亡的证明，房屋的受让人张某无法知道赵某无权处分该房屋，因此，应当认定张某已经尽了合理的注意义务，主观上是善意的。根据《民法通则意见》的规定，赵某将房屋转让给张某的行为是有效的。同时，由于赵某和张某已经办理了房屋产权变更登记手续，房屋的所有权应当属于张某。

【法条链接】

《民法通则意见》第八十九条 共同共有人对共有财产享有共同的权利，承担共同的义务。在共同共有关系存续期间，部分共有人擅自处分共有财产的，一般认定无效。但第三人善意、有偿取得该项财产的，应当维护第三人的合法权益；对其他共有人的损失，由擅自处分共有财产的人赔偿。

儿子将父亲赶出家门，侵占其住房，应负什么责任

【案例】

62岁的老人魏某与儿子魏明一起住在单位分给自己的一套三居室里。魏明刚结婚，老人魏某很高兴，表示儿子、儿媳可以与自己同住。可儿媳并不愿意，魏明于是以房子要装修为由，让魏某去养老院住一阵，装修好后再接他回来。可此后魏某一直不见儿子来接自己回家，只好自行回家，没想到儿子已将门锁换掉，魏明还明确告知魏某，让其以后在养老院生活。魏某非常伤心，自己有房子却被赶出家门。请问，魏明是否侵犯了魏某的权利呢？

【法律解析】

魏明侵犯了魏某的财产权。财产所有权是指所有人依法对自己的财产享有占有、使用、收益和处分的权利。作为房屋的产权人，魏某有权居住和使用自己的房屋，任何人不得侵犯其权利。但是，当魏某从养老院回家时，发现儿子将门锁换掉，直接让其以后在养老院生活，魏明的行为足以表现出占有魏某房屋的意思。根据"侵占国家的、集体的财产或者他人财产的，应当返还财产，不能返还财产的，应当折价赔偿"这一法律规定，魏某有权让儿子返还自己的房子。

【法条链接】

《民法通则》第七十一条 财产所有权是指所有人依法对自己的财产享有占有、

使用、收益和处分的权利。

第七十五条 公民的个人财产，包括公民的合法收入、房屋、储蓄、生活用品、文物、图书资料、林木、牲畜和法律允许公民所有的生产资料以及其他合法财产。

公民的合法财产受法律保护，禁止任何组织或者个人侵占、哄抢、破坏或者非法查封、扣押、冻结、没收。

第一百一十七条 第一款 侵占国家的、集体的财产或者他人财产的，应当返还财产，不能返还财产的，应当折价赔偿。

有借无还，折价赔偿..

【案例】

小周喜欢集邮，朋友小李以观赏为由从小周处借得一册邮集，时价7000元。一月之后，邮市价格大幅上涨，该邮集时值15000元。小周向小李索还，小李称该邮集被盗，愿意赔偿小周7000元。小周坚信自己的邮集并没有丢失，而是小李欲将邮集据为己有。那么，此事应该如何解决？

【法律解析】

本案中小李见邮市上扬，心起歹意，想将邮集据为己有，主观上存在侵占小周邮集的恶意，小李应当返还原物；如果拒不返还原物，应折价赔偿。折价赔偿应以市价为标准，以当时的邮市价格计算。就本案而言，小李应归还邮集或折价赔偿15000元给小周。

【法条链接】

《民法通则》第一百一十七条 侵占国家的、集体的财产或者他人财产的，应当返还财产，不能返还财产的，应当折价赔偿。

损坏国家的、集体的财产或者他人财产的，应当恢复原状或者折价赔偿。

受害人因此遭受其他重大损失的，侵害人并应当赔偿损失。

◎ 债 权 ◎

将捡到的钱捐给慈善机构，要承担责任吗...

【案例】

黄某在下班途中不慎将钱包丢失，被在他后面走的任某捡到。任某发现里面有人民币5000元，但他没有归还黄某，而以自己的名义将这5000元捐给了某慈善机构。黄某后来偶然得知此事，便找到任某，要求其返还这些钱。任某以钱已捐给慈善机构为由拒绝返还。请问，黄某是否可以要回这些钱呢？

【法律解析】

任某应当返还黄某丢失的钱。任某没有合法根据取得利益，造成了黄某受损失的事实属于不当得利。不当得利的返还因善意或者恶意而有所不同。本案中，在黄某身后的任某明知钱包是黄某所丢，却恶意侵占，属于恶意受益人。法律规定恶意受益人应当返还其初始所受的一切利益及本利益所生的利益，即使受领的利益不存

○ 不当得利的返还方式

既然是不当得利，义务人或者得利方就必须返还。但要怎么返还呢？根据民法的一般理论以及实践现状，不当得利的返还方式可以有两种：

我以为这台饮水机是谁家扔掉的呢，没想到是你们家临时放在地下室门口的。不好意思了，还给你。

没关系，是我疏忽了。

1. 原物返还

如果得利方在受损方获得的不当利益是有形物，且在返还时原物存在，则在返还时原则上应原物返还。

2. 金钱偿还

这种情况是在原物已经不复存在或者不存在原物时采用的返还方式。如果不当得利的是种类物，比如多取了银行的金钱，则只要返还等额的种类物即可。

银行往我账户上多打了2000块钱，我来归还！

我们工作失误给您带来不便，真是不好意思。

在，也应如数返还。所以，任某应依法返还黄某的5000元，即使已将其捐给慈善机构，仍然负有返还的义务。

【法条链接】

《民法通则》第九十二条 没有合法根据，取得不当利益，造成他人损失的，应当将取得的不当利益返还受损失的人。

《民法通则意见》第一百三十一条 返还的不当利益，应当包括原物和原物所生的孳息。利用不当得利所取得的其他利益，扣除劳务管理费用后，应当予以收缴。

助人为乐却伤了自己，能否找受益人索赔

【案例】

大学生陆某在回家的路上，发现一位老人晕倒在路边，他二话没说，背起老人就往医院跑。到了医院门口，由于体力不支，在上台阶的时候摔倒了，造成膝盖骨破裂，而老人经医生诊断并无大碍。陆某在医院治疗半月有余，花去医疗费用数万元。作为一个没有经济来源的大学生，数万元的花费让其难以承受。请问，陆某是否可以要求老人承担自己的部分医疗费用呢？

【法律解析】

陆某可以要求老人承担自己部分医疗费用。我国法律规定，民事活动应当遵循自愿、公平、等价有偿、诚实信用原则。虽然陆某与老人并无法定或约定义务，但造成的损伤是因老人引起的。陆某完全是出于好意而自愿帮助老人才受伤的。根据相关法律规定，为维护国家、集体或者他人的合法权益而使自己受到人身损害，因没有侵权人、不能确定侵权人或者侵权人没有赔偿能力，赔偿权利人请求受益人在受益范围内予以适当补偿的，人民法院应当支持。也就是说，在本案中因没有第三人对陆某造成损害，所以应由受益人在受益范围内给予适当补偿。

【法条链接】

《民法通则》第四条 民事活动应当遵循自愿、公平、等价有偿、诚实信用的原则。

《最高人民法院关于审理人身损害赔偿案件适用法律若干问题的解释》（以下简称《人身损害赔偿解释》）第十五条 为维护国家、集体或者他人的合法权益而使自己受到人身损害，因没有侵权人、不能确定侵权人或者侵权人没有赔偿能力，赔偿权利人请求受益人在受益范围内予以适当补偿的，人民法院应予支持。

借款人不履行归还义务，债权人将其拘禁

【案例】

张某由于做生意资金短缺向高某借款1万元，约定当年元旦归还。到了年底，张

某却推托说下年3月还款。第二年3月，高某向张某催款，张某推脱不还，后来，高某屡次催款，张某都以做生意赔了没有钱为由拒绝还款。高某气愤之极，遂将张某关在自己家里，要求张某的妻子必须把欠款还上。那么，高某的做法合法吗？

【法律解析】

债权人有权要求债务人按照合同的约定或者依照法律的规定履行义务。债权债务争议属于民事纠纷。债务人不履行归还欠款，债权人可以向法院起诉，但绝不可以将债务人拘禁。情节严重的，将构成非法拘禁罪，负刑事责任。

【法条链接】

《民法通则》第八十四条 债是按照合同的约定或者依照法律的规定，在当事人之间产生的特定的权利和义务关系。享有权利的人是债权人，负有义务的人是债务人。

债权人有权要求债务人按照合同的约定或者依照法律的规定履行义务。

《宪法》第三十七条 中华人民共和国公民的人身自由不受侵犯。

任何公民，非经人民检察院批准或者决定或者人民法院决定，并由公安机关执行，不受逮捕。

禁止非法拘禁和以其他方法非法剥夺或者限制公民的人身自由，禁止非法搜查公民的身体。

债权人可以要求债务人之一承担所有的债务吗 ....

【案例】

菲菲和男朋友合伙经营一家服装店。2008年6月，因为资金不够就借了别人2万元的高利贷，菲菲和男朋友都在欠条上签了名字。3个月后菲菲又借了1万元，因为菲菲的男朋友当时有事就让菲菲一个人去借钱，写欠条时只签了菲菲一人的名字。2008年年底由于经营不善，菲菲的店关门了。现在菲菲和男朋友已分手，而且男友离开了这座城市。但是菲菲借的钱到期了，当初借钱给他们的人找不到菲菲的男友就要菲菲一个人还钱。那么，所有的债务都要菲菲一个人偿还吗？

【法律解析】

根据《最高人民法院关于人民法院审理借贷案件的若干意见》第六条的规定，民间借贷的利率最高不得超过银行同类贷款利率的四倍（包含利率本数），超出此限度的，超出部分的利息不予保护。如果菲菲所借款项的利息高于上述法律规定，对超出部分的利息可不予偿还。

另外，合伙经营期间，个人以合伙组织的名义借款，用于合伙经营的，由合伙人共同偿还；借款人不能证明借款用于合伙经营的，由借款人偿还。因此菲菲和男友之前借的 2 万元是共同债务；菲菲之后借的 1 万元，菲菲需提供证据证明借款用于合伙经营，如果菲菲不能证明则为个人债务；合伙经营期间产生的债务，合伙人对外承担连带赔偿责任，因此菲菲要承担全部债务的偿还义务，但是在菲菲清偿完合伙债务以后，可以向其合伙人即前男友追偿。

【法条链接】

《最高人民法院关于人民法院审理借贷案件的若干意见》第六条 民间借贷的利率可以适当高于银行的利率，各地人民法院可根据本地区的实际情况具体掌握，但最高不得超过银行同类贷款利率的四倍（包含利率本数）。超出此限度的，超出部分的利息不予保护。

《民法通则》第八十七条 债权人或者债务人一方人数为二人以上的，依照法律的规定或者当事人的约定，享有连带权利的每个债权人，都有权要求债务人履行义务；负有连带义务的每个债务人，都负有清偿全部债务的义务，履行了义务的人，有权要求其他负有连带义务的人偿付他应当承担的份额。

将钱错还给别人，能否要回......

【案例】

高某欲买一款手机，但身上没有带够现金，便从好朋友朱某处借了2000元。过了几个月，高某欲将欠款还清，但不记得自己是借朱某还是孙某的钱了，遂将钱给了孙某。孙某家刚好遇到一件麻烦事，急需用钱，误以为是好友高某给自己帮忙，非常感激。事过几日后，高某想起自己是向朱某借的钱，遂要求孙某返还2000元，孙某以钱是高某主动给自己的为由拒绝返还。高某能否要求孙某返还自己的钱呢？

【法律解析】

高某可以要求孙某返还钱款。高某是出于偿还债务的意思给予孙某 2000 元，孙某不能以为是高某对自己的赠与行为，其性质为非债清偿。孙某没有合法根据而获得 2000 元，并因此给高某造成了损失，其行为构成法律所规定的不当得利，所以，孙某应将 2000 元返还给高某。

【法条链接】

《民法通则》第八十四条 债是按照合同的约定或者依照法律的规定，在当事人之间产生的特定的权利和义务关系。享有权利的人是债权人，负有义务的人是债务人。

债权人有权要求债务人按照合同的约定或者依照法律的规定履行义务。

第九十二条 没有合法根据，取得不当利益，造成他人损失的，应当将取得的不当利益返还受损失的人。

债务在身，不能随便赠送..

【案例】

　　2001年9月16日，赵某在县工行借款10万元，约定利息以及还款期限，并由其单位为赵某提供担保。借款到期以后，赵某仅归还本金3万元以及利息，余款7万元以及利息没有归还。2003年9月15日，县工行从赵某单位的账户上直接扣划了赵某尚欠的贷款本金7万元以及利息18549.93元。后来赵某所在单位向赵某索款，赵某以经

○ 房屋赠与要符合什么条件

儿子，爸爸辛苦一辈子攒下了这套房子，给你了。

　　1.赠与人必须是房屋产权的拥有人，具有完全民事行为能力，具有合法的权属证件，不存在产权纠纷。

赠与房产过户。

　　2.赠与人和受赠人均属自愿，有书面赠与协议、办理公证后，经房地产管理机关登记、审核，办理产权过户手续，受赠人必须依照有关规定缴纳税费，这些都不可或缺。

　　提醒：房屋赠与不得危害公共利益和损害他人的合法权益；不得为逃避应当履行的法定义务，如债务履行等而设定赠与；不得为规避法规管理，如缴纳税费等而设定赠与。

济困难为由没有偿还。2003年9月20日，赵某将其一栋100平方米的楼房无偿赠与女儿，并办理了公证书。一个月后，赵某所在单位作为原告向被告赵某主张债权，并要求法院撤销赵某的赠与合同。请问，赵某所在单位有权这样做吗？

【法律解析】

《合同法》第七十四条规定，债务人以明显不合理的低价转让财产，对债权人造成损害，并且受让人知道该情形的，债权人也可以请求人民法院撤销债务人的行为。本案中被告赵某尚欠贷款本金7万元以及利息，在其单位代为偿付之后，其以无款为由一直未履行还款义务。后赵某将其楼房无偿赠与女儿，办理了公证书，使得其财产所有权发生转移。赵某在明知自身负有到期债务未履行的情况下，通过无偿赠与减少自身财产，降低偿还能力，严重损害了债权人的债权，赵某单位可以请求人民法院撤销赵某的无偿赠与合同。

【法条链接】

《合同法》第七十四条 因债务人放弃其到期债权或者无偿转让财产，对债权人造成损害的，债权人可以请求人民法院撤销债务人的行为。债务人以明显不合理的低价转让财产，对债权人造成损害，并且受让人知道该情形的，债权人也可以请求人民法院撤销债务人的行为。

撤销权的行使范围以债权人的债权为限。债权人行使撤销权的必要费用，由债务人负担。

因银行失误而多给顾客钱，需要返还吗..

【案例】

段某去银行取钱，回来后发现银行工作人员不慎多给了5000元。段某很高兴，便将这5000元投入股市，获利800元。2个月后，银行工作人员找到段某要求其退回多给的5000元及炒股所得收益，段某不同意。段某应返还银行多给的钱吗？

【法律解析】

段某应当退回银行多给的钱及利息。没有合法根据，取得不当利益，造成他人损失的，应当将取得的不当利益返还受损失的人。返还的范围取决于受益人是善意还是恶意。善意的返还范围仅以现存利益为限，而恶意受益人不论所受利益是否存在，一概要将所受利益返还。本案中的段某显然属于恶意受益人，应当退还银行多给的钱。另外，返还的不当利益，应当包括原物和原物所生的孳息。利用不当得利所取得的其他利益，扣除劳务管理费用后，应当予以收缴。段某不但应退还银行的本金，还应当退还包括它所产生的利息。段某利用银行多给的钱投资股市所得的收益，也应依法予以收缴。

【法条链接】

《民法通则》第九十二条 没有合法根据，取得不当利益，造成他人损失的，应当将取得的不当利益返还受损失的人。

《民法通则意见》第一百三十一条 返还的不当利益，应当包括原物和原物所生的孳息。利用不当得利所取得的其他利益，扣除劳务管理费用后，应当予以收缴。

◎ 人身权 ◎

第三者也有隐私权吗..

【案例】

周某为了支持丈夫的事业，在家做起了全职太太。一个偶然的机会，周某发现丈夫在外面有了另一个女人。周某不想与丈夫离婚，因此就想法逼这个女人离开自己的丈夫。周某通过跟踪丈夫知道了那个女人的住所。后来周某找私家侦探拍下了一些丈夫与那个女人在一起的照片，将其在网络上公开传播。那个女人得知后，将周某告上法院，称其侵犯了她的隐私权。周某需要为自己的行为负法律责任吗？

【法律解析】

周某应当为自己的不理智行为负法律责任。我国法律规定：公民的人格尊严受法律保护，任何以侮辱、诽谤等方式损害公民人格尊严的行为都要负法律责任。周某本来作为一个受害者是受法律保护的，但她采取的方式已经超出了法律允许的范围，已经构成了对他人隐私权的侵犯。隐私权是指自然人依法享有的个人生活秘密不受他人侵害的权利。因此，虽然那个女人是第三者，仍然享有民事权利，任何人不能随意侵害她的民事权利。周某不能以那个女人是第三者为由就随意侵犯她的隐私权。

【法条链接】

《民法通则》第一百零一条 公民、法人享有名誉权，公民的人格尊严受法律保护，禁止用侮辱、诽谤等方式损害公民、法人的名誉。

《民法通则意见》第一百四十条 以书面、口头等形式宣扬他人的隐私，或者捏造事实公然丑化他人人格，以及用侮辱、诽谤等方式损害他人名誉，造成一定影响的，应当认定为侵害公民名誉权的行为。

以书面、口头等形式诋毁、诽谤法人名誉，给法人造成损害的，应当认定为侵害法人名誉权的行为。

遭到前男友恶意诽谤，应该怎么办⋯⋯⋯⋯⋯⋯⋯⋯⋯⋯⋯⋯⋯⋯⋯⋯⋯⋯⋯⋯⋯

【案例】

胡小姐经人介绍认识了风趣的钟某，两人互有好感，很快确立了恋爱关系。但自从确立了恋爱关系后，钟某的表现跟从前判若两人。他爱猜疑，禁止胡小姐与其他男性接触。胡小姐难以接受，决定与其分手。令她没想到的是，钟某对胡小姐产生了报复心理，对胡小姐的同事说胡小姐跟单位领导有不正当关系，自己不得不与她分手。钟某的做法给胡小姐的工作和生活造成了很大的影响，其精神压力也很大。胡小姐应该怎么办？

【法律解析】

胡小姐可以以名誉权受损向人民法院主张自己的权利。我国法律规定，公民、法人享有名誉权，公民的人格尊严受法律保护，禁止用侮辱、诽谤等方式损害公民、法人的名誉。本案中，钟某在与胡小姐分手后，捏造她有生活作风问题的行为损害了胡小姐的名誉，影响了社会对胡小姐的评价，严重侵犯了其名誉权。法律规定，公民的姓名权、肖像权、名誉权、荣誉权受到侵害的，有权要求停止侵害，恢复名誉，消除影响，赔礼道歉，并可以要求赔偿损失。所以，胡小姐可以以钟某侵犯其名誉权向人民法院主张权利，并要求钟某赔偿损失。

【法条链接】

《民法通则》第一百零一条 公民、法人享有名誉权，公民的人格尊严受法律保护，禁止用侮辱、诽谤等方式损害公民、法人的名誉。

第一百二十条 公民的姓名权、肖像权、名誉权、荣誉权受到侵害的，有权要求停止侵害，恢复名誉，消除影响，赔礼道歉，并可以要求赔偿损失。

法人的名称权、名誉权、荣誉权受到侵害的，适用前款规定。

死人还有名誉权吗⋯⋯⋯⋯⋯⋯⋯⋯⋯⋯⋯⋯⋯⋯⋯⋯⋯⋯⋯⋯⋯⋯⋯⋯⋯⋯⋯⋯⋯⋯

【案例】

耿某的父亲曾是中共地下党员，参加过抗日战争和解放战争，多次荣立战功。解放后因伤病缠身，在"文革"期间去世。2002年，李某在某报发表文章，捏造事实称耿某的父亲在抗日战争时曾叛变投敌，在"文革"期间畏罪自杀。该文发表后，给耿某的家人的生活带来了极大影响，耿某的母亲因不堪承受如此打击导致精神错乱，使本来平静的家庭生活变得一塌糊涂。无奈，耿某找到李某理论，李某不予理会。那么，耿某应该怎么办呢？

【法律解析】

李某的行为侵害了耿某父亲的名誉权。耿某及其家人，作为其近亲属，可以向

○ 侵害死者名誉权的行为

《最高人民法院关于确定民事侵权精神损害赔偿责任若干问题的解释》第三条 自然人死亡后，其近亲属因下列侵权行为遭受精神痛苦，向人民法院起诉，人民法院应当依法予以受理：

以侮辱、诽谤、贬损、丑化或者违反社会公共利益、社会公德的其他方式，侵害死者姓名、肖像、名誉、荣誉。

非法披露、利用死者隐私，或者以违反社会公共利益、社会公德的其他方式侵犯死者隐私。

非法利用、损害遗体、遗骨，或者以违反社会公共利益、社会公德的其他方式侵害遗体、遗骨。

法院提起诉讼，要求李某承担相应的民事责任。根据我国有关法律，公民、法人享有名誉权，公民的人格尊严受法律保护，禁止用侮辱、诽谤等方式损害公民、法人的名誉。本案中的李某，故意捏造事实，给耿某及其家人生活上带来重大影响，其行为属于以诽谤方式损害耿某父亲的名誉，同时间接损害了耿某及其家人的名誉。虽然我国法律规定民事权利始于公民出生，终于死亡，但名誉作为社会对某一主体的评价，不会因主体死亡而消灭，其名誉依然受法律保护。所以李某侵犯耿某父亲名誉的行为，应依法承担相应的民事责任。

【法条链接】

《民法通则》第一百零一条 公民、法人享有名誉权，公民的人格尊严受法律保护，禁止用侮辱、诽谤等方式损害公民、法人的名誉。

别人冒用了你的姓名，应该怎么办..

【案例】

徐某以优异的成绩考入县重点高中，无奈家中贫寒，无力支付其学费，只好辍学外出打工。几年后的一次偶然机会，他得知原来的同班同学杨某，利用其父与当时的校长的私人关系，冒用了徐某当时考高中的成绩进入重点高中读书，后考入大学。至今，杨某依然在用徐某的名字参与各种社会活动。请问，杨某要对徐某承担什么责任？

【法律解析】

杨某侵犯了徐某的姓名权，应当承当相应的民事责任。我国法律明确规定，公民享有姓名权，有权决定、使用和依照规定改变自己的姓名，禁止他人干涉、盗用、假冒。也就是说，任何人干涉、盗用、假冒公民姓名的行为，都构成对公民姓名权的侵害。杨某为达到上重点高中的目的，盗用了徐某的姓名，以徐某的姓名读高中、大学、参加社会活动的行为依法定性为盗用他人的姓名权，属于违法行为。另据《民法通则意见》规定，教唆、帮助他人实施侵权行为的人，为共同侵权人，应当承担连带民事责任。由此可见，杨某的父亲与当时的校长是共同的侵权人，承担连带民事责任。

【法条链接】

《民法通则意见》第一百四十一条 盗用、假冒他人姓名、名称造成损害的，应当认定为侵犯姓名权、名称权的行为。

第一百四十八条 第一款 教唆、帮助他人实施侵权行为的人，为共同侵权人，应当承担连带民事责任。

以公司的名义借款，需承担法律责任吗...

【案例】

高某是某汽车厂的销售总监。2008年7月，高某想自己开办一家汽车修理厂，因资金不够，向朋友胡某借款50万元。高某担心胡某不愿意借钱，谎称汽车厂急需资金周转，胡某要求高某提供担保。高某于是找到朋友刘某，称汽车厂急需资金周转请其为自己做担保。刘某表示同意。有了刘某担保，胡某同意借款给高某，两人签订了合同。在借款人一栏，高某填上了汽车厂的名称，未盖公章，签了自己的姓名。后来高某因经营不善，无法还款。胡某遂要求担保人刘某还款，遭到拒绝；又向汽车厂要求还款，同样遭拒。汽车厂称高某侵犯了自己的名称权，要起诉高某。请问，高某应该承担哪些法律责任？

【法律解析】

我国法律规定，法人、个体工商户、个人合伙享有名称权。本案中，高某未经汽车厂同意，以汽车厂的名义借款，其行为侵犯了汽车厂的名称权。高某谎称是汽车厂借款，骗取了刘某的担保，符合重大误解的要件。根据我国相关法律，因重大误解而订立的合同属于可撤销的合同。在本案中，刘某和汽车厂均没有过错，无须承担法律责任，不必为高某偿还债务。因此，本案的欠款应由高某自己偿还。

【法条链接】

《民法通则》第五十九条 下列民事行为，一方有权请求人民法院或者仲裁机关予以变更或者撤销：

（一）行为人对行为内容有重大误解的；

（二）显失公平的。

被撤销的民事行为从行为开始起无效。

第九十九条 第二款 法人、个体工商户、个人合伙享有名称权。企业法人、个体工商户、个人合伙有权使用、依法转让自己的名称。

《民法通则意见》第七十一条 行为人因为对行为的性质、对方当事人、标的物的品种、质量、规格和数量等的错误认识，使行为的后果与自己的意思相悖，并造成较大损失的，可以认定为重大误解。

公民本人同意，就可以无偿使用他的肖像吗...

【案例】

花某是某艺术院校表演系学生，一日与朋友去影楼拍艺术照。由于花某身材、气质、形象俱佳，拍出来的照片效果非常好，于是影楼老板段某问花某可否将照片放大展示在影楼的橱窗内，花某随口答应，但未作进一步的协商。几个月后，花某

○ 侵害肖像权的表现形式

不当利用他人肖像

一是未经本人同意而以营利为目的使用他人的肖像。二是未经本人同意的善意使用，或者虽经本人同意，但使用人的使用方式、使用范围失当的利用。

恶意侮辱他人肖像

这是指不法行为人恶意丑化、玷污、毁损他人的肖像。

擅自创制他人的肖像

如未经本人同意，对其进行速描、绘画写生；偷拍他人的照片等。

经过影楼时发现自己的照片还被悬挂在橱窗内，于是找到段某，要其支付报酬。段某称花某已经同意，因此不需付费。段某可以无偿使用花某的照片吗？

【法律解析】

段某不能推定花某同意其使用照片是无偿使用。我国法律规定，公民享有肖像权，未经本人同意，不得以营利为目的使用公民的肖像。本案中花某依法享有使用自己照片的权利，同时也有权同意影楼使用其照片，但不能认为同意其使用就意味着无偿使用。根据民事活动应当遵循自愿、公平、等价有偿、诚实信用的原则，当影楼要使用花某的照片时，应当向其支付报酬，否则有失公平。

【法条链接】

《民法通则》第四条 民事活动应当遵循自愿、公平、等价有偿、诚实信用的原则。

第一百条 公民享有肖像权，未经本人同意，不得以营利为目的使用公民的肖像。

◎ 民事责任 ◎

路人被街道旁的广告牌砸伤，该怎么办..

【案例】

一天，小孙和朋友一起逛街，在行至某商场门前时，突然该商场悬挂在门前的广告牌跌落，将小孙砸成重伤。朋友立即将小孙送往医院，在医院治疗期间，一共花去医药费2万余元。据悉，该商场悬挂广告牌是为了宣传促销活动。小孙能找商场索取赔偿吗？

【法律解析】

小孙可以找商场索取民事赔偿。我国相关法律规定：建筑物或者其他设施以及建筑物上的搁置物坠落造成他人损害的，它的所有人或者管理人应当承担民事责任，但能够证明自己没有过错的除外。广告牌是建筑物上的悬挂物，因它致人损害的，只要受害人无过错，都应由广告牌的所有人或者管理人承担民事赔偿责任。本案例中行人小孙无任何过错，被广告牌砸伤，作为广告牌的所有人，商场没有尽到维护广告牌安全的义务，导致小孙受到伤害。所以，商场应当承担赔偿责任。

【法条链接】

《民法通则》第一百二十六条 建筑物或者其他设施以及建筑物上的搁置物、悬挂物发生倒塌、脱落、坠落造成他人损害的，它的所有人或者管理人应当承担民事责任，但能够证明自己没有过错的除外。

警察执行公务致无辜者受伤，需要赔偿吗......................

【案例】

李奶奶在去菜市场买菜途中，遇到两名警察，他们正在追捕一个小偷。警察在追捕小偷的过程中，不小心将李奶奶撞倒在地，导致李奶奶骨折。李奶奶为此花费医疗费用1000余元。后来李奶奶向将他撞倒的警察索要赔偿。那么，警察在执行公务时给李奶奶造成损害，应该赔偿吗？

【法律解析】

虽然是执行公务，但因此造成无辜者损伤仍需赔偿，警察所在的公安机关应该赔偿李奶奶医疗费。国家机关或者国家机关工作人员在执行职务中，侵犯公民、法人的合法权益造成损害的，应当承担民事责任。李奶奶因警察抓捕小偷，给自己造成了意外伤害，符合该法条的构成要件。我国相关法规还规定，国家机关工作人员在执行职务中，给公民、法人的合法权益造成损害的，国家机关应当承担民事责任。因此，李奶奶可以向执行公务的警察所在的公安机关索赔，而不是警察本人。

【法条链接】

《民法通则》第一百二十一条 国家机关或者国家机关工作人员在执行职务中，侵犯公民、法人的合法权益造成损害的，应当承担民事责任。

《民法通则意见》第一百五十二条 国家机关工作人员在执行中，给公民、法人的合法权益造成损害的，国家机关应当承担民事责任。

见义勇为而自身受到伤害，应由谁来赔偿......................

【案例】

男青年魏某夜晚在公园游玩时，遇见一歹徒持刀抢劫一中年妇女。魏某奋起与歹徒搏斗，搏斗中不幸被歹徒刺中腹部几刀，歹徒乘机逃脱。魏某住院治疗两个月，医疗费用共10万元。歹徒始终无法抓获，魏某后来找到被救妇女，希望其能为自己支付部分医疗费用，遭到该中年妇女的拒绝。请问，魏某难道要独自为自己的见义勇为行为埋单吗？

【法律解析】

魏某可以要求获救妇女给予其补偿。我国法律规定，因防止、制止国家的、集体的财产或者他人的财产、人身遭受侵害而使自己受到损害的，由侵害人承担赔偿责任，受益人也可以给予适当的补偿。本案中，魏某是被歹徒刺伤的，本应由歹徒承担赔偿责任，但歹徒逃脱，没有抓获，因此魏某无法向其追究责任。获救妇女是魏某见义勇为行为的获益人，根据"受益人也可以给予适当的补偿"的规定，获救妇女理应给予魏某适当的经济补偿。

○ "见义勇为"者权益损害赔偿

《<中华人民共和国民法通则>若干问题的意义》第142条款规定："为维护国家，集体或他人的合法权益，而使自己受到损害的，在侵权人无力赔偿或者没有侵权人或不能确定侵权人的情况下，如果赔偿权利人提出请求的，人民法院可以根据受益人受益的多少以及其经济状况，责令受益人给予适当的补偿。"

【法条链接】

《民法通则》第一百零九条 因防止、制止国家的、集体的财产或者他人的财产、人身遭受侵害而使自己受到损害的，由侵害人承担赔偿责任，受益人也可以给予适当的补偿。

《民法通则意见》第一百五十七条 当事人对造成损害均无过错，但一方是在为对方的利益或者共同的利益进行活动的过程中受到损害的，可以责令对方或者受益人给予一定的经济补偿。

雇员造成他人伤害，雇主有责任吗..

【案例】

刘某是某副食品公司的老板，他雇佣了司机徐某为其送货。一天，徐某开车与刘某一起送货途中，由于雨天路滑，在经过十字路口时，将行人小柯撞倒在地。事故发生后，徐某与刘某急忙将小柯送往医院救治。但在缴纳医疗费时，刘某与徐某发生争执，刘某认为造成事故的是徐某，医疗费应由徐某自行支付；而徐某则认为，自己是在为刘某送货途中发生的车祸，应由刘某赔偿。那么，雇员造成他人伤害的，雇主有责任赔偿吗？

【法律解析】

刘某应对该起事故承担赔偿责任。我国有关法规规定，雇员在从事雇佣活动中致人损害的，雇主应当承担赔偿责任；雇员因故意或者重大过失致人损害的，应当与雇主承担连带赔偿责任。雇主承担连带赔偿责任的，可以向雇员追偿。本案中，徐某行为不存在故意或者重大过失，发生意外是由于雨天路滑所致，因此给小柯的损害赔偿应由刘某支付。

【法条链接】

《人身损害赔偿解释》第九条 第一款 雇员在从事雇佣活动中致人损害的，雇主应当承担赔偿责任；雇员因故意或者重大过失致人损害的，应当与雇主承担连带赔偿责任。雇主承担连带赔偿责任的，可以向雇员追偿。

被人群殴致伤却找不出具体的侵害人，怎么办..................................

【案例】

胡某独自一人在酒吧喝酒，因小事惹火了一群青年。他们二话不说，就集体对胡某拳打脚踢，造成胡某全身多处软组织受伤，后来警察及时赶到，将那伙青年带进了派出所，并将胡某送往了医院。在医院治疗期间共花费胡某1万元。胡某出院后找到那伙青年人，要求他们对自己的损害承担赔偿责任，但他们都不承认自己动手打人，而胡某又不清楚到底哪些人对自己实施了侵害行为。那么，胡某应该如何来维护自己的合法权益呢？

【法律解析】

那伙青年人应该集体承担胡某的损害赔偿。我国法律明确规定，公民享有生命健康权，任何人侵害了他人的财产、人身权利，都应当承担法律责任。在本案中，胡某受到了那伙青年人的集体非法侵害，应该由侵权人给予赔偿。胡某无须证明具体哪一人对自己实施了侵害行为，具体由谁对自己赔偿，由侵权人彼此证明，排除自己的责任，如果他们没有证据证明自己没有实施侵害行为，则认定为共同侵害，共同承担法律责任。

【法条链接】

《民法通则》第九十八条 公民享有生命健康权。

第一百一十九条 侵害公民身体造成伤害的，应当赔偿医疗费、因误工减少的收入、残废者生活补助费等费用；造成死亡的，并应当支付丧葬费、死者生前扶养的人必要的生活费等费用。

第一百三十条 二人以上共同侵权造成他人损害的，应当承担连带责任。

○ 侵害公民生命健康权的赔偿标准

1.造成身体伤害的，应当支付医疗费，以及赔偿因误工减少的收入。

2.造成部分或者全部劳动能力丧失的，应当支付医疗费，以及残疾赔偿金。造成全部丧失劳动能力的，对其扶养的无劳动能力的人，还应当支付生活费。

3.造成死亡的，应当支付死亡赔偿金、丧葬费。对死者生前抚养的无劳动能力的人，还应当支付其生活费。

◎ 诉讼时效 ◎

借条未写明还款日期，该怎么办..

【案例】

盛某于2006年10月14日借给朋友林某现金5万元，林某写下借条，但借条未写还款日期。2009年，盛某因家中有事急需用钱，遂找到林某，要求林某归还欠款，但林某不予理睬。盛某应如何收回自己的借款？

【法律解析】

盛某与林某既然在借款后写有借条，说明二人之间的借贷合同已经成立。由于借条中没有明确还款的具体期限，根据《民法总则》的相关规定，盛某作为债务人，有权随时要求收回自己的全部借款，林某应及时履行自己的还款义务。本案中，盛某于2009年要林某还款未果，也就是说盛某的债权自此时开始遭受林某的不法侵害。所以，盛某只要于其后的三年内向人民法院主张自己的权利，人民法院都应予以支持。

【法条链接】

《民法总则》第一百八十八条 向人民法院请求保护民事权利的诉讼时效期间为三年，法律另有规定的除外。

《民法通则》第一百三十七条 诉讼时效期间从知道或者应当知道权利被侵害时起计算。但是，从权利被侵害之日起超过二十年的，人民法院不予保护。有特殊情况的，人民法院可以延长诉讼时效期间。

买到不合格产品，过了诉讼期还能追究责任吗..

【案例】

美美于2006年12月在某商场购买了一条纯金项链，半年后经权威机构鉴定这条项链只是镀金的，美美打算向商场索赔，但由于工作繁忙，将此事忘记。2009年元月美美突然想起此事，立即找到商场索赔，商场以诉讼时效已过为由拒绝。请问，美美还能主张自己的权利吗？

【法律解析】

美美的主张由于诉讼时效已过而无法得到法院的支持。我国法律明确规定：出售质量不合格的商品未声明的，诉讼时效为一年。商场将镀金项链作为纯金项链出售，属于出售质量不合格商品而未声明的情况，适用一年诉讼时效。美美应在一年的有效期内向商场主张自己的权利，但由于她的疏忽致使自己的权利消失，不存在中止、中断和延长的情形，所以其权利不再受法律保护。

○ 诉讼时效期间为三年的常见情形

1.身体受到伤害要求赔偿的

2.延付或者拒付租金的

3.寄存财物被丢失或者损毁的

【法条链接】

《民法总则》第一百八十八条 向人民法院请求保护民事权利的诉讼时效期间为三年，法律另有规定的除外。

因意外事故下落不明，诉讼时效从何时起算

【案例】

2008年12月，高某在港口作业过程中，不小心被一阵大浪打下海，他没有穿救生衣而且当时风大浪大，至今下落不明。事后高某的家人要求船主赔偿，但对赔偿金额双方无法协商一致，现在已经快2年了。如果起诉，时效从什么时候计算？

【法律解析】

高某的家人应当在事故发生之日起满2年后向人民法院提出申请，请求法院宣

告高某死亡。高某的家人要求船主赔偿的诉讼时效应从高某死亡结果发生日（即法院判决宣告其死亡之日）起计算3年的时效。在海上或者通海水域进行航运、作业，或者港口作业过程中发生的人身伤亡事故引起的损害赔偿纠纷案件，应当由海事法院管辖。

【法条链接】

《民法通则》第二十三条 公民有下列情形之一的，利害关系人可以向人民法院申请宣告他死亡：

（一）下落不明满四年的；

（二）因意外事故下落不明，从事故发生之日起满二年的。

本可以不还的钱，还了能否要回

【案例】

朱某向周某借款5万元，期限为1年。半年后周某出国，并没有向朱某索要欠款。5年后周某从国外回来，朱某主动将钱还给周某。后来朱某得知周某回国时，自己所负的欠款已过诉讼时效，依法可以不用还钱，有些懊恼，便让周某返还，周某不同意。那么，本可以不还的钱，还了还能要回吗？

【法律解析】

不能。根据法律规定，超过诉讼时效期间的，当事人自愿履行的，不受诉讼时效限制。超过诉讼时效以后，债务人自愿履行又以不知诉讼时效为由反悔的，人民法院不予支持。本案中，周某的债权不再受法律保护，朱某此时也可以不用归还周某的钱了。朱某主动将欠款还清，使周某的债权获得了清偿，因此朱某反悔是没有法律根据的。

【法条链接】

《民法通则》第一百三十八条 超过诉讼时效期间，当事人自愿履行的，不受诉讼时效限制。

婚姻家庭篇
为家撑起保护伞

◎ 结 婚 ◎

精神病患者可以结婚吗..

【案例】

小杨计划今年与女友小周登记结婚，但是女友患有间歇性精神病，小杨听朋友说患有精神病的人是不能结婚的。对此，小杨感到疑惑，他认为女友的病并不是经常发作，意识清醒的时候表示愿意和自己结婚，难道不可以吗？那么，他们能否结婚呢？

【法律解析】

可以结婚。间歇性精神病人如果在精神状态正常时，能够对婚姻作出基本正确的判断，能够基本预见结婚的行为后果，具有婚姻行为能力，应能够登记结婚，缔结的婚姻应属有效。

【法条链接】

《婚姻法》第七条 有下列情形之一的，禁止结婚：

（一）直系血亲和三代以内的旁系血亲；

（二）患有医学上认为不应当结婚的疾病。

《民法通则意见》第六十七条 间歇性精神病人的民事行为，确能证明是在发病期间实施的，应当认定无效。行为人在神志不清的状态下所实施的民事行为，应当认定无效。

○ 医学上认为不宜结婚的疾病有哪些

指定传染病

艾滋病、淋病、梅毒、麻风病等医学上认为影响结婚和生育的其他传染病。

严重遗传性疾病

指由于遗传因素先天形成，患者全部或部分丧失自主生活能力，后代再现风险高。

有关精神病

是指精神分裂症、躁狂抑郁型精神病以及其他重型精神病。

服刑期间可以结婚吗..

【案例】

吕某在一起打架斗殴事件中致使他人重伤，被法院认定犯有故意伤害罪，判决三年有期徒刑。吕某和女友的感情一直很深，加上吕某的母亲希望儿子能够尽早结婚，以完成自己的心愿。于是吕某和女友商量之后决定结婚，可是吕某正在服刑。请问，他们可以结婚吗？

【法律解析】

我国法律没有明确规定在服刑或者接受劳动教养的人能否结婚，但是根据《婚姻法》第八条的规定，要求结婚的男女双方必须亲自到婚姻登记机关进行结婚登记。符合本法规定的，予以登记，发给结婚证。这就规定了结婚这一重大的民事行为具有人身属性，不能由他人代理，正在服刑期间的人由于丧失了人身自由，无法亲自实施结婚这一法律行为，因此不能结婚。

缓刑、假释的人，在缓刑或者假释期间，他们的恋爱与结婚问题，只要合于婚姻法规定的条件，是可以允许的。根据有关规定，正在接受劳动教养的人可以结婚，但是必须持有劳动教养管理部门出具的结婚登记准假证明，才可申请结婚登记。

【法条链接】

《婚姻法》第八条 要求结婚的男女双方必须亲自到婚姻登记机关进行结婚登记。符合本法规定的，予以登记，发给结婚证。取得结婚证，即确立夫妻关系。未办理结婚登记的，应当补办登记。

公公与儿媳可以结婚吗..

【案例】

小章与某女小杨结婚以后不久，小章就死于一场车祸，小章的母亲去世很早，小杨为了照顾公公，一直没有再嫁。随着感情与了解的日渐加深，公公与儿媳小杨决定结婚。那么，他们可以结婚吗？

【法律解析】

我国《婚姻法》没有对公公与儿媳是否可以结婚的问题作出明确规定，没有明确禁止这种关系的公民结婚的民事行为，但也没有明确地肯定。根据《最高人民法院中南分院函复同意〈关于公公与儿媳、继母与儿子等可否结婚问题的复函〉》的规定，他们可以结婚，但为了照顾群众影响，防止群众想不通，而引发意外事件的发生，尽量不结婚；但如果双方态度坚决，也可斟酌具体情况适当采用其他方式（如迁居等）。

【法条链接】

　　《最高人民法院中南分院函复同意〈关于公公与儿媳、继母与儿子等可否结婚问题的复函〉》关于没有婚姻关系存在的"公公与媳妇"、"继母与儿子"、"叔母与侄"、"女婿与岳母"、"养子与养母"、"养女与养父"等可否结婚，《婚姻法》对于这些人之间虽无禁止结婚的明文规定，为了照顾群众影响，以及防止群众想不通，因而引起意外事件的发生，最好尽量说服他们不要结婚；但如果双方态度坚决，经说服无效时，为避免发生意外，当地政府也可斟酌具体情况适当处理（如劝令他们迁居等）。

堂兄妹之间可以结婚吗......

【案例】

　　小周与堂妹从小青梅竹马，感情深厚，两人达到适婚年龄时决定建立婚姻关系，就到所属婚姻登记机关办理婚姻登记。婚姻登记机关的工作人员拒绝办理他们的婚姻登记。小周觉得自己和堂妹自愿结婚，怎么就不行呢？

【法律解析】

　　两人不能结婚，两人为堂兄妹关系，属于三代以内的旁系血亲。根据我国《婚姻法》第七条的规定，二人不能结婚。

【法条链接】

　　《婚姻法》第七条　有下列情形之一的，禁止结婚：

　　（一）直系血亲和三代以内的旁系血亲；

　　（二）患有医学上认为不应当结婚的疾病。

◎ 婚姻的无效与可撤销 ◎

隐瞒自己性病情况结婚的婚姻关系有效吗......

【案例】

　　赵先生在与于女士的交往过程中，向对方隐瞒了自己的性病情况。经过一段时间的了解，赵先生与于女士两人决定结婚。在婚姻登记机关办理婚姻登记的时候，赵先生刻意地回避了自己的健康问题，也没有做婚前检查，两人遂建立了婚姻关系。那么，这样的婚姻关系是有效的吗？

【法律解析】

　　赵先生与于女士两人的婚姻属于无效婚姻。根据《婚姻法》第十条的规定，婚前

○ 无效婚姻的常见情形

1.重婚。重婚是指有配偶又与他人结婚或者明知他人有配偶而与之结婚的行为。

2.有禁止结婚的亲属关系的，比如直系血亲和三代以内的旁系血亲。

3.未到法定婚龄的，中国法定结婚年龄，男不得早于二十二周岁，女不得早于二十周岁。

患有医学上认为不应当结婚的疾病，婚后尚未治愈的，婚姻无效。赵先生患有性病，这在医学上被认为是不应该结婚的传染性疾病，男女双方结婚前最好做婚前医学检查。

【法条链接】

《婚姻法》第十条 婚前患有医学上认为不应当结婚的疾病，婚后尚未治愈的，婚姻无效。

什么情形才可以申请宣告婚姻无效

【案例】

刘某在2004年与丈夫领取了结婚证，现在想与丈夫离婚。刘某的户口簿和身份证上的出生日期是1984年，而她实际出生日期是1988年，也就是说，她结婚的时候还不到法定年龄。她现在想到法院申请宣告婚姻无效。那么，法院会支持刘某的申请吗？

【法律解析】

根据《婚姻法》第十条的规定，未到法定婚龄的，婚姻无效。但是，根据《婚姻法解释（一）》第八条的规定，刘某提出申请时已经达到了法定的结婚年龄，所以法院不会支持刘某提出的宣告婚姻无效的申请。刘某如果想与丈夫离婚，可以采取协商或者离婚诉讼途径解决。

【法条链接】

《婚姻法》第十条 有下列情形之一的，婚姻无效：

（一）重婚的；

（二）有禁止结婚的亲属关系的；

（三）婚前患有医学上认为不应当结婚的疾病，婚后尚未治愈的；

（四）未到法定婚龄的。

《婚姻法解释（一）》第八条 当事人依据《婚姻法》第十条规定向人民法院申请宣告婚姻无效的，申请时，法定的无效婚姻情形已经消失的，人民法院不予支持。

婚姻被法院确认无效以后能否提起上诉

【案例】

小翠20岁的时候与同村的小壮结婚，一年以后，小翠觉得两人不合适，于是向法院申请宣告婚姻无效，法院审理后判决小翠与小壮的婚姻无效。但是小壮不想跟小翠离婚，想要上诉。那么，婚姻被法院确认无效以后还能否提起上诉？

【法律解析】

根据《婚姻法解释（一）》第九条的规定，有关婚姻效力的判决一经作出，即发生法律效力。涉及财产分割和子女抚养的，可以调解或另行诉讼。但对于婚姻效力的判决，当事人不能提起上诉，因此小壮与小翠的婚姻被判无效后，小壮不能提起上诉。

【法条链接】

《婚姻法解释（一）》第九条 人民法院审理宣告婚姻无效案件，对婚姻效力的审理不适用调解，应当依法作出判决；有关婚姻效力的判决一经作出，即发生法律效力。

涉及财产分割和子女抚养的，可以调解。调解达成协议的，另行制作调解书。对财产分割和子女抚养问题的判决不服的，当事人可以上诉。

父母可以代替子女申请撤销婚姻吗..

【案例】

黄某容貌姣好，性情善良，村子里一个横行霸道的恶棍张某多次提出想要与黄某结婚，黄某每次都拒绝。张某于是威胁说如果黄某不同意结婚，就放火烧了黄某家，令黄某及其全家不得安宁。黄某无奈之下便与张某结婚，但是婚后张某时常打骂黄某，黄某为了家人的安全均隐忍不言。黄某的母亲见女儿生活如此痛苦艰难，便向法院申请撤销张某与黄某的婚姻。那么，黄某的母亲有权代替女儿申请撤销婚姻吗？

【法律解析】

黄某的母亲无权代替女儿申请撤销婚姻。根据《婚姻法解释（一）》第十条第二款规定，因受胁迫而请求撤销婚姻的，只能是受胁迫一方的婚姻关系当事人本人。也就是说，撤销婚姻的请求权只能是由受到胁迫一方的婚姻当事人行使，其他任何人，包括父母、兄弟、姐妹以及其他亲属都不能代为行使。

【法条链接】

《婚姻法解释（一）》第十条《婚姻法》第十一条所称的"胁迫"，是指行为人以给另一方当事人或者其近亲属的生命、身体健康、名誉、财产等方面造成损害为要挟，迫使另一方当事人违背真实意愿结婚的情况。

因受胁迫而请求撤销婚姻的，只能是受胁迫一方的婚姻关系当事人本人。

可撤销婚姻的请求权有时间限制吗..

【案例】

高某（女）到外地打工，受到当地青年潘某的胁迫与之结婚，婚后潘某经常对高某凌辱打骂，并将其软禁。2年以后，高某千方百计出逃成功，想要到法院申请撤销两人的婚姻，又担心可撤销婚姻的请求权有时间限制，过了2年的时间，法院还会受理吗？

【法律解析】

本案中，高某在结婚后被剥夺了人身自由，不能及时向法院提出申请，因此，根据《婚姻法》第十一条的规定，高某在恢复人身自由后1年内向法院提出申请，法院会受理并支持高某的诉求。

【法条链接】

《婚姻法》第十一条 因胁迫结婚的，受胁迫的一方可以向婚姻登记机关或人民法院请求撤销该婚姻。受胁迫的一方撤销婚姻的请求，应当自结婚登记之日起一年内提出。被非法限制人身自由的当事人请求撤销婚姻的，应当自恢复人身自由之日起一年内提出。

◎ 夫妻间的权利义务 ◎

男方包养情人，女方可以要求撤销婚姻吗..

【案例】

小李、小孙夫妻二人结婚以后，妻子小孙发现丈夫小李在外面包养情人，盛怒之下向所属法院提请撤销婚姻的诉求。请问，法院会支持小孙的诉求吗？

【法律解析】

不会。根据我国《婚姻法》的规定，通过法律途径解除婚姻有两种情形：一是离婚，一是撤销婚姻。离婚是合法婚姻关系的解除，而撤销婚姻则是对违法婚姻的否定。

在我国《婚姻法》中，规定了可撤销婚姻的情况只有一种，就是夫妻一方是在受到胁迫的情况下结婚的，在结婚后向法院提请撤销婚姻的诉求，法院会予以支持的。除此之外，都不属于可撤销婚姻的范畴。本案中，小李、小孙两人结婚时，不存在胁迫与被胁迫的情节，因此，法院不会支持小孙撤销婚姻的诉求。

【法条链接】

《婚姻法》第十一条 因胁迫结婚的，受胁迫的一方可以向婚姻登记机关或人民法院请求撤销该婚姻。受胁迫的一方撤销婚姻的请求，应当自结婚登记之日起一年内提出。被非法限制人身自由的当事人请求撤销婚姻的，应当自恢复人身自由之日起一年内提出。

家庭暴力构成犯罪吗..

【案例】

柯某与刘某自结婚以来，一直相敬如宾，夫妻关系十分和谐。结婚四年后，丈夫刘某认识了年轻漂亮的女孩吴某，开始与其保持不正当的男女关系。妻子柯某知

○ 遭遇家庭暴力怎么办

1.如果你发现对方有暴力倾向，并且已经不止一次向你施暴的话，那么你必须尽早决定解除婚姻关系，远离伤害。

2.如果不幸的你遭受了家庭暴力，建议你尽快到公安机关报案，并到医院就诊做记录。伤势较重的进行法医鉴定，坚决要求公安机关追究施暴者的行政责任甚至刑事责任。

3.在准备好相关证据后，马上分居，向人民法院提起离婚诉讼。根据我国婚姻法规定，实施家庭暴力而导致离婚的，无过错方有权请求损害赔偿。

道此事后，与丈夫刘某发生争吵，刘某恼羞成怒，将妻子柯某打成重伤。刘某的行为是违法的吗？

【法律解析】

刘某的行为违法。家庭暴力，是指发生在家庭成员之间的，以殴打、捆绑、禁闭、残害或者其他手段对家庭成员从身体、精神、性等方面进行伤害和摧残的行为。家庭暴力直接作用于受害者身体，使受害者身体上或精神上感到痛苦，损害其身体健康和人格尊严。受中国传统思想文化的影响，很多人认为家庭暴力是家务事，别人无权干涉，这是人们思想中存在的误区。我国法律明确禁止家庭暴力，在本案中，丈夫将妻子打成重伤，已经构成了犯罪，将会受到法律的制裁。

【法条链接】

《婚姻法》第三条 第二款 禁止重婚。禁止有配偶者与他人同居。禁止家庭暴力。禁止家庭成员间的虐待和遗弃。

《婚姻法解释（一）》第一条《婚姻法》第三条、第三十二条、第四十三条、第四十五条、第四十六条所称的"家庭暴力"，是指行为人以殴打、捆绑、残害、强行限制人身自由或者其他手段，给其家庭成员的身体、精神等方面造成一定伤害后果的行为。持续性、经常性的家庭暴力，构成虐待。

丈夫要求妻子做全职太太，合理吗..

【案例】

霍某拥有一家实力雄厚的私营企业，在一次朋友聚会上，他认识了活泼开朗的女大学生宋某，两人一见钟情。宋某大学毕业后，两人结婚。婚后，霍某要求宋某不要出去工作，必须待在家里，做全职太太。而宋某则坚持出来工作，双方为此发生争执。霍某要求妻子做全职太太的行为合理吗？

【法律解析】

霍某要求妻子宋某做全职太太的行为不合理，除非妻子自愿。我国《宪法》规定，劳动是每个中国公民的权利，任何人都不能干涉。夫妻之间是一种平等的关系，不是领导与被领导的关系，应该相互尊重彼此的意愿，丈夫对妻子是否参加工作，不能干涉。

【法条链接】

《宪法》第四十二条 第一款 中华人民共和国公民有劳动的权利和义务。

第四十八条 第一款 中华人民共和国妇女在政治的、经济的、文化的、社会的和家庭的生活等各方面享有同男子平等的权利。

《婚姻法》第十五条 夫妻双方都有参加生产、工作、学习和社会活动的自由，一方不得对他方加以限制或干涉。

◎ 离 婚 ◎

丈夫被判刑，妻子能否要求离婚..

【案例】

高某由于犯罪被判长期徒刑，妻子何某觉得丈夫品行不端，不想再和他一起生活下去，于是向法院提起离婚诉讼，但遭到了公公婆婆等人的极力反对。在丈夫被判刑的情况下，妻子何某能否要求离婚呢？

【法律解析】

我国《婚姻法》把"感情是否确已破裂"作为判决准予或不准予离婚的标准，规定了5种情形，调解无效的，应准予离婚。有关司法解释中规定，一方被依法判处长期徒刑，或其违法、犯罪行为严重伤害夫妻感情的，视为感情确已破裂情形。

本案中，高某被判刑导致夫妻感情确已破裂，妻子何某要求离婚，是符合法律规定的，因此，妻子何某可以要求离婚。

【法条链接】

《最高人民法院关于人民法院审理离婚案件如何认定夫妻感情确已破裂的若干具体意见》第十一条 一方被依法判处长期徒刑，或其违法、犯罪行为严重伤害夫妻感情的，视为感情确已破裂情形。

丈夫下落不明，妻子能离婚吗..

【案例】

李某的丈夫三年前南下打工，此后杳无音信，李某和家人多方查找都没有找到，警方协助寻找也始终没有结果。李某于是想要离婚另组家庭，可由于丈夫一直找不到，她不知该怎么离婚。丈夫下落不明，妻子能否离婚呢？

【法律解析】

夫妻一方如果离家杳无音信满两年，另一方想要离婚，可以按照宣告失踪程序宣告其失踪后，再向人民法院起诉离婚；如果对方杳无音信满四年，另一方想离婚，可以按照宣告死亡程序宣告死亡后，两人的婚姻关系自然消灭。本案中，李某的丈夫外出打工，三年时间里杳无音信，下落不明，李某可以依法宣告丈夫失踪，再向人民法院起诉离婚，人民法院应准予离婚。

○ 哪些情况下不允许离婚

　　根据我国婚姻法的规定，法院经过审理认为夫妻感情尚未破裂，这是法院判决不能离婚的最根本的理由。除此之外，还有：

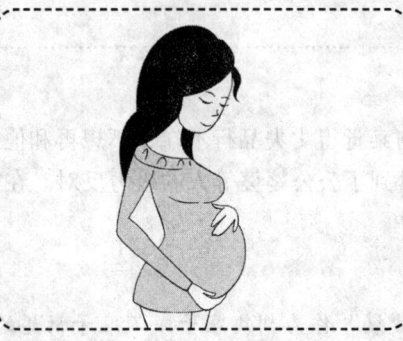

1.女方在怀孕期间、分娩后一年内或中止妊娠后六个月内，男方不得提出离婚。

2.判决不准离婚和调解和好的离婚案件，原告撤诉或者按撤诉处理的离婚案件，没有新情况、新理由，原告在六个月内又起诉的，不予受理。

3.现役军人的配偶要求离婚，须征得军人同意，但军人一方有重大过错的除外。

【法条链接】

《民法通则》第二十条 公民下落不明满二年的，利害关系人可以向人民法院申请宣告他为失踪人。

战争期间下落不明的，下落不明的时间从战争结束之日起计算。

《婚姻法》第三十二条 男女一方要求离婚的，可由有关部门进行调解或直接向人民法院提出离婚诉讼。

……

一方被宣告失踪，另一方提出离婚诉讼的，应准予离婚。

妻子出轨怀孕，丈夫提出离婚法院会受理吗……………………………………………

【案例】

余某与杨某于2006年5月1日结婚，2007年10月妻子杨某怀孕，可当妻子杨某怀孕5个月的时候，丈夫余某得知妻子所怀胎儿是别人的骨肉，杨某予以承认。余某愤怒异常，于是他向法院提起诉讼，请求判决离婚。此时正值妻子杨某怀孕，法院会受理丈夫余某的离婚请求吗？

【法律解析】

本案中，妻子杨某与他人发生性关系导致怀孕，这本身违背了夫妻间相互忠实的义务。根据《婚姻法》第三十四条的规定，余某起诉离婚的请求，属于"确有必要受理男方离婚请求"的范围，所以法院应当予以受理。

【法条链接】

《婚姻法》第三十四条 女方在怀孕期间、分娩后一年内或中止妊娠后六个月内，男方不得提出离婚。女方提出离婚的，或人民法院认为确有必要受理男方离婚请求的，不在此限。

父母可以代替子女申请离婚吗……………………………………………………………

【案例】

高某的丈夫吕某具有严重的暴力倾向，结婚后经常对高某拳打脚踢。高某怀孕后，吕某竟然一点也不顾惜，还是经常殴打高某，最终导致她流产。后来高某要求离婚，但吕某不同意。为避免遭受折磨，高某被姐姐接到澳大利亚静养。请问，此时高某的父母可以代替高某申请离婚吗？

【法律解析】

离婚诉讼的提起，必须是婚姻关系的一方当事人，其他任何第三人均不得以诉讼当事人的身份提出离婚诉讼。考虑到某些案件的特殊情况，法律允许有例外。比如，当事人正在患传染病，或正在国外不便亲自到庭，可以不出庭，但是当事人必须要有是否同意离婚的书面意见提交给人民法院。本案中，申请离婚确是高某的真实意思，高某必须向法院提交同意离婚的书面意见，这个真实意思不能由父母代替决定，不能由父母代替申请离婚。由于高某在国外不便到庭，可以由父母代她出庭。

【法条链接】

《婚姻法》第三十二条 第一款 男女一方要求离婚的，可由有关部门进行调解或直接向人民法院提出离婚诉讼。

离婚协议可以请他人代办吗

【案例】

蔡某与赵某婚姻关系破裂，两人经协商达成一致，决定签署离婚协议。签署离婚协议当天，妻子赵某到场后，发现丈夫的一个朋友在场，但丈夫没来。丈夫的朋友解释说，蔡某有事出差了，所以委托他前来代签离婚协议。这样做可以吗？

【法律解析】

找别人代签离婚协议是不行的。签署离婚协议的权利属于一种与身份相联系的严格的法律行为，有着明显的人身权利的特征。只有具有夫妻身份的完全的民事行为能力人才能办理离婚协议，绝对不能让别人代办。即使让别人代办，婚姻登记机关也会拒绝办理。

【法条链接】

《婚姻登记管理条例》第十条 第一款 内地居民自愿离婚的，男女双方应当共同到一方当事人常住户口所在地的婚姻登记机关办理离婚登记。

离婚时抚养子女的一方能否要求得到补偿

【案例】

王某和妻子于1986年结婚，生育了一儿一女。后来因感情不和，王某外出打工，孩子由妻子一人抚养至今。由于家庭困难儿子辍学外出打工，女儿今年刚考入师范学院。面对严峻的家庭状况，2009年11月10日，妻子向法院起诉离婚并要求男方支付一笔补偿金。请问，离婚时抚养子女的一方有权要求补偿吗？

【法律解析】

离婚时，一方抚养子女的，另一方应负担必要的生活费和教育费的部分或全部，负担费用的多少和期限的长短，由双方协议；协议不成时，由人民法院判决。根据我国《婚姻法》的相关规定，一方因抚育子女、照料老人、协助另一方工作等付出较多义务的，离婚时有权向另一方请求补偿，另一方应当予以补偿。因此，离婚时抚养子女的一方可以要求得到补偿。

【法条链接】

《婚姻法》第四十条 夫妻书面约定婚姻关系存续期间所得的财产归各自所有，一方因抚育子女、照料老人、协助另一方工作等付出较多义务的，离婚时有权向另一方请求补偿，另一方应当予以补偿。

◎ 夫妻间财产关系 ◎

夫妻可以约定婚前个人财产的归属吗..

【案例】

陆某与马某在结婚前，为了避免以后发生财产纠纷，两人商议决定在结婚前把财产的归属划分清楚，订立约定，以备不时之需。夫妻双方可以约定财产的归属吗?

【法律解析】

夫妻双方可以约定财产的归属。我国的现行法律中，凡涉及调整一般民事行为的条款，一般都贯彻了公民意思自治、契约订立自由的原则。在《婚姻法》中也是一样，男女双方可以在婚前就约定双方在婚后的财产分配。

【法条链接】

《婚姻法》第十九条 夫妻可以约定婚姻关系存续期间所得的财产以及婚前财产归各自所有、共同所有或部分各自所有、部分共同所有。约定应当采用书面形式。没有约定或约定不明确的，适用本法第十七条、第十八条的规定。

夫妻对婚姻关系存续期间所得的财产以及婚前财产的约定，对双方具有约束力。

夫妻对婚姻关系存续期间所得的财产约定归各自所有的，夫或妻一方对外所负的债务，第三人知道该约定的，以夫或妻一方所有的财产清偿。

婚前父母为子女买的结婚用房属于夫妻共有财产吗..............................

【案例】

陶某与谢某经过长时间的交往决定结婚，陶某的父母非常高兴，遂于二人登记结婚前出资购买了一栋别墅作为儿子结婚用房。后来二人因感情不和而协议离婚，谢某认为陶某的父母为他们购的别墅属于夫妻共同财产，离婚后应该作为共同财产进行分割。请问，该别墅属于夫妻共有财产吗?

【法律解析】

该别墅是否属于夫妻财产要视具体情况而定。本案中，陶某的父母为陶某结婚出资购买的别墅，依法应被认定为对陶某的个人赠与，属于陶某的个人财产。如果陶某的父母明确表示该别墅是对陶某和谢某的共同赠与，则应视为夫妻共有财产。

【法条链接】

《婚姻法解释（二）》第二十二条 第一款 当事人结婚前，父母为双方购置房屋出资的，该出资应当认定为对自己子女的个人赠与，但父母明确表示赠与双方的除外。

结婚未登记，分手时能否分到一半房产……………………………

【案例】

2007年元旦，阿琳和丈夫举行了结婚仪式，但没有去民政部门领取结婚证书。办理结婚仪式后，他们用两人的存款购买了一套房子，交款收据上写的是丈夫的名

○ 哪些财产不属于夫妻共同财产

这些都是我的个人财产。

一方的婚前财产

房子是我老爸给我的遗产，属于我一个人！

遗嘱或赠与合同中确定只归夫或妻一方的财产

除了以上两点之外，还包括：一方因身体受到伤害获得的医疗费、残疾人生活补助费等费用；一方专用的生活用品；其他应当归一方的财产。

字。现在阿琳和丈夫因感情问题离婚，她可以分到一半的房产吗？

【法律解析】

因为他们没有办理结婚登记，不属于法定夫妻关系。如果阿琳想分到一半房产，需要与男方协商经其同意；如果男方不同意，阿琳可以向法院提起民事诉讼。但必须提供证据证明他们在同居期间购房的房产，阿琳也出了一半的房款。另外，如果所购房屋已经办理房产证书且房产证书上只写了男方一个人的名字，则阿琳不能分到该房产，只能要回出资的房款。

【法条链接】

《婚姻法》第八条 要求结婚的男女双方必须亲自到婚姻登记机关进行结婚登记。符合本法规定的，予以登记，发给结婚证。取得结婚证，即确立夫妻关系。未办理结婚登记的，应当补办登记。

《婚姻法解释（二）》第一条 第二款 当事人因同居期间财产分割或者子女抚养纠纷提起诉讼的，人民法院应当受理。

男女未婚同居，分手后财产怎样处理

【案例】

徐某与李某同居多年，后来两人因性格不和而分手，在财产分割问题上起了争执。请问，未婚同居的男女，分手后财产该怎样处理？

【法律解析】

根据我国《婚姻法》司法解释的相关规定，男女未婚同居分手后产生财产分割问题，如果两人经过协商对财产的分割达成协议的，按照协议处理。如果产生了争议，可以向法院提起诉讼，请求法院作出判决。

【法条链接】

《婚姻法解释（二）》第一条 第二款 当事人因同居期间财产分割或者子女抚养纠纷提起诉讼的，人民法院应当受理。

离婚时，在什么情况下可以要求损害赔偿

【案例】

女子吴某所住的村子较偏僻，人们受封建思想影响很深。后来，吴某与同村的罗某结婚，婚后1年，吴某生下一个女孩儿，丈夫罗某将女婴扔进了深山，孩子不久就死了。吴某得知此事后，痛不欲生，于是向法院提起离婚诉讼，并要求损害赔偿。吴某可以要求损害赔偿吗？

○ 离婚损害赔偿情形有哪些

我要离婚！还要你赔偿我的精神损失！

1.重婚、有配偶者与他人同居

　　重婚、有配偶者与他人同居两种情形下，受害配偶可请求损害赔偿。

2.实施家庭暴力与虐待家庭成员

　　家庭成员之间以殴打、捆绑、残害、限制人身自由以及经常性谩骂、恐吓等方式实施的身体、精神等侵害行为。

老婆不给我看病就算了，竟然还卷跑了我所有财产……她怎么能这么狠心！

3.遗弃

　　《婚姻法》第46条第四项还规定遗弃家庭成员可诉请离婚损害赔偿，这里的家庭成员仅指配偶。比如，一方重病，另一方置之不理；一方无正当理由拒绝同居，等等。

【法律解析】

吴某可以要求损害赔偿，我国《婚姻法》明确规定，一方有虐待、遗弃家庭成员行为的，另一方离婚时有权请求损害赔偿。本案中吴某刚出生的孩子被丈夫罗某扔进了深山，直接导致了孩子的死亡，他有遗弃家庭成员的恶劣行为，依照法律规定，应该作出赔偿。

【法条链接】

《婚姻法》第四十六条 有重婚、实施家庭暴力、遗弃家庭成员等情形，导致离婚的，无过错方有权请求损害赔偿。

请求再次分配夫妻共有财产有时效限制吗...

【案例】

李某在与妻子叶某的婚姻存续期间，偶然得知在文艺界工作的妻子叶某每月会有一笔丰厚的奖金。但叶某不知道丈夫清楚此事，所以每月都会把钱藏匿起来。后来因感情破裂两人离婚，分割夫妻共同财产时，丈夫李某对妻子藏钱的事情隐忍不言。4年后，李某的姐姐得知此事，建议李某向法院提请再次分割财产的诉求。该权利有时效限制吗？

【法律解析】

请求再次分配夫妻共有财产是有时间限制的。尽管我国法律制定了相应条款，允许婚姻当事人的一方就另一方有隐藏、转移、变卖、毁损夫妻共同财产的情节，可以向法院提起诉讼，请求再次分配夫妻共有财产。但是，同时也规定了诉讼时效，即自发现之日起3年之内。本案中，李某自离婚之时就知道，至今已经4年了，已经超出诉讼时效。即使李某行使请求权，法院也不会予以保护了。

【法条链接】

《婚姻法解释（一）》第三十一条 当事人依据《婚姻法》第四十七条的规定向人民法院提起诉讼，请求再次分割夫妻共同财产的诉讼时效为三年，从当事人发现之次日起计算。

夫妻个人财产损坏，离婚时可要求以共同财产抵偿吗.................................

【案例】

鲁某与牛某因感情不和而协议离婚。妻子牛某在结婚前有一个梳妆台，结婚后一直使用，此时梳妆台因为老化，坏了。牛某要求用夫妻共有财产抵偿梳妆台的损失。这样的要求合理吗？

【法律解析】

这种要求是不合理的。即使牛某向法院提起诉讼，法院也不会支持。我国《婚姻法》的有关司法解释对此有明确的规定，婚前个人财产在婚后共同生活中自然毁损、消耗、灭失的，离婚时不得以夫妻共同财产抵偿。本案中，牛某的梳妆台是牛某的婚前个人财产，在婚姻存续期间自然消耗、灭失的，因此不能用夫妻共有财产抵偿。

【法条链接】

《最高人民法院关于人民法院审理离婚案件处理财产分割问题的若干具体意见》第十六条 婚前个人财产在婚后共同生活中自然毁损、消耗、灭失，离婚时一方要求以夫妻共同财产抵偿的，不予支持。

离婚时一方转移共同财产怎么办......

【案例】

许某在与丈夫胡某解决离婚纠纷时，发现丈夫将属于夫妻共有财产的一处房产变卖了，所得钱款转移到丈夫的情人名下。许某该怎么办呢？

【法律解析】

许某可以向法院请求财产保全。为了保护婚姻生活中弱势群体的利益，法律规定了一些在紧急情况下适用的保护条款。财产保全，是指人民法院在利害关系人起诉前或者当事人起诉后，为保障将来的生效判决能够得到执行或者避免财产遭受损失，对当事人的财产或者争议的标的物，采取限制当事人处分的强制措施。

本案中，胡某在分割财产之前，企图将属于夫妻共有财产的房产转移，该行为造成了夫妻共同财产的一部分灭失，对许某是不利的。对此，许某可以向法院申请财产保全。法院会依法采取强制措施，冻结待分配的财产，以保护许某的合法权益。

【法条链接】

《婚姻法解释（二）》第二十八条 夫妻一方申请对配偶的个人财产或者夫妻共同财产采取保全措施的，人民法院可以在采取保全措施可能造成损失的范围内，根据实际情况，确定合理的财产担保数额。

◎ 父母与子女关系 ◎

妻子已绝育，离婚时对于孩子的抚养请求能否得到照顾......

【案例】

蔡某和唐某结婚后第一年生下一个儿子，妻子蔡某在生下孩子的第二年做了绝

○ 什么情况下，法院将孩子抚养权判归女方的可能性大

2周岁以内的子女一般随母亲生活；孩子2周岁以上，女方已做绝育手术，男方未做，孩子判归女方的可能性较大。

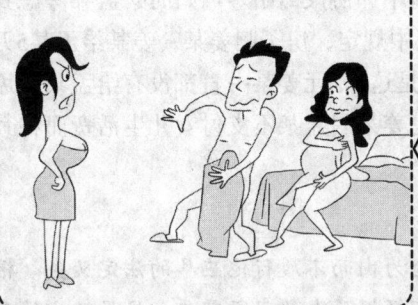

男女双方的抚养条件差距不大，如果男方对于夫妻感情破裂有过错，比如，有证据证明有婚外情等，孩子判归女方的可能性较大。

男方有不良嗜好，如赌博、酗酒等恶习；男女双方均无明显过错，女方的思想品质好一些，更有时间照顾孩子，得到孩子抚养权的可能性就会更大。

没法过了，我要离婚！

育手术。6年后，两人发生婚变，协议离婚。双方都希望争取到儿子的抚养权，于是，两人向法院提起诉讼，希望法院依法作出判决。蔡某已经不能再生育，法院会据此照顾女方吗?

【法律解析】

法院会照顾女方的。在本案中，蔡某在生下第一个孩子后，就做了绝育手术，以后都不会再生子女。在这种情况下，法院会基于法律的有关规定，酌情照顾。

【法条链接】

《妇女权益保障法》第五十条 离婚时，女方因实施绝育手术或者其他原因丧失生育能力的，处理子女抚养问题，应在有利子女权益的条件下，照顾女方的合理要求。

离婚后如何计算子女的抚育费

【案例】

孟某和姜某2001年结婚，2002年姜某生下一个女儿，为了照顾女儿，夫妻二人2003年在市区买下一套房子，后来因感情不和协议离婚。离婚时，孟某考虑到女儿年纪小，主动将女儿让给姜某抚养。协议中规定，房子归姜某，姜某给孟某5万元补偿，孟某每个月给女儿生活费500元。但是这5万元姜某一直都没有给孟某，孟某以此为由也没有给过女儿生活费。现在前妻姜某因孟某不支付女儿生活费而将其起诉至法院。请问，孩子的抚育费应如何计算?

【法律解析】

孟某不能以姜某未支付5万元补偿金为由而不履行他应尽的法定义务。根据我国有关法律规定，子女抚育费的数额，可根据子女的实际需要、父母双方的负担能力和当地的实际生活水平确定。有固定收入的，抚育费一般可按其月总收入的百分之二十至百分之三十的比例给付。负担两个以上子女抚育费的，比例可适当提高，但一般不得超过月总收入的百分之五十。无固定收入的，抚育费的数额可依据当年总收入或同行业平均收入，参照上述比例确定。有特殊情况的，可适当提高或降低上述比例。

【法条链接】

《最高人民法院关于人民法院审理离婚案件处理子女抚养问题的若干具体意见》第七条 子女抚育费的数额，可根据子女的实际需要、父母双方的负担能力和当地的实际生活水平确定。

有固定收入的，抚育费一般可按其月总收入的百分之二十至三十的比例给付。负担两个以上子女抚育费的，比例可适当提高，但一般不得超过月总收入的百分之五十。

无固定收入的，抚育费的数额可依据当年总收入或同行业平均收入，参照上述比例确定。

有特殊情况的，可适当提高或降低上述比例。

离婚后，可以要求变更孩子的抚养权吗..

【案例】

钱某与安某离婚后，妻子安某取得了孩子的抚养权。离婚没多久，安某被检查出患有癌症，且已到晚期，生命岌岌可危。为了孩子，安某遂向法院申请变更孩子的抚养权，把孩子交与前夫钱某抚养。法院会支持这个请求吗？

○ 哪些情况下可以变更子女抚养关系

《最高人民法院关于人民法院审理离婚案件处理子女抚养问题的若干具体意见》第十六条 一方要求变更子女抚养关系有下列情形之一的，应予支持：

1.与子女共同生活的一方不尽抚养义务或有虐待子女行为，或其与子女共同生活对子女身心健康确有不利影响的。

2.10周岁以上未成年子女，愿随另一方生活，该方又有抚养能力的，或者有其他正当理由需要变更的。

【法律解析】

法院会支持安某的请求的。我国法律明确规定，与子女共同生活的一方因患严重疾病或因伤残无力继续抚养子女的，法院会依照诉求，予以变更孩子的抚养权。本案中安某的身体状况已经不能再继续抚养孩子，法院会依法支持其诉讼请求。

【法条链接】

《最高人民法院关于人民法院审理离婚案件处理子女抚养问题的若干具体意见》第十六条 与子女共同生活的一方因患严重疾病或因伤残无力继续抚养子女的，一方要求变更子女抚养关系，应予支持。

离婚后养子女该归谁抚养

【案例】

白某和妻子房某在2004年收养了一个女儿，办理了收养手续。后来他们又生育了一个儿子。2008年，他们因感情破裂而离婚。现在白某不想同时抚养两个孩子，他只想抚养他的亲生儿子。请问，他能不能和养女解除收养关系？

【法律解析】

根据有关法规，收养应当向县级以上人民政府民政部门登记，收养关系自登记之日起成立。自收养关系成立之日起，养父母与养子女间的权利义务关系，适用法律关于父母子女关系的规定。本案中收养关系成立，白某与养女之间形成父女关系，在养女未成年以前，他不能只抚养亲生儿子而拒绝抚养养女，他和前妻房某都有共同抚养该养女的法定义务。如果有虐待、遗弃等侵害未成年养子女合法权益行为的，还要承担相应的法律责任。

【法条链接】

《中华人民共和国收养法》（以下简称《收养法》）第二十六条 收养人在被收养人成年以前，不得解除收养关系，但收养人、送养人双方协议解除的除外，养子女年满十周岁以上的，应当征得本人同意。

非婚生子女有权要求亲生父母履行抚养义务吗

【案例】

董某在与妻子婚姻存续期间，与情人发生不正当关系而生下一女。为了不破坏自己的家庭，董某不肯认领这个孩子，而让情人独自抚养，孩子的相应权利得不到实现。请问，非婚生子女有权要求亲生父母履行抚养义务吗？

【法律解析】

非婚生子女与婚生子女一样，同样有权要求自己的亲生父母履行抚养义务。在实际生活中，非婚生子女的地位是很尴尬的，通常得不到父母的承认，生活也没有保障。针对此问题，我国法律作出了非常明确的规定，非婚子女享有与婚生子女同等的权利，从立法上确实保护了非婚生子女的合法权益。

【法条链接】

《婚姻法》第二十五条 非婚生子女享有与婚生子女同等的权利，任何人不得加以危害和歧视。

不直接抚养非婚生子女的生父或生母，应当负担子女的生活费和教育费，直至子女能独立生活为止。

放弃继承权的子女可以不赡养父母吗

【案例】

沈某父母均已年迈，需要沈某兄弟的赡养。一天，沈某找到哥哥商量，自己能不能放弃继承权，同时也不赡养父母。请问，沈某可以这样做吗？

【法律解析】

不可以，沈某这样做是违法的。赡养父母是法定的义务，即使沈某宣布放弃继承权，他也不能因此就不履行赡养父母的义务。

【法条链接】

《中华人民共和国老年人权益保障法》（以下简称《老年人权益保障法》）第十五条 第一款 赡养人不得以放弃继承权或者其他理由，拒绝履行赡养义务。

因物价上涨，子女可否要求增加抚养费

【案例】

小军是一名初三学生。2005年，父母经法院判决离婚，小军随母亲一起生活，父亲每月支付300元抚养费。2007年，母亲下岗，且物价上涨，小军和妈妈的生活陷入困境。请问，小军可以要求父亲增加抚养费吗？

【法律解析】

小军可以要求父亲增加抚养费。本案中，因小军母亲下岗，再加上物价上涨导致小军和妈妈生活困难，只要小军父亲有给付能力，就应当增加抚养费。

【法条链接】

《最高人民法院关于人民法院审理离婚案件处理子女抚养问题的若干具体意见》第十八条 子女要求增加抚育费有下列情形之一，父或母有给付能力的，应予支持。

（1）原定抚育费数额不足以维持当地实际生活水平的；

（2）因子女患病、上学，实际需要已超过原定数额的；

（3）有其他正当理由应当增加的。

○ 什么情况下可以要求减免抚养费

　　相对应子女可因特殊原因要求支付超过原定数额的抚养费，有给付抚养费义务的父母，在具备以下情形时，亦可以要求减少或免除支付抚养费：

我这一病，孩子的抚养费也给不起了……

虽然我们离婚了，但我现在有能力养孩子，你安心养病，身体最重要！

　　1.由于长期患病或丧失劳动能力，失去经济来源，确实无力按原协议或判决确定的数额给付，而抚养子女的一方又能够负担，有抚养能力的。

儿子，爸爸对不起你……

爸，你在里面好好改造，不用担心我，我能照顾好自己。

　　2.因犯罪被收监改造，无力给付的。

老李现在正在创业期，资金比较紧张。你给他说一下，以后孩子的抚养费不用给了，反正我们也养得起。

哎，我得考虑考虑！

　　3.直接抚养子女的一方再婚后，继父或继母愿意负担子女所需抚养费的一部分或全部的。

遗产继承篇

指点迷津

◎ 遗 产 ◎

五保户的遗产应归谁

【案例】

汪某自从女儿出嫁后，孤苦伶仃，没人照顾。去年村委会将他评为五保户，享受五保待遇，但没有签订扶养协议。今年初汪某病故，留下一套房子和1万元存款，没有遗嘱。村委会认为遗产应归集体所有，汪某女儿回来后认为遗产应归她所有。那么，汪某的遗产应当归谁所有？

【法律解析】

根据相关法律规定，集体组织对五保户实行五保时，双方有扶养协议的，按协议处理；没有抚养协议，死者有遗嘱继承人或法定继承人要求继承的，按遗嘱继承或法定继承处理，但集体组织有权要求扣回五保费用。本案中，汪某跟村委会没有签订扶养协议，所以汪某的女儿是合法的继承人。但是村委会有权在汪某的遗产范围内要求扣回所支出的五保费用。

【法条链接】

《继承法》第五条 继承开始后，按照法定继承办理；有遗嘱的，按照遗嘱继承或者遗赠办理；有遗赠扶养协议的，按照协议办理。

抚恤金属于遗产吗..

【案例】

刘某在一次车祸中丧生，单位为此发了一笔抚恤金。请问，单位发的这笔抚恤金能否作为刘某遗产的一部分由继承人共同继承？

【法律解析】

不能。抚恤金是死者生前单位或有关民政部门发放给死者直系亲属或其供养亲属的费用，具有抚恤性质。根据《继承法》第三条的规定，抚恤金不包含在遗产范

○ 哪些财产不属于遗产的范围

根据法律、法规和司法解释，下列财产不能纳入遗产范围：

1.国家或集体职工因公死亡，革命军人牺牲或病故、公民因交通事故或其他意外事故而死亡时，按相关法律规定，给予该死者生前抚育、扶助和赡养的家属一定金额的抚恤费和其他生活补助费。

不知道哥哥的抚恤金能不能当成遗产分给我们……

恐怕不行。

沉痛哀悼XX

爸爸，保险金不能作为遗产的一部分。

我交了这么多年保险了，将来把这些保险金当成给你们的遗产。

2.人身保险金。按照保险法的规定，被保险人如果指定了第三人为其人身保险合同的受益人时，如果被保险人死亡，该保险金不列入被保险人遗产范围。

围内，不能作为遗产由继承人共同继承。

【法条链接】

《继承法》第三条 遗产是公民死亡时遗留的个人合法财产，包括：

（一）公民的合法收入；

（二）公民的房屋、储蓄和生活用品；

（三）公民的林木、牲畜和家禽；

（四）公民的文物、图书资料；

（五）法律允许公民所有的生产资料；

（六）公民的著作权、专利权中的财产权利；

（七）公民的其他合法财产。

未指定受益人的保险金能作为被保险人的遗产吗..

【案例】

司机小周生前在保险公司投保了人身意外伤害险。在一次交通事故中，小周因伤势过重而死亡，后来保险公司赔偿了巨额的保险金。请问，保险金可以作为遗产被继承吗？

【法律解析】

保险分为人身保险和财产保险，在是否将保险金作为遗产继承的问题上，要区别对待。财产保险可以作为遗产被继承，但人身险的认定比较复杂。人身险通常会涉及受益人的问题，如果人身险指定了受益人，则被保险人死亡后，保险金应支付给受益人；如果没有指定受益人，则保险金应作为遗产由继承人继承。本案中，小周生前投保的人身意外伤害险没有指定受益人，可以作为遗产。

【法条链接】

《中华人民共和国保险法》（以下简称《保险法》）第四十二条 被保险人死亡后，有下列情形之一的，保险金作为被保险人的遗产，由保险人依照《中华人民共和国继承法》的规定履行给付保险金的义务：

（一）没有指定受益人，或者受益人指定不明无法确定的；

（二）受益人先于被保险人死亡，没有其他受益人的；

（三）受益人依法丧失受益权或者放弃受益权，没有其他受益人的。

受益人与被保险人在同一事件中死亡，且不能确定死亡先后顺序的，推定受益人死亡在先。

◎ 继承权 ◎

继承子女有继承权吗...

【案例】

刘某在与前夫离婚前，育有一个儿子，离婚后，由刘某抚养。后来，刘某与单身男子罗某相识并结婚。婚后，两人生有一个女儿。罗某去世后，刘某与前夫的儿子享有对罗某遗产的继承权吗？

【法律解析】

此子享有继承权。我国《继承法》中明确规定，法定继承中，所指的子女，包括婚生子女、非婚生子女、养子女和有扶养关系的继子女。此子为罗某的继子，依法享有继承权。

【法条链接】

《继承法》第十条 第三款 本法所说的子女，包括婚生子女、非婚生子女、养子女和有扶养关系的继子女。

过继子女有继承权吗...

【案例】

管某中年丧妻，儿子倒插门到外地，很少回家看望管某。后来，管某堂弟把小儿子旺财过继给管某，过继后，旺财悉心照料管某的生活，和管某相处得很融洽。几年后，管某病逝，旺财准备继承其遗产，但管某的儿子认为自己才是唯一继承人，旺财只是过继，没有继承权。那么，过继子有没有继承权呢？

【法律解析】

本案中，旺财过继给管某以后，悉心照料管某的生活，尽到了扶养义务，可以认为旺财与管某之间形成了事实上的收养关系。根据有关规定，过继子女与过继父母形成扶养关系的，即为养子女，互有继承权。因此，旺财作为与管某有着抚养关系的过继子，享有继承其过继父亲管某遗产的权利。

【法条链接】

《最高人民法院关于贯彻执行民事政策法律若干问题的意见》第三十八条"过继"子女与"过继"父母形成扶养关系的，即为养子女，互有继承权；如系封建性质的"过继"、"立嗣"，没有形成抚养关系的，不能享有继承权。

《继承法》第十条 婚生子女、非婚生子女、养子女和有抚养关系的继子女都是法定的第一顺序继承人。

非婚生子女有继承权吗..

【案例】

郭某在与丈夫韩某婚姻存续期间，长期与一男子保持不正当的男女关系，并生有一女。不久，郭某与该男子的关系结束，此女一直由郭某的母亲抚养，直至成年。郭某死后，已经成年的女孩要求参与继承。那么，郭某之女享有继承权吗？

【法律解析】

郭某之女享有继承权。我国《婚姻法》规定，非婚生子女与婚生子女享有同等的权利，包括继承权。《继承法》对此进行了进一步的明确规定，子女包括婚生子女与非婚生子女。本案中，尽管郭某之女是非婚生子女，但与婚生子女一样，享有同等的权利，任何人不得以任何理由加以干涉。

【法条链接】

《婚姻法》第二十五条 第一款 非婚生子女享有与婚生子女同等的权利，任何人不得加以危害和歧视。

○ 非婚生子女享有哪些权利

非婚生子女与婚生子女，虽然在出生形式上是非法婚姻和合法婚姻的不同产物，但其法律地位却是相同的。那么，非婚生子女享有哪些权利？

1.要求生父母对其抚养教育的权利。如果生父母或其中一方不履行抚养教育义务，未成年的、不能独立生活的非婚生成年子女，有要求父母给付抚养费和教育费的权利。

2.非婚生子女与其生父母的婚生子女有同等继承其生父母遗产的权利等。对于非婚生子女依法享有的权利，任何人都不得干涉侵犯。

不履行赡养义务的子女还有继承权吗

【案例】

宋某在年轻的时候，积攒了一笔不小的财产，一直存在银行里，子女们都不知道。宋某起初与儿子共同生活，但儿子不孝顺，经常打骂宋某。宋某无奈，只得与女儿一家共同生活，自此宋某之子再没有履行过赡养的义务。老人去世后，这笔财产留给了女儿。儿子知道此事后，认为自己也有继承权。那么，宋某之子还有继承权吗？

【法律解析】

宋某之子不再享有继承权。我国《继承法》规定，虐待、不履行赡养义务的继承人丧失继承权。如果情节极为恶劣，还可以根据《刑法》的规定追究其刑事责任。本案中，宋某之子对宋某不履行赡养义务，不再享有继承权。

【法条链接】

《继承法》第七条 继承人有下列行为之一的，丧失继承权：

（一）故意杀害被继承人的；

（二）为争夺遗产而杀害其他继承人的；

（三）遗弃被继承人的，或者虐待被继承人情节严重的；

（四）伪造、篡改或者销毁遗嘱，情节严重的。

《继承法意见》第十条 第二款 虐待被继承人情节严重的，不论是否追究刑事责任，均可确认其丧失继承权。

未出生的胎儿有继承权吗

【案例】

陈某与魏某结婚后不久，丈夫魏某遭遇空难，不幸身亡。此时，妻子陈某已经怀有3个月的身孕。在继承遗产时，魏某还未出生的孩子有继承权吗？

【法律解析】

魏某还未出生的孩子有继承权。尽管我国《民法通则》规定，公民的民事权利能力始于出生，即孩子自出生时起，才是公民，才享有权利，履行义务。但是，为保护即将出生但还未出生的孩子的利益，《继承法》也做出了相应规定：遗产分割时，应保留胎儿的继承份额。因此，魏某未出生的孩子享有继承权。

【法条链接】

《继承法》第二十八条 遗产分割时，应当保留胎儿的继承份额。胎儿出生时是死体的，保留的份额按照法定继承办理。

代位继承人该怎么确定

【案例】

杜某去年因车祸去世，其父亲因伤心欲绝，于今年离开人世。杜某父亲去世时留有一笔遗产，但生前没有立遗嘱。请问，杜某父亲的这笔遗产该由杜某的儿子还是杜某的妻子来代位继承？

【法律解析】

我国有关法律规定，被继承人的子女先于被继承人死亡的，由被继承人的子女的晚辈直系血亲代位继承。代位继承人一般只能继承他的父亲或者母亲有权继承的遗产份额。代位继承只适用于法定继承，只能由被继承人的子女的晚辈直系血亲来代位继承。所以，本案中，应当由杜某的儿子来代位继承其爷爷的遗产。

【法条链接】

《继承法》第十一条 被继承人的子女先于被继承人死亡的，由被继承人的子女的晚辈直系血亲代位继承。代位继承人一般只能继承他的父亲或者母亲有权继承的遗产份额。

继承权纠纷提起诉讼的期限是多长时间

【案例】

吴某常年在外地经商，很少回家。后来父亲去世，吴某的姐姐没有将父亲去世的消息告诉吴某，独占了父亲留下的财产。一年后，吴某回到家中，得知了父亲已经去世的消息，伤心欲绝。随后又得知了姐姐独占父亲遗产，遂向法院提起了诉讼。时隔一年之久，法院还会受理吗？

【法律解析】

法院会受理。继承权纠纷的诉讼时效为三年，自继承人知道或者应当知道其权利被侵犯之日起计算。吴某知道自己的合法权益受到侵害后，立即向法院提起诉讼，没有超过诉讼时效，因此法院会予以受理。

【法条链接】

《民法总则》第一百八十八条 向人民法院请求保护民事权利的诉讼时效期间为三年，法律另有规定的除外。

○ 继承纠纷怎样解决

继承纠纷包括：法定继承纠纷、遗嘱继承纠纷、继承权确认纠纷、被继承人债务清偿纠纷，等等，根据我国现行法律的规定，发生了继承纠纷，可以通过如下途径加以解决：

1. 自行协商

继承纠纷发生后，相关当事人可以在完全自愿的基础上，通过互谅互让，就遗产分割的时间、办法和份额协商达成都愿接受的协议，然后按协议分割遗产。

2. 人民调解委员会调解

在发生继承纠纷后，如有关当事人协商不成的，可以由人民调解委员会调解。

人民调解

有纠纷，找调解！

法院

3. 向人民法院提起诉讼

继承纠纷发生后，经协商不成时，可以不经人民调解委员会调解，直接向人民法院提起诉讼。

◎ 法定继承 ◎

法定继承的顺序是什么..

【案例】

某富商李某在一次意外事故中身亡，但他去世前没有立遗嘱，于是按照法定继承顺序继承遗产。那么，法定继承顺序是怎样的？

【法律解析】

法定继承顺序是按照家庭生活中，家庭成员之间的关系确定的，按照亲密至疏远的顺序排列。第一顺序继承人为配偶、子女、父母，第二顺序继承人为兄弟姐妹、祖父母、外祖父母。继承开始后，由第一顺序继承人继承，没有第一顺序继承人的，由第二顺序继承人继承。

【法条链接】

《继承法》第十条 遗产按照下列顺序继承：

第一顺序：配偶、子女、父母。

第二顺序：兄弟姐妹、祖父母、外祖父母。

继承开始后，由第一顺序继承人继承，第二顺序继承人不继承。没有第一顺序继承人继承的，由第二顺序继承人继承。

本法所说的子女，包括婚生子女、非婚生子女、养子女和有扶养关系的继子女。

本法所说的父母，包括生父母、养父母和有扶养关系的继父母。

本法所说的兄弟姐妹，包括同父母的兄弟姐妹、同父异母或者同母异父的兄弟姐妹、养兄弟姐妹、有扶养关系的继兄弟姐妹。

第十一条 被继承人的子女先于被继承人死亡的，由被继承人的子女的晚辈直系血亲代位继承。代位继承人一般只能继承他的父亲或者母亲有权继承的遗产份额。

第十二条 丧偶儿媳对公、婆，丧偶女婿对岳父、岳母，尽了主要赡养义务的，作为第一顺序继承人。

夫妻都死亡，留下的遗产该如何分割..

【案例】

钟某和贺某系夫妻关系，无子女。2008年10月夫妻二人外出旅游途中遭遇车祸，钟某当场死亡，贺某在送往医院途中身亡。钟某的父母都健在，贺某的父母已去世，但有一个弟弟。钟某和贺某都没有设立遗嘱。现在钟某的父母和贺某的弟弟就遗产继承发生纠纷。请问，钟某和贺某留下的遗产应该如何分割？

【法律解析】

因在交通事故中钟某先于贺某去世，所以应当先将他们共同所有的财产的一半分出为贺某所有，其余的一半按照法定继承由贺某和钟某的父母亲三人分得。贺某的遗产按照《继承法》第十条规定继承，第一顺序继承人为配偶、子女、父母。第二顺序继承人为兄弟姐妹、祖父母、外祖父母。继承开始后，由第一顺序继承人继承，第二顺序继承人不继承。没有第一顺序继承人继承的，由第二顺序继承人继承。

【法条链接】

《继承法》第二十六条 夫妻在婚姻关系存续期间所得的共同所有的财产，除有约定的以外，如果分割遗产，应当先将共同所有的财产的一半分出为配偶所有，其余的为被继承人的遗产。

遗产在家庭共有财产之中的，遗产分割时，应当先分出他人的财产。

遗留在银行的存款该怎么继承 ....

【案例】

边某几个月前因病突然去世，工资卡里钱尚未取出。边某十几年前就已离婚，他有一个刚满18周岁的儿子，一个90岁的老母亲和两个哥哥、一个弟弟、一个妹妹。请问，他的工资卡里的钱应由谁继承？

【法律解析】

有遗嘱的，按遗嘱继承；没有遗嘱，则由第一顺序继承人边某的儿子和他母亲继承其遗留的个人合法财产。法定继承人如果知道工资卡的密码，可以直接到银行支取。如果不知道密码，则需要履行一系列手续。各个银行的规定可能不太一样。一般来说，继承人需出具工资卡、身份证、户口簿、存款人死亡证明、继承权公证书等材料才可以取出存款。

【法条链接】

《继承法》第十条 遗产按照下列顺序继承：

第一顺序：配偶、子女、父母。

第二顺序：兄弟姐妹、祖父母、外祖父母。

继承开始后，由第一顺序继承人继承，第二顺序继承人不继承。没有第一顺序继承人继承的，由第二顺序继承人继承。

本法所说的子女，包括婚生子女、非婚生子女、养子女和有扶养关系的继子女。

本法所说的父母，包括生父母、养父母和有扶养关系的继父母。

本法所说的兄弟姐妹，包括同父母的兄弟姐妹、同父异母或者同母异父的兄弟姐妹、养兄弟姐妹、有扶养关系的继兄弟姐妹。

本法所说的子女，包括婚生子女、非婚生子女、养子女和有扶养关系的继子女。

本法所说的父母，包括生父母、养父母和有扶养关系的继父母。

本法所说的兄弟姐妹，包括同父母的兄弟姐妹、同父异母或者同母异父的兄弟姐妹、养兄弟姐妹、有扶养关系的继兄弟姐妹。

依靠被继承人扶养的孤儿可以要求分得适当遗产吗..................................

【案例】

郝某生前资助了一名孤儿，该孤儿的日常生活费用及教育投资费用均由郝某承担。郝某去世后，这名儿童可以分到适当的遗产吗？

【法律解析】

这名儿童可以分到适当的遗产。我国《继承法》及相关司法解释规定，对继承人以外的依靠被继承人扶养的缺乏劳动能力又没有生活来源的人，或者继承人以外的对被继承人扶养较多的人，可以分配给他们适当的遗产。本案中，郝某所资助的儿童是孤儿，其情形符合《继承法》的上述规定，因此可以分到适当的遗产。

【法条链接】

《继承法》第十四条 对继承人以外的依靠被继承人扶养的缺乏劳动能力又没有生活来源的人，或者继承人以外的对被继承人扶养较多的人，可以分配给他们适当的遗产。

◎ 遗嘱继承 ◎

因受胁迫所立的遗嘱有效吗..

【案例】

唐某有兄弟姐妹4个，父亲在世时表示，自己一旦辞世，财产由子女们平分，即每个子女都平均地得到1/4的遗产。但是，唐某觊觎父亲的巨额家财已经很久了，一直希望独自继承。走火入魔的唐某逼迫父亲立下了所有遗产都由唐某继承的遗嘱，以便父亲死后，自己可以独自占有遗产。这份遗嘱有效吗？

【法律解析】

这份遗嘱是没有法律效力的。我国《继承法》对遗嘱无效的情形作了列举式的规定，其中包括受胁迫所立的遗嘱。本案中唐某父亲的遗嘱是受唐某胁迫而立，因此无效。

【法条链接】

《继承法》第二十二条 第二款 遗嘱必须表示遗嘱人的真实意思，受胁迫、欺骗所立的遗嘱无效。

以电子邮件形式所立的遗嘱有效吗......

【案例】

随着网络的不断普及，许多老人也学会用电脑发电子邮件，有的老人甚至将自己的遗嘱写在电子邮件中。那么，以电子邮件形式所立的遗嘱有效吗？

【法律解析】

无效。订立有效的遗嘱不仅要具备法定的实质要件，例如必须有遗嘱能力，遗嘱的内容必须合法，遗嘱必须是遗嘱人自由、真实意愿的表达等，遗嘱还必须符合法定形式要件。《继承法》规定以电子邮件形式所立的遗嘱不符合法定形式，因此是无效的。

【法条链接】

《继承法》第十七条 公证遗嘱由遗嘱人经公证机关办理。

自书遗嘱由遗嘱人亲笔书写，签名，注明年、月、日。

代书遗嘱应当有两个以上见证人在场见证，由其中一人代书，注明年、月、日，并由代书人、其他见证人和遗嘱人签名。

以录音形式立的遗嘱，应当有两个以上见证人在场见证。

遗嘱人在危急情况下，可以立口头遗嘱。口头遗嘱应当有两个以上见证人在场见证，危急情况解除后，遗嘱人能够用书面或者录音形式立遗嘱的，所立的口头遗嘱无效。

遗嘱设立后，又对遗嘱财产进行处理，遗嘱还有效吗......

【案例】

熊某去世前，设立了一份遗嘱，称其遗产中房屋由长子继承，50万元现金由其次子继承。遗嘱设立后不久，熊某又将遗嘱中的10万元现金拿出来，用于炒股票，全部被套。这种情况下，遗嘱应如何认定？

【法律解析】

按照《继承法意见》第三十九条的规定，如果遗嘱人生前的行为与遗嘱的意思表示相反，导致在继承开始前遗嘱中所涉及的财产所有权发生变动的，应当认定为遗嘱被撤销或部分被撤销。本案在继承开始前，熊某处分了遗嘱中所涉及的部分财产，应当视为遗嘱被部分撤销。

【法条链接】

《继承法意见》第三十九条 遗嘱人生前的行为与遗嘱的意思表示相反，而使遗嘱处分的财产在继承开始前灭失，部分灭失或所有权转移、部分转移的，遗嘱视为被撤销或部分被撤销。

○ 遗嘱公证后还能否进行修改

《继承法》规定，遗嘱人可以撤销、变更自己所立的遗嘱，但自书、代书、录音、口头遗嘱不得撤销、变更公证遗嘱，可见公证遗嘱是各种形式遗嘱中效力、证明力最强的。

这两份啊，只有公证了的才有效！

1.如果被继承人立有两份内容相抵触的遗嘱，前一份经过了公证，后一份系遗嘱人自书，按照法律来讲应以公证遗嘱为准。

2.附义务的遗嘱继承，如义务能够履行，而遗嘱继承人无正当理由不履行，经其他继承人或受益人的请求，人民法院是可以取消他接受附义务那部分遗产的权利的。

你不养我，遗嘱就是无效的！

遗嘱在我手里，反正你也改不了，老东西！

临终前立的口头遗嘱怎样才算有效 ....

【案例】

某集团公司总裁包某遭遇车祸，送到医院抢救时已经奄奄一息，临终前对身边的3个经理交代后事，让次子接替自己的位置，掌管公司。包某去世后，长子以父亲临终前的口头遗嘱无效为由，要求接管公司，于是发生纠纷。那么，临终前的口头遗嘱有没有法律效力？

【法律解析】

我国《继承法》规定，遗嘱人在危急情况下，在有两个以上见证人在场的情况下，可以立口头遗嘱。本案中包某在临终前的紧急时刻，在身边有两个以上见证人的情况下，设立了口头遗嘱，应该被认定为是有效的。

【法条链接】

《继承法》第十七条 第五款 遗嘱人在危急情况下，可以立口头遗嘱。口头遗嘱应当有两个以上见证人在场见证。危急情况解除后，遗嘱人能够用书面或者录音形式立遗嘱的，所立的口头遗嘱无效。

涉及死后个人财产处分内容的遗书是遗嘱吗..

【案例】

宋某自妻子去世后，伤心欲绝。无法忍受思妻之苦的宋某，最终决定自我了断。在书写了一份遗书后，宋某跳河自尽了。宋某的弟弟在整理宋某的遗物时，发现了这份遗书，遗书中涉及了宋某死后财产如何处分的问题，并有宋某的亲笔签名及日期。这份遗书应该算作遗嘱吗？

【法律解析】

这份遗书可以视为遗嘱。我国最高人民法院对《继承法》的司法解释规定，公民在遗书中涉及死后财产处分的内容，确为死者真实的意思表示，如果有本人的签名和明确的时间，且无相反证据的情况下，可以认定为自书遗嘱。本案中，宋某所写遗书符合上述司法解释的规定，因此可以被视为有效的遗嘱。

【法条链接】

《继承法意见》第四十条 公民在遗书中涉及死后个人财产处分的内容，确为死者真实意思的表示，有本人签名并注明了年、月、日，又无相反证据的，可按自书遗嘱对待。

遗嘱可以剥夺法定继承人的继承权吗..

【案例】

李某一生艰苦奋斗，创办了一家知名的大型企业。李某立下遗嘱，自己死后，名下所有的资产全部捐献给希望小学。遗嘱中没有提到给其在美国工作的子女保留遗产的条款。那么，李某死后，其子女可以要求继承遗产吗？

【法律解析】

不能。《继承法》规定，继承开始后，如果有遗嘱，按照遗嘱规定的继承，即使遗嘱没有给法定继承人留下遗产，仍然是有效的遗嘱，即遗嘱可以排除法定继承人的继承权，但《继承法》同时规定，遗嘱应当对缺乏劳动能力又没有生活来源的继承人保留必要的遗产份额。本案中，李某的子女在美国工作，不属于没有劳动能力又无生活来源的人。因此，遗嘱有效，李某的子女不能要求继承遗产。

【法条链接】

《继承法》第五条 继承开始后，按照法定继承办理；有遗嘱的，按照遗嘱继承或者遗赠办理；有遗赠扶养协议的，按照协议办理。

第十九条 遗嘱应当对缺乏劳动能力又没有生活来源的继承人保留必要的遗产份额。

○ 公民如何分配遗嘱中的个人财产

《继承法》第十六条 公民可以依照本法规定立遗嘱处分个人财产，并可以指定遗嘱执行人。

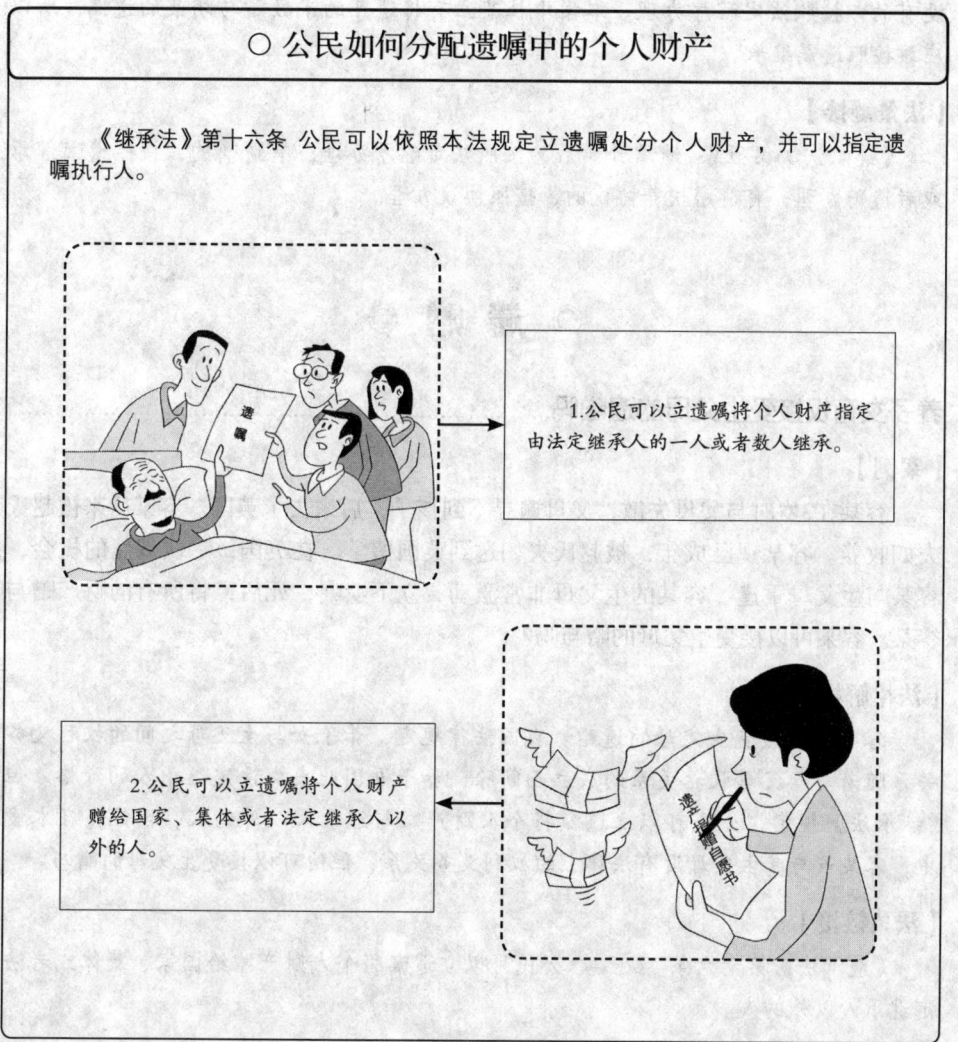

1.公民可以立遗嘱将个人财产指定由法定继承人的一人或者数人继承。

2.公民可以立遗嘱将个人财产赠给国家、集体或者法定继承人以外的人。

遗嘱继承与法定继承哪个优先......................................

【案例】

杜某去世前，设立了一份遗嘱。遗嘱中规定，将半数的遗产赠与长年照顾自己的某大学学生胡某。杜某去世后，在处理杜某遗产时发生了继承纠纷。杜某的子女不认同遗嘱中将遗产半数赠与胡某的条款，认为应该按照法定继承顺序继承。究竟遗嘱继承与法定继承哪个更为优先呢？

【法律解析】

按照我国《继承法》的相关规定，遗嘱继承与遗赠抚养协议优于法定继承。即继承开始后，有遗嘱的，先按照遗嘱继承；有遗赠扶养协议的，按照协议办理；都没有的，按照法定程序办理。本案中杜某立有将遗产的半数赠与胡某的遗嘱，所以应该按照遗嘱继承。

【法条链接】

《继承法》第五条 继承开始后，按照法定继承办理；有遗嘱的，按照遗嘱继承或者遗赠办理；有遗赠扶养协议的，按照协议办理。

◎ 遗 赠 ◎

养子女有权接受生父母的遗赠吗......................................

【案例】

容某在3岁时与父母失散，父母遍寻不到孩子，后来去了英国。容某后来被赵氏夫妇收养。容某现已成年，被赵氏夫妇送到英国留学。在英国，一次偶然的机会，容某与生父母重逢。容某的生父母非常激动，立下遗嘱，死后，将所有的财产赠与容某。容某可以接受生父母的赠与吗？

【法律解析】

容某可以接受生父母的遗赠。我国法律规定，养子女与生父母之间的权利义务关系随着与养父母收养关系的成立而解除，养子女因此丧失法定继承人的资格。但《继承法》规定，公民可以立遗嘱将个人财产赠与继承人以外的人，因此，在本案中，容某虽与其生父母没有法律上的权利义务关系，但他可以接受生父母的赠与。

【法条链接】

《继承法》第十六条 第三款 公民可以立遗嘱将个人财产赠给国家、集体或者法定继承人以外的人。

遗嘱与遗赠扶养协议哪个优先..

【案例】

姜某在离世前，立下遗嘱，全部的财产由儿子继承。同时，又与长年照顾自己的保姆签订了遗赠扶养协议，保姆履行协议规定的内容。继承开始后，发生了纠纷。这样的情况要如何处理？

【法律解析】

依据法律规定，被继承人生前与他人订有遗赠扶养协议，同时又立有遗嘱的，继承开始后，如果遗赠扶养协议与遗嘱没有抵触，遗产分别按协议和遗嘱处理；如

○ 遗赠扶养双方的权利和义务

遗赠扶养协议是受扶养的公民和扶养人之间关于扶养人承担受扶养的生养死葬的义务，受扶养人将财产遗赠给扶养人的协议。

1.受扶养人的权利和义务

受扶养人享有依协议请求扶养人扶养和接受扶养人扶养的权利；承担在世时妥善管理遗赠财产、不处分遗赠财产并将其转移给扶养人的义务。

大爷您放心吧！我会把大娘当自己亲妈来孝顺的。

2.扶养人的权利义务

扶养人享有在遗赠人死后取得遗赠财产的权利；承担扶养照顾遗赠人，并在遗赠人死亡后将其安葬的义务。

果有抵触，按协议处理，与协议抵触的遗嘱全部或部分无效。因此本案的遗产分配应按遗赠扶养协议进行。

【法条链接】

《继承法》第五条 继承开始后，按照法定继承办理；有遗嘱的，按照遗嘱继承或者遗赠办理；有遗赠扶养协议的，按照协议办理。

《继承法意见》第五条 被继承人生前与他人订有遗赠扶养协议，同时又立有遗嘱的，继承开始后，如果遗赠扶养协议与遗嘱没有抵触，遗产分别按协议和遗嘱处理；如果有抗触，按协议处理，与协议抵触的遗嘱全部或部分无效。

◎ 遗产的处理 ◎

要继承遗产，债务必须一并继承吗

【案例】

杜某去世以后，在留下财产的同时，也留下了生前所欠的债务。杜某的儿子如果继承了杜某的遗产，对杜某的债务也要一并继承吗？

【法律解析】

是的，一旦杜某的儿子继承了遗产，对杜某的债务也要一并继承。我国《继承法》规定，继承人在继承遗产时，应当清偿被继承人依法应当缴纳的税款和债务，缴纳税款和清偿债务以他的遗产实际价值为限。超过遗产实际价值部分，继承人自愿偿还的不在此限。据此，本案中，杜某之子如要继承遗产，须负责偿还其父生前所欠债务。

【法条链接】

《继承法》第三十三条 第一款 继承遗产应当清偿被继承人依法应当缴纳的税款和债务，缴纳税款和清偿债务以他的遗产实际价值为限。超过遗产实际价值部分，继承人自愿偿还的不在此限。

如何办理股票继承手续

【案例】

2008年11月，张某在一起交通事故中遇难。由于他曾在一家证券营业部开户炒股，而且他所购买的股票已经升值。张某的父母认为该股票属于儿子的遗产，他们享有继承权。但张某的妻子认为股票是夫妻共同财产不能作为遗产进行分割。请问，股票可否作为遗产继承？如果可以，如何办理股票继承手续？

【法律解析】

　　根据有关法规，股票是可以作为遗产继承的。本案中，张某的家人在继承股票问题上发生了争执，不能申请办理股票继承公证，应当向人民法院起诉，由人民法院依法判决。证券公司凭人民法院生效的判决书、裁定书或调解书办理相应的转户手续。

○ 如何办理股票继承

股票是可以作为遗产继承的，那么具体如何办理继承手续呢?

　　合法继承人应持本人的身份证明、被继承人的死亡证明、被继承人的亲属关系证明、股票原件等材料，向本人所在地的公证机关申请办理继承公证，取得继承公证书。

　　如果继承人在继承股票问题上发生了争执，则不能申请办理股票继承公证，而是应当向人民法院起诉，由人民法院依法判决。

【法条链接】

《继承法意见》第三条 公民可继承的其他合法财产包括有价证券和履行标的为财物的债权等。

婚前共同出资购买的房产应如何分割..

【案例】

查某和董某在恋爱期间共同出资100万元购买了一套房屋,房产证上写的是两个人的名字。然而就在两人结婚前,董某不幸遭遇车祸去世。董某的父母均健在,董某是独子。董某的父母在料理完儿子的丧事后,要求对该套房屋进行房产分割。那么,这套房产应该如何分割?

【法律解析】

共同出资购买的房产属双方的共有财产,如果双方已经约定了房产份额并取得了房产证,则按照房产证上载明的比例确定各自的房产份额。如果双方没有对房产份额作出书面约定,则应按双方的出资额确定各自的房产份额。在出资比例无法证明的情况下,应推定为双方各占50%的房产份额。如果董某生前没有对该房屋立遗嘱、遗赠等进行处分,则按照法定继承,应由董某的父母作为第一顺序继承人继承董某所有的房产份额。

【法条链接】

《继承法》第五条 继承开始后,按照法定继承办理;有遗嘱的,按照遗嘱继承或者遗赠办理;有遗赠扶养协议的,按照协议办理。

《物权法》第九十三条 不动产或者动产可以由两个以上单位、个人共有。共有包括按份共有和共同共有。

第九十四条 按份共有人对共有的不动产或者动产按照其份额享有所有权。

第九十五条 共同共有人对共有的不动产或者动产共同享有所有权。

第一百零三条 共有人对共有的不动产或者动产没有约定为按份共有或者共同共有,或者约定不明确的,除共有人具有家庭关系等外,视为按份共有。

第一百零四条 按份共有人对共有的不动产或者动产享有的份额,没有约定或者约定不明确的,按照出资额确定;不能确定出资额的视为等额享有。

合同篇

理智交易警惕陷阱

◎ 合同的订立与效力 ◎

合同签订需自愿，乘人之危不合法·····································

【案例】

2009年5月，养殖户高某从某县良种场以每头800元的价格购得8头奶牛。由于自家存放的草料不够，高某又与同村村民冯某达成购买饲料的口头协议。商定冯某以每公斤0.2元的价格卖给高某饲料草4000公斤，11月交货付款。还未到交货的时间，高某家自存的草料不慎起火烧尽，急需用草料的高某要求冯某提前交付草料。谁知，冯某称他现在要牛不要钱，购买4000公斤饲料草所需的800元钱要以两头良种奶牛来折抵。高某不同意，并以冯某敲诈他为由向法院起诉，要求冯某支付草料，冯某则以口头协议不算数而拒绝履行。

【法律解析】

根据《合同法》第四条规定，当事人依法享有自愿订立合同的权利，任何单位和个人不得非法干预。本案中，双方当事人达成了购买饲料草的合同。此后，高某由于自存的饲料草被烧掉，要求冯某提前履行，这对冯某并无不利之处；而且，按照诚实信用的原则，冯某此时应该协助高某渡过难关。但是，冯某却在对方急需饲料草之际提出明显不公平、不合理的要求，强迫对方用两头牛换取自己的4000公斤饲料草。根据《民法通则意见》第七十条的规定，可以认为是乘人之危。

【法条链接】

《合同法》第五十四条 下列合同，当事人一方有权请求人民法院或者仲裁机构变更或者撤销：

（一）因重大误解订立的；

（二）在订立合同时显失公平的。

一方以欺诈、胁迫的手段或者乘人之危，使对方在违背真实意思的情况下订立

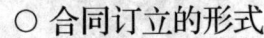

○ 合同订立的形式

您看下这份合同，如果没有异议就签字吧！

书面形式

指合同书、信件和数据电文（包括电报、电传、传真、电子数据交换和电子邮件）等可以有形地表现所载内容的形式。

口头形式

是指当事人只用语言为意思表示订立合同，而不用文字表达协议内容的合同形式。

那就预祝我们合作愉快！

其他方式： 合同订立除书面、口头形式以外，还包括推定形式和默示形式。

的合同，受损害方有权请求人民法院或者仲裁机构变更或者撤销。当事人请求变更的，人民法院或者仲裁机构不得撤销。

《民法通则意见》第七十条　一方当事人乘对方处于危难之机，为牟取不正当利益，迫使对方作出不真实的意思表示，严重损害对方利益的，可以认定为乘人之危。

高价牟取不正当利益的买卖合同是无效的吗..

【案例】

A服装公司因业务需要购买某种特殊的布料，但是一直没有买到。交货的日期一天天逼近，该公司十分着急，B公司得知以后，提出愿意以市场价的三倍出售同样的布料。A服装公司于是与B公司签订了合同，但是一年以后，A服装公司提出合同无效，要求B公司返还布料款。那么，该合同是否无效？

【法律解析】

B公司利用A服装公司急需布料之机，以市场价的三倍出售该布料，牟取不正当利益，使对方迫于无奈而订立了合同，这是乘人之危，该合同属于可撤销。但是根据《合同法》第五十五条的规定，具有撤销权的当事人自知道或者应当知道撤销事由之日起一年内没有行使撤销权，其撤销权消灭。因此，撤销权人行使撤销权必须符合规定的期限；超过该期限，撤销权消灭，合同即为有效。因此，本案中，A服装公司的撤销权已经消灭，无权要求返还钱款。

【法条链接】

《合同法》第五十五条　有下列情形之一的，撤销权消灭：

（一）具有撤销权的当事人自知道或者应当知道撤销事由之日起一年内没有行使撤销权；

（二）具有撤销权的当事人知道撤销事由后明确表示或者以自己的行为放弃撤销权。

未成年人签订的合同是否有法律效力..

【案例】

14周岁的于某，是某中学初中一年级的学生。一天路过一家网吧，于某见里边正在处理电脑，每台只卖1700元。于某想将电脑买下来。他算了算自己手头的压岁钱，共有1000元，便和网吧老板商量，先交1000元把电脑取走，其余700元老板和他一道回家去取，两人还签订了一份合同书。将电脑运回家后，网吧老板和于某的父母说明情况，要求于某的父母支付剩下的700元钱。于某的父母认为自己并不想买电脑，小孩子不懂事不能算数，要求网吧老板将电脑拉回，并返还已交的1000元。网吧老板认为，买电脑属于某自愿，且已经签了合同书，如果不买就属违约。这1000元属定金，买卖不成，定金就不能退。双方争执不下，于某的父母起诉到了法院。

【法律解析】

本案中，于某与网吧老板签订的合同属于效力待定合同。所谓效力待定合同，即合同某些方面不符合生效的要件，但并不属于无效合同或者可撤销合同，是通过当事人采取必要的补救办法，可以发生法律效力的合同。根据《合同法》第四十七条的规定，限制民事行为能力人订立的合同，经法定代理人追认后，该合同有效，也就是说，合同有效与否，取决于法定代理人是否追认。本案中，于某的法定代理人即他的父母对于其购买电脑一事持反对态度，即于某父母对这一效力待定的合同是拒绝追认的，那么于某与网吧老板所签订买卖电脑的合同为无效合同，网吧老板不能以定金形式扣押这1000元钱。

【法条链接】

《合同法》第四十七条 限制民事行为能力人订立的合同，经法定代理人追认后，该合同有效，但纯获利益的合同或者与其年龄、智力、精神健康状况相适应而订立的合同，不必经法定代理人追认。

相对人可以催告法定代理人在一个月内予以追认。法定代理人未作表示的，视为拒绝追认。合同被追认之前，善意相对人有撤销的权利。撤销应当以通知的方式作出。

公司不同意确定中标人，能拒绝签合同吗

【案例】

2009年7月，甲公司为采购一批设备，委托一家招投标公司组成评标委员会进行招标活动。乙公司通过现场竞标后，经过评标委员会评议被确定为中标单位，并于次日由评标委员会出具了中标通知书。但是甲公司通过考察，不同意确定乙公司为中标人。那么，甲公司能拒绝与乙公司签订合同吗？

【法律解析】

招投标活动属于合同的缔约阶段，评标委员会出具的中标通知书违反了应由招标人核发的规定。对中标人的确定，《中华人民共和国招标投标法》（以下简称《招标投标法》）规定了两种方式：一是招标人授权评标委员会直接确定中标人；二是招标人在评标委员会推荐的中标候选人中确定中标人。在本案中，甲公司没有在评标委员会推荐的中标候选人中确定中标人，也没有授权评标委员会直接确定中标人，表明评标委员会确定中标人并发出中标通知书超出了甲公司的授权，不能视为是甲公司核发了中标通知书。因此，甲公司可以拒绝与乙公司签订合同。

【法条链接】

　　《招标投标法》第四十条 评标委员会应当按照招标文件确定的评标标准和方法，对投标文件进行评审和比较；设有标底的，应当参考标底。评标委员会完成评标后，应当向招标人提出书面评标报告，并推荐合格的中标候选人。

　　招标人根据评标委员会提出的书面评标报告和推荐的中标候选人确定中标人。招标人也可以授权评标委员会直接确定中标人。

假意磋商，造成损失怎么办

【案例】

　　范某素与杜某不和，当范某得知赵某要转让自己的火锅店，价格非常优惠，而杜某也有意向购买时，范某便想从中作梗，使杜某不能以那么优惠的价格购买赵某的火锅店。范某虽然根本没有购买赵某火锅店的意图，但还是与赵某进行了谈判，并且所出的价格比杜某的出价高出了10%。当赵某与范某谈到实质性问题——即何时签订合同时，范某总是以自己还没准备齐全为由拖时间。面对高价诱惑，赵某没有把范某的拖延时间放在心上，确实有意将火锅店转卖与范某，并与范某进行了长时间的谈判，也坚决拒绝了杜某的意向。然而，当杜某高价购买了另一家火锅店后，范某立即找到赵某，表示自己因为资金周转的问题，暂时不想购买赵某的店了。而此时，赵某已经错过了最佳转让时机。由于赵某急需资金，因此，只能以非常低的价格将火锅店转让了。赵某认为在火锅店转让过程中所遭受的损失完全是由于范某的行为造成的，要求范某赔偿损失。范某不同意。赵某只得诉至法院。

【法律解析】

　　根据《合同法》第四十二条的规定，当事人在订立合同过程中如果有假借订立合同恶意进行磋商，给对方造成损失的，应当承担损害赔偿责任。所谓恶意磋商，即是指一方当事人在无意与对方达成协议的情况下，为了达到损害对方利益的目的，假借订立合同的名义，开始或继续进行谈判的情况。这种行为主要是由行为人故意造成的，其目的在于损害对方利益，拖延时间，造成对方在市场竞争中的不利地位。本案中，范某在没有订立合同的意思的情况下，为了阻止杜某购买而假借订立合同的名义进行谈判，致使赵某遭受了不应有的损失，其行为符合构成缔约过失责任的条件，应当进行赔偿。

【法条链接】

　　《合同法》第四十二条 当事人在订立合同过程中假借订立合同，恶意进行磋商，给对方造成损失的，应当承担损害赔偿责任。

○ 哪些合同需要承担损害赔偿责任

《合同法》第四十二条 当事人在订立合同过程中有以下情形之一，给对方造成损失的，应当承担损害赔偿责任。

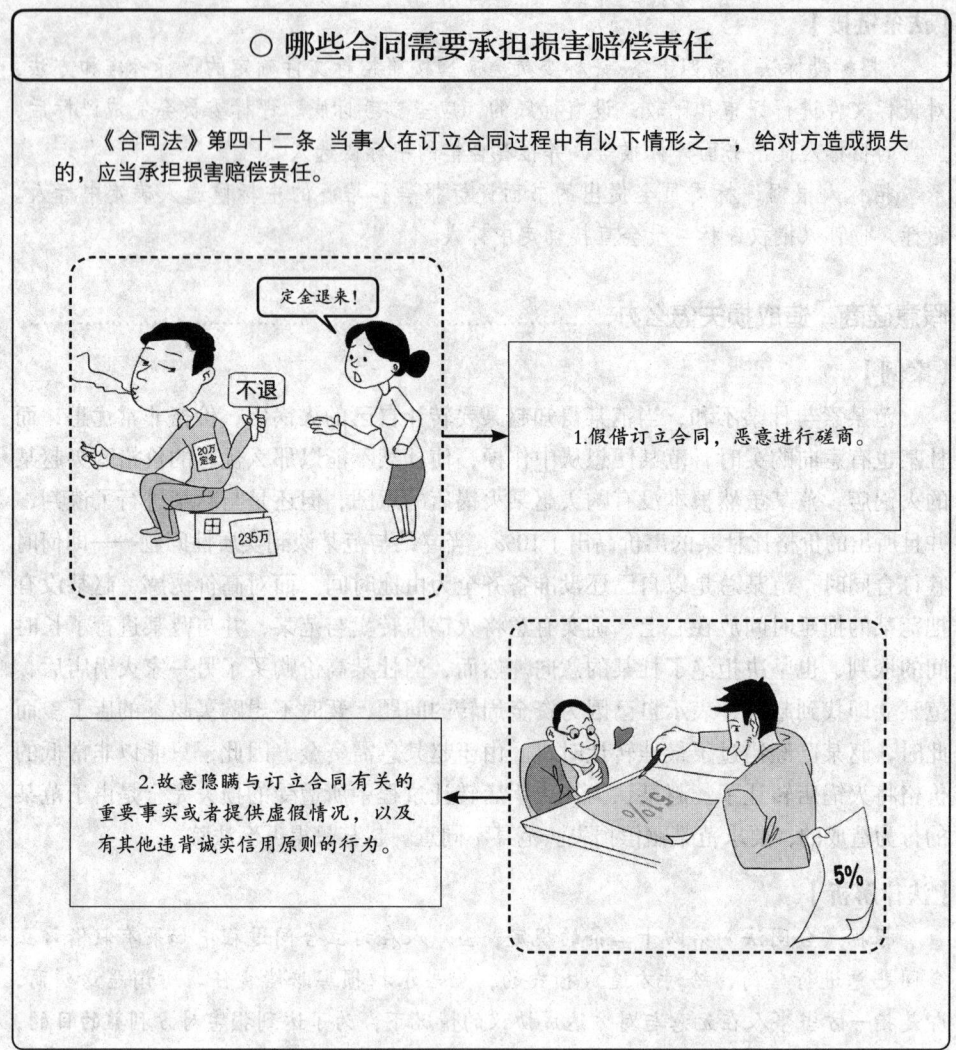

口头形式的买卖合同有效吗...

【案例】

蓝某与其邻居郝大爷就购买郝大爷的旧拖拉机达成了口头买卖协议，双方约定以2000元的价格将拖拉机卖给蓝某，蓝某在交款以后三日内将拖拉机开回家。蓝某交款以后去郝大爷家开拖拉机时，郝大爷以价格太低、双方没有签订合同为由，拒绝让蓝某把拖拉机开走。那么，蓝某与郝大爷之间的口头协议有效吗？

【法律解析】

　　本案中蓝某与郝大爷所订的口头买卖协议是有效的。根据我国《合同法》规定，当事人订立合同，有书面形式、口头形式和其他形式。法律、行政法规规定采取书面形式的，应当采用书面形式。根据本案的案情，不存在法律、行政法规规定采取书面形式的情形，应认定为合同生效，郝大爷应该把拖拉机交付给蓝某。

【法条链接】

　　《合同法》第十条 当事人订立合同，有书面形式、口头形式和其他形式。

　　法律、行政法规规定采用书面形式的，应当采用书面形式。当事人约定采用书面形式的，应当采用书面形式。

◎ 合同履行中的纠纷 ◎

合同对交易价格不明确，应当如何确定..

【案例】

　　2009年5月，内地某批发市场打算在8月从沿海某市购进一批海产品。当时，该地水产品批发价格为每公斤60元，而据批发市场了解，此时沿海某市水产品的批发价格为每公斤50元。于是海鲜批发市场便与沿海某市某水产品公司在本地签订了一份水产品买卖合同，合同约定水产品公司于8月向海鲜批发市场供应水产品20吨，采取买方自提的方式由批发市场到水产品公司提货，经验收合格后即时付款，合同约定水产品价格按照市价计算。由于某些原因，从2009年6月开始，市场上水产品价格开始整体下滑，内地水产品市场的水产品降为每公斤45元，而沿海某市水产品市场的价格则降为每公斤35元。8月，批发市场到水产品公司提货时表示，双方已在合同中约定了按市价购买水产品，现在水产品市场的价格出现了普遍下滑的趋势，因此希望按照两市的平均价格来计算这批水产品的交易价格。而水产品公司本想按照5月份签订合同时本地水产品市场的价格来计算交易价格，现在价格下降自己经济效益也会减少，因此不同意批发市场的请求，坚持按照5月份签订合同时本地的市场价格来确定本次交易价格。双方就价格问题争论不休，不能达成一致意见，诉至法院。

【法律解析】

　　本案双方当事人在合同中约定按照市价来计算这批水产品的价格，但对何地何时的市价并未做明确约定，这属于价格约定不明确的情形。根据《合同法》相关规定，当事人就质量、价款等内容约定不明确的，可以协议补充；不能达成补充协议的，按照合同有关条款或者交易习惯确定；仍不能确定的，如果有价款或者报酬不明确的情形，按照订立合同时履行地的市场价格履行。因此，本案中市价可按照订立合同时履行地的价格来履行，即5月份的价格来计算。同时，合同约定由批发市场到水产品公司自行提货，可见合同履行地为沿海某市，因此应按5月份沿海某市水产品价格来计算。

【法条链接】

《合同法》第六十一条 合同生效后，当事人就质量、价款或者报酬、履行地点等内容没有约定或者约定不明确的，可以协议补充；不能达成补充协议的，按照合同有关条款或者交易习惯确定。

第六十二条 当事人就有关合同内容约定不明确，依照本法第六十一条的规定仍不能确定的，适用下列规定：

......

（二）价款或者报酬不明确的，按照订立合同时履行地的市场价格履行；依法应当执行政府定价或者政府指导价的，按照规定履行。

......

对方提前履行合同，造成损失谁来担责

【案例】

某超市与某屠宰场签订了一份500公斤鲜肉的购销合同，双方约定于9月底交货。8月初，屠宰场通知超市将于8月10日将货送到，超市负责人表示超市现在没有足够的冷藏库，而且夏天还未完全过去，如果运来势必增加超市成本，因此不能接收货物。但是屠宰场仍然于8月10日将货送到。超市负责人带屠宰场的送货人员看了冷藏库，见确实没有地方可放，于是将货拉回。回去途中遇上大雨，部分鲜肉损毁。屠宰场要求超市对损毁的鲜肉进行赔偿，那么，屠宰场的赔偿请求能得到支持吗？

【法律解析】

根据《合同法》第七十一条规定，债权人可以拒绝债务人提前履行债务，但提前履行不损害债权人利益的除外。本案中，如果屠宰场提前履行合同，会造成超市仓储紧张，增加超市的经营成本，可以认定为有损超市的利益，因此超市可以不接受屠宰场的履行。超市不接受履行，这些鲜肉的所有权就没有转移到超市方，因此，在此期间所造成的损毁，损失应当由屠宰场自负。

【法条链接】

《合同法》第七十一条 债权人可以拒绝债务人提前履行债务，但提前履行不损害债权人利益的除外。

债务人提前履行债务给债权人增加的费用，由债务人负担。

第一百四十二条 标的物毁损、灭失的风险，在标的物交付之前由出卖人承担，交付之后由买受人承担，但法律另有规定或者当事人另有约定的除外。

照相馆"如有遗失只赔胶卷费"合法吗

【案例】

卢某将拍摄父母当年婚礼的一卷胶卷交给某照相馆冲印，预交了费用50元，照相馆开出一张印单交给卢某，印单上注有"如有意外损坏或者遗失，赔偿同类同号胶卷一卷或相当价值的现金"的字样。后来照相馆将该胶卷遗失。卢某要求赔偿精神损失，照相馆引用免责条款，只同意赔偿一个胶卷的钱。那么，照相馆"如有遗失只赔胶卷费"的规定合法吗？

【法律解析】

本案中，照相馆印单上"如有意外损坏或者遗失，赔偿同类同号胶卷一卷或相当价值的现金"，属于格式合同中的限制责任条款，按照我国《合同法》第三十九条、第四十条、第五十二条的相关规定，它对消费者是没有法律约束力的，应当归

○ 合同中的哪些免责条款无效

1.造成对方人身伤害的

2.因故意或者重大过失给对方造成财产损失的

法律规定这些免责条款无效，是因为这些条款违背了民法和合同法的基本精神，而并不是说整个合同无效。因此，该免责条款的无效不影响合同其他条款的效力。

于无效。同时根据《精神损害赔偿解释》中的相关规定，照相馆的行为属侵权行为，卢某有权要求精神损害赔偿。

【法条链接】

《合同法》第三十九条 采用格式条款订立合同的，提供格式条款的一方应当遵循公平原则确定当事人之间的权利和义务，并采取合理的方式提请对方注意免除或者限制其责任的条款，按照对方的要求，对该条款予以说明。

格式条款是当事人为了重复使用而预先拟定，并在订立合同时未与对方协商的条款。

第四十条 格式条款具有本法第五十二条和第五十三条规定情形的，或者提供格式条款一方免除其责任、加重对方责任、排除对方主要权利的，该条款无效。

什么是代位权

【案例】

孔某为与他人合伙做生意，向高某借款3万元，并且写了欠条。孔某由于经营不善而导致亏损，无法偿还债务。高某得知孔某数年前曾经借给朋友吕某2万元，现在本息已经达3万余元，因此，希望孔某收回这笔欠款，但是孔某认为收回这3万余元也还不清债，因此暂不要吕某还钱。那么，高某可以直接向吕某索要孔某对他的欠款吗？

【法律解析】

此案例涉及到合同法理论中的代位权问题。所谓代位权，是指因债务人不积极行使到期的债权，对债权人造成损害，债权人向人民法院请求以自己的名义代位行使债务人的债权的权利。通俗地讲，就是A欠了B钱，B欠C钱，如果都已到了清偿期，而B既不向A要钱又以没钱为由不还C钱的话，C有权直接以自己的名义要求A代B向自己还钱。因此，根据我国《合同法》关于代位权的规定，高某可以直接向吕某要求归还孔某对他的欠款。

【法条链接】

《合同法》第七十三条 因债务人怠于行使其到期债权，对债权人造成损害的，债权人可以向人民法院请求以自己的名义代位行使债务人的债权，但该债权专属于债务人自身的除外。

代位权的行使范围以债权人的债权为限。债权人行使代位权的必要费用，由债务人负担。

《最高人民法院关于适用〈中华人民共和国合同法〉若干问题的解释（一）》（以下简称《合同法解释（一）》）第十一条 债权人依照《合同法》第七十三条的规定提

起代位权诉讼，应当符合下列条件：

（一）债权人对债务人的债权合法；

（二）债务人怠于行使其到期债权，对债权人造成损害；

（三）债务人的债权已到期；

（四）债务人的债权不是专属于债务人自身的债权。

第十二条《合同法》第七十三条 第一款 规定的专属于债务人自身的债权，是指基于扶养关系、抚养关系、继承关系产生的给付请求权和劳动报酬、退休金、养老金、抚恤金、安置费、人寿保险、人身伤害赔偿请求权等权利。

什么是先履行抗辩权

【案例】

2008年4月，云某与某影视公司签订约稿协议，约定半年内按双方确定的要求写出家庭喜剧剧本一部，写完后影视公司即支付约定稿酬的40%，然后云某把全稿交付影视公司编审并安排拍摄事宜。2009年2月，云某通知影视公司已经完稿，要求支付40%的报酬以后将稿件交付影视公司；而影视公司却坚持要看到全稿才支付约定的报酬。这种情况应该如何处理？

【法律解析】

本案属于《合同法》中规定的"先履行抗辩权"的情形，影视公司应该先支付40%的稿酬，才可向云某索要全部剧本。先履行抗辩权是指在双方互负债务的合同中，应当先履行的一方当事人未履行或者不适当履行，到履行期限的对方当事人享有不履行、部分履行的权利。本案中按照合同约定，应该先由影视公司支付40%的稿酬，因此在支付40%的稿酬之前，云某有不履行合同的权利。

【法条链接】

《合同法》第六十七条 当事人互负债务，有先后履行顺序，先履行一方未履行的，后履行一方有权拒绝其履行要求。先履行一方履行债务不符合约定的，后履行一方有权拒绝其相应的履行要求。

什么是不安抗辩权

【案例】

路某与邹某订立货物买卖合同，双方约定路某于2009年7月14日交货，邹某于收到货物后1周向路某支付货款。2009年6月，路某发现邹某有转移大笔财产的行为，为防邹某收到货物无法按时向其付款，路某决定暂不向邹某交货。7月14日后邹某见路某拒不交货，于是向法院提起诉讼，请求路某按时交货。法院会支持邹某的诉讼请求吗?

【法律解析】

本案属于《合同法》中规定的"不安抗辩权"的情形。不安抗辩权指双方合同成立后,应当先履行的当事人有证据证明对方不能履行合同义务,或者有不能履行合同义务的可能性时,在对方没有履行或提供担保前,有权中止履行合同义务。当事人行使不安抗辩权后,倘若对方当事人提供了担保或者先履行了合同,不安抗辩权消灭,当事人应当履行合同。应当先履行合同的当事人行使了不安抗辩权,对方当事人既未提供担保,也不能证明自己的履约能力,行使不安抗辩权的当事人有权解除合同。当事人行使不安抗辩权错误的,应当承担违约责任。因此,如果路某有确实的证据证明邹某有转移财产企图逃避债务的行为,可以不向邹某履行合同。

【法条链接】

《合同法》第六十八条 应当先履行债务的当事人,有确切证据证明对方有下列情形之一的,可以中止履行:

(一)经营状况严重恶化;

(二)转移财产、抽逃资金,以逃避债务;

(三)丧失商业信誉;

(四)有丧失或者可能丧失履行债务能力的其他情形。当事人没有确切证据中止履行的,应当承担违约责任。

《合同法》第六十九条 当事人依法中止履行合同的,应当及时通知对方。对方提供适当担保时,应当恢复履行。中止履行后,对方在合理期限内未恢复履行能力并且未提供适当担保的,中止履行的一方可以解除合同。

企业濒临破产,要求中止履行合同是否合法

【案例】

A和B两家公司曾经签订了一份电子产品购销合同。按合同规定,A公司应于2008年10月1日前向B公司分两批提供电子产品,费用在A公司提供第二批产品时B公司一并交付。2008年8月份,A公司按合同约定提供一批产品给B公司,但在9月初,A公司从其他渠道得知,B公司因经营不善,现资不抵债,已经面临破产的境地。A公司派人查询后,证实了这一说法。在此情况之下,A公司致电B公司,表示因B公司经济状况不佳,A公司不能正常履行合同,通知B公司暂且不为其提供第二批货,待B公司经济条件好转后,再交货,如果坚持,B公司得提供担保。B公司坚持要求A公司依据合同办事,以合同中没有担保条约为由,要求A公司在10月1日前提供第二批产品。A公司不肯。B公司认为A公司拒不履行合同义务,因此向法院起诉,认为A公司应承担违约责任并应继续履行合同。

【法律解析】

　　此案例涉及到合同法理论中的不安抗辩权。案中，A公司与B公司签订了产品购销合同。该合同为双方有偿合同，合同的一方当事人A公司负有先履行合同的义务，但是A公司发现B公司经营不善，于是A公司提出要提供担保，否则停止供货，这是符合《合同法》第六十八和第六十九条规定的，但是B公司拒绝提供担保，那么根据第六十八和第六十九条的规定，中止履行后，对方在合理期限内未恢复履行能力并且未提供适当担保的，中止履行的一方可以解除合同。因此，A公司的做法是合理的，也履行了相应的随附义务，因此，其有权利中止履行合同规定的义务，不构成违约。

○ 合同可以中止履行的常见情形

　　《合同法》第六十八条 应当先履行债务的当事人，有确切证据证明对方有下列情形之一的，可以中止履行：

1.丧失商业信誉。

2.转移财产、抽逃资金，以逃避债务。

【法条链接】

《合同法》第六十八条 应当先履行债务的当事人，有确切证据证明对方有下列情形之一的，可以中止履行：

（一）经营状况严重恶化；

（二）有丧失或者可能丧失履行债务能力的其他情形。当事人没有确切证据中止履行的，应当承担违约责任。

第六十九条 当事人依照本法第六十八条的规定中止履行的，应当及时通知对方。对方提供适当担保时，应当恢复履行。中止履行后，对方在合理期限内未恢复履行能力并且未提供适当担保的，中止履行的一方可以解除合同。

◎ 合同的撤销、解除与终止 ◎

合同被撤销，造成的损失谁来赔偿..

【案例】

小马与小姜是好朋友，小马见小姜没有正当职业，就口头答应赠送给小姜5万元钱帮小姜开一个包子铺。小姜听后，租了房子、买了器具，并请了师傅，办理了营业执照，只等着拿钱上货运营了。这时，小马却告诉小姜由于自己生意亏损，无法再把钱送给他了。小姜不同意，认为自己已经为此支出了近2万元，如果小马不把钱给他，他先前租房子、买设备、请师傅以及办营业执照的钱就白花了，但是小马仍然不肯把钱给小姜。那么，此时小马需要把5万元钱送给小姜吗？小姜为此的支出小马是否有赔偿义务？

【法律解析】

本案中小马与小姜之间虽然形成了有效的赠与合同，根据《合同法》的相关规定，赠与合同中，赠与人在财产转移前可以撤销赠与，小马享有撤销权，可以不必继续履行合同。但是，对于因此给小姜造成的损失，根据《合同法》规定，当事人在订立合同的过程中如果有违背诚实信用的原则给对方造成损失的，应当承担损害赔偿责任，因此，小马必须对小姜因此造成的损失给予赔偿。

【法条链接】

《合同法》第四十二条 当事人在订立合同过程中有下列情形之一，给对方造成损失的，应当承担损害赔偿责任：

（一）假借订立合同，恶意进行磋商；

（二）故意隐瞒与订立合同有关的重要事实或者提供虚假情况；

（三）有其他违背诚实信用原则的行为。

第五十八条 合同无效或者被撤销后，因该合同取得的财产，应当予以返还；不能返还或者没有必要返还的，应当折价补偿。有过错的一方应当赔偿对方因此所受到的损失，双方都有过错的，应当各自承担相应的责任。

第一百八十六条 第一款 赠与人在赠与财产的权利转移之前可以撤销赠与。

违约方放弃定金，就可以解除合同吗...

【案例】

2006年9月16日，A汽车制造厂与B进出口公司签订了一份购销合同，规定由A汽车制造厂供给B进出口公司某种品牌的汽车50辆，单价98000元，总计货款490万元。合同规定，B进出口公司须在同年11月底以前将货款汇入A汽车制造厂的账户，款到10日内由A汽车制造厂将货供完。倘若到期不履行合同，承担货款的5%的违约金。另外，从合同签署日起，B进出口公司须于5日内交付15万元定金。同年11月5日，A汽车制造厂向B进出口公司发去传真，要求B进出口公司付款。B进出口公司复电声称，因资金短缺，希望先发货，再付款，A汽车制造厂予以拒绝。在A汽车制造厂多次催促下，B进出口公司于同年11月25日复函正式表示，B进出口公司自愿放弃15万元定金，作为解除合同的代价。A汽车制造厂遂向法院提起诉讼，要求B进出口公司履行合同，支付违约金，并赔偿其一切损失。

【法律解析】

实践中，定金的最基本的形式包括解约定金和违约定金两类。解约定金，是指当事人为保留单方解除主合同的权利而交付的定金，一方在交付解约定金以后可以放弃定金而解除合同，这种定金的特点在于通过定金的放弃给予了当事人解除合同的权利和机会。违约定金，是指在接受定金以后，一方当事人不履行主合同，应当按照定金罚则予以制裁。违约定金设立的目的主要是为了防止一方违约，督促双方履行。此种定金在实践中运用得最为广泛。

从本案来看，当事人在合同中规定定金条款时，并没有规定B进出口公司支付定金以后，可以享有解除合同的权利，因此，合同规定的定金并非解约定金，而是违约定金。既然是违约定金，即使放弃定金，也不能解除合同，仍应继续履行合同义务。

在B进出口公司已经构成违约的情况下，B进出口公司作为交付定金一方，依据定金罚则自然丧失定金。此案中，当事人在合同中既设定了定金，又规定了货款的5%的违约金，对同一违约行为如果同时运用违约金处罚和定金处罚，对B进出口公司来说显得过于苛刻，且会使A汽车制造厂获得不应该获得的收入。因此，运用定金罚则就不应该再用违约金制裁。所以A汽车制造厂的其他请求，法院不会予以支持。

【法条链接】

最高人民法院《关于适用〈中华人民共和国担保法〉若干问题的解释》(以下简称《担保法解释》)第一百一十七条 定金交付后，交付定金的一方可以按照合同的约定以丧失定金为代价而解除主合同，收受定金的一方可以双倍返还定金为代价而解除主合同。对解除主合同后责任的处理，适用《中华人民共和国合同法》的规定。

《合同法》第一百一十五条 当事人可以依照《中华人民共和国担保法》约定一方向对方给付定金作为债权的担保。债务人履行债务后，定金应当抵作价款或者收回。给付定金的一方不履行约定的债务的，无权要求返还定金；收受定金的一方不履行约定的债务的，应当双倍返还定金。

第一百一十六条 当事人既约定违约金，又约定定金的，一方违约时，对方可以选择适用违约金或者定金条款。

债务还没到期，能够主张抵消吗

【案例】

朱某因做服装生意而向朋友任某借了1万元钱，约定3年以后连本带息一起归还。1年以后，任某提出自己也想做服装生意，以极低的价格、赊欠的方式多次向朱某购进服装一百多套进行销售，获利颇丰，共计欠朱某服装货款1万余元。此时朱某由于要扩大规模急需用钱，于是向任某提出要其先偿还这1万元的服装货款。任某提出以朱某欠他的1万元钱抵消，双方互不欠债。那么，朱某可以要求任某先还他的服装货款吗？

【法律解析】

根据《合同法》第九十九条的规定，当事人互负到期债务，该债务的标的物种类、品质相同的，任何一方可以将自己的债务与对方的债务抵消，但依照法律规定或者按照合同性质不得抵消的除外。实践中，抵消的生效条件有以下几种：必须是双方当事人互负债务、互享债权；必须是相同种类的债务；主动提出抵消的当事人债权已到期。本案中，双方当事人虽然互负同种类的债务，但是提出抵消的当事人任某的债务还没有到期，而他欠朱某的服装货款没有约定偿还的期限，朱某可以随时索要，因此任某提出抵消，朱某可以不同意，可以要求任某先还其服装货款。

【法条链接】

《合同法》第九十九条 当事人互负到期债务，该债务的标的物种类、品质相同的，任何一方可以将自己的债务与对方的债务抵消，但依照法律规定或者按照合同性质不得抵消的除外。

○ 不能抵消的债务有哪些

根据我国法律的规定，不适用抵消的债权债务，除了当事人特别约定不得抵消的之外，还包括下面几种：

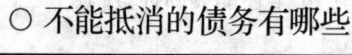

退休金不能作为债务抵消。

1. 按照合同性质不得抵消

例如不作为债务、提供劳务的债务以及抚恤金、退休金、抚养费等与人身不可分离的债务。

2. 依照法律规定不得抵消

例如禁止强制执行的债务；因故意侵权行为所发生的债务；约定应向第三人给付的债务，等等。

呵！这个傻子，被我骗了还不知道，我终于有钱还债啦！

我是被骗婚了吗？

万元礼金

合同没到期，商场有权解除合同吗..

【案例】

2008年8月，于某在一家新开的商场租了一个摊位经营服装，当时交了1万元的押金，合同期限为3年，要求每半年交一次租金。由于总体经营状况不好，商场一直没有向于某等收过租金。但是2009年9月份的时候，商场突然向于某等收起租金来，而且要求一次交清，不交就解除合同，1万元的押金也就不退了。那么，商场有权在合同没到期之前解除合同吗？于某还能要回押金吗？

【法律解析】

　　根据《合同法》第二百二十六条的规定，承租人应当按照约定的期限支付租金。对支付期限没有约定或者约定不明确，依照本法第六十一条的规定仍不能确定，租赁期间不满一年的，应当在租赁期间届满时支付；租赁期间一年以上的，应当在每届满一年时支付，剩余期间不满一年的，应当在租赁期间届满时支付。根据《合同法》第二百二十七条的规定，承租人无正当理由未支付或者迟延支付租金的，出租人可以要求承租人在合理期限内支付。承租人逾期不支付的，出租人可以解除合同。因此如果于某等逾期不支付的，出租人可以解除合同。押金具有担保义务人履行合同的作用，给付押金一方当事人如果不履行合同义务的，无权收回押金。本案中，于某应当按照约定每半年交一次租金，商场不能要求一次交齐，无权解除合同。

【法条链接】

　　《合同法》第二百二十六条　承租人应当按照约定的期限支付租金。对支付期限没有约定或者约定不明确，依照本法第六十一条的规定仍不能确定，租赁期间不满一年的，应当在租赁期间届满时支付；租赁期间一年以上的，应当在每届满一年时支付，剩余期间不满一年的，应当在租赁期间届满时支付。

　　第二百二十七条　承租人无正当理由未支付或者迟延支付租金的，出租人可以要求承租人在合理期限内支付。承租人逾期不支付的，出租人可以解除合同。

◎　违约责任　◎

因别人原因造成违约，就不承担违约责任吗...

【案例】

　　A公司要运送一批货物给B公司，委托C汽车运输公司运输。汽车运输公司安排本公司的司机牛某驾驶。运输过程中，由于牛某的过失发生交通事故，致使货物受损。B公司未能及时收到货物而发生损失。那么，B公司应该向A公司还是汽车运输公司或者牛某要求承担责任呢？

【法律解析】

　　根据《合同法》第一百二十一条的规定，当事人一方因第三人的原因造成违约的，应当向对方承担违约责任。当事人一方和第三人之间的纠纷，依照法律规定或者按照约定解决。

　　也就是说，依据合同相对性原则，合同关系只能发生在合同当事人之间，只有合同当事人才能享有某项合同所规定的权利，并承担合同所规定的义务，合同当事人以外的任何第三人不能主张合同上的权利，同时，合同的违约责任也只能在合同关系的当事人之间发生，合同关系以外的第三人，不负违约责任，合同当事人也不对其承担违约责任。本案中A公司和B公司之间存在合同关系，而B公司与C运输公司之间不存在合同关系，A公司是义务人，负有履行债务的义务。A公司在向B公司承担责任以后，可以依法向C运输公司请求追偿。

【法条链接】

《合同法》第一百二十一条　当事人一方因第三人的原因造成违约的，应当向对方承担违约责任。当事人一方和第三人之间的纠纷，依照法律规定或者按照约定解决。

合同约定向第三人履行义务，义务方应向谁承担违约责任

【案例】

小杜和小魏是好朋友，9月15日是小魏的26岁生日，但单位有急事要求小杜出差，于是小杜在某蛋糕店定制了一个生日蛋糕。蛋糕的花样品种、质量标准都提前定好，尤其是奶油，小魏对奶油的口味很挑剔。小杜特别提出要用指定的奶油，蛋糕店也一口答应。小魏生日那天，蛋糕按时送到，小杜也打来了祝贺电话，并问生日蛋糕是否可口。小魏很感动，表示蛋糕很漂亮，只是奶油口味自己不是很喜欢。小杜很疑惑，明明是按小魏的口味订的奶油，为什么好朋友不喜欢？一问才知道原来蛋糕店没用自己点的奶油。小魏和小杜都很气愤，不等小杜回来，小魏自己就去蛋糕店和老板理论，要求违约赔偿。但蛋糕店老板却说，蛋糕不是小魏定做的，小魏没权利主张违约。

【法律解析】

本案涉及第三人合同即涉他合同，涉他合同是指当事人约定向第三人履行债务或者由第三人向债权人履行债务的合同。本案属于前一种：当事人约定向第三人履行债务。此种涉他合同，合同虽然为第三人设立了利益，但是第三人与债务人之间并没有直接合同关系存在，既然第三人与债务人之间不存在合同关系，那么，当债务人未向第三人履行债务或履行债务不适当时，债务人也就不能向第三人承担违约责任，而只能向作为合同关系当事人的债权人承担违约责任。根据《合同法》第六十四条的规定，当事人约定由债务人向第三人履行债务，债务人未向第三人履行债务或者履行债务不符合约定，应当向债权人承担违约责任。本案中，合同双方是蛋糕店和小杜，小魏虽是这个合同关系的受益人，但其与蛋糕店之间并不存在合同关系，因此，由他主张让蛋糕店履行合同不适当。应该由合同的一方当事人即小杜主张权利，而不是小魏。

【法条链接】

《合同法》第六十四条 当事人约定由债务人向第三人履行债务的，债务人未向第三人履行债务或者履行债务不符合约定，应当向债权人承担违约责任。

收取定金后不履行合同，须双倍返还定金

【案例】

某文化公司与作家乔某签订约稿协议，约定乔某于2009年11月10日之前写完一部书稿并交付给该文化公司，文化公司支付了4000元的定金。乔某写完稿件以后，

○ 适用于双倍返还定金罚则的条件

1.定金合同要合法且成立

只有这样，才能保证双倍返还定金的罚则能得以实施。定金合同必须以书面的形式呈现，口头上的约定是无效的。

2.存在违约行为

这里的违约行为是指根本违约行为，也就是导致合同无法履行的违约行为，其中包括了不能履行、迟延履行以及不完全履行等多种形态。

由于自己联系了一家出版社出版该书，不想再把书稿交给文化公司出版。那么，这种情况下，乔某只需要将定金如数退还给文化公司就可以吗？

【法律解析】

根据《合同法》第一百一十五条的规定，当事人可以依照《担保法》约定一方向对方给付定金作为债权的担保。债务人履行债务后，定金应当抵作价款或者收回。给付定金的一方不履行约定的债务的，无权要求返还定金；收受定金的一方不履行约定的债务的，应当双倍返还定金。本案中，乔某作为接受定金的一方，如果不履行合同不想把稿件交给文化公司出版，须双倍返还定金。

【法条链接】

《合同法》第一百一十五条 当事人可以依照《中华人民共和国担保法》约定一方向对方给付定金作为债权的担保。债务人履行债务后，定金应当抵作价款或者收回。给付定金的一方不履行约定的债务的，无权要求返还定金；收受定金的一方不履行约定的债务的，应当双倍返还定金。

定金，违约金和赔偿金

【案例】

2008年9月15日，A公司与B公司签订了海上货物运输合同。合同规定，B公司于同年10月4日至9日派轮船为A公司从大连运袋装核桃1万吨到厦门，运费为每吨人民币80元；A公司应付给B公司定金人民币16万元。合同未订违约金条款。签订合同当日，A公司即向B公司支付16万元。但是B公司未在合同约定的期间派船到装货港受载。10月9日，B公司向A公司提出解除合同，A公司不同意解除合同，多次催B公司继续履行合同。但是B公司仍不派船运输。11月15日，A公司诉至法院称B公司单方解除合同系违约行为，应当依法承担违约责任，要求B公司双倍返还定金，还应支付违约金1万元和赔偿货物在港超期堆存费等65000元。

【法律解析】

根据《合同法》第一百一十五条的规定，当事人可以依照《担保法》约定，一方向对方给付定金作为债权的担保。债务人履行债务后，定金应当抵作价款或者收回。给付定金的一方不履行约定的债务的，无权要求返还定金；收受定金的一方不履行约定的债务的，应当双倍返还定金。根据《合同法》第一百一十六条的规定，当事人既约定违约金，又约定定金的，一方违约时，对方可以选择适用违约金或者定金条款。因此，定金与违约金不能并处。但适用定金罚则后，不能补偿非违约方损失的，可以由违约方赔偿这部分损失，即由违约方给付赔偿金，以补偿非违约方的实际损失。

本案中，A公司与B公司签订的书面海上货物运输合同中订有支付定金条款，而且已经实际支付。B公司单方解除合同，虽给A公司造成损失，但损失额明显小于B公司双倍返还定金的数额。因此，B公司只需要双倍返还定金而不用再向A公司支付违约金及赔偿金。

【法条链接】

《合同法》第一百一十五条 当事人可以依照《中华人民共和国担保法》约定一方向对方给付定金作为债权的担保。债务人履行债务后，定金应当抵作价款或者收回。给付定金的一方不履行约定的债务的，无权要求返还定金；收受定金的一方不履行约定的债务的，应当双倍返还定金。

第一百一十六条 当事人既约定违约金，又约定定金的，一方违约时，对方可以选择适用违约金或者定金条款。

由第三人造成的违约责任，需分别解决

【案例】

2009年8月，某中学向某商贸公司购买了200台教学电脑，并签订了合同。合同约定，每台电脑2500元，共计货款人民币50万元，由该商贸公司于同年10月底前将电脑送至该中学。该中学在合同签订以后向商贸公司预付货款20万元，其余货款在收到全部电脑后一个月内结清，如一方违约，应向对方交违约金5万元，并赔偿相关损失。该商贸公司在送货途中运输车被个体运输户袁某的货车撞翻，致使20台电脑受损。经交管部门认定，此次事故的责任由袁某负全责。某商贸公司见责任不在自己，因此不肯承担某中学的损失。某中学对此则有异议，多次派人交涉，均无结果，于是告上法院。

【法律解析】

根据《合同法》第一百二十一条的规定，当事人一方因第三人的原因造成违约的，应当向对方承担违约责任。当事人一方和第三人之间的纠纷，依照法律规定或者按照约定解决。

本案中，该商贸公司未按合同规定数量供应电脑，属于合同违约，应当依合同向该中学承担违约责任。对于个体运输司机袁某对商贸公司造成损害的侵权行为，商贸公司应当依据事实和法律向人民法院另行起诉，向袁某要求其承担损害赔偿责任。合同违约和侵权行为，这是两种不同性质的法律关系，应当分别解决。

【法条链接】

《合同法》第一百二十一条 当事人一方因第三人的原因造成违约的，应当向对方承担违约责任。当事人一方和第三人之间的纠纷，依照法律规定或者按照约定解决。

◎ 商品买卖 ◎

商品在送货途中损坏，购买人能否要求换货......................................

【案例】

小郑在某商场购买了一台冰箱，当时开箱验完货确定一切正常以后，小郑付清款项。该商场有送货上门的售后服务，于是约定第二天由该商场把冰箱送到小郑家。谁知，第二天小郑收到冰箱，冰箱已摔坏。原来送货车在送货途中为避让一辆小车紧急刹车，导致货物碰撞损坏。小郑遂要求商场换货。但商场认为小郑在商场验完货，并付了款，双方的买卖合同已经成立。至于货物离开商场后的风险就应该由小郑自行承担，因此，商场拒绝换货。那么，小郑要求商场换货有没有法律依据？

【法律解析】

根据《合同法》第一百四十二条的规定，标的物毁损、灭失的风险，在标的物交付之前由出卖人承担，交付之后由买受人承担，但法律另有规定或者当事人另有约定的除外。由此可见，如果货物的交付地点是商场，小郑就不能要求换货；如果是家中，小郑就有权利要求商场换货。根据《合同法》第一百三十三条的规定，标的物的所有权自标的物交付时起转移，但法律另有规定或者当事人另有约定的除外。一般来说，消费者验货付款之后，即取得了商品的所有权，商品即算交付。但是，此案中商场有送货上门这一承诺，这是对商品交付地点的事先约定，即货物送到消费者家中才算交付，在送达消费者家中之前，商品的所有权仍然是属于商场的，那么冰箱途中受损的风险自然应由商场承担，因此，小郑有权要求商场换货。

【法条链接】

《合同法》第一百三十三条 标的物的所有权自标的物交付时起转移，但法律另有规定或者当事人另有约定的除外。

第一百四十二条 标的物损毁、灭失的风险，在标的物交付之前由出卖人承担，交付之后由买受人承担，但法律另有规定或者当事人另有约定的除外。

货物价格没有达成一致，买卖合同能否成立......................................

【案例】

瓜农马某欲向某农产品公司出售一批西瓜。马某给该公司打电话说自己打算销售西瓜400公斤，每公斤的售价是0.5元。该公司的业务经理表示，公司认为马某的西瓜卖得太贵，公司只同意以每公斤0.4元的价格收购，双方事后没有达成一致意见。后来西瓜价格猛涨，该农产品公司给马某打电话称愿意以每公斤0.55元的价格收购，并且催马某发货，但是此时，马某的西瓜已经销售一空。该农产品公司于是起诉马某违约。

【法律解析】

　　根据《合同法》第十三条、第十四条的规定，当事人订立合同，采取要约、承诺方式，要约应当内容具体确定，并且表明经受要约人承诺，要约人即受该意思表示约束。案例中，马某向农产品公司发出要约，希望对方购买自己的西瓜。该农产品公司在作出承诺之后，对合同的价格进行了更改，属于实质性变更，即为新的要约，而马某对于这一新的要约没有作出承诺，根据《合同法》第二十一条和第三十条的规定，合同并没有成立，那么，马某当然有权利把西瓜转卖给别人，马某的行为并不构成违约。

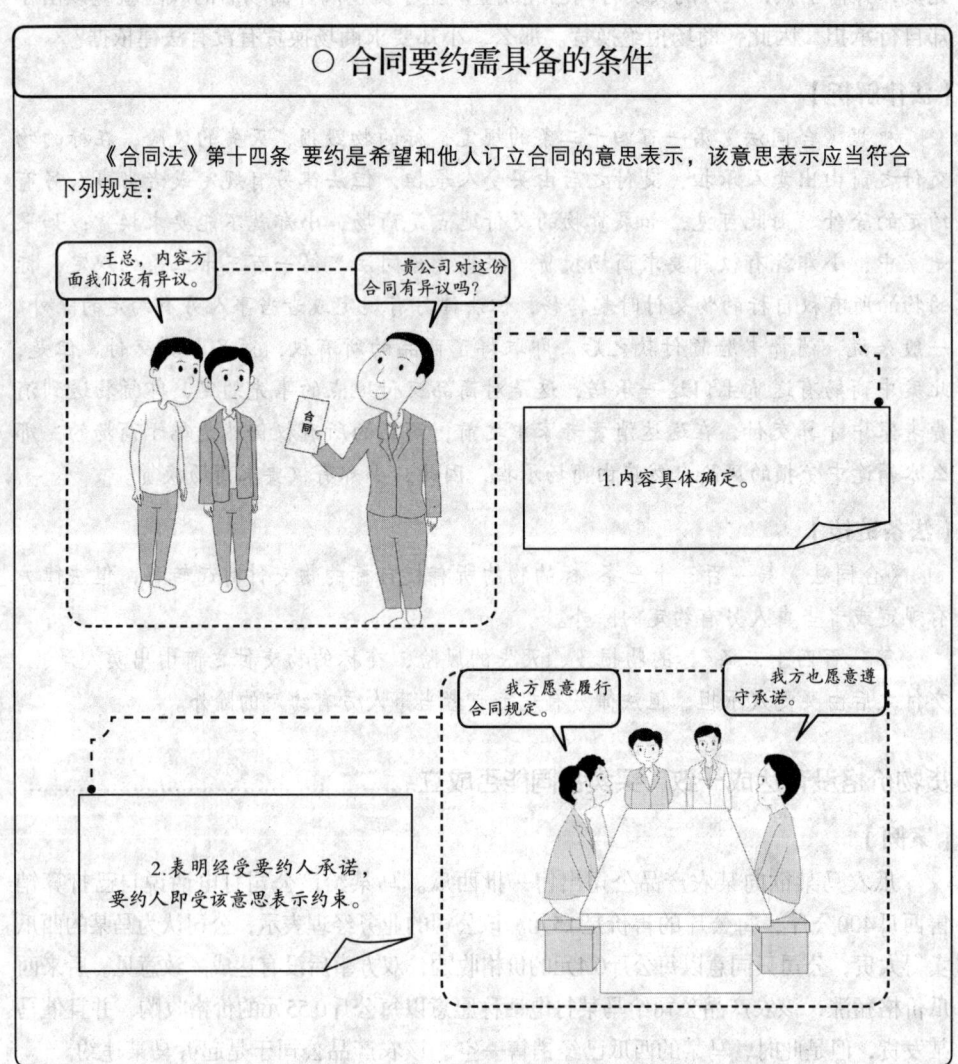

○ 合同要约需具备的条件

　　《合同法》第十四条 要约是希望和他人订立合同的意思表示，该意思表示应当符合下列规定：

王总，内容方面我们没有异议。

贵公司对这份合同有异议吗？

1.内容具体确定。

我方愿意履行合同规定。

我方也愿意遵守承诺。

2.表明经受要约人承诺，要约人即受该意思表示约束。

【法条链接】

《合同法》第十三条 当事人订立合同，采取要约、承诺方式。

第二十一条 承诺是受要约人同意要约的意思表示。

第三十条 承诺的内容应当与要约的内容一致。受要约人对要约的内容作出实质性变更的，为新要约。有关合同标的、数量、质量、价款或者报酬、履行期限、履行地点和方式、违约责任和解决争议方法等的变更，是对要约内容的实质性变更。

买卖合同中一定要交付物品，所有权才发生转移吗

【案例】

赵某将自己的旧摩托车卖给李某，并签订了书面合同，但是未将摩托车交付给李某。后来，赵某又将摩托车卖给出价更高的刁某，并且很快将摩托车交付给了刁某。李某得知消息以后，要求赵某承担违约责任，而赵某却以摩托车未实际交付给李某为由，认为两人的买卖合同不成立。那么，赵某的理由成立吗？

【法律解析】

根据《合同法》第一百三十条的规定，买卖合同是出卖人转移标的物的所有权于买受人，买受人支付价款的合同。双方签订合同，所有权就发生了转移，不需要实际交付合同的标的物。本案中，赵某与李某已经签订了合同，即双方的协议成立。赵某将摩托车又以高价卖给刁某，其行为已经构成了违约，根据《合同法》第一百零七条的规定，当事人一方不履行合同义务或者履行合同义务不符合约定的，应当承担继续履行、采取补救措施或者赔偿损失等违约责任。因此，赵某应依法承担违约责任。

【法条链接】

《合同法》第一百零七条 当事人一方不履行合同义务或者履行合同义务不符合约定的，应当承担继续履行、采取补救措施或者赔偿损失等违约责任。

第一百三十条 买卖合同是出卖人转移标的物的所有权于买受人，买受人支付价款的合同。

没有按约定时间提货导致货物损毁，损失谁来承担

【案例】

郑某向程某购买了一批纸张，双方约定郑某于8月10日自行提货，但是，到了8月10日，郑某没有筹足货款，因此未能提货。当天夜里，突降暴雨，导致部分纸张受潮损坏。郑某要求程某承担损失。那么，程某应该承担损失吗？

【法律解析】

根据《合同法》第一百四十六条的规定，出卖人按照约定或者依照本法第

一百四十一条第二款第二项的规定将标的物置于交付地点，买受人违反约定没有收取的，标的物毁损、灭失的风险自违反约定之日起由买受人承担。本案中，程某根据双方的约定履行了自己的职责，其本身不存在过错。而郑某因为未筹足货款而没有提货，违反了约定，导致部分货物受潮损坏，责任在郑某。所以，由此造成的损失理应由郑某自行承担。

【法条链接】

《合同法》第一百四十六条 出卖人按照约定或者依照本法第一百四十一条第二款第二项的规定将标的物置于交付地点，买受人违反约定没有收取的，标的物毁损、灭失的风险自违反约定之日起由买受人承担。

○ 违约方拒付违约金怎么办

违约方拒付违约金的，可以先协商解决；协商不成，可以通过至法院诉讼的方式进行维权索偿。

可以协商，毕竟和气生财。

给我个面子，你们双方都互相让步一下。

协商解决

解决纠纷，能够协商解决当然最好，都尽量和气地协商，以达到和解的效果。

起诉

合同有约定管辖法院的，以合同约定的为准；合同没有约定管辖法院，或者约定不明的，在被告住所地或合同履行地法院起诉。

双方都存在违约情况怎么办...

【案例】

A公司向B厂订购了800件货物，双方签订了买卖合同。合同约定：所购货物每月交付一次，第一次交货数量为200件，后600件每个月按300件交付，货到无质量问题后付款。一个月以后，B厂将200件货物送达A公司，经A方检验无质量问题之后顺利付款；当B将第二批货物送到时，A经检验无质量问题，但是没有及时付款；后来当B厂将第三批货物送到A公司时，A公司经检验发现该批货物存在质量问题，于是拒绝付款，B厂家坚持要求A公司付第二批货物的货款。现在，双方都存在违约情况，A公司可以因B厂后来交付的产品质量不合格为由拒绝支付第二批货的货款吗？

【法律解析】

根据《合同法》第一百二十条的规定，当事人双方都违反合同的，应当各自承担相应的责任。本案中，当A公司收到B厂提供的第二批货物时，未履行货到付款的合同约定，违背了其应负的义务，已经构成违约，应当承担违约责任。而B厂交付的第三批货物存在质量问题，也未按照合同的约定履行自己的义务。因此，应当各自承担相应的责任。当A公司在第二批货物送达时未支付货款，B厂应当要求其支付货款，而A公司在收到B厂有质量问题的货物时，可以要求B厂赔偿由此给自己造成的损失。

【法条链接】

《合同法》第一百零九条 当事人一方未支付价款或者报酬的，对方可以要求其支付价款或者报酬。

第一百二十条 当事人双方都违反合同的，应当各自承担相应的责任。

第一百五十九条 买受人应当按照约定的数额支付价款。对价款没有约定或者约定不明确的，适用本法第六十一条、第六十二条第二项的规定。

卖方交付的商品与样品不一致，构成违约吗...

【案例】

小白在某家具店看上了一款实木家具，但是由于该家具是店里的样品，小白便仔细询问店员，实际交付的家具在材质、大小、颜色、款式等方面是否与样品完全一致，得到了肯定的答复。双方随后就该款家具签订了买卖合同，合同约定：货款14000元，15天以后交货，小白支付2500元的定金，余款交货时付清。15天以后，家具店按期将家具送到，但是小白打开时却发现，该套家具的款式与家具店内的样品有很大的出入，于是拒绝支付余款。那么，小白是否可以拒交余款呢？

【法律解析】

根据《合同法》第一百六十八条的规定，凭样品买卖的当事人应当封存样品，并可以对样品质量予以说明。出卖人交付的标的物应当与样品及其说明的质量相同。案中，小白与家具店就家具的材质、颜色、款式等与样品作了合同约定，双方应履行合同义务。而家具店交付的家具颜色与样品有很大出入，不符合双方的合同约定，其行为已经构成了违约。根据《合同法》第一百零七条的规定，当事人一方不履行合同义务或者履行合同义务不符合约定的，应当承担继续履行、采取补救措施或者赔偿损失等违约责任。因此，小白可以拒收该套家具，并要求家具店按合同的约定履行。

【法条链接】

《合同法》第一百零七条 当事人一方不履行合同义务或者履行合同义务不符合约定的，应当承担继续履行、采取补救措施或者赔偿损失等违约责任。

第一百六十八条 凭样品买卖的当事人应当封存样品，并可以对样品质量予以说明。出卖人交付的标的物应当与样品及其说明的质量相同。

◎ 借款贷款 ◎

未按约定用途使用借款，借款可提前收回

【案例】

2007年11月，乔某打算做花草种植生意，于是向卢某借款2万元，并出具借条一份，载明卢某借给乔某人民币2万元，用于花木经营，借期为两年。但是由于种植花木效益不好，2009年9月，乔某卖掉了他的花木种植场，准备南下做服装生意。卢某怕他一去不回，想要他提前还款。那么，卢某是否可以提前收回这笔借款呢？

【法律解析】

根据《合同法》第二百零三条的规定，借款人未按照约定的借款用途使用借款的，贷款人可以停止发放借款、提前收回借款或者解除合同。乔某出具给卢某的借条实际上就是他与卢某的借款合同，该合同已经明确约定了借款用于花木经营。现在乔某卖掉花木场，准备去南方做服装生意，显然没有按合同约定使用这笔借款，已经危及卢某所期望的经济利益的实现，即按时收回借款本金。因此，卢某可以依法提前收回这笔借款。

【法条链接】

《合同法》第二百零三条 借款人未按照约定的借款用途使用借款的，贷款人可以停止发放借款、提前收回借款或者解除合同。

借款合同没有约定还款时间怎么办......

【案例】

殷某想要开一家小型饭店，于是向朋友杜某借钱。双方在合同中约定了借款利息以及其他事项，但是并没有约定还款期限。杜某只是对殷某说不能拖欠还款。合同签订以后，殷某有些担心，不知哪一天杜某会让自己还款。那么，殷某应该怎么办呢？

【法律解析】

根据《合同法》第六十一条的规定，合同生效后，当事人就某些内容没有约定或者约定不明确的，可以协议补充或按照合同有关条款或者交易习惯确定。根据本法第二百零六条的规定，对借款期限没有约定或者约定不明确，依照本法第六十一条的规定仍不能确定的，借款人可以随时返还；贷款人可以催告借款人在合理期限内返还。因此，殷某可以与杜某在合同中补充还款期限的条款，或者随时返还借款。杜某也可以随时要求殷某在合理的期限内还款。

【法条链接】

《合同法》第六十一条 合同生效后，当事人就质量、价款或者报酬、履行地点等内容没有约定或者约定不明确的，可以协议补充；不能达成补充协议的，按照合同有关条款或者交易习惯确定。

第二百零六条 借款人应当按照约定的期限返还借款。对借款期限没有约定或者约定不明确，依照本法第六十一条的规定仍不能确定的，借款人可以随时返还；贷款人可以催告借款人在合理期限内返还。

未按约定提取借款，也要付利息吗......

【案例】

管某经营一家皮革加工厂，为了扩大经营规模，想要再上一条流水线。由于手头资金紧张，决定向银行贷款。很快，管某提供了相关手续后，与银行签订了借款合同，并约定了还款利息以及其他事项。后来，管某的工厂出了问题，导致其于约定提款日后的2个月才去银行提取借款。银行工作人员告诉管某这2个月的利息要一并归还。管某认为自己并没有提款，根本没有使用该贷款，为什么还要向银行支付利息呢？

【法律解析】

根据《合同法》第二百零一条第二款的规定，借款人未按照约定的日期、数额收取借款的，应当按照约定的日期、数额支付利息。也就是说，借款人支付利息应当从约定的提款日期开始计算，并不是从借款人实际提取款项的日期开始计算。本案中，虽然管某未按照约定去提取款项，但是仍然应该按照约定的日期支付利息。

【法条链接】

《合同法》第二百零一条 贷款人未按照约定的日期、数额提供借款，造成借款人损失的，应当赔偿损失。

借款人未按照约定的日期、数额收取借款的，应当按照约定的日期、数额支付利息。

"利滚利"受法律保护吗......

【案例】

于某做服装生意，近期资金周转不畅，于是向一起做布料生意的谈某借款20万元。双方约定：借款为2年，每年的8月20日支付当年的利息，否则当年利息并入本金。那么，双方的这种"利滚利"的约定受法律保护吗？

【法律解析】

通常所说的"利滚利"实际就是"复利"。根据《合同法》第二百一十一条的规定，自然人之间的借款合同对支付利息没有约定或者约定不明确的，视为不支付利息。自然人之间的借款合同约定支付利息的，借款的利率不得违反国家有关限制借款利率的规定。根据《民法通则意见》第一百二十五条的规定，公民之间的借贷，出借人将利息计入本金计算复利的，不予保护。因此，虽然于某与谈某就借款利息作了约定，但是其约定明显违反了法律规定，因此，这种"利滚利"的约定不受法律保护。

【法条链接】

《合同法》第二百一十一条 自然人之间的借款合同对支付利息没有约定或者约定不明确的，视为不支付利息。自然人之间的借款合同约定支付利息的，借款的利率不得违反国家有关限制借款利率的规定。

《民法通则意见》第一百二十五条 公民之间的借贷，出借人将利息计入本金计算复利的，不予保护；在借款时将利息扣除的，应当按实际出借款数计息。

用假名签的借条有效吗......

【案例】

小杨偶然认识一名自称姓黄的男士，黄某谎称遇到了困难，向小杨借款4000元。小杨起草了一张借条，让黄某签名并摁上手印，借款日期为2008年11月24日。黄某口头答应2个月之内还。之后，经小杨多次催讨，黄某总是以各种理由推迟，到后来竟然关掉手机，再没有了消息。后来小杨经朋友调查得知，黄某在借条上所签

○ 哪些情况下一方可以变更合同

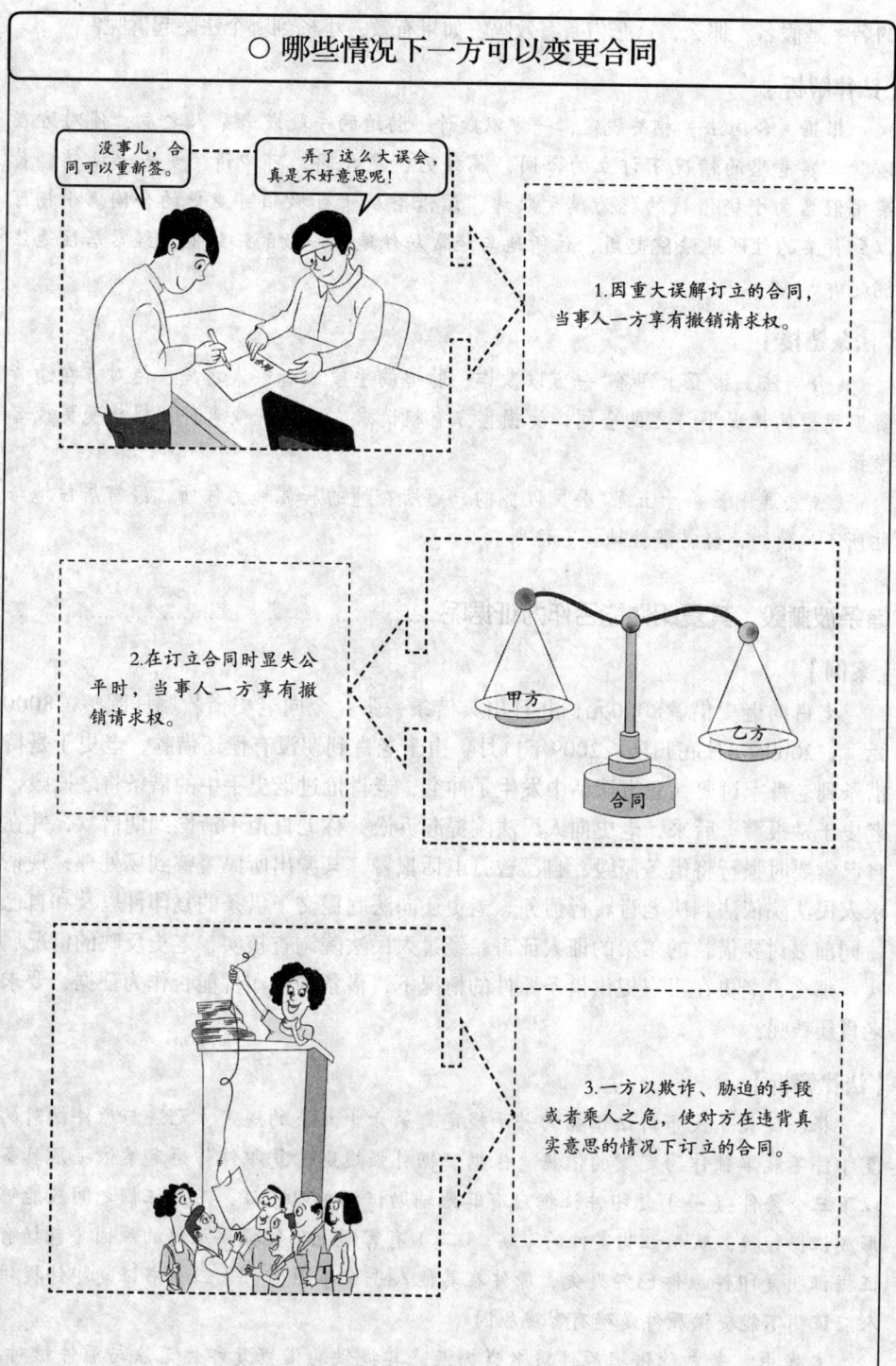

的名字是假名。那么，这张借条有效吗？如果有效，小杨到哪个法院起诉呢？

【法律解析】

根据《合同法》相关规定，一方以欺诈、胁迫的手段或者乘人之危，使对方在违背真实意思的情况下订立的合同，属效力待定合同，可申请变更或者撤销。黄某用假名向小杨借钱的行为属于欺诈，该借条属于可撤销可变更的合同。小杨可以到黄某的住所地法院起诉，住所地与经常居住地不一致的，到他的经常居住地法院起诉。

【法条链接】

《合同法》第五十四条 一方以欺诈、胁迫的手段或者乘人之危，使对方在违背真实意思的情况下订立的合同，受损害方有权请求人民法院或者仲裁机构变更或者撤销。

《民法通则》第十五条 公民以他的户籍所在地的居住地为住所，经常居住地与住所不一致的，经常居住地视为住所。

借条被撕毁，其复印件能否作为证据呢...

【案例】

老肖向老史借款8000元，并且出具借条一张：今向老史借款捌仟圆整（8000元），2009年8月底归还。2009年11月，由于老肖到期没有偿还借款，老史于是持借条到老肖家讨要，双方谈话中发生了冲突，老肖抢过老史手中的借条将之撕毁，老史于是报警。后来，老史向人民法院提起诉讼，称老肖拒不清偿到期借款，并在自己索要时强行将借条撕毁，自己曾打电话报警，某派出所民警曾到场处理，现请求人民法院依法判决老肖履行债务。老史还向法庭提交了借条的复印件以及和自己一同前去讨要借款的弟弟的证人证言。经过人民法院调查核实，老史反映的情况属实。那么，老史在没有提供借条原件的情况下，借条的复印件能否作为证据，要求老肖还钱呢？

【法律解析】

根据《关于民事诉讼证据的若干规定》第六十九条的规定，无法与原件核对的复印件不能单独作为定案的依据。根据证据补强规则，复印件作为定案依据须具备以下三个条件：（一）复印件证据应有其他辅助证据加以印证，而且证据之间应能够形成证据锁链，从而证明案件的事实。（二）有客观上不能提供原件的原因（包括有证据证明复印件原件已经灭失，原件在其他人手中等原因）。（三）书证复印件提供人应证明不能提供原件是确有客观原因。

本案中，老史称借据原件被老肖撕毁，其提供的借据复印件无法与原件核对，于是老史提供了与其同去讨债的弟弟的证言，而且还提供了很关键的证据线索：当日老肖拒不还钱，双方言语不合，老肖撕毁借条，自己曾打电话报警，派出所的民警曾经到场处理情况。经过人民法院核实公安民警的出警记录，老史的陈述属实。这就证明了老史不能提供证据原件确实有正当理由，而且与上述证据之间相互印证，证明了老肖向老史借款的事实，老史请求老肖还钱的主张会得到法院的支持。

【法条链接】

《关于民事诉讼证据的若干规定》第六十九条 下列证据不能单独作为认定案件事实的依据：

......

（四）无法与原件、原物核对的复印件、复制品；

（五）无正当理由未出庭作证的证人证言。

《最高人民法院关于适用〈中华人民共和国民事诉讼法〉若干问题的意见》（以下简称《民诉意见》）第七十八条 证据材料为复制件，提供人拒不提供原件或原件线索，没有其他材料可以印证，对方当事人又不予承认的，在诉讼中不得作为认定事实的根据。

帮邻居写下假欠条，却被起诉借钱不还，怎么办..................

【案例】

钱某为人忠厚，人缘很好，却突然接到了法院的传票，居然是邻居林某起诉他借钱不还。林某在诉状中称，起诉的一周之前，即2009年9月的一天，钱某急用钱向林某借了5万元，有欠条为证，请求判决钱某归还借款。钱某满腔气愤地做了答辩状：2009年9月的一天，邻居林某对钱某说，自己在外面借了一笔钱，现在债主堵在家里追债，自己筹不到钱，债主就在家里不肯走。钱某问欠了多少钱。林某说有5万多元。钱某也犯了难，自己拿不出这么多钱来。林某于是提出，由钱某写一张假欠条给自己，自己用这张欠条应付一下债主，然后再把欠条还给钱某。钱某于是就写下了一张欠条，说明自己欠林某5万元钱，并署了自己名字和当天日期。但是钱某没有想到，一周后，林某就凭这张欠条要求自己还钱。

庭审中，钱某提出，既然林某借钱给人救急，为什么借钱一周后就急着要钱呢？这不合情理。而且大家也都知道林某负债累累，四处躲债，又从哪来钱借给别人？法官于是当庭询问林某借出的这5万元是怎样取出交给钱某的。林某一时语塞，言语不清，后来就改称：钱某是在2007年到2009年间多次向自己借款，都没有出具借条，借条是在2009年9月份一次性出具的。钱某认为林某的陈述前后自相矛盾，有悖于常理，那么，法庭会支持林某的诉讼请求吗？

【法律解析】

本案中，原告林某提起的是借款合同之诉，已经提供了欠条作为本证，借款的说法本身可以与欠条互相印证，有欠条确实无须再证实什么，因而林某已经完成了事实主张和为之提供证据的举证责任。而被告钱某在空口无凭的情况下，要以"自己是应了林某的请求帮忙打下的假借条"来反驳或者抗辩几乎没有可能。法官完全可以凭借高度盖然性原则，确信和认定林某陈述的事实发生的概率和可信度较高，认定当事人双方由于借款的法律关系而产生了欠款的债权债务事实，从而支持林某的请求，而由钱某来承担举证不利的后果。

林某先是声称欠条是在 2009 年 9 月借款的当天出具的，后来又改称欠条是针对此前两年间的多次借款而一次性出具的。前后两次对欠条的形成原因陈述不一致。根据《关于民事诉讼证据的若干规定》第二条的规定，当事人对自己提出的诉讼请求所依据的事实或者反驳对方诉讼请求所依据的事实有责任提供证据加以证明。没有证据或者证据不足以证明当事人的事实主张的，由负有举证责任的当事人承担不利后果。据此规定，当事人在庭审中对以前的事实陈述作实质内容的重大改变或者事实陈述前后严重不一致的，属于形成新的事实主张，应该就新的事实主张提供相应证据，在林某新的事实主张得到证明之前，其所持的欠条成因不明，处于待证状态。

作为民事大额借贷事实亲身经历的当事人，林某不能确定关于借款事实经过的说法，在欠条形成事实的陈述上前后自相矛盾、自我否认，一张欠条不可能同时印证两次截然不同的事实主张，此时，原告林某必须为此继续补充证据，也就是说举证责任开始转移由林某承担。在林某不能提供新的证据的情况下，只能承担举证不能的责任，法院不会支持林某请求。

【法条链接】

《关于民事诉讼证据的若干规定》第二条 当事人对自己提出的诉讼请求所依据的事实或者反驳对方诉讼请求所依据的事实有责任提供证据加以证明。没有证据或者证据不足以证明当事人的事实主张的，由负有举证责任的当事人承担不利后果。

◎ 融资租赁 ◎

租赁物损毁，承租人能否解除租赁合同

【案例】

2008 年 5 月，赵某与某工厂签订一份租赁合同，约定租赁工厂的一个厂房从事生产活动，租赁期限为 3 年。2009 年 1 月，由于大雪侵袭，厂房突然在夜间坍塌，赵某的设备和货物受损不大。但是由于厂房整修需要较长的时间，会影响到生产。因

○ 承租人在哪些情况下有权解除合同

　　根据我国《合同法》的规定，承租人在以下三种情形中可以单方解除租赁合同，且无需承担任何赔偿责任：

不是说好今天交房的吗？我行李都带来了！

我也没办法！

租　房

　　一是出租人未按时交付房屋，经承租人催告后仍未在合理期限内交付的。

房东，这热水器坏了，该找人来修。

维修可以，费用你出！

　　二是出租人交付的房屋不符合租赁合同的约定，致使承租人不能居住或使用的。

这房子没法住了！我要去找房东理论！

　　三是已经交付的房屋存在缺陷，危及承租人安全的。

此，赵某想要解除合同，但是某工厂认为合同还没有到期，不能解除。那么，赵某能否提出解除租赁合同？

【法律解析】

根据《合同法》第二百三十一条的规定，因不可归责于承租人的事由，致使租赁物部分或者全部毁损、灭失的，承租人可以要求减少租金或者不支付租金；因租赁物部分或者全部毁损、灭失，致使不能实现合同目的的，承租人可以解除合同。本案中，由于大雪侵袭造成厂房坍塌，此事由不能归责于承租人，而且由于因厂房毁损，需要较长时间整修，影响到了赵某的生产，致使不能实现合同目的，因此，赵某可以要求解除租赁合同。

【法条链接】

《合同法》第二百三十一条 因不可归责于承租人的事由，致使租赁物部分或者全部毁损、灭失的，承租人可以要求减少租金或者不支付租金；因租赁物部分或者全部毁损、灭失，致使不能实现合同目的的，承租人可以解除合同。

出租房屋的维修费用应该由谁承担 ....

【案例】

2008年12月，马某与曾某签订了一份租期为2年的房屋租赁合同。合同约定：曾某将自己的两间平房出租给马某一家居住，马某按年支付租金。合同签订以后，马某先支付曾某1年的租金。2009年7月，由于当地雨水频繁，马某租住的两间房中的一间漏雨。马某要求曾某修理但是遭到拒绝，马某只好自己请人维修，并为此支付修理费800元。那么，马某修理房屋支付的800元应该由谁来承担呢？

【法律解析】

本案中马某与曾某签订了合法的租赁合同，双方都应依法履行自己的义务，对于房屋漏雨，曾某作为出租人应当履行租赁物的维修义务，但马某在要求曾某对房屋进行维修时遭拒，于是自行请人修理。根据《合同法》第二百二十一条的规定，马某为维修房屋支付的费用应当由曾某负担。

【法条链接】

《合同法》第二百二十一条 承租人在租赁物需要维修时可以要求出租人在合理期限内维修。出租人未履行维修义务的，承租人可以自行维修，维修费用由出租人负担。因维修租赁物影响承租人使用的，应当相应减少租金或者延长租期。

未签订租赁合同是否为不定期租赁......

【案例】

　　李某多年前跟某单位签订了为期10年的土地使用权租赁合同，用来建厂办企业。租赁合同到期以后，双方口头约定按照原先的租赁合同再续租10年，但是没有再签订租赁合同。现在出租方要把该土地的使用权转让给别人，要跟李某解除租赁合同，认为没有签订租赁合同就是不定期租赁，可以随时解除。那么，出租方的说法和做法是否合理？

○ 何为不定期租赁

　　房屋租赁合同有多种形式，不定期房屋租赁合同是比较常见的一种类型。不定期房屋租赁合同是指当事人没有约定租赁期限或者约定租赁期限不明确的房屋租赁合同。

没事儿，反正都是熟人，咱就不用签租房合同了！

这是我这一年的房租，您点一下！

租赁期限6个月以上的，合同应当采用书面形式。当事人未采用书面形式的，视为不定期租赁。

我租的您这间办公室快到期了。

没事儿，你接着用就好了！

租赁期届满，承租人继续使用租赁物，出租人没有提出异议的，原租赁合同继续有效，但租赁期限为不定期。

【法律解析】

根据《合同法》第二百一十五条的规定，租赁期限六个月以上的，应当采用书面形式。当事人未采用书面形式的，视为不定期租赁。由于李某没有跟出租方签订租赁合同，所以该租赁视为不定期租赁。对于不定期租赁，当事人可以随时解除合同，但是根据《合同法》第二百三十二条的规定，出租人解除合同应当在合理期限之前通知承租人。

【法条链接】

《合同法》第二百一十五条　租赁期限六个月以上的，应当采用书面形式。当事人未采用书面形式的，视为不定期租赁。

第二百三十二条　当事人对租赁期限没有约定或者约定不明确，依照本法第六十一条的规定仍不能确定的，视为不定期租赁。当事人可以随时解除合同，但出租人解除合同应当在合理期限之前通知承租人。

租赁期满，租约不能"自动续约"

【案例】

柯某在某路段租了一个商铺，当时与出租方约定租赁期为2008年5月至2009年5月。合同期满以后，柯某未与出租方重新签订租赁合同，又继续使用该商铺近四个月，并且交了租金。现在柯某决定不再租这个铺了，出租方认为按照当初约定，柯某必须找到人转租，否则不退回1万元的押金。但是柯某认为与出租方之前签订的合同已期满，自己没有必要再履行合同。那么，出租方和柯某究竟谁的说法是合法的呢？

【法律解析】

按照《合同法》第二百三十二条的规定，当事人对租赁期限没有约定或者约定不明确，依照本法第六十一条的规定仍不能确定的，视为不定期租赁。当事人可以随时解除合同，但出租人解除合同应当在合理期限之前通知承租人。本案中，柯某与出租方的租赁合同期满之后，又继续交租并使用该商铺，该租赁合同已经自动转为不定期租赁，依法律规定，出租方有权随时终止租赁合同，要求柯某搬出该铺，但是要给柯某必要的准备时间；柯某也有权随时终止租赁合同，但是要及时通知出租方。终止租赁合同以后，柯某没有义务为出租方再找新的承租人。至于出租方扣压柯某押金，既没有合同依据，也没有法律支持，出租方应该全额退还押金给柯某，否则柯某可以向法院起诉要求取回押金。

【法条链接】

《合同法》第二百三十二条　当事人对租赁期限没有约定或者约定不明确，依照本法第六十一条的规定仍不能确定的，视为不定期租赁。当事人可以随时解除合同，但出租人解除合同应当在合理期限之前通知承租人。

出租人未按约定交付租赁物，造成损失谁来承担..

【案例】

老王欲将一批服装运送到某服装厂，于是找到老周，想要租用老周的货车，经协商签订了租赁合同。双方约定了租用期和租金，还约定了违约责任：如果一方违约，应向对方支付2000元的违约金。租期到了，老周却突然告知老王货车被别人租去了。老王无奈只好临时联系其他货车主，最终将服装运到服装厂，但为此多支付了各种费用1500元。事后，老王拿着双方签订的合约要求老周赔偿违约金及其损失，老周不同意。那么，老周应当承担老王的损失吗？

【法律解析】

根据《合同法》的相关规定，出租人应当按照约定将租赁物交付承租人，如果当事人一方明确表示或者以自己的行为表明不履行合同义务的，对方可以在履行期限届满之前要求其承担违约责任。本案中，老王老周双方签订的租赁合同合法、有效，双方应该按合同约定履行自己的义务，而老周却在签订租赁合同以后，单方面反悔，其行为已经构成违约。老周告知老王货车租给别人了，说明其明确表示不履行合同义务，因此，老王可要求老周支付违约金。由于老周未能履行自己的义务，老王不得不雇用别的货车，因此支付了不必要的多余费用，所以，老周应当为因自己的违约给老王造成的损失承担赔偿责任。

【法条链接】

《合同法》第一百零八条 当事人一方明确表示或者以自己的行为表明不履行合同义务的，对方可以在履行期限届满之前要求其承担违约责任。

第二百一十六条 出租人应当按照约定将租赁物交付承租人，并在租赁期间保持租赁物符合约定的用途。

承租人无权改变承租房屋的用途..

【案例】

杨某与冯某签订了两年的租房合同。合同中约定杨某将此房用作小卖部。但是一年以后，杨某因小卖部经营不善，打算开饭店。于是，他在没有与冯某商议的情况下，叫来装修工人对房屋进行改装。冯某发现以后，要求与杨某终止租赁合同，并要求杨某把房屋恢复原样。但是，杨某认为冯某已经把房屋租给自己，就不应该干涉自己用来做什么，况且自己是找人装修，而不是破坏房屋，因此，不同意解除合同。

【法律解析】

根据《合同法》第二百一十七条的规定，承租人应当按照约定的方法使用租赁

物。《合同法》第二百一十九条规定，承租人未按照约定的方法或租赁物的性质使用
租赁物，致使租赁物受到损失的，出租人可以解除合同并要求赔偿损失。《城市房屋
租赁管理办法》也规定，承租人将承租的房屋擅自拆改结构或改变用途的，出租人
有权终止合同，收回房屋，因此而造成损失的，由承租人赔偿。因此，出租人冯某
有权解除租赁合同，收回房屋，并要求杨某赔偿相应的损失。

【法条链接】

《合同法》第二百一十七条　承租人应当按照约定的方法使用租赁物。对租赁物
的使用方法没有约定或者约定不明确，依照本法第六十一条的规定仍不能确定的，
应当按照租赁物的性质使用。

第二百一十九条　承租人未按照约定的方法或租赁物的性质使用租赁物，致使租
赁物受到损失的，出租人可以解除合同并要求赔偿损失。

《城市房屋租赁管理办法》第二十四条　承租人有下列行为之一的，出租人有权
终止合同，收回房屋，因此而造成损失的，由承租人赔偿：

……

（三）将承租的房屋擅自拆改结构或改变用途的；

……

转租他人违法经营，谁来赔偿出租人的损失

【案例】

2008年，杨某用租赁的房屋经营大众洗浴，后来由于生意不好，按照合同约定
转租给林某。林某在经营期间，利用色情敲诈消费者而被公安机关处罚。现在房主
要提前终止合同，要求杨某赔偿损失，理由是杨某利用营业场所违法经营。那么，
转租给他人违法经营，是杨某还是林某来赔偿出租人的损失呢？

【法律解析】

根据《合同法》第二百二十四条的规定，承租人经出租人同意，可以将租赁
物转租给第三人。承租人转租的，承租人与出租人之间的租赁合同继续有效，第三
人对租赁物造成损失的，承租人应当赔偿损失。根据《城市房屋租赁管理办法》第
二十四条的规定，承租人利用承租房屋进行违法活动的，出租人有权终止合同，收
回房屋，因此而造成损失的，由承租人赔偿。因此，出租人可以终止与杨某的合同，
要求杨某承担赔偿责任。杨某在承担了赔偿责任之后，可以根据和林某之间的租赁
合同要求林某赔偿自己的损失。

【法条链接】

《合同法》第二百二十四条　承租人经出租人同意，可以将租赁物转租给第三人。

承租人转租的，承租人与出租人之间的租赁合同继续有效，第三人对租赁物造成损失的，承租人应当赔偿损失。

《城市房屋租赁管理办法》第二十四条 承租人有下列行为之一的，出租人有权终止合同，收回房屋，因此而造成损失的，由承租人赔偿：

……

（六）利用承租房屋进行违法活动的；

……

○ 转租注意事项

第一，须获得出租人的书面同意。承租人将租赁房屋进行转租的行为必须先行获得出租人的书面同意，否则即构成无权处分行为。

第二，转租期限一般不得超过原租赁期限。承租人与次承租人之间的转租合同约定的租赁期限不得超过出租人与承租人之间的原有租赁合同约定的租赁期限。

另外，需要特别注意的是，即便是转租，承租人也不退出租赁关系，既享有承担原租赁合同中的承租人权利义务，也享有承担新转租合同中的出租人权利义务。

承租人不交付房租怎么办..

【案例】

乔某于2008年9月把自己的一套房租借给纪某，约定租期为3年。在合同签订以后，纪某支付了第一年的租金。2009年，到该收第二年的房租时，乔某找不到纪某本人，纪某的妻子则以各种借口拒不支付租金，也不愿意搬出房屋。周围邻居说纪某与妻子已经离婚，那么乔某该怎么办？

【法律解析】

根据《合同法》第二百二十七条的规定，承租人无正当理由未支付或者迟延支付租金的，出租人可以要求承租人在合理期限内支付。承租人逾期不支付的，出租人可以解除合同。因此，纪某及其妻子不支付租金超过乔某要求的合理期限后，乔某可以解除该租房合同。如乔某主张解除合同，应当通知对方，合同自通知到达对方时解除。合同解除以后，乔某有权要求赔偿损失。不管纪某夫妇是否离婚，纪某的妻子作为实际承租人之一，应该承担支付租金的义务。

【法条链接】

《合同法》第二百二十七条 承租人无正当理由未支付或者迟延支付租金的，出租人可以要求承租人在合理期限内支付。承租人逾期不支付的，出租人可以解除合同。

租来的房屋不安全可以要求退房吗..

【案例】

2009年4月，李某与房东关某签订了一份房屋租赁协议，租赁期为1年。10月份，由于关某在外面得罪了人，那人经常半夜跑来砸李某租住的房屋，有一次还把窗户的玻璃给砸碎了。李某觉得现在租住的房屋非常不安全，于是找到关某要求退房、退还租房押金。可是关某不同意，说还没有到期。那么，李某可以要求退房吗？

【法律解析】

根据《合同法》第二百一十六条的规定，出租人应当按照约定将租赁物交付承租人，并在租赁期间保持租赁物符合约定的用途。在其租赁期间，出租人有保持租赁物的法定或者约定品质的义务，出租人应当保障出租房屋居住的安全性，如果李某的人身及财产安全得不到有效保障，李某可以要求提前解除租赁合同，关某应把押金退还给李某。

【法条链接】

《合同法》第二百一十六条 出租人应当按照约定将租赁物交付承租人，并在租赁期间保持租赁物符合约定的用途。

◎ 建设工程 ◎

变更工程量引发价款变化怎么办···

【案例】

2008年10月，金某为某宾馆装修。因为老板贾某和金某是朋友，没签订书面合同，只是口头协议，买多少材料报多少，价款按照行情，并约定了初步竣工时间。但是在施工的过程中，由于设计变更延迟了竣工时间。于是贾某便以此为由克扣工程款，而且不按约定支付材料款。那么，因变更工程量引发价款变化如何确定？

【法律解析】

根据《建设工程施工合同解释》第十六条的规定，当事人对工程价款不能协商一致的，可以参照签订建设工程施工合同时当地建设行政主管部门发布的计价方法或者计价标准结算工程价款。因此，宾馆老板贾某应当依法结算工程价款。

【法条链接】

《建设工程施工合同解释》第十六条 当事人对建设工程的计价标准或者计价方法有约定的，按照约定结算工程价款。因设计变更导致建设工程的工程量或者质量标准发生变化，当事人对该部分工程价款不能协商一致的，可以参照签订建设工程施工合同时当地建设行政主管部门发布的计价方法或者计价标准结算工程价款。

发包方违约，承包方能否解除施工合同·····································

【案例】

2009年6月，某建筑公司为某房地产开发商建设一处物业用房。签订的建设工程施工合同中约定，工程价款按照工程进度分期支付。10月份，物业用房的框架盖好以后，开发商没有按照合同约定支付相应的工程价款。经过催告，开发商还是没有支付工程价款。由于建筑公司的预算有限，不能垫资继续施工。那么，建筑公司能否跟开发商解除施工合同？

【法律解析】

根据《最高人民法院关于审理建设工程施工合同纠纷案件适用法律问题的解释》（以下简称《建设工程施工合同解释》）第九条的规定，发包人未按约定支付工程价款，致使承包人无法施工，且在催告的合理期限内仍未履行相应义务，承包人请求解除建设工程施工合同的，应予支持。根据《合同法》的规定，因一方违约导致合同解除的，违约方应当赔偿因此给对方造成的损失。因此，建筑公司可以跟开发商解除施工合同，还可以要求其赔偿相应的损失。

○ 承包人请求解除合同的条件

1.未按约定支付工程价款的

2.提供的主要建筑材料、建筑配件和设备不符合强制性标准的

3.不履行合同约定的协助义务的

【法条链接】

《建设工程施工合同解释》第九条 发包人未按约定支付工程价款的，致使承包人无法施工，且在催告的合理期限内仍未履行相应义务，承包人请求解除建设工程施工合同的，应予支持。

《合同法》第一百一十二条 当事人一方不履行合同义务或者履行合同义务不符合约定的，在履行义务或者采取补救措施后，对方还有其他损失的，应当赔偿损失。

盖了房子拿不到工钱，怎么办..

【案例】

2008年3月，某建筑公司与某房地产公司签订了一份建设工程合同。合同约定：房地产公司的一栋商品楼由建筑公司承包建筑，并对工期、质量、价款等作了细致的约定。双方定于2008年10月5日竣工验收，验收合格后支付工程款。2008年10月建筑公司工程完工，并验收合格。建筑公司要求房地产公司支付工程款。房地产公司以资金紧张为由要求延期支付，建筑公司拒绝延期，并拒绝交付完工的商品楼。之后，建筑公司曾多次向对方催讨工程款，直到2009年10月房地产公司仍未支付其工程款。那么，建筑公司应该怎么办呢？

【法律解析】

《合同法》第二百八十六条规定，发包人未按照约定支付价款的，承包人可以催告发包人在合理期限内支付价款。发包人逾期不支付的，除按照建设工程的性质不宜折价、拍卖的以外，承包人可以与发包人协议将该工程折价，也可以申请人民法院将该工程依法拍卖。建设工程的价款就该工程折价或者拍卖的价款优先受偿。本案中，房地产公司在对该栋商品楼竣工验收合格后，应当按约定向建筑公司支付工程款，但房地产公司却在建筑公司催告其在合理期限内支付工程款时依然没有付款的表示，因此，建筑公司可以不向其交付工程，并要求其承担逾期付款的违约责任，可以与房地产公司协商将该商品楼直接折价抵偿给建筑公司，也可以申请人民法院对该栋商品楼进行拍卖，建筑公司对拍卖所得享有优先受偿权。

【法条链接】

《合同法》第二百八十六条 发包人未按照约定支付价款的，承包人可以催告发包人在合理期限内支付价款。发包人逾期不支付的，除按照建设工程的性质不宜折价、拍卖的以外，承包人可以与发包人协议将该工程折价，也可以申请人民法院将该工程依法拍卖。建设工程的价款就该工程折价或者拍卖的价款优先受偿。

工人能越过包工头直接向建筑公司索要劳动报酬吗 ....

【案例】

　　某建筑公司将一处楼房建设工程对外发包给穆某，穆某雇佣数十名建筑工人进行施工。工程完工以后，由于建筑公司拖欠穆某的工程款，导致穆某无力支付建筑工人的劳动报酬，于是其中的25名建筑工人状告作为发包人的建筑公司，要求其支付劳动报酬。这些建筑工人可以越过包工头穆某直接起诉建筑公司追索劳动报酬吗？

○ 工资被拖欠怎么办

　　工资关系着劳动者的切身利益。作为劳动者，面对拖欠工资的情况，应通过法律的途径维护自身的合法权益。

公司已经拖欠半年工资了，我们来商量一下对策吧！

1.要冷静理智

　　《中华人民共和国劳动法》规定，劳动者享有取得劳动报酬的权利、提请劳动争议处理的权利以及法律规定的其他劳动权利。

2.要学会用法律维权

　　如果工资被拖欠了，可以向各地劳动执法部门举报，劳动部门的执法监察人员会帮助协调解决；也可以到各地的劳动争议仲裁机构去申请仲裁。

老板，这可是我们的辛苦钱啊！

法律法规

快拿去吧……

【法律解析】

根据合同的相对性原则，合同是特定主体之间的协议，一般只在特定的合同当事人之间发生法律约束力。建筑公司作为建筑工人与穆某之间劳务合同的第三人，建筑工人好像不能直接向建筑公司追索劳动报酬。但是，根据《建设工程施工合同解释》第二十六条第二款的规定，发包人在欠付工程价款范围内对实际施工人承担责任，只要发包人没有将工程价款清偿，不管发包人将工程如何转包和分包，发包人都应当依法在欠付工程价款范围内向实际施工人清偿债务。因此，本案中建筑工人可以越过包工头直接向建筑公司要劳动报酬，诉讼请求会得到法院的支持。

【法条链接】

《建设工程施工合同解释》第二十六条 实际施工人以转包人、违法分包人为被告起诉的，人民法院应当依法受理。

实际施工人以发包人为被告主张权利的，人民法院可以追加转包人或者违法分包人为本案当事人。发包人只在欠付工程价款范围内对实际施工人承担责任。

◎ 仓储保管 ◎

提取货物时货物损毁，保管人如何承担责任......................................

【案例】

某电动自行车厂将4000辆电动自行车寄存在某仓库，双方约定：该仓库自2009年6月5日至9月5日为电动自行车厂保管电动自行车，保管费1万元。合同签订以后，电动自行车厂将4000辆电动自行车交给了仓库，仓库也对电动自行车进行了验收。提取出库时，电动自行车厂在检验时发现少了50辆，并且有100多辆电动自行车的车漆有很严重的划痕，严重影响外观。电动自行车厂要求该仓库赔偿损失，仓库以入库数量不准确以及难免会有摩擦损伤为由予以拒绝。那么，电动自行车厂能要求该仓库赔偿自己的损失吗？

【法律解析】

根据《合同法》的规定，保管人应按照约定对入库仓储物进行验收，验收时发现入库仓储物与约定不符合的，应当及时通知存货人，验收后，发生仓储物的品种、数量、质量不符合约定的，保管人应当承担损害赔偿责任；储存期间，因保管人保管不善造成仓储物毁损、灭失的，保管人应当承担损害赔偿责任。本案中，当仓库对电动自行车进行验收入库以后，由于其保管不善，造成电动自行车缺失，应当对此损失承担赔偿责任。电动自行车发生严重的划痕，是由于仓库方未尽到妥善保管的义务所致，仓库应承担损害赔偿责任。

【法条链接】

《合同法》第三百八十四条 保管人应当按照约定对入库仓储物进行验收。保管人验收时发现入库仓储物与约定不符合的，应当及时通知存货人。保管人验收后，发生仓储物的品种、数量、质量不符合约定的，保管人应当承担损害赔偿责任。

第三百九十四条 储存期间，因保管人保管不善造成仓储物毁损、灭失的，保管人应当承担损害赔偿责任。因仓储物的性质、包装不符合约定或者超过有效储存期造成仓储物变质、损坏的，保管人不承担损害赔偿责任。

交给超市无偿保管的物品丢失怎么办

【案例】

小张去某超市购物，将一背包寄存在超市存包处，服务员将包放进柜子，给了小张号牌。当小张购物出来，拿着取包的号牌领取背包时，发现背包已被他人领走，于是要求超市承担赔偿责任，超市却认为为顾客存包是无偿保管，不需要承担赔偿责任。那么，超市的说法有法律依据吗？

【法律解析】

根据《合同法》第三百七十四条的规定，保管期间，因保管人保管不善造成保管物毁损、灭失的，保管人应当承担损害赔偿责任，但保管是无偿的，保管人证明自己没有重大过失的，不承担损害赔偿责任。本案中，当小张到超市购物时，将背包寄存在超市服务台，而服务员也将背包放进了柜子，双方的保管合同即已有效，作为超市就应当妥善保管好被保管人的物品，但是当小张取包时包却被他人领走，超市也未能证明自己尽到了妥善保管的义务，因此，应当承担小张的背包被他人领走造成的损失。

【法条链接】

《合同法》第三百七十四条 保管期间，因保管人保管不善造成保管物毁损、灭失的，保管人应当承担损害赔偿责任，但保管是无偿的，保管人证明自己没有重大过失的，不承担损害赔偿责任。

寄存贵重物品没有向保管人声明，丢失以后如何赔偿

【案例】

旅客姚某入住酒店时，将一手包寄存在酒店总服务台，服务台为其办理了寄存手续。第二天，当姚某拿着取包的号牌领取手包时，发现手包已被他人领走，因姚某的包内有一块进口名表及银行卡等物，酒店建议姚某报案，但始终未能找到。之

后，姚某要求酒店赔偿自己的损失，而酒店则以存包处有"旅客须保管好自己的贵重物品，丢失概不负责"为由拒绝赔偿，声称姚某并未事先声明自己包内有贵重物品。那么，酒店的理由成立吗？

【法律解析】

根据《合同法》的规定，无偿保管中，保管人证明自己没有重大过失的，不承担损害赔偿责任。寄存人寄存货币、有价证券或者其他贵重物品的，应当向保管人声明，由保管人验收或者封存。寄存人未声明的，该物品毁损、灭失后，保管人可以按照一般物品予以赔偿。本案中，姚某将包寄存在酒店存包处，并领取了取物牌，双方之间的保管合同关系成立，酒店作为保管人当然有义务保管好姚某的包，姚某的包被他人领走，显然是酒店工作人员的失误。由于酒店没有完善的安全措施，致使姚某的包被冒领后很难查清，酒店应当承担赔偿责任。但是对于包内的贵重物品，由于姚某在存包的时候没有向保管人说明，也没有经保管人员验收，在没有其他有力的证据证明姚某包内确实有贵重物品的情况下，酒店只能按照一般物品予以赔偿。

【法条链接】

《合同法》第三百七十四条 保管期间，因保管人保管不善造成保管物毁损、灭失的，保管人应当承担损害赔偿责任，但保管是无偿的，保管人证明自己没有重大过失的，不承担损害赔偿责任。

第三百七十五条 寄存人寄存货币、有价证券或者其他贵重物品的，应当向保管人声明，由保管人验收或者封存。寄存人未声明的，该物品毁损、灭失后，保管人可以按照一般物品予以赔偿。

不交保管费，保管人可以留置保管物

【案例】

老郑和妻子欲去外地旅游两个月，便将自己的轿车交给邻居老李代管，双方约定：老郑取回轿车时向老李支付保管费1000元。双方保管合同到期以后，老郑却拒绝支付保管费。那么，老李应该怎么办呢？

【法律解析】

根据《合同法》第三百八十条的规定，寄存人未按照约定支付保管费以及其他费用的，保管人对保管物享有留置权，但当事人另有约定的除外。本案中，老郑与老李达成了保管协议，双方都应当履行自己的义务，老李妥善保管老郑的轿车，老郑向其支付保管费。但是老郑却无故拒绝支付保管费，其行为违反了双方的约定，因此，老李此时有权对老郑的轿车实施留置，直至老郑向其支付保管费。

【法条链接】

《合同法》第三百八十条 寄存人未按照约定支付保管费以及其他费用的，保管人对保管物享有留置权，但当事人另有约定的除外。

◎ 交通运输 ◎

擅自变更运输工具，乘客是否可以要求承运人赔偿损失.............................

【案例】

2009年6月10日，蒋某从某市坐长途汽车到北京，当时蒋某买的是全程高速的空调车票，但是上车以后人很多也没有座位，蒋某只好站着。可是快到收费站时，司机突然停车，让包括蒋某在内的几个站着的下车坐另一辆车，说这辆车已经超员。就这样蒋某就坐上了一辆面包车，既没有空调走得又慢，到站时间晚了1个多小时。蒋某于是要求客运公司赔偿自己的损失。那么，擅自变更运输工具、降低服务质量，乘客是否可以要求承运人赔偿损失？

【法律解析】

根据《合同法》第三百条的规定，承运人擅自变更运输工具而降低服务标准的，应当根据旅客的要求退票或者减收票款；提高服务标准的，不应当加收票款。本案中，自蒋某购票时起，与承运人之间的运输合同便已成立了。承运人为了避免因超员被罚款，擅自变更运输工具降低服务质量，违反了《合同法》的规定，应当承担违约责任，并根据旅客的要求减收票款。

【法条链接】

《合同法》第三百条 承运人擅自变更运输工具而降低服务标准的，应当根据旅客的要求退票或者减收票款；提高服务标准的，不应当加收票款。

货运公司擅自改变路线，托运人是否有权索赔.............................

【案例】

2009年中秋节，某公司职工赵某向某农户购买了100箱苹果、100箱梨。后赵某与某运输公司签订了货运合同，合同约定运输公司应当在2日内按照通常路线，将水果运到自己公司，运费为600元。合同签订以后，运输公司顺利将水果装车拉走。但是，运输公司为了节省高速费而改走乡间小道，不仅走了不少冤枉路，还由于路上坑洼不平，多箱水果跌落损坏。当运输公司将水果送到赵某公司时，比双方约定的时间晚了一天半，有20多箱水果被损坏，赵某要求运输公司赔偿损失，但运输公司

○ 货物在哪些情况下毁损承运人可以不赔偿

1.货物的毁损、灭失是由于不可抗力的原因造成的。地震等不可抗力作为人力所不能抗拒的法定免责条件，也同样适用于货物运输合同中货物的毁损、灭失情形。

蔬菜保鲜期就两天，天气不好路上运输就需要三天时间，哎……这损失可大了！

2.货物的毁损、灭失是由于货物本身的自然性质或者合理损耗造成的。

对啊，真是太可惜了！

这不是我的责任，你应该去找卖家。

这个小车模型一看就不是正品，你要负责给我赔偿！

3.货物的毁损、灭失是由于托运人、收货人的过错造成的。

以双方没有约定具体路线为由拒绝。那么，赵某能否要求运输公司赔偿呢？

【法律解析】

根据《合同法》的规定，承运人应当按照约定的或者通常的运输路线将旅客、货物运输到约定地点。本案中，赵某与运输公司在合同中约定按照通常路线运输，运输公司就应当遵守约定，将水果按通常路线运输到目的地。但是运输公司为了节省高速费而擅自改走乡间小道，其行为违反了合同约定，构成了违约。因此，赵某可以要求运输公司承担赔偿责任。

【法条链接】

《合同法》第一百零七条 当事人一方不履行合同义务或者履行合同义务不符合约定的，应当承担继续履行、采取补救措施或者赔偿损失等违约责任。

第二百九十一条 承运人应当按照约定的或者通常的运输路线将旅客、货物运输到约定地点。

延迟运送货物，造成损失谁来担责

【案例】

严某回海边老家度假，打算带一些海鲜回来分给同事，便花1000元买了5箱螃蟹，并与运输公司办理了托运手续，严某随后将货物交给该公司。双方约定当天下午发货。到了中午，运输公司致电严某：公司车辆发生交通事故，可能要延迟送达海鲜的时间。严某要求解除合同，对方不同意，并一再声称会妥善保管该货物。该车到达后，严某拿着托运单去领取，却发现螃蟹已经变质发臭，根本无法食用。严某要求运输公司赔偿损失，运输公司以交通事故属于意外事件为由拒绝。严某的损失应由谁承担呢？

【法律解析】

根据我国《合同法》的规定，承运人延迟运输时应及时通知托运人，并根据当事人要求为其安排其他运输工具或者解除合同。本案中，当运输公司因车辆发生交通事故后，首先应为严某的货物安排其他车辆，或者在严某要求解除合同时同意其要求。显然运输公司并没有采取如上措施，而是擅自推迟了运送时间，其行为属于擅自变更合同内容，已经构成违约，应当承担赔偿责任。

【法条链接】

《合同法》第三百一十一条 承运人对运输过程中货物的毁损、灭失承担损害赔偿责任，但承运人证明货物的毁损、灭失是因不可抗力、货物本身的自然性质或者合理损耗以及托运人、收货人的过错造成的，不承担损害赔偿责任。

运输途中行李丢失，承运方担责还是自负责任...................

【案例】

小文于2007年春节期间坐长途汽车回家看望父母。上车时，小文本想随身携带自己的行李箱，司机却要求小文将行李箱放在客车的后备箱内，说这是规定。由于行李内有小文为家人购买的一些年货和礼物，因此，小文特别告知司机要妥善保管，司机表示没问题。后来，当小文下车准备取行李箱时却发现行李箱不见了，于是找到司机要求其承担赔偿责任，遭到司机拒绝。那么，小文的损失应该由谁来赔偿呢？

【法律解析】

根据《合同法》第二百九十三条的规定，客运合同自承运人向旅客交付客票时成立，因此，小文购买车票乘车时，与运输公司之间已形成客运合同关系，运输公司应当根据合同内容履行义务。当小文将行李箱交给司机并提醒其妥善保管时，司机及其他工作人员应当对其行李进行妥善保管，但是工作人员却将该行李箱丢失，并且无法提出有力证据证明自己履行了妥善保管的义务，因此运输公司应当承担责任。

【法条链接】

《合同法》第二百九十三条 客运合同自承运人向旅客交付客票时成立，但当事人另有约定或者另有交易习惯的除外。

第三百零三条 在运输过程中旅客自带物品毁损、灭失，承运人有过错的，应当承担损害赔偿责任。

旅客托运的行李毁损、灭失的，适用货物运输的有关规定。

托运货物受损应按什么标准进行赔偿...................

【案例】

2009年5月，潘某委托某运输公司托运20部笔记本电脑至江苏某公司。托运时经运输公司查验并按照其要求的包装方式对电脑进行包装。托运货物到达江苏以后，收货人验收时发现一部笔记本电脑损坏。潘某找到运输公司索赔，运输公司负责人说按照行规最高赔偿标准是运费的十倍。那么，托运货物受损应该如何赔偿？

【法律解析】

根据《合同法》第三百一十一条的规定，承运人对运输过程中货物的毁损、灭失承担损害赔偿责任，但承运人证明货物的毁损、灭失是因不可抗力、货物本身的自然性质或者合理损耗以及托运人、收货人的过错造成的，不承担损害赔偿责任。本案中，如果承运人即某运输公司不能证明电脑的损坏是由潘某或者收货人造成的，则根据《铁路法》第十七条的规定，承担全部的赔偿责任，而不是按照十倍于运费的标准。

【法条链接】

《合同法》第三百一十一条 承运人对运输过程中货物的毁损、灭失承担损害赔偿责任，但承运人证明货物的毁损、灭失是因不可抗力、货物本身的自然性质或者合理损耗以及托运人、收货人的过错造成的，不承担损害赔偿责任。

《铁路法》第十七条 铁路运输企业应当对承运的货物、包裹、行李自接受承运时起到交付时止发生的灭失、短少、变质、污染或者损坏，承担赔偿责任：

（一）托运人或者旅客根据自愿申请办理保价运输的，按照实际损失赔偿，但最高不超过保价额。

（二）未按保价运输承运的，按照实际损失赔偿，但最高不超过国务院铁路主管部门规定的赔偿限额；如果损失是由于铁路运输企业的故意或者重大过失造成的，不适用赔偿限额的规定，按照实际损失赔偿。

飞机晚点，乘客可以改乘或者退票吗..

【案例】

白某购买了某航班的机票欲前往海南。当白某按机票上载明的时间提前赶到机场办理登机手续时，机场方面通知该航班将比预定的时间晚3个小时起飞。此时，白某能否要求航空公司为其办理航班更换手续或退票呢？

【法律解析】

白某可以根据自己的需要要求航空公司为自己办理改乘或者要求其退票。我国《合同法》规定，承运人应当按照客票载明的时间和班次运输旅客。承运人迟延运输的，应当根据旅客的要求安排改乘其他班次或者退票。本案中，当白某购买了机票，与航空公司的运输合同即生效，航空公司因单方面原因导致飞机晚起飞，在此情况下，白某可以要求航空公司为自己办理改乘或者退票。

【法条链接】

《合同法》第二百九十九条 承运人应当按照客票载明的时间和班次运输旅客。承运人迟延运输的，应当根据旅客的要求安排改乘其他班次或者退票。

坐公共汽车发生交通事故，责任在第三人，应向谁索赔....................................

【案例】

2009年9月，小潘乘坐某客运公司的公共汽车去看望一位朋友。途中，一辆逆行货车与该公共汽车相撞，致使多名乘客受伤，小潘右臂受伤。交警认定货车司机负全责，但是货车司机家境贫困无力赔偿，小潘于是要求客运公司赔偿自己的医疗费，遭到拒绝。客运公司认为自己对乘客尽到了注意义务，而且对事故的发生没有过错，责任在于货车司机，自己不应赔偿。那么，小潘该找谁赔偿呢？

【法律解析】

根据《合同法》第三百零二条第一款的规定，承运人应当对运输过程中旅客的伤亡承担损害赔偿责任，但伤亡是旅客自身健康原因造成的或者承运人证明伤亡是旅客故意、重大过失造成的除外。本案中，小潘在乘车中因车祸导致受伤，虽然直接原因是第三人货车司机的过错，但是客运公司未将乘客安全送到目的地，已经构成违约，因此，应该向乘客承担违约责任。所以，小潘可以要求客运公司承担赔偿责任。

○ 承运人对旅客的伤亡不负赔偿责任的情形有哪些

法律在对旅客实行严格保护的同时，也应当充分保护承运人。《合同法》对承运人的保护就体现在免责规定上。《合同法》第302条规定了两种情况下，承运人可以免除责任：

有人跳火车了！

1.旅客的故意或者重大过失

如旅客自寻短见从火车上跳车自杀等。需要注意的是只有在旅客有重大过失的情况下，承运人才可以免责。

2.旅客自身健康原因造成的伤亡

如旅客在运输途中突发重病而死亡。由于运输方式的不同，风险的程度也不一样。

【法条链接】

《合同法》第一百二十一条 当事人一方因第三人的原因造成违约的，应当向对方承担违约责任。当事人一方和第三人之间的纠纷，依照法律规定或者按照约定解决。

运输过程中未对患病乘客及时救治，客运公司承担责任吗..............

【案例】

石某乘坐某客运公司客车回家探亲。途中，石某突发疾病，该客运公司乘务人员未对其采取任何措施而继续前行，最终，石某因失去最佳治疗时机而死亡。石某家属要求客运公司承担责任，客运公司以石某是突发疾病而亡，属于乘客自身健康状况而导致的死亡，与己无关。那么，客运公司真的无须承担任何责任吗？

【法律解析】

客运公司应当为石某的死承担责任。我国《合同法》规定了承运人在运输过程中对患病、分娩、遇险的旅客的救助义务。本案中，当石某突发疾病，作为承运人，客车的乘务人员应当尽力救助，或将其紧急送往医院，或对其采取相应的救助措施，但乘务人员却未采取任何有效措施，继续前行，延误了治疗时机，并最终导致石某的死亡，因此，客运公司应当承担责任。

【法条链接】

《合同法》第三百零一条 承运人在运输过程中，应当尽力救助患有急病、分娩、遇险的旅客。

物权篇
私有财产不容侵犯

◎ 物权的设立与变更 ◎

一物卖给两人，谁能取得所有权..

【案例】

　　2009年8月12日，熊某将自己的一个艺术花瓶出售给康某，双方约定到8月15日办完展览后再将花瓶交给康某。8月16日，熊某又将花瓶以更高的价格卖给了王某，而王某不知熊某先前已将花瓶卖给了康某。那么，康某与王某谁拥有这个花瓶的所有权？

【法律解析】

　　王某取得该花瓶的所有权。本案中，熊某将花瓶卖给康某，约定由熊某占有该花瓶至展览结束，属于占有改定。这种情况下，该花瓶的所有权从双方约定生效时起发生改变，此时康某是该花瓶的所有权人，熊某无权再将该花瓶卖给其他人。而受让人王某不知该花瓶已不属于熊某所有，属于《物权法》规定的善意取得。按照有关法律规定，王某最终享有该花瓶的所有权，至于康某的损失，则可以要求熊某赔偿。

【法条链接】

　　《物权法》第一百零六条　无处分权人将不动产或者动产转让给受让人的，受让人受让该不动产或者动产时是善意的，所有权人有权追回；除法律另有规定外。

○ 受让人可以取得不动产或者动产所有权的情形

　　《物权法》第一百零六条规定，无处分权人将不动产或者动产转让给受让人的，所有权人有权追回；除法律另有规定外，符合下列情形的，受让人取得该不动产或者动产的所有权：

房屋低价转让!

1.以合理的价格转让。

2.转让的不动产或者动产依照法律规定应当登记的已经登记，不需要登记的已经交付给受让人。

不动产统一登记

通过判决、拍卖取得的房屋，何时取得所有权

【案例】

　　债务人甲拖欠债权人乙100万元货款，甲无力偿付欠款，经乙申请，法院强制执行，将甲出资建造的10间房屋，交由拍卖公司公开拍卖，最终房屋被第三人丙以110万元价格购得。请问，丙何时可以取得房屋的所有权？

【法律解析】

　　通过买卖购得的房屋等不动产，必须要进行登记才能真正取得权利，如果是通过法院判决、强制执行、公用征收、继承，或依法律规定等情形而取得的房屋等不动产，不需要等到登记之后就能取得。本案中，丙在领取执行法院发给的房屋移转证书时，即取得上述 10 间房屋的所有权。

【法条链接】

《物权法》第二十八条 因人民法院、仲裁委员会的法律文书，人民政府的征收决定等，导致物权设立、变更、转让或者消灭的，自法律文书生效或者人民政府的征收决定等行为生效时发生效力。

抵押的房屋被损坏，所有权人和抵押权人都有权提出赔偿.................................

【案例】

刘某因急需资金，不得已将自己的一套住房抵押给龙某，并依法办理了抵押登记手续。在房屋抵押期间，因史某曾与龙某发生债务纠纷，史某故意损毁刘某抵押给龙某的房屋，给其造成了损失。针对史某的行为，刘某和龙某谁可以提出赔偿？

【法律解析】

刘某与龙某都有权向史某提出赔偿。《物权法》规定，造成不动产毁损，给权利人造成损害的，权利人可以请求损害赔偿。本案中，刘某是该房屋的所有权人，龙某是房屋的抵押权人，二人都属于法律规定的权利人，均有权向史某提出赔偿请求。

【法条链接】

《物权法》第三十七条 侵害物权，造成权利人损害的，权利人可以请求损害赔偿，也可以请求承担其他民事责任。

车辆买卖未过户发生交通事故，登记车主是否承担赔偿责任.......................

【案例】

大军驾驶轿车造成重大交通事故，经有关部门认定，大军负事故的全部责任。后经查，该车是蔡某购买后转让给大军的，但未办理过户手续。事故受害人要求大军和蔡某赔偿经济损失，蔡某认为自己不应承担责任，遂拒绝。请问，车辆买卖未过户发生交通事故，登记车主是否承担赔偿责任呢？

【法律解析】

不需要。车辆买卖为动产的买卖，依有关法律的规定，其财产所有权从交付起转移。本案中，蔡某将自己的车转让给大军，该车所有权已发生转移，大军成为实际支配车辆运行和取得运行利益的收益者。发生交通事故，理应由大军承担赔偿责任，而原登记车主蔡某不应承担赔偿责任。

【法条链接】

《物权法》第二十三条 动产物权的设立和转让，自交付时发生效力，但法律另有规定的除外。

◎ 房屋权益 ◎

未办理产权过户，房款付清能取得房屋所有权吗..

【案例】

赵某有一套房产，2007年10月，赵某将该房产以80万元的价格卖给小周，在合同约定的付款日期内小周将房款付清，同日小周入住，但没有办理房屋的产权过户。不久，赵某又将该房屋以100万元的价格卖给老孙，在老孙付清房款的第二天办理了产权过户手续。半月后，老孙准备搬家时发现小周住着该房屋，便以产权人的名义要求小周迁出，小周以房屋为自己所有拒绝迁出，双方为此发生争执。那么，谁应该取得该房产的所有权？

【法律解析】

老孙拥有该房屋的所有权。对房屋等不动产来说，要想对它们的归属进行确认或者对它们的归属进行变动，就必须通过登记的形式，这样才能发生效力。本案中，由于老孙先办理了房屋的过户登记手续，因此取得了房屋的所有权，而小周尽管已经住进去了，但其未办理过户手续，因此不能取得房屋的所有权，应该搬出该房屋，所受到的损失应当由赵某赔偿。

【法条链接】

《物权法》第九条 不动产物权的设立、变更、转让和消灭，经依法登记，发生效力；未经登记，不发生效力，但法律另有规定的除外。

依法属于国家所有的自然资源，所有权可以不登记。

买房没有办理过户登记怎么办..

【案例】

林某1988年在县城从亲戚手中买了一套房子，当时房价是1万元，现在已飙升至30万元。买房时房产证并未改名，现在林某想改成他自己的名字。请问，他该怎么办？

【法律解析】

根据有关法律规定，当事人之间订立有关设立、变更、转让和消灭不动产物权的合同，除法律另有规定或者合同另有约定外，自合同成立时生效；未办理物权登记的，不影响合同效力。因此，林某的房屋买卖合同已经成立并生效，他可以要求对方按合同要求，协助他办理过户登记。

○ 房屋过户如何办理

1.房产证过户不经过房地产中介的话，须把合同的条款和违约条款写清楚，签合同时须卖方房产证上面名字的当事人在场（已婚的话，需要夫妻双方在场并签字）。

2.申请材料准备好后，须到房产局，填表格和存量合同，之后房产局会给一个回执单，按照回执单上面说明的日期去缴纳税金，一般需要十五个工作日。

3.房产过户税金缴纳完毕后便可拿到房产证。

【法条链接】

《物权法》第十五条 当事人之间订立有关设立、变更、转让和消灭不动产物权的合同，除法律另有规定或者合同另有约定外，自合同成立时生效；未办理物权登记的，不影响合同效力。

一房两卖如何确定所有权，按照合同还是房产证..

【案例】

胡先生与某房地产开发公司签订了购买合同，合同规定，胡先生首付40%的购房款，余款三个月内付清。合同签订后胡先生及时交纳了首付款。谁知，段先生也看中了这套房子，而他并不知房地产公司与胡先生的购房情况，便以更高的价钱与房地产公司办理了购房合同，并很快办好了房产证。那么，这两份合同中，哪份有效？

【法律解析】

胡先生的房屋买卖合同有效。《物权法》规定：不动产的买卖、变更、转让等合同，自合同成立时生效，未办理物权登记不影响合同的效力。因此，胡先生的购房合同有效。但是《物权法》同时规定，不动产物权的设立、变更、转让和消灭只有经过登记才发生法律效力，未经登记不发生效力。因段先生办理了房产证，已取得了该房屋的所有权，所以，胡先生只能根据商品房买卖合同的相关规定要求房地产公司赔偿自己的损失，而不能根据买卖合同取得房屋的所有权。

【法条链接】

《物权法》第九条 第一款 不动产物权的设立、变更、转让和消灭，经依法登记，发生效力；未经登记，不发生效力，但法律另有规定的除外。

第十五条 当事人之间订立有关设立、变更、转让和消灭不动产物权的合同，除法律另有规定或者合同另有约定外，自合同成立时生效；未办理物权登记的，不影响合同效力。

有协议能否不办理房屋过户登记..

【案例】

小昭是一名公司职员，他决定购买朋友杜某的一套房子。因办理过户手续要缴纳的税数额过大，为了省掉税款，小昭想和朋友签订一个房屋转让协议，产权证上仍保留朋友的名字，协议签好后房子就由小昭处置，也就说依据这份协议小昭仍是房子的实际产权拥有者。请问，这样做可以吗？

【法律解析】

不可以。我国对不动产实行的是登记公示制度，是否为房屋的所有者，主要看房产证书登记的名字。小昭把房款支付给杜某后，为了不交纳契税而不办理房屋的过户登记，则该房屋仍为杜某所有。所以，为避免日后引起纠纷，小昭应当在签订购房协议后，到房屋管理部门办理过户登记。

【法条链接】

《城市房屋权属登记管理办法》第五条 房屋权属证书是权利人依法拥有房屋所有权并对房屋行使占有、使用、收益和处分权利的唯一合法凭证。

依法登记的房屋权利受国家法律保护。

◎ 所有权 ◎

不知是赃车而购买是否适用善意取得

【案例】

孙某以低价转让给小赵一辆轿车，后来小赵开车上班时，被警察扣留。经查，小赵的这辆车是孙某偷来的，但小赵并不知情。请问，小赵能否适用善意取得？

【法律解析】

虽然小赵并不知道是赃车，但是他是以明显低于市场价格购买的，因此不适用善意取得。对于赃车，公安机关有权进行追缴和扣押。

【法条链接】

《物权法》第一百零六条 无处分权人将不动产或者动产转让给受让人的，所有权人有权追回；除法律另有规定外，符合下列情形的，受让人取得该不动产或者动产的所有权：

（一）受让人受让该不动产或者动产时是善意的；

（二）以合理的价格转让；

（三）转让的不动产或者动产依照法律规定应当登记的已经登记，不需要登记的已经交付给受让人。

受让人依照前款规定取得不动产或者动产的所有权的，原所有权人有权向无处分权人请求赔偿损失。

当事人善意取得其他物权的，参照前两款规定。

产权证上登记谁的名字，谁就是业主吗......

【案例】

2007年龙某以儿子的名义办理贷款，购买了一套房子，产权证上是儿子的名字。入住后，该小区选举业主委员会时，其他业主说龙某不是产权人不能参加业主大会。请问，产权证上登记谁的名字谁就是业主吗？龙某能参加业主大会表决意见吗？

○ 房产证和产权证的区别

房产证即《房屋所有权证》，包括房屋所有权证和房屋共有权证，是由不动产登记机关发放的证明房屋所有权归属的书面凭证。

产权证，一般来说包括《房屋所有权证》和《土地使用权证》，有些地方也可能是由房屋管理部门和土地管理部门统一开据的《房地产权证》。

两者主要区别：《房地产权证》同时记载有土地文件和房屋文件，是对土地使用权、房屋所有权统一进行登记，而《房屋所有权证》则没有记载土地使用权状况。

【法律解析】

根据有关法规，产权证上登记的产权人是谁，谁就是业主。但是，龙某可以作为他儿子的委托代理人参与业主大会表决并发表意见，但应当出具授权委托书。

【法条链接】

《物业管理条例》第六条 房屋的所有权人为业主。

第十二条 业主可以委托代理人参加业主大会会议。

刊登悬赏广告，说到就应该做到

【案例】

王先生在出差途中，不小心将公文包丢失。因包内有单位重要文件，于是王先生在报纸上刊登广告，声明"送还者酬谢五千元"。两天后，拾得此包的小刘与王先生取得联系，小刘将包交还给王先生，但王先生拒绝给付小刘五千元酬金，两人为此发生争执。请问，小刘有权获得酬金吗？

【法律解析】

小刘有权获得酬金。王先生在报纸上刊登的悬赏广告，是具有法律效力的。失主的悬赏广告可以视为一种要约行为，只不过要约的对象是全社会而不是某一个特定的人。对于这种要约行为，任何人都可以承诺，只要遗失物找到，并且如数返还失主，这种承诺就具备法律效力，双方也因此建立起了一种合同关系，合同双方的权利与义务受法律保护，合同当事人应当按照合同的约定，履行自己的义务。本案中，小刘如数返还遗失物，王先生就应该按照自己的承诺给付酬金。

【法条链接】

《物权法》第一百一十二条 权利人领取遗失物时，应当向拾得人或者有关部门支付保管遗失物等支出的必要费用。

权利人悬赏寻找遗失物的，领取遗失物时应当按照承诺履行义务。

拾得人侵占遗失物的，无权请求保管遗失物等支出的费用，也无权请求权利人按照承诺履行义务。

拾得遗失物拒不归还怎么办

【案例】

蔡某在小区花园内拾得一部手机，系小张丢失。后来小张得知被蔡某拾得，于是去找蔡某索要，但蔡某不肯归还，还理直气壮地说："谁拾到是谁的。"请问，失主小张应该怎么办？

【法律解析】

　　小张可以去法院起诉蔡某，要求其返还自己的手机。拾得人不能因拾得行为取得遗失物的所有权，还应当承担保管遗失物、寻找权利人的义务。在一定期间内，权利人认领遗失物的，拾得人负有返还遗失物的义务。拾得人将遗失物据为己有，拒不返还的，按照侵权行为处理，赔偿因不返还造成的损失。本案中，蔡某不肯归还小张丢失的遗失物，是对小张财产所有权的侵犯。法院会判决蔡某归还其物，并赔偿小张因此遭受的损失。

○ 拾得遗失物怎么办

这位先生，这是您落在我出租车上的行李。

太感谢了！

1.拾得遗失物，应当返还权利人。

2.拾得遗失物、漂流物或者失散的饲养动物，应当归还失主，因此而支出的费用由失主偿还。

这狗是我捡的，而且我还给它买狗粮，带它洗澡，花了一些钱！你得把钱还给我！

啊！这不是我家丢的小灰灰吗！

【法条链接】

《民法通则意见》第九十四条 拾得人将拾得物据为己有，拒不返还而引起诉讼的，按照侵权之诉处理。

能要回被保管人卖掉的物品吗......

【案例】

谢某因出国学习，将自己的一架钢琴委托朋友高某保管。没想到高某却将钢琴卖给范某，谢某回国才知高某已将自己的钢琴卖出。于是谢某找到范某，要求其返还，但范某认为自己是从高某处购得钢琴，不同意返还。谢某能否要求范某将钢琴返还给自己？

【法律解析】

本案中，谢某将自己的钢琴交给高某保管，高某却将钢琴卖给了范某，是典型的无权处分行为。而对于范某而言，在判断高某是否是此钢琴的所有人时，是通过高某对此钢琴的占有来判断的，他不知道此钢琴的真正所有人并不是高某，因此范某是善意的。在谢某回国后发现钢琴被卖时，范某实际上已经取得了对钢琴的占有，因此范某已经取得对钢琴的所有权，谢某不能要求其返还，谢某遭受的损失只能向高某要求赔偿。

【法条链接】

《物权法》第一百零六条 无处分权人将不动产或者动产转让给受让人的，所有权人有权追回；除法律另有规定外，符合下列情形的，受让人取得该不动产或者动产的所有权：

（一）受让人受让该不动产或者动产时是善意的；

（二）以合理的价格有偿转让；

（三）转让的不动产或者动产依照法律规定应当登记的已经登记，不需要登记的已经交付给受让人。

受让人依照前款规定取得不动产或者动产的所有权的，原所有权人有权向无处分权人请求赔偿损失。

当事人善意取得其他物权的，参照前两款规定。

将欺骗得来的房产转让，有效吗......

【案例】

大军与小军系兄弟俩，母亲张某有一座住宅，领有产权证。2005年5月，大军谎称母亲张某去世（事实上2005年10月才去世），骗取派出所出具了张某的死亡证明。6月，大军持张某的死亡证明，谎称自己是张某的独子，到房管部门将张某的房产过户到自己名下，并领取了房产证。12月，大军持骗领的房产证，与何某签订房屋买卖合同一份，将该房屋卖给何某，何某领取了该房的产权证。那么，房产转让有效吗？

【法律解析】

大军采取欺骗的手段单独领取了房屋产权证，无权单独处分该房屋。但何某在与之签订买卖合同时是善意的，因为其并不知道该房屋并非大军一人所独有，况且何某已经领取了该房的产权证，因此从保护善意第三人利益的角度出发，应当判定何某对该房屋享有所有权。至于因大军出卖房屋而给小军带来的损失，小军可另行起诉要求大军予以赔偿。

【法条链接】

《物权法》第一百零六条 无处分权人将不动产或者动产转让给受让人的，所有权人有权追回；除法律另有规定外，符合下列情形的，受让人取得该不动产或者动产的所有权：

（一）受让人受让该不动产或者动产时是善意的；

（二）以合理的价格有偿转让；

（三）转让的不动产或者动产依照法律规定应当登记的已经登记，不需要登记的已经交付给受让人。

受让人依照前款规定取得不动产或者动产的所有权的，原所有权人有权向无处分权人请求赔偿损失。

当事人善意取得其他物权的，参照前两款规定。

◎ 业主权益 ◎

与邻居共用的楼梯平台，可以私自圈占吗..

【案例】

董某与冯某同住某单元六楼，两家共用一个楼梯平台。董某在进行房屋装修时，为堆放装修材料，将楼梯平台圈占了起来。冯某认为董某圈占楼梯平台侵犯了自己的合法权益，要求董某恢复原状。董某认为小区有电梯可供上下，自己圈占楼梯平台并未对冯某构成妨碍，不同意拆除。董某的行为合法吗？

【法律解析】

董某私自圈占楼梯的行为是非法的。根据《物权法》的规定，冯某作为业主，享有与其房屋相毗连的楼梯共同部分的共有权。董某占用楼梯平台的共有部分，将其作为自己的专有部分来使用，明显超出了合理的使用范围，构成了对冯某共有权的侵害，因此应当停止侵害，恢复原状。

【法条链接】

《物权法》第七十条 业主对建筑物内的住宅、经营性用房等专有部分享有所有权，对专有部分以外的共有部分享有共有和共同管理的权利。

小区内的绿地归谁所有

【案例】

李先生见某小区的售楼广告宣传单上及规划图都承诺有绿地，现场看了后确实有大片绿地，虽然靠近绿地的楼房价格要比其他楼房每平方米多100元钱，李先生还是决定在该小区购买靠近绿地的住房一套。可是入住后不久，开发商又打算在原绿地上再盖一座新楼。李先生对开发商的行为提出质疑，开发商的工作人员称，售楼广告不属于合同内容，是没有法律效力的。开发商可以铲除小区内的绿地吗？

【法律解析】

开发商的说法是没有法律依据的，他们不能随意铲除小区内的绿地。《最高人民法院关于审理商品房买卖合同纠纷案件适用法律若干问题的解释》中明确规定，商品房的销售广告和宣传材料中，如果对房屋及相关设施所作的说明和允诺是确定的，并对商品房买卖合同的订立及房屋价格的确定有重大影响的，这部分内容应当视为合同内容，对开发商有约束力。此外，《物权法》也明确规定了建筑区划内的绿地属于业主共有。因此，开发商不能随意铲除小区内的绿地。

【法条链接】

《物权法》第七十三条 建筑区划内的道路，属于业主共有，但属于城镇公共道路的除外。建筑区划内的绿地，属于业主共有，但属于城镇公共绿地或者明示属于个人的除外。建筑区划内的其他公共场所、公用设施和物业服务用房，属于业主共有。

小区内的停车位归谁所有

【案例】

周先生在某花园小区购买了一套房子，开发商在销售住宅时承诺：小区配建地下车库供业主停车，在业主的公摊面积中清楚描述了地下车库纳入了公摊范围。但周先生入住后却发现，只有购买车位才能取得停车权。周先生想知道，这些停车位到底是归谁所有？

○ 住宅小区停车位的类型

1.小区地下产权车位，指在小区的地下空间中，满足立项和规划条件，办理了土地出让手续，可以办理所有权证的车位。

2.小区地下人防车位。这类车位不可以办理产权证，所有权既不属于开发商，也不属于全体业主。这类车位的所有权属于国家。

人防车位

3.小区地上车位，指建造于小区地上空间，用于临时停放车辆的车位。小区的地上车位又分为两种，小区建筑区划内规划建设的车位和开发商在规划外新增的车位。

【法律解析】

这些停车位归全体业主共有。本案中，开发商在销售住宅时已经承诺，小区配建地下车库供业主停车，而且在业主的公摊面积中清楚描述了地下车库纳入了公摊范围。因此，地下车库由全体业主共有。

【法条链接】

《物权法》第七十四条 建筑区划内，规划用于停放汽车的车位、车库应当首先满足业主的需要。

建筑区划内，规划用于停放汽车的车位、车库的归属，由当事人通过出售、附赠或者出租等方式约定。

占用业主共有的道路或者其他场地用于停放汽车的车位，属于业主共有。

业主可以将自家房屋里的墙拆掉吗

【案例】

胡某购买了一套四居室，但他觉得客厅不够大，于是把客厅与一间卧室的隔墙拆了，把这间卧室并入客厅。邻居得知情况后，急忙前来阻止，告诉胡某所拆的墙是承重墙，不能拆。胡某却认为自己是在自家的房子内部搞装修设计，他人无权干涉。胡某的说法正确吗？

【法律解析】

胡某的说法不正确。商品房业主虽然是房屋的所有权人，但对房屋的装修不能随心所欲，尤其不能妨碍他人或者公共利益。业主私自拆除承重墙、破坏房屋外貌、占用或损坏房屋的共有部分、在房屋的公用区域乱写乱画以及发出超过规定标准的噪声等，都是法律所禁止的。本案中，胡某擅自拆除承重墙，损坏了房屋的承重结构，给房屋带来的安全隐患已经危及相邻方的利益，因此其邻居有权要求其恢复原状。

【法条链接】

《物权法》第七十一条 业主对其建筑物专有部分享有占有、使用、收益和处分的权利。业主行使权利不得危及建筑物的安全，不得损害其他业主的合法权益。

自家住房变餐馆，需经相关业主同意

【案例】

2007年，秦某下岗在家，于是决定利用自家的住房开家餐馆，既便利小区居民，又能为自己谋生。房屋经过简单的装修后，饭馆开张了。可是没过多久，楼上的住户许某向物业公司反映，秦某家的油烟太大了，致使他家无法开窗。物业公司找到秦某要求其采取措施，否则餐馆就得停业，秦某不以为然，声称是在自家开餐馆，与他人无关，照常营业。许某应该怎么办？

【法律解析】

秦某的做法侵犯了许某的利益，应当及时采取措施。秦某应该采取必要的措施以免油烟熏到邻居。如果秦某不采取任何措施继续营业，按照《物权法》的相关规定，许某有权请求管理单位责令秦某停业，也可向法院提起诉讼要求秦某停止侵害。

【法条链接】

《物权法》第七十七条 业主不得违反法律、法规以及管理规约，将住宅改变为经营性用房。业主将住宅改变为经营性用房的，除遵守法律、法规以及管理规约外，应当经有利害关系的业主同意。

第八十三条 业主应当遵守法律、法规以及管理规约。

业主大会和业主委员会，对任意弃置垃圾、排放污染物或者噪声、违反规定饲养动物、违章搭建、侵占通道、拒付物业费等损害他人合法权益的行为，有权依照法律、法规以及管理规约，要求行为人停止侵害、消除危险、排除妨害、赔偿损失。业主对侵害自己合法权益的行为，可以依法向人民法院提起诉讼。

拆迁房被改作商用，遭遇违法拆迁怎么办

【案例】

2006年，崔先生一家因旧城改造而搬到了郊区居住。一次，他回城里路过他家原住宅时，发现自己的住宅并非拆迁，而是经过装修成了一家酒楼。崔先生原来的住宅现在的市场价在百万元以上，当时给他的拆迁补偿只有20余万元。现在搬到了郊区，出行、购物都极不方便，工作也不好找，家境日益困难。这种情况下，崔先生应当如何维护自己的权益？

【法律解析】

《物权法》规定，征收他人的动产与不动产，必须是为了公共利益的需要，并且要依法给予补偿，保障被征收人的合法权益。如果征收个人住宅，还要保障其居住条件。本案中，崔先生的住宅被征收的原因是"旧城改造"，这属于为了公共利益的需要。但实际上，崔先生的房屋被以拆迁为名改为商用，并非为了公共利益，而是借公共利益之名谋取经济利益，这种行为侵犯了崔先生的居住权，属于违法拆迁。崔先生可以要求返还住房，也可以要求按现在的市场价补偿其差价。

【法条链接】

《物权法》第四十二条 第三款 征收单位、个人的房屋及其他不动产，应当依法给予拆迁补偿，维护被征收人的合法权益；征收个人住宅的，还应当保障被征收人的居住条件。

不满物业公司的服务，就可以拒绝支付物业费吗..

【案例】

某小区业主委员会与某物业公司签订合同，由该物业公司负责该小区的物业管理。李某入住该小区后，认为小区的物业公司管理混乱，物业聘用人员素质较差，对报修的处理亦不及时，因此他决定拒绝向该物业公司支付管理费。请问，他这么做可以吗？

【法律解析】

作为业主的李某与物业公司之间的关系既是被服务与服务的关系，又是相互依存的关系。由于住宅小区物业管理服务的特殊性，不可能每个业主都与物业公司签订物业管理合同，因此，作为全体业主自治机关业主大会的代表机构，业主委员会有权代表全体业主与物业公司签订物业管理合同，该物业管理合同对每个业主都有法律约束力。只要物业公司按合同提供了基本的物业服务，没有违约现象，李某就应当支付相应的物业管理费。

【法条链接】

《物权法》第七十八条 业主大会或者业主委员会的决定，对业主具有约束力。

业主大会或者业主委员会作出的决定侵害业主合法权益的，受侵害的业主可以请求人民法院予以撤销。

噪声扰民，业主如何维权..

【案例】

木匠小李租用了小赵家楼下的一间门面房，在小区院子里盖了一间民房当工棚。从此，每天不到7点钟就会听到锤子敲打木头、切割机分离木块的声音，有时直到晚上11点还不收工。因为小李的出现，致使小赵无法正常休息。请问，小赵能否起诉木匠小李？

【法律解析】

木匠小李制造噪声影响他人休息，而且在属于业主共有的建筑区划内私自建民房，侵害了业主的合法权益，小赵可以依法向人民法院提起诉讼。

【法条链接】

《物权法》第八十三条 业主应当遵守法律、法规以及管理规约。

业主大会和业主委员会，对任意弃置垃圾、排放污染物或者噪声、违反规定饲养动物、违章搭建、侵占通道、拒付物业费等损害他人合法权益的行为，有权依照法律、法规以及管理规约，要求行为人停止侵害、消除危险、排除妨害、赔偿损失。业主对侵害自己合法权益的行为，可以依法向人民法院提起诉讼。

○ 业主维权的途径

途径一

　　行政调解：业主或业主委员会代表相关业主向街道办事处、市（区）政府房地产行政主管部门反映问题并寻求解决办法。

途径二

　　司法诉讼：向法院提起诉讼，由法院来做出判决。

　　有的业主采取不交物业管理费的消极方式来对抗物业服务企业或房地产开发商。这是有些业主常用的维权方式。

◎ 相 邻 ◎

居民将住宅转为商业用途，邻居有权说"不"吗......

【案例】

郑先生一家为图清静，搬到了一幢只有6层高的住宅楼。但住进去没多久，住宅楼底层便开始装修，据说准备开洗浴中心，并将在3个月后启用。装修需用的水泥、木材等材料占据了过道的大部分空间，不但影响居民的通行，而且施工发出的巨大噪声也严重影响了楼里居民的正常生活。想到3个月后洗浴中心就要开业，郑先生更是心烦。那么，他有权阻止这一切吗？

【法律解析】

郑先生及周围的邻居均有权利反对，他们可以根据《物权法》的规定，要求洗浴中心停止营业，直到获得所有受到其营业行为影响的住户们的同意。

【法条链接】

《物权法》第七十七条 业主不得违反法律、法规以及管理规约，将住宅改变为经营性用房。业主将住宅改变为经营性用房的，除遵守法律、行政法规和管理规约外，应当经有利害关系的业主同意。

邻居私搭乱建，影响生活怎么办......

【案例】

孙某在买下一套房子后，擅自进行拆建，拆建所产生的噪音、灰尘等令邻居赵某无法忍受，几经劝说，孙某仍不停工。无奈之下，赵某只得将其投诉至物业和业主委员会。请问，物业和业主委员会应该怎么办？

【法律解析】

孙某作为小区的业主，有义务遵守小区的管理规约，对于他的行为，业主委员会及小区的物业管理公司有权利及时制止。如果其仍不听劝阻，则可以向法院提起诉讼，要求其停止不当的行为。

【法条链接】

《物权法》第八十三条 业主应当遵守法律、法规以及管理规约。

业主大会和业主委员会，对任意弃置垃圾、排放污染物或者噪声、违反规定饲养动物、违章搭建、侵占通道拒付物业费等损害他人合法权益的行为，有权依照法律、法规以及管理规约，要求行为人停止侵害、消除危险、排除妨害、赔偿损失。业主对侵害自己合法权益的行为，可以依法向人民法院提起诉讼。

进出无路，是否只能另辟蹊径..

【案例】

胡某、张某各自拥有位于某市一街道的两处相互毗邻的房产，中间有一条南北向弄堂，由北入口，南面通至胡某所有的房屋中后排小屋。该市国土资源局地籍表标明，该弄堂的产权归张某所有。2006年5月，张某以此为由，将弄堂锁住，并堆放建筑垃圾，不让胡某通行。胡某认为弄堂是到其后排小屋的必经通道，张某封锁弄堂，致使其只得在前排房屋上凿墙洞进出后屋，妨碍其通行。在交涉不成的情况下，胡某向法院提起诉讼。

【法律解析】

弄堂的产权虽然属于张某所有，但从两家房屋的地理来看，弄堂是胡某进出其后排房屋的必经通道，如果张某不允许其通行的话，胡某只能在自家前排房屋后凿洞穿行，这对于胡某来说，费用和工程都过甚，因此，张某应该允许胡某继续利用弄堂通行。

【法条链接】

《物权法》第八十七条 不动产权利人对相邻权利人因通行等必须利用该土地的，应当提供必要的便利。

第九十二条 不动产权利人因用水、排水、通行、铺设管线等利用相邻不动产的，应当尽量避免对相邻的不动产权利人造成损害；造成损害的，应当给予赔偿。

噪声危害如何索赔..

【案例】

李某将一套闲置房屋出租给他人，但由于该房临街，并受到外面修路的噪声影响，同住一栋楼的其他住户纷纷要求修路的施工公司对此进行赔偿。请问，李某能否要求赔偿？如果得到赔偿，这个补偿费是归李某还是应该给租户呢？

【法律解析】

李某可以要求环保部门监测噪音分贝，然后依法索赔，也可依据《物权法》和《民法通则》所规定的相邻权索赔。由于该赔偿是对被噪音干扰人的一种补偿，而实际被噪音干扰的人是承租人而非业主，所以李某应该将补偿费支付给承租人。

【法条链接】

《中华人民共和国环境噪声污染防治法》（以下简称《环境噪声污染防治法》）第六十一条 受到环境噪声污染危害的单位和个人，有权要求加害人排除危害；造成损失的，依法赔偿损失。

赔偿责任和赔偿金额的纠纷，可以根据当事人的请求，由环境保护行政主管部门或者其他环境噪声污染防治工作的监督管理部门、机构调解处理；调解不成的，当事人可以向人民法院起诉。当事人也可以直接向人民法院起诉。

遭遇光污染怎么办

【案例】

伍先生居住的地方与某公司展厅外安装的3盏双头照明路灯相邻。这些路灯每天18时开启至次日6时关闭。其中，最近的一盏路灯与伍先生的居室相距约20米，灯头高度与伍家阳台持平，中间无任何遮挡物。伍先生以路灯散发的强烈光线直射入其居室，对其正常生活造成不利影响，构成妨害等为由，将该公司告上法庭，请求法院判令该公司停止并排除光污染侵害。伍先生的请求合理吗？

【法律解析】

本案中，某公司路灯发出的强光，属于物权法明文禁止施放的物质之一。虽然目前我国没有规范夜间照明的统一标准，但从本案的具体情况来看，路灯照射的时间持续整晚，并且与伍先生居住的房屋距离较近，之间也没有遮挡，因此其照射的时间和方式都超出了合理扰民的范围，伍先生的请求应当得到法庭的支持。

【法条链接】

《物权法》第九十条 不动产权利人不得违反国家规定弃置固体废物，排放大气污染物、水污染物、噪声、光、电磁波辐射等有害物质。

楼上装修危及楼下住户房屋怎么办

【案例】

老刘刚购得商品房一套，刚入住不久，便发现房屋水管漏水，墙体裂缝，于是上楼去查看楼上邓某房屋的情况。原来，邓某在装修房屋时，改变了原来的水管铺设路线。根据有关检测机构的工作人员检测，认定是邓某的行为导致了上述结果，而且有继续扩大损害的可能性。老刘便跟邓某协商，要其恢复水管线路。邓某不理，声称在自己的房屋内爱怎么干便怎么干，与他人无关。无奈，老刘只好诉至法院。法院该怎么判？

【法律解析】

老刘和邓某是上下楼邻居关系，为了老刘房屋的居住质量和安全，邓某应在装修时承担一定的义务，避免使老刘的房屋产生危险。但邓某不仅没有尽到应有的注意义务，反而改变水管的铺设线路，损害了老刘房屋的居住质量并危及房屋的安全，应当承担相应的法律责任。因此，邓某应该立即消除危险，恢复建筑结构原状，并且赔偿老刘遭受的经济损失。

○ 装修扰民产生纠纷怎么办

1. 协商

邻里之间抬头不见低头见，如果能相互理解，和和气气地与邻居商量好装修时间段，错开自己休息、学习的时间，那是最好不过。

2. 找物业

若不在装修规定时间段内施工，且与邻居协商不成，可以寻求物业的帮助，让物业出面协调。

3.110 投诉或提起诉讼

装修扰民情况严重且多方协商无效果时，可以报警处理。上述办法都没有作用时，可向法院提出排除妨害、支付精神损害赔偿金的诉求。

【法条链接】

《物权法》第九十一条 不动产权利人挖掘土地、建造建筑物、铺设管线以及安装设备等，不得危及相邻不动产的安全。

邻居墙壁倒塌损害自家物品，是否应赔偿...

【案例】

丁某家旁边有一处住户，他家的墙体倒塌，把丁某在自家屋顶上安装的太阳能热水器打得粉碎。请问，该损失应该由谁来承担？若对方不负责，丁某应怎样通过法律手段来解决？

【法律解析】

建筑物损害侵权责任的归责原则是过错推定，也就是说丁某无须对加害人的过错进行举证和证明，而是法律推定其存在过错。如果加害人存在过错则应赔偿丁某的财产损失。加害人经举证证明自己没有过错方能免责，这些免责情形包括：不可抗力、受害人的过错、第三人的过错，侵害事实、损害后果或两者的因果关系不存在，也可通过证明共同过错或混合过错而部分免除赔偿责任。侵害后果与损害结果之间的因果关系由丁某承担举证和证明责任。如果对方没有过错，丁某没有过错，也不能证明第三人存在过错的情况下，可以依据民法的公平原则由双方根据各自的经济承担能力酌情分担损失。如果双方协商不成可选择向法院起诉。

【法条链接】

《民法通则》第一百二十六条 建筑物或者其他设施以及建筑物上的搁置物、悬挂物发生倒塌、脱落、坠落造成他人损害的，它的所有人或者管理人应当承担民事责任，但能够证明自己没有过错的除外。

承包鱼塘的排水纠纷如何解决...

【案例】

董某承包经营了一个鱼塘。丁某为邻村农民，其承包的鱼塘位于董某承包鱼塘的北边，与董某鱼塘相邻。董某修建了一条排水沟，通过该沟排鱼塘的水。丁某的鱼塘原先通过抽水机往西面的一自然沟排水，后来该水沟周围土地被挖成鱼塘承包了出去，造成丁某无法排水。于是丁某提出要从董某的鱼塘中挖沟排水，董某拒绝，双方发生矛盾。那么，此事该怎么解决？

【法律解析】

本案中，丁某的鱼塘由于地理位置的原因排水困难，原有的排水方式无法利用也不是丁某造成的，这种情况下，丁某只能利用董某的土地才能排水，因此，董某应当为其排水提供便利，允许丁某在自己土地上修建排水沟；或者让丁某使用自己的排水沟，并承担一定费用。

【法条链接】

《物权法》第八十六条 不动产权利人应当为相邻权利人用水、排水提供必要的便利。

对自然流水的利用，应当在不动产的相邻权利人之间合理分配。对自然流水的排放，应当尊重自然流向。

第九十二条 不动产权利人因用水、排水、通行、铺设管线等利用相邻不动产的，应当尽量避免对相邻的不动产权利人造成损害；造成损害的，应当给予赔偿。

邻居排水造成污染如何解决

【案例】

蔡某在建房子的过程中产生很多建筑垃圾，但是他并没有把垃圾运走，而是在建筑垃圾上铺上了一层厚厚的水泥，这样蔡某所建的房子地势就比邻居石某家高出很多。每当下雨时，蔡某家排水道排出的污水直接流入石某家。石某多次向城乡清洁办和县政府有关部门写信反映情况，但至今没有解决。请问，石某应该怎么办？

【法律解析】

《物权法》规定，不动产权利人因用水、排水、通行、铺设管线等利用相邻不动产的，应当尽量避免对相邻的不动产权利人造成损害；造成损害的，应当给予赔偿。因此，石某可以向法院起诉要求蔡某排除妨碍，赔偿损失。

【法条链接】

《物权法》第九十二条 不动产权利人因用水、排水、通行、铺设管线等利用相邻不动产的，应当尽量避免对相邻的不动产权利人造成损害；造成损害的，应当给予赔偿。

相邻房屋滴水纠纷如何解决

【案例】

张某与高某是邻居。张某家新盖了一个竹楼，高出高某的房屋。每到雨天，张某家的竹楼就会滴水到高某家的房屋上，造成了高某房屋的损坏。高某要求张某采取措施并赔偿损失，张某拒绝。高某有权要求张某赔偿吗？

【法律解析】

高某有权要求张某赔偿。本案涉及不动产相邻关系。我国《民法通则》及《物权法》对相邻关系都作出了规定，确定了不动产相邻的权利人处理相邻关系时所应遵循的基本原则，即有利于生产、方便生活、团结互助、公平合理。本案中，张某家房檐滴水造成了高某家房屋的损坏，按照上述原则，应当排除妨碍，赔偿损失。

【法条链接】

《物权法》第八十四条 不动产的相邻权利人应当按照有利生产、方便生活、团结互助、公平合理的原则，正确处理相邻关系。

《民法通则意见》第一百零二条 处理相邻房屋滴水纠纷时，对有过错的一方造成他方损害的，应当责令其排除妨碍、赔偿损失。

◎ 共 有 ◎

未经其他共有人同意，可以擅自出售共有的房屋吗......................................

【案例】

汪某与儿女共有一处房产。2007年夏，汪某去探望在国外定居的儿子，把该房屋交给女儿管理使用。女儿未征得父亲及哥哥的同意，将房屋卖给李某，并将购房款80万元据为己有。汪某回国后得知女儿擅自出售房屋，便与李某交涉要求收回房屋。李某以已经签订房屋买卖协议为由不肯交回房屋。汪某无奈提起诉讼。汪某的诉讼请求能得到法院的支持吗？

【法律解析】

本案分不同情形处理。如果李某不知此房为汪家父女、父子共有，则买卖协议有效；如果李某明知此房并非汪某之女所有，还与其签订购房协议，则应认定为无效。依《物权法》规定，处分共有的不动产或者动产，应当经全体共同共有人同意。本案中，汪某的女儿未经其他共有人同意，擅自将房屋出售的行为无效。据此，汪某有权要求收回房屋。

【法条链接】

《物权法》第九十七条 处分共有的不动产或者动产以及对共有的不动产或者动产作重大修缮的，应当经占份额三分之二以上的按份共有人或者全体共同共有人同意，但共有人之间另有约定的除外。

《民法通则意见》第八十九条 共同共有人对共有财产享有共同的权利，承担共同的义务。在共同共有关系存续期间，部分共有人擅自处分共有财产的，一般认定无效。但第三人善意、有偿取得该项财产的，应当维护第三人的合法权益；对其他共有人的损失，由擅自处分共有财产的人赔偿。

房屋共有人应怎样承担连带债务

【案例】

　　张某曾与一个亲戚合伙建了一栋旧式的木结构住房，由于年久失修，木料腐朽，存在倒塌的危险。张某经济比较困难，所以多次要求亲戚出钱整修。但该亲戚在城里买了房子，总是以各种借口拖延不肯修。请问：万一房子倒塌伤了人谁负责？

【法律解析】

　　该房屋是张某与亲戚合伙建造，由他们两人共有。因此，该房屋若倒塌伤人，他们俩应承担连带民事赔偿责任。如果该房屋属于按份共有，如果张某所承担的赔偿数额超过他所应当承担的份额，则可向亲戚追偿。

○ 房产共有人的义务

房屋共有人对共有房屋享有权利，同时也要按其份额承担相应的义务。

这是我该承担的房屋修理费。

首先，应按其份额支付共有房屋的管理费、修缮费、改良费等费用。

其次，对共有房屋的处分，必须服从全体共有人的意志，如果共有人对共有房产的处分不能达成一致意见，应按多数共有人或占有半数以上份额的共有人的意见处理。

我想把我那间房租出去，不知道你们有意见吗？

可以啊！

【法条链接】

　　《物权法》第一百零二条 因共有的不动产或者动产产生的债权债务，在对外关系上，共有人享有连带债权、承担连带债务，但法律另有规定或者第三人知道共有人不具有连带债权债务关系的除外；在共有人内部关系上，除共有人另有约定外，按份共有人按照份额享有债权、承担债务，共同共有人共同享有债权、承担债务。偿还债务超过自己应当承担份额的按份共有人，有权向其他共有人追偿。

共有住房能分割吗

【案例】

　　史某夫妻在市区的一处共有住房中有45%的产权，该住房在七楼。因为史某已经70多岁了，上下楼不方便，因此史某夫妻于2年前在低层租房居住。一年前，史某的老伴走路不慎遭遇车祸，经济十分困难，史某想处理该房产，共有人不同意史某作任何处理。请问，史某该怎么办？

【法律解析】

　　处分共有住房，应当经占份额2/3以上的按份共有人或者全体共同共有人同意，但共有人之间另有约定的除外。因此，该共有住房史某夫妇只占有45%的产权，属于按份共有，但份额未达到2/3以上，应与共有人协商解决。史某夫妇可以以经济困难作为重大理由请求分割住房，如果协商不成则可选择向法院起诉。

【法条链接】

　　《物权法》第九十九条 共有人约定不得分割共有的不动产或者动产，以维持共有关系的，应当按照约定，但共有人有重大理由需要分割的，可以请求分割；没有约定或者约定不明确的，按份共有人可以随时请求分割，共同共有人在共有的基础丧失或者有重大理由需要分割时可以请求分割。因分割对其他共有人造成损害的，应当给予赔偿。

共有人之一致人伤亡，其他共有人要承担连带责任吗

【案例】

　　马军与马龙共有一辆卡车，马军负责运输。在一次长途运输中，马军把钟某撞伤，共花去医疗费2万余元。钟某找马军赔偿，可是马军一下子拿不出那么多钱。那么，钟某可以找马龙要求赔偿吗？

【法律解析】

　　钟某可以找马龙要求赔偿。《物权法》规定，因共有的不动产或者动产产生的债权债务，在对外关系上，共有人享有连带债权、承担连带债务。也就是说，共有人

要对因共有财产而产生的债务承担连带责任。所谓连带责任，是指根据法律规定或当事人有效约定，两个或两个以上的连带义务人都对不履行义务承担全部责任。具体到本案中，马军与马龙因共有这辆卡车而成为连带责任义务人，马军无力履行对外的债务，马龙有履行的义务。马龙履行完义务后，可以向马军要求追偿。

【法条链接】

《物权法》第一百零二条 因共有的不动产或者动产产生的债权债务，在对外关系上，共有人享有连带债权、承担连带债务，但法律另有规定或者第三人知道共有人不具有连带债权债务关系的除外；在共有人内部关系上，除共有人另有约定外，按份共有人按照份额享有债权、承担债务，共同共有人共同享有债权、承担债务。偿还债务超过自己应当承担份额的按份共有人，有权向其他共有人追偿。

◎ 建设用地使用权 ◎

村委会可以转让土地使用权给房地产公司吗……………………………………

【案例】

A村环境优美，某房地产公司欲在此地建造一片别墅区，在与村委会商议之后，双方签订了土地使用权转让合同。合同签订以后，房地产公司支付了5000万元的地价款，先后投入3000万元的工程建设款。但是随后，当地政府却下令房地产公司停建。这是为什么呢？

【法律解析】

本案中，房地产公司没有通过依法申请而只是与A村村委会商议签订合同就开始动工，A村村委会擅自将本村的集体土地使用权转让给房地产公司，这些行为都是违法的。因此，当地政府有权将其列为非法用地开发项目且下令停建。

【法条链接】

《土地管理法》第六十三条 任何单位和个人进行建设，需要使用土地的，必须依法申请使用国有土地；但是，兴办乡镇企业和村民建设住宅经依法批准使用本集体经济组织农民集体所有的土地的，或者乡（镇）村公共设施和公益事业建设经依法批准使用农民集体所有的土地的除外。

《中华人民共和国城市房地产管理法》第九条 城市规划区内的集体所有的土地，经依法征用转为国有土地后，该幅国有土地的使用权方可有偿出让。

○ 如何取得国有土地使用权

以出让方式取得国有土地使用权

　　常见的出让方式包括招标、拍卖、挂牌、协议等。

以划拨方式取得国有土地使用权

　　指县级以上人民政府依法批准，在土地使用者缴纳补偿、安置等费用后将该片土地交付其使用。

以转让方式取得国有土地使用权

　　指土地使用者将土地使用权再转移的行为，即土地使用者将土地使用权单独或者随同地上建筑物、其他附着物转移给他人的行为。

如何取得建设用地使用权..

【案例】

　　A中学经批准，以划拨方式取得一块国有土地使用权，批准用途为教育用地，现A中学提出土地登记申请，要求办理土地登记。那么，应该如何办理？

【法律解析】

　　首先，A中学应该在接到国有土地划拨决定书之日起30日内申请办理划拨国有土地使用权设定登记。申请人为A中学及其法定代表人。其次，还应提交土地使用权登记申请表，A中学法人证明、法人代表身份证明和个人身份证明，县级以上人民政府建设用地批准书，国有土地划拨决定书，委托代理的应提交土地登记委托及代理人身份证明等。

【法条链接】

　　《物权法》第一百三十七条　设立建设用地使用权，可以采取出让或者划拨等方式。工业、商业、旅游、娱乐和商品住宅等经营性用地以及同一土地有两个以上意向用地者的，应当采取拍卖、招标等公开竞价的方式出让。

　　严格限制以划拨方式设立建设用地使用权。采取划拨方式的，应当遵守法律、行政法规关于土地用途的规定。

　　第一百三十九条　设立建设用地使用权，应当向登记机构申请建设用地使用权登记。建设用地使用权自登记时设立登记机构应当向建设用地使用权人发放建设用地使用权证书。

公司签土地出让协议在法律上有效吗..

【案例】

　　某公司因欠龙某工程款，经协商将一块住宅用地出让给龙某，占地350平方米，并签订了土地出让协议，但该公司一直没有按照协议约定给龙某办理土地证和准建证。后来，在龙某不知情的情况下，该公司在这块土地上又建起了车间。龙某去要土地时，该公司却说只剩一块150平方米的土地了。请问：该公司和龙某签订的土地出让协议还有效吗？

【法律解析】

　　该协议无效。我国法律规定，只有市、县级人民政府土地管理部门才有资格代表国家行使出让土地的权利，并依照法定的程序办理出让手续。龙某与该公司签订的出让协议是不合法的，不受法律保护，但龙某可以依据出让协议要回该公司所欠工程款。

【法条链接】

《城镇国有土地使用权出让和转让暂行条例》第十条 土地使用权出让的地块、用途、年限和其他条件，由市、县人民政府土地管理部门会同城市规划和建设管理部门、房产管理部门共同拟订方案，按照国务院规定的批准权限报经批准后，由土地管理部门实施。

非法出租土地用于非农业建设，应该如何处罚......................................

【案例】

某村在未依法办理用地审批手续的情况下，擅自与某砖厂签订了土地租赁合同。合同约定，村里将20亩荒地租赁给砖厂，租期为30年，每年租金为2万元，一年一交。请问，非法出租土地应该如何处罚？

【法律解析】

该村未经国土资源管理部门批准，在未依法办理用地手续的情况下，就擅自将土地租赁给砖厂用于非农业建设，属于违法行为。根据有关法律规定，对于该案的直接责任人应当给予行政处分，主管部门责令限期整改，没收违法所得，并处罚款。

【法条链接】

《土地管理法》第八十一条 擅自将农民集体所有的土地的使用权出让、转让或者出租用于非农业建设的，由县级以上人民政府土地行政主管部门责令限期改正，没收违法所得，并处罚款。

《土地管理法实施条例》第三十九条 依照《土地管理法》第八十一条的规定处以罚款的，罚款额为非法所得的百分之五以上百分之二十以下。

◎ 宅基地使用权 ◎

宅基地买卖合同和宅基地转让登记，谁更有效......................................

【案例】

村民黄某夫妇决定搬到城里居住，于是打算将房子卖掉，村民柳某听说后，就找到黄某协商购买其房屋，达成一致后，请了村里的长者作为证明人并签订了房屋买卖合同，但没有办理转让登记手续。后来，同村祝某在不知黄某房屋已卖给柳某的情况下，以更高的价格购买了黄某的房屋，并办理了房屋与宅基地的过户手续。请问，黄某的房屋应该归谁？

【法律解析】

　　黄某的房屋的所有权应该归祝某。本案中，虽然柳某与黄某签订的买卖合同在前，但没有办理过户手续，从法律上来说，房屋仍然属于黄某所有，在登记之前柳某不能取得房屋所有权与宅基地使用权。祝某签订的合同虽然在柳某之后，但是因为它符合宅基地的申请条件，而且祝某也不知道柳某与黄某合同的存在，所以他与黄某签订的合同也是有效的，在办理登记手续后，祝某就取得了黄某房屋所有权与宅基地使用权。柳某可以根据合同的规定，要求黄某承担违约责任。

○ 宅基地转让的条件

　　我国法律规定，农村宅基地可以在农村组织内部成员之间转让，但是转让行为要征得集体组织的同意，宅基地使用随房一并转让，除此之外，还有哪些条件?

1.转让人拥有两处以上的农村住房。

2.受让人没有住房和宅基地，符合宅基地使用权分配条件。

我没有宅基地，在这里也没有住房，符合申请条件吧!

符合!

【法条链接】

《物权法》第九条 不动产物权的设立、变更、转让和消灭，经依法登记，发生效力；未经登记，不发生效力，但法律另有规定的除外。

依法属于国家所有的自然资源，所有权可以不登记。

第一百五十三条 宅基地使用权的取得、行使和转让，适用土地管理法等法律和国家有关规定。

宅基地包括住房的附属设施用地吗..

【案例】

孙某现在是非农业户，原来他在农村有一处宅基地，持有房产证，房屋产权没有变化，住房依然完好，但附属设施厨房、厕所、柴棚已经倒塌，该地并没有被集体收回。请问，现在孙某退休回乡定居，能不能在原处修建附属设施？宅基地包括住房的附属设施用地吗？

【法律解析】

宅基地是指住宅用地，包括住房用地及其必要的附属设施用地。宅基地使用权人依法对集体所有的土地享有占有和使用的权利，有权依法利用该土地建造住宅及其附属设施。虽然孙某现在是非农业户，但孙某依然有权依法利用该土地建造住宅及其附属设施。

【法条链接】

《确定土地所有权和使用权的若干规定》第四十八条 非农业户口居民（含华侨）原在农村的宅基地，房屋产权没有变化的，可依法确定其集体土地建设用地使用权。房屋拆除后没有批准重建的，土地使用权归集体所有。

宅基地是否可以继承..

【案例】

农民胡某和其父各自有宅基地并建有房屋。后来胡某的父亲去世，仅遗留下三间房，于是胡某便将房屋扒掉，准备盖新房。但是在准备动工时，却被村委会制止了。胡某很疑惑，他继承了父亲的房子，为什么不能扒掉盖新房？

【法律解析】

《土地管理法》规定农村村民一户只能拥有一处宅基地，其宅基地的面积不得超过省、自治区、直辖市规定的标准。如果超过规定的标准，一般应归还村集体。《物权法》同时规定，已经登记的宅基地使用权转让或者消灭的，应当及时办理变更登记或者注销登记。本案中，胡某继承了其父的三间房是受法律保护的，也就继承了

○ 农村宅基地不能继承的情况

我户口在老家，定居在城市，父亲在农村老家生活，父亲能把宅基地继承给我吗？

不能。

1.继承人和被继承人属于同一个村集体，不在一起生活且不符合宅基地申请条件的，不能继承宅基地。

这种情况下是不可以继承的。

法律小课堂

假如小明从小跟随母亲改嫁到王村，能继承生活在李村的生父的宅基地吗？

2.继承人和被继承人不属于同一个村集体，不能继承宅基地。如张三虽然是张二的继承人，但是他们不在一个村，张三就不能继承张二的宅基地。

表哥，姑妈在村里的房子你还是乖乖交给我吧，不然……

你是城镇户口，不符合继承条件。

3.继承人是城镇户口，不能继承宅基地。如张三是城镇户口就不能继承张二的宅基地了。

房屋所占范围内的宅基地，但是胡某并没有依法办理宅基地使用权证，本身有宅基地，所以胡某将其父亲的旧房扒掉时，村里有权收回胡某多占的宅基地。

【法条链接】

《物权法》第一百五十五条 已经登记的宅基地使用权转让或者消灭的，应当及时办理变更登记或者注销登记。

《国土资源部印发〈关于加强农村宅基地管理的意见〉的通知》农村村民一户只能拥有一处宅基地，面积不得超过省（区、市）规定的标准。各地应结合本地实际，制定统一的农村宅基地面积标准和宅基地申请条件。不符合申请条件的不得批准宅基地。

城镇居民可以购买农村宅基地吗

【案例】

赵某是某市城镇户口的居民，几年前在市郊区买了一栋农村村民的房子，有一天他接到了原卖房人电话，说自己反悔了，他们之间签订的合同无效，要求退回赵某的房款，把房子还给卖主。赵某犯了糊涂：合同明明已经签了，为什么不认可我的买卖行为？

【法律解析】

为保护农民的利益，我国有关法律规定，农民的住宅不得向城市居民出售，也不得批准城市居民占用农民集体土地建住宅，有关部门不得为违法建造和购买的住宅发放土地使用证和房产证。因此，赵某虽然签订了买卖合同，但是是无效的。

【法条链接】

《关于加强农村宅基地管理的意见》第十三条 严格日常监管制度。各地要进一步健全和完善动态巡查制度，切实加强农村村民住宅建设用地的日常监管，及时发现和制止各类土地违法行为。要重点加强城乡结合部地区农村宅基地的监督管理。严禁城镇居民在农村购置宅基地，严禁为城镇居民在农村购买和违法建造的住宅发放土地使用证。

◎ 抵押担保 ◎

为赌债所做的担保有效吗

【案例】

蔡某欠杜某赌债20万元，请求好友孙某为自己的债务向杜某提供担保。孙某不知是赌债，于是以自己的房屋设立抵押担保，并办理了抵押登记。那么，如果蔡某

○ 哪些组织不能做保证人

根据我国《担保法》的规定，某些组织不得担当保证人，或者只能在一定条件下担当保证人。这些组织包括：

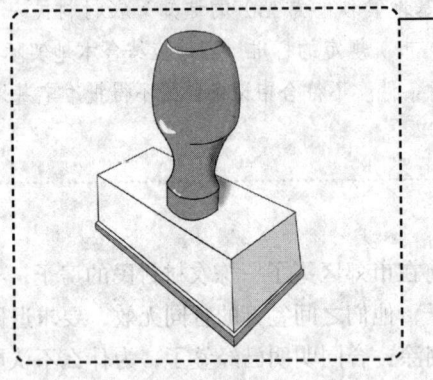

1. 国家机关

国家机关享有国家财政预算拨付的经费，这些经费只能用于履行其所承担的相应国家职能和支付工作人员的工资，而不能用于任何经营活动。

2. 以公益为目的的事业单位和社会团体

我国《担保法》第9条明确规定："学校、幼儿园、医院等以公益为目的的事业单位、社会团体不得为保证人。"

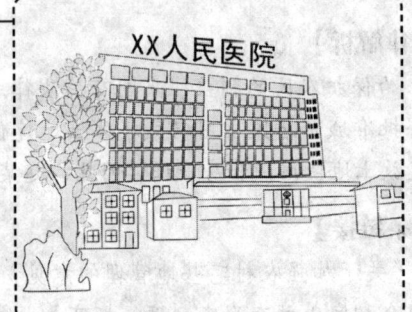

XX人民医院

事业部

3. 企业法人的分支机构和职能部门

企业法人具有一定的对外经营权。企业法人的内部职能部门没有对外经营权，如公司的事业部。

还不上杜某的钱，杜某是否有权让孙某还他钱？

【法律解析】

孙某不必承担担保责任。《物权法》、《担保法》都规定，主合同无效，担保合同无效。本案中，蔡某与杜某之间的债务可以视为"主合同"，而孙某与杜某的担保合同则为"从合同"。由于赌债是不受法律保护的，主合同无效，所以作为担保合同的从合同也无效。孙某在此事中没有过错，所以不需要承担任何担保责任。

【法条链接】

《物权法》第一百七十二条 设立担保物权，应当依照本法和其他法律的规定订立担保合同。担保合同是主债权债务合同的从合同。主债权债务合同无效，担保合同无效，但法律另有规定的除外。

担保合同被确认无效后，债务人、担保人、债权人有过错的，应当根据其过错各自承担相应的民事责任。

当物的担保与人的担保同时存在时，谁先承担担保责任

【案例】

某房地产开发公司欲向某银行贷款8000万元，双方约定房地产公司的一块地皮及该地上建造的建筑物作为抵押，双方依法签订抵押合同并办理了登记。可银行仍然不放心，于是，房地产公司便找来某投资公司作保。后来，房地产公司不能按时还款。请问，当物的担保与人的担保同时存在，谁先承担责任？

【法律解析】

当出现物的担保与人的保证同时存在的情况时，物的担保应优先适用。本案中，银行应先与房地产开发公司协商，将抵押物折价或者以拍卖、变卖该项抵押物所得的价款受偿。协商不成的，银行可向法院起诉要求实现其抵押权。在抵押物折价或拍卖、变卖后，其价款不足以清偿债务的，保证人应就剩余部分负责任。

【法条链接】

《担保法》第二十八条 同一债权既有保证人又有物的担保的，保证人对物的担保以外的债权承担保证责任。

债权人放弃物的担保的，保证人在债权人放弃权利的范围内免除保证责任。

债务未经担保人同意而转让，担保人还要负担保责任吗

【案例】

钟某向孙某借款3万元，车某以他的一处房产为钟某的借款提供抵押担保。后来钟某与孙某协商，周某欠钟某3万元钱，到时候钟某欠孙某的3万元钱直接由周某偿

还，周某也表示愿意；车某对此并不知情。那么，车某对这个债务还要承担担保责任吗？

【法律解析】

车某不再承担担保责任。《物权法》规定，债权人同意债务人转让债务，如果没有经过担保人书面同意，担保人不再承担相应的担保责任。本案中，孙某同意钟某把债务转让给周某，且没有经过担保人车某的书面同意，所以车某不再承担相应的担保责任。

○ 哪些情况下担保人无须承担责任

第一种

借钱方与债权人"沆瀣一气"，串通起来诈骗担保人。这时，担保人只要提供确凿的证据，便可免除担保责任。

第二种

债权人使用不正当的手段，例如欺诈、胁迫等，使担保人签订保证合同。这类情形，是违背担保人自身意愿的，合同可视为无效，自然也不用承担担保责任。

第三种

连带责任担保，如若债权人与担保人没约定保证期限，那么视该期限为自债务履行期满后半年。超过了期限，就被视为主动舍弃，担保人无需承担担保责任。

【法条链接】

《物权法》第一百七十五条 第三人提供担保，未经其书面同意，债权人允许债务人转移全部或者部分债务的，担保人不再承担相应的担保责任。

房屋出租以后又抵押，抵押权人不能要求承租者搬迁......................................

【案例】

乔某有一处楼房价值60万元，于2006年7月5日租给纪某居住，租期1年。同年7月15日，乔某向谢某借款40万元，以出租的楼房作为抵押，并办理了抵押登记手续。2007年3月，乔某欠谢某的债务到期无法清偿，便与谢某商议将该楼折价抵偿债务。谢某取得房屋后，要求承租人纪某搬出去。请问，抵押权人能要求承租者搬迁吗？

【法律解析】

此案中，抵押权人谢某不能要求承租人纪某搬迁。《物权法》规定，订立抵押合同前抵押财产已经出租的，原租赁关系不受抵押权的影响。订立抵押合同后抵押财产出租的，如果抵押经过登记，则抵押权优先于租赁权；如果抵押未经登记，则租赁关系仍不受抵押权的影响。本案中，租赁合同订立时间在抵押合同之前，因此纪某有权在该房内居住至租赁合同期满，谢某不得要求其搬迁。

【法条链接】

《物权法》第一百九十条 订立抵押合同前抵押财产已出租的，原租赁关系不受该抵押权的影响。抵押权设立后抵押财产出租的，该租赁关系不得对抗已登记的抵押权。

共同财产抵押，如何认定抵押有效...

【案例】

冯某因资金周转困难，请求朋友张某以自己的房屋提供担保，向银行贷款。银行工作人员到张某家调查房屋情况时，张某妻子林某未提出异议。之后，银行与冯某、张某分别签订了借款合同和房屋抵押合同，办理了抵押登记，但冯某未及时还贷。不久，张某因车祸死亡。借款期满后，银行向冯某和林某催要借款，林某以抵押合同未经自己同意，合同无效为由予以拒绝。那么，这份抵押合同有效吗？

【法律解析】

这份抵押合同有效。当银行工作人员到张某家调查房屋情况时，林某明知丈夫将房屋抵押担保一事，但未提出异议，可以视为她同意丈夫以本人的名义实施抵押属于他们共同共有的房屋，并办理了合法的抵押登记手续。所以，银行由此而取得的抵押权是合法的，理应受到法律的保护。

【法条链接】

《担保法解释》第五十四条 按份共有人以其共有财产中享有的份额设定抵押的，抵押有效。共同共有人以其共有财产设定抵押，未经其他共有人的同意，抵押无效。但是，其他共有人知道或者应当知道而未提出异议的视为同意，抵押有效。

◎ 质押担保 ◎

什么是质权？质权自何时起设立..

【案例】

2008年10月6日，姜某向梅某借款1万元，以自家新买的一台液晶彩电作为质押，当时梅某就把1万元钱借给姜某。2008年10月15日姜某把彩电搬到梅某家。梅某的质权成立于哪一天？

【法律解析】

梅某的质权成立于2008年10月15日。所谓质权，是指债权人为了保证债权能够实现，占有债务人或者第三人提供的财产，如果债务人到期不履行债务，债权人可以就该财产的价值优先受偿。《物权法》规定，质权设立于交付质押财产时。在本案中，2008年10月15日姜某交付了质押财产电视机，所以2008年10月15日为质权设立的时间。

【法条链接】

《物权法》第二百一十二条 质权自出质人交付质押财产时设立。

质权人私自使用质押物导致损坏怎么办..

【案例】

魏某向贾某借款5000元，贾某要求其提供担保，魏某说自己有一部笔记本电脑可以用来质押，但贾某不得使用，以免造成电脑损耗。贾某同意，于是把钱借给魏某。在还款期届满前，贾某未遵守约定，将电脑拿出来使用，并在使用过程中未加注意导致电脑损坏。贾某可以使用他人质押给自己的电脑吗？他是否应对电脑的损坏承担赔偿责任？

【法律解析】

贾某无权擅自使用电脑，他应当赔偿魏某的损失。《物权法》规定，未经出质人许可，质权人不得擅自使用质物。如因擅自使用质物造成质押物损坏的，应当承担赔偿责任。本案中贾某没有经过魏某许可，擅自使用电脑并造成电脑损坏，应当依法承担赔偿责任。

【法条链接】

《物权法》第二百一十四条 质权人在质权存续期间，未经出质人同意，擅自使用、处分质押财产，给出质人造成损害的，应当承担赔偿责任。

○ 质权人的义务包括哪些

质权，就是债务人或第三人将其动产移交债权人占有，将该动产作为债权的担保，当债务人不履行债务时，债权人有权依法就该动产卖的价金优先受偿。

擅自转质导致质押物损毁如何处理......

【案例】

周某5月1日向毛某借款10万元，约定于10月5日清偿，并将一辆汽车交给毛某作质押。6月5日，毛某向白某借款5万元，期限3个月。在未征得周某同意的情况下，毛某以周某质押给自己的汽车出质给白某。8月10日，白某驾驶该汽车外出发生交通事故，汽车被撞毁。毛某应当承担什么责任？

【法律解析】

毛某应该向周某承担赔偿责任。按照《物权法》的规定，质权人可以转质，但是要征得原出质人的同意。如果擅自转质，造成质押物损毁、灭失的，转质人承担赔偿责任。在本案中，毛某未经周某同意，擅自将周某出质给他的汽车转质给他人，导致了汽车的毁坏，因此应当向周某承担赔偿责任。

【法条链接】

《物权法》第二百一十七条 质权人在质权存续期间，未经出质人同意转质，造成质押财产毁损、灭失的，应当向出质人承担赔偿责任。

因没有及时行使质权受到损失，责任谁来承担......

【案例】

郭某因急需一笔资金向佟某借款8万元，并以自己的轿车作为质押担保。双方经协商签订了借款合同和质押合同。借款期届满后，郭某无力偿还佟某的借款，于是多次要求佟某及时对质押的轿车折价、拍卖或变卖。但佟某迟迟未能实现质权，郭某只得请求人民法院变卖质押的轿车。这时由于受到市场价格因素的影响，该轿车变卖的价款比原来降低了1万元。那么，轿车贬值的损失应由谁来承担？

【法律解析】

轿车贬值的损失应由佟某承担。根据《物权法》的规定，当出质人要求质权人及时行使质权，质权人因迟延行使质权并因此给出质人造成损失时，出质人可以要求质权人赔偿损失。就本案而言，郭某在无力清偿佟某的欠款后与佟某联系要求其行使质权，但因佟某未能及时行使质权，导致郭某的轿车变卖的价款减少了1万元，因此佟某应当赔偿郭某这1万元的损失。

【法条链接】

《物权法》第二百二十条 出质人可以请求质权人在债务履行期届满后及时行使质权；质权人不行使的，出质人可以请求人民法院拍卖、变卖质押财产。

出质人请求质权人及时行使质权，因质权人怠于行使权利造成损害的，由质权人承担赔偿责任。

劳动保障篇
维护你的职场权益

◎ 应聘中的权益 ◎

用人单位在招聘时应当告知哪些内容..

【案例】

2008年11月，李某参加了一次招聘会，之后有一家公司通知李某面试。在面试过程中，该公司人员详细介绍了该公司的发展历程，以及公司的企业文化。当李某问到工作地点及劳动报酬时，公司负责人称："不确定，只要成为公司的员工就要服从分配，报酬问题根据工作业绩及个人表现来定。"听完之后李某很迷惑。请问：用人单位在招聘时应当告知哪些内容？

【法律解析】

用人单位故意隐瞒与订立合同有关的重要事实，致使劳动者在应聘时不能全面了解信息，这样在履行劳动合同时就会出现纠纷，给用人单位和劳动者造成不必要的麻烦。因此，用人单位在招聘时应如实告知以下两部分：一是法定告知内容；二是劳动者要求了解的与工作相关的内容。

【法条链接】

《中华人民共和国劳动合同法》（以下简称《劳动合同法》）第八条 用人单位招用劳动者时，应当如实告知劳动者工作内容、工作条件、工作地点、职业危害、安全生产状况、劳动报酬，以及劳动者要求了解的其他情况。

○ 用人单位招聘时应履行哪些告知义务

用人单位扣押职工的身份证合法吗..

【案例】

小芳和朋友一起到省城一家工厂打工，企业负责人以加强管理为由扣留了她们的身份证。工作一段时间以后，小芳和朋友感觉身份证被扣很不方便。她们听厂里懂一些法律知识的人说，工厂这样做是违法的。那么，用人单位以加强内部管理为由扣押职工的身份证的做法合法吗？

【法律解析】

用人单位扣押职工的身份证是不合法的。用人单位建立完善的内部规章管理制度，加强对职工的管理是必要的，但不得违反法律、法规，不得侵犯职工的合法权益。用人单位以加强管理为由，扣押职工的身份证，变相限制工人的人身自由和择业自由，侵犯了职工的合法权益，也违反了国家法规。小芳她们有权向有关部门反映情况，要回自己的身份证，维护自己的合法权益。

【法条链接】

《劳动合同法》第九条 用人单位招用劳动者，不得扣押劳动者的居民身份证和其他证件，不得要求劳动者提供担保或者以其他名义向劳动者收取财物。

《劳动合同法》第八十四条 第一款 用人单位违反本法规定，扣押劳动者居民身份证等证件的，由劳动行政部门责令限期退还劳动者本人，并依照有关法律规定给予处罚。

职前培训是否应认为是劳动关系的建立

【案例】

蔡某和朋友一起应聘到一家工厂工作。在上岗前，工厂要对新员工进行为期2个月的培训。工厂主管跟蔡某他们说，培训期间不算正式工作，每个月只发给他们400元生活费。培训期满后，工厂按照蔡某他们在培训期间的表现，决定是否聘用他们。蔡某想知道，工厂主管的说法有法律依据吗？

【法律解析】

工厂主管的说法没有法律依据，因为自蔡某他们参加培训的第一天起即与工厂建立了劳动关系。根据有关法律规定，用人单位未在用工的同时订立书面劳动合同，与劳动者约定的劳动报酬不明确的，新招用的劳动者的劳动报酬按照集体合同规定的标准执行；没有集体合同或者集体合同未规定的，实行同工同酬。

【法条链接】

《劳动法》第三条 第一款 劳动者享有平等就业和选择职业的权利、取得劳动报酬的权利、休息休假的权利、获得劳动安全卫生保护的权利、接受职业技能培训的权利、享受社会保险和福利的权利、提请劳动争议处理的权利以及法律规定的其他劳动权利。

《劳动合同法》第七条 用人单位自用工之日起即与劳动者建立劳动关系。用人单位应当建立职工名册备查。

◎ 劳动合同的签订与效力 ◎

企业招工不签合同怎么办......

【案例】

刘某到南方某企业工作，企业招工时根本不和他们签合同，而且将工资压得很低。厂方的人对他们说："你们谁要签合同，立刻走人。"工人们害怕被辞退，都不敢提签合同的事。那么，企业招工不签合同怎么办？

【法律解析】

该工厂不签订劳动合同的情况，是严重的违法行为。《劳动法》规定，劳动合同应当以书面形式订立，明确劳动合同的必备条款和约定条款。这样依法订立的劳动合同便于操作，可以起到维护劳动者合法权益以及在发生劳动争议后分清双方法律责任的作用。本案中，工人可以就订立劳动合同以及和劳动合同有关的合法权益等事项向企业行政方面提出合理的要求，也可请厂工会出面协商解决这些问题，或者直接向当地政府和劳动行政管理部门反映情况，请他们依法给予公正解决。

【法条链接】

《劳动法》第十六条第二款 建立劳动关系应当订立劳动合同。

进入单位后，什么时候开始签劳动合同......

【案例】

于某在某公司的试用期已经结束，但公司迟迟不与他签订正式的劳动合同。于某不熟悉法律，也不知道是否现在就与公司签订劳动合同。于某应什么时候与公司签订劳动合同呢？

【法律解析】

按照我国《劳动合同法》的规定，用人单位自用工之日起即与劳动者建立劳动关系。建立劳动关系，应当订立书面劳动合同。已建立劳动关系，未同时订立书面劳动合同的，应当自用工之日起一个月内订立书面劳动合同。因此，本案中，于某自到该公司正式工作之日起即可与公司签订劳动合同，若当时未签劳动合同，于某自他工作之日起一个月内可以要求与公司签订劳动合同。若公司自聘用他之日起，超过一个月不满一年未与他订立劳动合同，应当向他每月支付 2 倍的工资。

【法条链接】

《劳动合同法》第七条 用人单位自用工之日起即与劳动者建立劳动关系。用人单位应当建立职工名册备查。

第十条 建立劳动关系，应当订立书面劳动合同。

已建立劳动关系，未同时订立书面劳动合同的，应当自用工之日起一个月内订立书面劳动合同。

用人单位与劳动者在用工前订立劳动合同的，劳动关系自用工之日起建立。

第八十二条 第一款 用人单位自用工之日起超过一个月不满一年未与劳动者订立书面劳动合同的，应当向劳动者每月支付二倍的工资。

什么样的劳动合同是无效的

【案例】

某公司在与赵某就劳动合同细节问题商谈时，完全背离实际情况，并作出了一些虚假的承诺，使赵某信以为真。赵某与该公司签订了合同后，发现公司当初给人的承诺不可能兑现。该合同是有效的吗？

【法律解析】

该合同无效。依据我国《劳动合同法》的相关规定，以欺诈、胁迫或者乘人之危的手段，使对方在违背真实意思的情况下订立或者变更劳动合同的，无效或部分

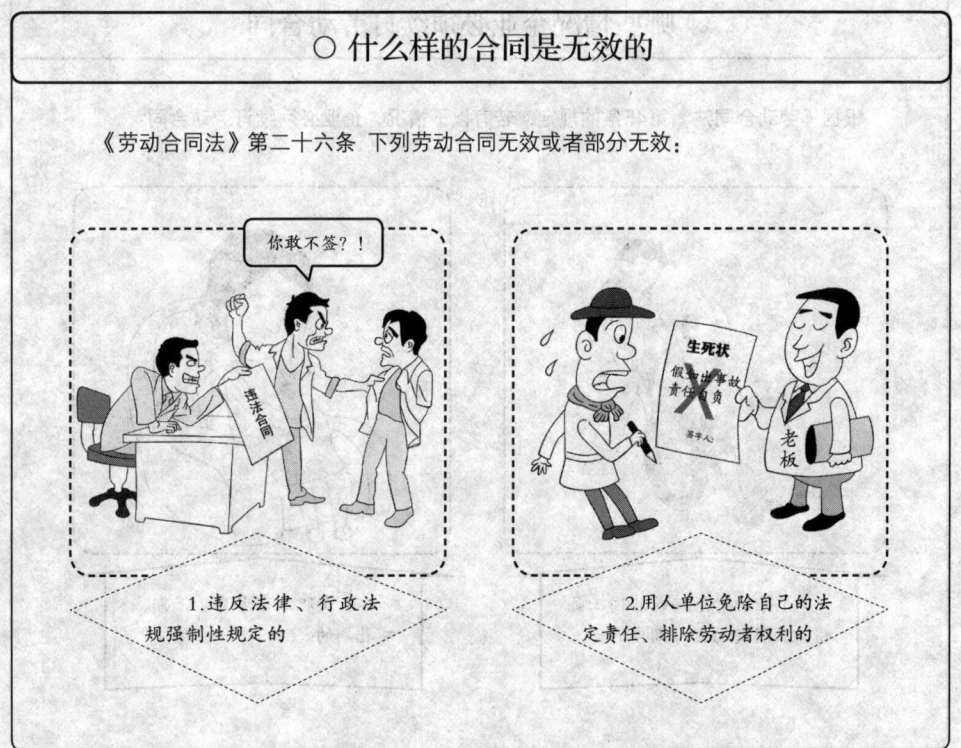

○ 什么样的合同是无效的

《劳动合同法》第二十六条 下列劳动合同无效或者部分无效：

1.违反法律、行政法规强制性规定的

2.用人单位免除自己的法定责任、排除劳动者权利的

无效。赵某是在被欺骗的情况下与公司签订劳动合同的，因此，该合同是无效的。

【法条链接】

《劳动合同法》第二十六条 以欺诈、胁迫的手段或者乘人之危，使对方在违背真实意思的情况下订立或者变更劳动合同的，劳动合同无效。

对劳动合同的无效或者部分无效有争议的，由劳动争议仲裁机构或者人民法院确认。

劳动合同到期没续签该如何处理......

【案例】

林某与某信息技术公司签订了为期3年的劳动合同。3年后合同期限届满，双方没有续签合同，也没有办理终止合同的手续，林某仍在公司工作。这种情况要如何认定？

【法律解析】

根据相关法律规定，当事人双方履行了合同义务，劳动合同终止、解除以后，

○ 哪些情况企业必须续订劳动合同

根据《劳动合同法》第45条的规定，若有以下情况，企业必须续订劳动合同：

1.劳动者患病或非因工负伤，在规定的医疗期内的。

2.女职工在孕期、产期、哺乳期的。

用人单位应当与劳动者办理终止或解除劳动合同的手续，为劳动者出具终止、解除劳动合同证明书，作为劳动者按规定享受失业保险待遇和求职登记的凭证。如果用人单位愿意与劳动者继续维持劳动关系，就应该续签合同。如果合同期满后，双方对此没有任何异议，一切照旧，则认定为双方默认按照劳动合同的约定继续履行。本案中，林某尽管与公司没有续约，但双方对现状没有异议，就视为双方续约。

【法条链接】

《最高人民法院关于审理劳动争议案件适用法律若干问题的解释（一）》第十六条 劳动合同期满后，劳动者仍在原用人单位工作，原用人单位未表示异议的，视为双方同意以原条件继续履行劳动合同。一方提出终止劳动关系的，人民法院应当支持。

根据《劳动法》第二十条之规定，用人单位应当与劳动者签订无固定期限劳动合同而未签订的，人民法院可以视为双方之间存在无固定期限劳动合同关系，并以原劳动合同确定双方的权利义务关系。

◎ 劳动合同的履行 ◎

用人单位不交付劳动合同怎么办

【案例】

经面试，程某被录用为某烘烤屋服务员。双方签订了劳动合同，约定工资为每月1000元。面试时说好包吃包住、上班时间是从下午6点到凌晨2点，但这些都没有写进合同，而且也没有约定社会保险。合同只有一份，在老板那里。请问，如果老板违反合同约定，程某该怎么办？

【法律解析】

劳动合同期限、工作时间、社会保险等是劳动合同的必备条款，而本案中签订的劳动合同中并没有载明，而且合同只有一份，违反法律规定，因此给程某造成的权益损害，用人单位应当承担赔偿责任。

【法条链接】

《劳动合同法》第八十一条 用人单位提供的劳动合同文本未载明本法规定的劳动合同必备条款或者用人单位未将劳动合同文本交付劳动者的，由劳动行政部门责令改正；给劳动者造成损害的，应当承担赔偿责任。

应以什么形式变更劳动合同

【案例】

马某在某公司人事部工作，因与人事部经理发生误会，经理让马某离开公司。马某向老总澄清后，老总说让经理向马某道歉。后来公司让马某去行政部门工作，马某让公司出具变更劳动合同的书面通知，负责人说没空，还说他们调动员工工作不需要任何理由。请问，马某该怎么办？

【法律解析】

根据《劳动法》的规定，订立和变更劳动合同，应当遵循平等自愿、协商一致的原则，不得违反法律、行政法规的规定。本案中，用人单位应该与马某协商一致后，对劳动合同中所约定的工作内容进行变更，并应采取书面形式。如发生纠纷，马某可向当地劳动行政部门申诉，也可申请劳动仲裁。如对仲裁结果不服，可向法院起诉。

【法条链接】

《劳动合同法》第三十五条 用人单位与劳动者协商一致，可以变更劳动合同约定的内容。变更劳动合同，应当采用书面形式。

变更后的劳动合同文本由用人单位和劳动者各执一份。

用人单位可以强行调换劳动者的工作岗位吗

【案例】

2003年9月，叶某受聘于一家公司，并与公司签订了劳动合同。合同中约定"正式聘用叶某为公司的技术总监"，合同期为5年，同时约定好了薪金。2003年11月，公司在没有任何理由的情况下，将叶某降职为普通的技术员，月薪也随之下调。叶某认为劳动合同中明确约定了自己的工作职位，公司不能擅自更改。但叶某与公司多次协商无果，遂向劳动仲裁委员会提出了申诉。公司可以随便调换叶某的职位吗？

【法律解析】

用人单位不能随便调换劳动者的职位。依法签订的劳动合同是具有法律效力的，签订合同的双方当事人必须严格履行合同中规定的义务。没有法定的变更事由，也没有经过双方当事人协商，任何一方都不能随意变更合同的内容。工作职位是劳动合同中十分重要的内容，对其更改可以视为对合同的变更。本案中，这家公司在没有其他事由，也没有与叶某协商的情况下，擅自变更了叶某的工作岗位，这是法律所不允许的。

【法条链接】

《劳动合同法》第二十九条 用人单位与劳动者应当按照劳动合同的约定，全面履行各自的义务。

《劳动法》第十七条 订立和变更劳动合同，应当遵循平等自愿、协商一致的原则，不得违反法律、行政法规的规定。

劳动合同依法订立即具有法律约束力，当事人必须履行劳动合同规定的义务。

◎ 劳动合同的解除与终止 ◎

用人单位违法终止劳动合同怎么办..

【案例】

2007年5月，阿超到一家物流公司工作，当时公司和阿超签订了1年的劳动合同。但是后来公司将合同收回，重新与阿超签订了一份6个月的合同。现在合同已到期，公司不再与阿超续签，而且任何补偿都不给。请问，公司这种做法合法吗？

【法律解析】

公司的这种做法不合法。《劳动合同法》第四十六条第五项规定，自然终止固定期限劳动合同的也要支付经济补偿金。阿超所在的公司为了尽可能降低解雇成本，将合同期限缩短至半年，是为了避免解除劳动合同时支付劳动者经济补偿金。按照原合同的规定，自然终止时间应该为2008年5月，现在该公司等于是提前终止合同。因此，阿超可以向劳动保障部门反映。

【法条链接】

《劳动合同法》第四十六条 有下列情形之一的，用人单位应当向劳动者支付经济补偿：

（一）劳动者依照本法第三十八条规定解除劳动合同的；

（二）用人单位依照本法第三十六条规定向劳动者提出解除劳动合同并与劳动者协商一致解除劳动合同的；

（三）用人单位依照本法第四十条规定解除劳动合同的；

（四）用人单位依照本法第四十一条第一款规定解除劳动合同的；

（五）除用人单位维持或者提高劳动合同约定条件续订劳动合同，劳动者不同意续订的情形外，依照本法第四十四条第一项规定终止固定期限劳动合同的；

（六）依照本法第四十四条第四项、第五项规定终止劳动合同的；

（七）法律、行政法规规定的其他情形。

什么情况下劳动者可以解除合同...

【案例】

不久前，某污水治理厂的大批职工出现中毒现象。经调查，发现是由于经过治理的水不小心渗入到饮水管道，致使食用过饮水管道的水的职工全部中毒。经过抢救，中毒的职工都脱离了生命危险，但职工们决定与该厂解除劳动合同。这样做可以吗？

【法律解析】

职工们可以这样做。我国《劳动合同法》明确规定，用人单位的规章制度违反法律、法规的规定，损害劳动者权益的，劳动者可以解除劳动合同。该厂没有及时地更新污水治理设备，致使大批职工饮水中毒，职工们可以解除合同。

【法条链接】

《劳动合同法》第三十八条 第一款 用人单位有下列情形之一的，劳动者可以解除劳动合同：

......

（四）用人单位的规章制度违反法律、法规的规定，损害劳动者权益的；

......

企业重组能否与职工解除劳动合同...

【案例】

段某是一家国有企业职工，企业现在已实施重组。如果企业以重组为理由，说订立劳动合同时所依据的客观情况发生重大变化，致使原劳动合同无法履行，企业能否与职工解除劳动合同？解除劳动关系后，企业需要支付职工经济补偿吗？

【法律解析】

用人单位重组后，应当由重组后的单位继续与职工履行原劳动合同。由于重组导致原劳动合同不能履行的，企业与职工应当依法变更劳动合同。不能变更的，企业可解除劳动合同，但应当支付给职工经济补偿。

【法条链接】

《劳动法》第二十六条 劳动合同订立时所依据的客观情况发生重大变化，致使原劳动合同无法履行，经当事人协商不能就变更劳动合同达成协议的，用人单位可以解除劳动合同，但是应当提前三十日以书面形式通知劳动者本人。

○ 用人单位可以解除劳动合同的情形

《劳动法》第二十六条规定，有下列情形之一的，用人单位可以解除劳动合同，但是应当提前三十日以书面形式通知劳动者本人：

这次车祸对你的腰伤害太大，可得好好治疗！

哎，看来我得辞职在家疗养了。

1.劳动者患病或者非因工负伤，医疗期满后，不能从事原工作也不能从事由用人单位另行安排的工作的。

2.劳动者不能胜任工作，经过培训或者调整工作岗位，仍不能胜任工作的。

小李，经过这段时间考核，感觉你不太适合这份工作。你这么努力，在其他单位一定会很出色的！

职工可以随时解除劳动合同吗......

【案例】

2008年3月1日，小孙到一家民营企业应聘，当时签了于3月1日至6月1日共3个月试用期的临时合同。6月2日签了正式合同，工资也按转正工资发放。现在，企业要给小孙调岗位，小孙不接受，其就直接下发调岗通知，并消除小孙原工作部门上班的签到指纹，告知小孙不到调岗后的部门报到就算小孙旷工。小孙认为自己有权不接受其他的岗位。那么，小孙应该怎样解除劳动合同呢？

【法律解析】

《劳动法》第三十二条规定了劳动者可以随时解除劳动合同的三种情形，如果小孙符合其中情形之一，就可以随时解除合同。否则，他要解除劳动合同，应当提前30天以书面形式通知用人单位。

【法条链接】

《劳动法》第三十二条 有下列情形之一的，劳动者可以随时通知用人单位解除劳动合同：

（一）在试用期内的；

（二）用人单位以暴力、威胁或者非法限制人身自由的手段强迫劳动的；

（三）用人单位未按照劳动合同约定支付劳动报酬或者提供劳动条件的。

解除合同，押金还能要回吗..

【案例】

赵某与某公司签订了为期2年的劳动合同，并按约定缴纳了2000元的押金。现在赵某已经在该公司工作了3个月，但该公司一直没有给赵某发工资。请问，如果赵某想离开该公司，他缴纳的押金还能要回来吗？

【法律解析】

根据《劳动合同法》的有关规定，用人单位招用劳动者，不得扣押劳动者的居民身份证和其他证件，不得要求劳动者提供担保或者以其他名义向劳动者收取财物。本案中，赵某所在公司收取押金的行为是违法的，无论他是否离开，押金都应该如数返还。

【法条链接】

《劳动合同法》第九条 用人单位招用劳动者，不得扣押劳动者的居民身份证和其他证件，不得要求劳动者提供担保或者以其他名义向劳动者收取财物。

劳动者患精神病，公司可以辞退吗..

【案例】

包某是某公司的技术总监，在一次车祸中，包某的头部受到撞击，导致精神失常，经医疗机构鉴定为重度精神病。那么，该公司可以将包某辞退吗？

【法律解析】

该公司可以将包某辞退。法律上有一种情况，即劳动者在工作中没有过失，但合同已经无法正常履行，用人单位只能单方面解除劳动合同，这种情况被称为非过失性辞退。本案中，包某由于车祸成为重度精神病患者，已经不能从事原来的工作，不能正常地履行合同义务，公司不得不与其解除劳动合同。必须注意的是，导致劳动者失去工作能力的疾病不能是职业病或因公负伤，不能与用人单位有任何关系，否则用人单位不能将其辞退；另外，劳动者患病、负伤、失去工作能力后，用人单位不能立即解除合同，必须要给予一定的医疗期，医疗期结束后，再商谈解除合同的事宜。

【法条链接】

《劳动合同法》第四十条　有下列情形之一的，用人单位提前三十日以书面形式通知劳动者本人或者额外支付劳动者一个月工资后，可以解除劳动合同：

（一）劳动者患病或者非因工负伤，在规定的医疗期满后不能从事原工作，也不能从事由用人单位另行安排的工作的；

（二）劳动者不能胜任工作，经过培训或者调整工作岗位，仍不能胜任工作的；

（三）劳动合同订立时所依据的客观情况发生重大变化，致使劳动合同无法履行，经用人单位与劳动者协商，未能就变更劳动合同内容达成协议的。

员工单方解除合同需要赔偿吗

【案例】

郑某毕业后到某公司应聘成功，双方约定郑某工作岗位为办公室主任。但工作后公司却让郑某去街头发小广告，而且每天都规定任务，要求郑某从早上8点一直发到晚上7点，并称不这样工作就不发工资。郑某向公司提出异议，但公司却拿出劳动合同称：不干可以，但必须按照劳动合同赔偿单位损失2000元。请问，郑某是否有权解除劳动合同？解除后是不是要赔钱呢？

【法律解析】

我国有关法规规定，用人单位的规章制度违反法律、法规的规定，损害劳动者权益的，劳动者可以解除劳动合同。用人单位以暴力、威胁或者非法限制人身自由的手段强迫劳动者劳动的，或者用人单位违章指挥、强令冒险作业危及劳动者人身安全的，劳动者可以立即解除劳动合同，不需事先告知用人单位。本案中，郑某去公司工作后，用人单位未按承诺安排工作，对此，郑某可以理直气壮地解除劳动合同，不必赔偿单位损失。

【法条链接】

《劳动合同法》第三十八条　用人单位以暴力、威胁或者非法限制人身自由的手段强迫劳动者劳动的，或者用人单位违章指挥、强令冒险作业危及劳动者人身安全的，劳动者可以立即解除劳动合同，不需事先告知用人单位。

○ 劳动者可以要求解除劳动合同的情形

用人单位有下列情形之一的，劳动者可以解除劳动合同：

公司经营困难，可以大规模裁员吗..

【案例】

　　大学毕业生李某成功应聘某金融公司，签订了为期3年的工作合同。因金融危机，该公司经营出现重大困难。公司决定大规模裁员，李某也在其中。李某不服，于是向劳动仲裁机关申请仲裁。请问，经营困难的企业可以大规模裁员吗？

【法律解析】

本案中，该金融公司为了渡过难关，采取经济性裁员，这原本是可行的。但是，该公司却没有履行法定的程序。法定的程序首先是提前三十日告知工会，并听取工会的意见；然后向劳动部门报告裁减方案。该公司采取的程序不合法，因此裁减员工的行为无效，应当继续履行与李某的合同。

【法条链接】

《劳动合同法》第四十一条 第一款 有下列情形之一，需要裁减人员二十人以上或者裁减不足二十人但占企业职工总数百分之十以上的，用人单位提前三十日向工会或者全体职工说明情况，听取工会或者职工的意见后，裁减人员方案经向劳动行政部门报告，可以裁减人员：

（一）依照企业破产法规定进行重整的；

（二）生产经营发生严重困难的；

（三）企业转产、重大技术革新或者经营方式调整，经变更劳动合同后，仍需裁减人员的；

（四）其他因劳动合同订立时所依据的客观经济情况发生重大变化，致使劳动合同无法履行的。

学校是否可以单方解除合同

【案例】

2008年，高某与某学校签订了为期3年的合同，在校内招待所担任服务员。2009年5月，学校单方通知高某，因学校扩建，决定将招待所拆除，准备与高某解除合同。高某要求继续履行合同，并愿意服从学校安排到其他岗位工作，但学校说因客观情况变化不能继续履行合同。请问，学校是否可以单方解除合同？

【法律解析】

根据《劳动法》的有关规定，因学校扩建要拆除招待所，属于客观环境发生重大变化，学校可以与高某解除劳动合同，但应当提前三十日以书面形式通知高某本人。

【法条链接】

《劳动法》第二十六条 有下列情形之一的，用人单位可以解除劳动合同，但是应当提前三十日以书面形式通知劳动者本人：

（一）劳动者患病或者非因工负伤，医疗期满后，不能从事原工作也不能从事由用人单位另行安排的工作的；

（二）劳动者不能胜任工作，经过培训或者调整工作岗位，仍不能胜任工作的；

（三）劳动合同订立时所依据的客观情况发生重大变化，致使原劳动合同无法履行，经当事人协商不能就变更劳动合同达成协议的。

◎ 试用、见习 ◎

试用期内劳动者有哪些权利..

【案例】

康某到一家公司应聘，双方就工作内容、工作条件等问题达成了一致，初步订立了协议，约定试用期为2个月。试用期间，康某按约定履行了义务。试用期结束后，公司以试用期间没有约定薪金为由拒绝支付康某的劳动报酬。在试用期内，劳动者不能领薪水吗？究竟能享受哪些权利呢？

【法律解析】

劳动者在试用期内有权领取薪金。劳动者在试用期应当享有的权利，概括起来主要有以下几个方面：（一）劳动者有享受保险待遇的权利。用人单位与劳动者建立了劳动关系以后，即应按月为劳动者缴纳养老、失业等社会保险费用。（二）劳动者

○ 劳动者在试用期享有的权利

领导，我不太适合这份工作，打算辞职。

1.可提出辞职请求
如果劳动者在试用期期间，对于工作性质或者工作状态不满意，可以随时提出辞职，解除与用人单位的劳动合同。

怎么能让我们做虚假宣传呢？公司这么做是违法的！

2.可提出赔偿请求
如果劳动者和用人单位签署的劳动合同中，有损害到劳动者自身权益的条款规定等，劳动者是可以提出赔偿请求的。

还享受与其他职工相同的保险福利待遇。（三）用人单位一方如有违反法律、法规及合同约定的行为并对劳动者造成损害的，劳动者有权获得赔偿。（四）劳动者可以随时提出解除劳动合同终止劳动关系。

【法条链接】

《劳动合同法》第二十条 劳动者在试用期的工资不得低于本单位相同岗位最低档工资或者劳动合同约定工资的百分之八十，并不得低于用人单位所在地的最低工资标准。

第二十一条 在试用期中，除劳动者有本法第三十九条和第四十条第一项、第二项规定的情形外，用人单位不得解除劳动合同。用人单位在试用期解除劳动合同的，应当向劳动者说明理由。

见习期与试用期有什么区别

【案例】

于某是一名大学应届毕业生，5月份通过招聘会进入一家企业工作，与该企业签订了一份为期3年的劳动合同，同时约定了1年的见习期。于某记得劳动合同法中规定，3年以上固定期限的劳动合同，试用期不得超过6个月。请问，见习期与试用期有什么区别？

【法律解析】

见习期是用人单位针对应届毕业生进行业务适应及考核的一种制度，试用期是用人单位和劳动者建立劳动关系后为了相互了解、选择而约定的。见习期与试用期存在很大区别。见习期是专门适用于大中专、技校毕业生的，时间一般为1年，而试用期则适用于劳动合同期限3个月以上的，不以完成一定工作任务为期限的劳动合同，时间必须与合同期限契合，但最长不得超过6个月。

【法条链接】

劳动部办公厅对《关于劳动用工管理有关问题的请示》的复函第四条关于见习期与试用期。大中专、技校毕业生新分配到用人单位工作的，仍应按原规定执行为期一年的见习期制度，见习期内可以约定不超过半年的试用期。

试用期间能否随时辞职

【案例】

华某应聘到一家公司上班，公司规定华某的试用期为2个月，试用期间工资为1000元。华某到公司工作后，发现公司的实际运营情况不是太好，公司的经营理念华某也不能接受，便跟经理提出辞职。可是经理说华某得做完一个月，等公司招到了新员工才能离职。请问，华某要等多久才能离开公司？华某的工资该如何结算？

【法律解析】

由于华某是在试用期内，他可以随时辞职，不用等到公司招到新员工后再辞职。试用期内的工资标准不能低于当地最低工资标准，华某在公司工作满1个月的按月结算工资；如果工作不满1个月或者满1个月但不满2个月，公司应当按照他的实际工作天数支付工资。

【法条链接】

《劳动法》第三十二条　有下列情形之一的，劳动者可以随时通知用人单位解除劳动合同：

（一）在试用期内的；

（二）用人单位以暴力、威胁或者非法限制人身自由的手段强迫劳动的；

（三）用人单位未按照劳动合同约定支付劳动报酬或者提供劳动条件的。

试用期内发现劳动者不符合录用条件怎么办

【案例】

某公司招收了一批新的职员，在试用期中，公司发现自称毕业于北京某知名大学的戴某整体的素质与其他职员相差甚远，学习能力极差，与简历上标注的信息完全不符。请问，该公司可以将其辞退吗？

【法律解析】

该公司可以将其辞退。本案中，戴某投发的简历显然误导了该公司，使该公司以为戴某是符合录用条件的。在随后的试用期内，戴某的实际情况逐渐被公司掌握。当公司可以明确地证明戴某不符合录用条件时，就可以依照相关的法律规定，解除与他的劳动合同关系。

【法条链接】

《劳动合同法》第三十九条　劳动者有下列情形之一的，用人单位可以解除劳动合同：

（一）在试用期间被证明不符合录用条件的；

（二）严重违反用人单位的规章制度的；

（三）严重失职，营私舞弊，给用人单位造成重大损害的；

（四）劳动者同时与其他用人单位建立劳动关系，对完成本单位的工作任务造成严重影响，或者经用人单位提出，拒不改正的；

（五）因本法第二十六条 第一款 第一项规定的情形致使劳动合同无效的；

（六）被依法追究刑事责任的。

◎ 薪酬待遇与休息休假 ◎

非全日制用工的薪酬是如何计算的..

【案例】

蔡某是小时工，工作内容是按照雇佣人的要求，从事清洁工作。因此，蔡某没有固定的工作时间和工作地点，薪金按照一月一结算是不可能的，他的薪酬该怎么计算呢？

【法律解析】

蔡某属于非全日制用工。按照我国《劳动法》的规定，非全日制用工，以小时计酬为主，但也不排除其他合理的计算方式。尽管是按小时计酬，但是每小时的酬金不能低于用人单位所在地人民政府规定的最低小时工资标准。

【法条链接】

《劳动合同法》第六十八条 非全日制用工，是指以小时计酬为主，劳动者在同一用人单位一般平均每日工作时间不超过四小时，每周工作时间累计不超过二十四小时的用工形式。

第七十二条 非全日制用工小时计酬标准不得低于用人单位所在地人民政府规定的最低小时工资标准。

非全日制用工劳动报酬结算支付周期最长不得超过十五日。

工作日怎么计算..

【案例】

叶某是某公司职工，月工资标准1500元。公司决定实行日工资制后，叶某拿到工资1046元，比以前少了454元。满头雾水的叶某找到公司经理询问此事。经理称用月工资标准1500元除以每月30天得出日工资50元，每月除去公休日的平均实际工作天数为20.92天，按日工资制计算，50元乘以20.92天，所得月工资就是1046元。工作日是这样计算的吗？

【法律解析】

工作日不是这样计算的。正确的计算方式应是全年日历天数365天减去法定休息日10天，再减去公休日104天，所得天数再除以12，最终得出的是每月平均工作天数20.92天。此处，案例中的某公司恶意混淆概念，用1500元的基准工资除以30天，得出日工资数额为50元，这种算法是错误的。应该用1500元除以每月平均工作天数20.92天，这样得出正确的日平均工资数额71.7元，再乘以实际工作天数

20.92，得出叶某的工资还是 1500 元，没有减少。

【法条链接】

《劳动法》第三十六条 国家实行劳动者每日工作时间不超过八小时、平均每周工作时间不超过四十四小时的工时制度。

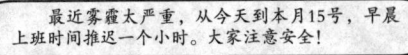

○ 工作日的分类

在正常情况下，一般职工所实行的工作日都是标准工作日，每天没有固定工作时数的工作日为无定时工作日。此外，工作日还包括：

最近雾霾太严重，从今天到本月15号，早晨上班时间推迟一个小时。大家注意安全！

特殊条件下的缩短工作日

指在严重有害健康和劳动条件恶劣以及对女工和未成年工实行特殊保护的条件下，少于标准工作时数的工作日。

延长工作日

指超过标准工作时数的工作日。对于从事受自然和技术条件限制的季节性工作的职工，忙季工作时间得超过标准工作时间，闲季工作时间可适当缩短。

最近是石油开采的黄金季节，工作累并快乐着！

加班工资应按照什么标准计算......

【案例】

张某在一家信息技术公司从事研发工作。根据公司要求，9月间，张某周末基本上都在加班。可是在月底结算工资时，公司财务给他的加班日工资是按照张某的月工资除以30天计算的。请问，公司财务计算加班工资的标准是否正确？

【法律解析】

张某公司财务计算加班工资的标准不正确，应当按照他的月工资标准除以21.5天进行折算。

【法条链接】

《对〈工资支付暂行规定〉有关问题的补充规定》第二条 安排劳动者在法定工作日延长工作时间或安排在休息日工作而又不能补休的，均应支付给劳动者不低于劳动合同规定的劳动者本人小时或日工资标准150%、200%的工资；安排在法定休假节日工作的，应另外支付给劳动者不低于劳动合同规定的劳动者本人小时或日工资标准300%的工资。劳动者日工资可统一按劳动者本人的月工资标准除以每月制度工作天数进行折算。根据国家关于职工每日工作8小时，每周工作时间40小时的规定，每月制度工时天数为21.5天。

有医保住院后就不发工资吗......

【案例】

1999年起，孙某开始在一家钢铁厂工作，厂里为孙某办理了基本医疗保险并按期缴纳了医疗保险费。2008年6月，孙某因脑血栓到医院治疗。可是住院之后，厂里就停发了孙某的工资，理由是公司已经为孙某缴纳了医疗保险费。请问，有医保住院后就不发工资了吗？

【法律解析】

《劳动保险条例》规定，工人与职员疾病或非因工负伤停止工作医疗时，其停止工作医疗期间连续在六个月以内者，按其本企业工龄的长短，由该企业行政方面或资方发给病伤假期工资，其数额为本人工资百分之六十至百分之一百。本案中，钢铁厂的做法显然不符合上述规定，孙某可向劳动仲裁机构申请仲裁，请求补发住院期间的病假工资。

【法条链接】

《劳动保险条例》第十三条 工人与职员因病或非因工负伤停止工作医疗时，其停止工作医疗期间连续在六个月以内者，按其本企业工龄的长短，由该企业行政方面或资方发给病伤假期工资，其数额为本人工资百分之六十至百分之一百；停止工作连续医疗期间在六个月以上时，改由劳动保险基金项下按月付给疾病或非因工负伤救济费，其数额为本人工资百分之四十至百分之六十，至能工作或确定为残废或死亡时止。详细办法在实施细则中规定之。

工资可以用实物代替吗

【案例】

2008年，因金融危机，某服装厂生产的大量服装积压，导致资金周转不开，无力向职工发放工资。于是，该厂决定当月的工资用产品代替，职工领取与工资数相符的产品，鼓励职工自己销售产品以换成货币。请问，该服装厂的行为合法吗？

【法律解析】

该服装厂的做法违反了《劳动法》的相关规定。《劳动法》对工资的概念作了明确的解释，是指用人单位依据国家有关规定或劳动合同的约定，以货币形式直接支付给本单位劳动者的劳动报酬，一般包括计时工资、计件工资、奖金、津贴和补贴、延长工作时间的工资报酬以及特殊情况下支付的工资等。工资的支付只能采取货币形式，不能以任何物品代替。本案中，服装厂不发放工资，而是发放产品，让职工自己去卖钱，这种行为是不合法的。

【法条链接】

《劳动法》第五十条 工资应当以货币形式按月支付给劳动者本人。不得克扣或者无故拖欠劳动者的工资。

什么情况下工资可以延迟支付

【案例】

老李是某楼盘的木工工人，因开发商与承建商发生债务纠纷，导致老李的工资被拖欠。请问，老李能否索要他的劳动报酬？

【法律解析】

根据劳动部《关于印发对〈工资支付暂行规定〉有关问题的补充规定的通知》，用人单位可以延迟支付工资的情况有：（一）用人单位遇到非人力所能抗拒的自然灾害、战争等原因，无法按时支付工资；（二）用人单位确因生产经营困难、资金周转受到影响，在征得本单位工会同意后，可暂时延期支付劳动者工资，延期时间的最长限制可由各省、自治区、直辖市劳动行政部门根据各地情况确定。债务纠纷不属于延迟支付工资的理由，老李可以向用人单位索要劳动报酬。

【法条链接】

《工资支付暂行规定》第八条 对完成一次性临时劳动或某项具体工作的劳动者，用人单位应按有关协议或合同规定在其完成劳动任务后即支付工资。

○ 用人单位可以延迟支付工资的情况

根据劳动部《关于印发对〈工资支付暂行规定〉有关问题的补充规定的通知》，用人单位可以延迟支付工资的情况有：

1. "天灾"

用人单位遭遇到"天灾"，比如洪涝灾害、地震等，这个时候是可以延迟支付员工工资的。

> 这可是我辛辛苦苦一辈子经营的工厂啊！就这么毁了……

> 最近公司资金周转不开，恐怕各位一月份的工资要推迟几天才能发了。

> 没事儿，也不差这几天。

2. "人祸"

用人单位遇上"人祸"——关系到企业生死的因素，比如战争、资金周转困难、企业经营不善等情况时，用人单位是可以延期支付劳动者工资的。

用人单位拖欠劳动者工资，劳动者可获赔偿吗······

【案例】

某公司的资金周转出现了问题，公司领导层于是决定暂时扣押职工的工资，用于公司资金周转。结果，公司连续扣押了一个季度的职工工资。被拖欠工资的职工向法院提起诉讼，要求公司立即支付拖欠的工资，并且作出相应的赔偿。职工们这样的要求合理吗？

【法律解析】

职工们的要求是合理的。我国实行按劳分配的原则，付出了多少劳动，就应该得到多少回报，这是法定的权利。对于被拖欠的工资，应按数支付。同时，劳动者依法取得报酬的权利受到侵犯，按规定也应该支付赔偿。本案中，该公司扣押了职工一个季度的工资，无论基于什么样的理由也是不能免责的。除了将拖欠的工资原数发放外，还应该为侵权行为承担责任，对职工们进行一定的赔偿。

【法条链接】

《工资支付暂行规定》第十八条 各级劳动行政部门有权监察用人单位工资支付的情况。用人单位有下列侵害劳动者合法权益行为的，由劳动行政部门责令其支付劳动者工资和经济补偿，并可责令其支付赔偿金：

（一）克扣或者无故拖欠劳动者工资的；

（二）拒不支付劳动者延长工作时间工资的；

（三）低于当地最低工资标准支付劳动者工资的。

经济补偿和赔偿金的标准，按国家有关规定执行。

合同无效就可拒付工资吗······

【案例】

杨某与某公司签订了为期1年的劳动合同。工作1个月后，公司发现杨某的工作能力与学历很不相符，经核实证明，杨某的学历证明是假的。公司以劳动合同无效为由拒付杨某工资。请问，合同无效就可以拒绝支付工资吗？

【法律解析】

本案中，公司应当支付杨某工资。《劳动法》规定，采取欺诈的手段订立的劳动合同无效。不过，虽然无效的劳动合同不受法律保护，但是在劳动合同履行过程中，劳动者已经付出了劳动的，用人单位应当向劳动者支付劳动报酬。

【法条链接】

《劳动合同法》第二十八条 劳动合同被确认无效，劳动者已付出劳动的，用人单位应当向劳动者支付劳动报酬。劳动报酬的数额，参照本单位相同或者相近岗位劳动者的劳动报酬确定。

用人单位可以采用签订协议的方式延长工作时间吗

【案例】

某加工厂经常不定期接到订单，要求职工经常加班。厂领导为了减少成本，就令所有的职工与加工厂签订了一份协议，约定将工作时间延长为每天12小时，如果不签协议就辞职。请问，加工厂可以这样做吗?

【法律解析】

加工厂不能用与劳动者签订协议的方式延长工作时间。劳动者每天工作时间不超过八小时、平均每周工作时间不超过四十四小时的工时制度是法律规定的，是强制性规定，任何合同的签订都不能违反该规定，否则合同视为无效。本案中，加工厂强迫职工签订旨在延长工作时间的协议，该协议的内容已经违反了国家关于工作时间的强制性规定，协议无效。

【法条链接】

《劳动法》第三十六条 国家实行劳动者每日工作时间不超过八小时、平均每周工作时间不超过四十四小时的工时制度。

实行计时工资制，可以带薪休假吗

【案例】

赵某是一家公司的职工，公司实行计时工作制。在公司已经工作了3年的赵某向单位申请休年假，被批准休假两周，但公司要扣发赵某两周的工资。请问，赵某休年假是否享受工资待遇?

【法律解析】

赵某在休假期间应该享受工资待遇，赵某所在公司的做法违反了法律规定。计时工资是按照单位计时工资标准和工作时间支付给职工个人的劳动报酬，它是计算发放劳动报酬的一种制度，不是规定工作时间和休息时间的制度。年休假制度是我国法律规定的一种法定休息制度，对企业具有强制力。因赵某在公司工作3年，享有带薪年休假的权利。

【法条链接】

《劳动法》第四十五条 国家实行带薪年休假制度。

劳动者连续工作一年以上的，享受带薪年休假。具体办法由国务院规定。

服务期内是否应该享受工资调整的待遇...

【案例】

2008年，公司派何某到外地接受技术培训。根据培训协议，回来后何某的工资由2500元提高到3000元，服务期为3年。但是何某发现，原来和何某岗位相同的技术人员工资已经上调到3500元。何某找到公司领导要求按此标准调整工资，但公司领导说按培训协议工资应为3000元。请问，服务期内是否可以享受工资调整的待遇？

【法律解析】

本案中，公司与何某约定了为期3年的服务期，虽然当时在培训协议中双方约定培训后工资由原来的2500元提高到3000元，但是在何某培训期间，同岗位工资已经全部上调到3500元，根据同工同酬的原则，何某有权要求公司为他提高工资待遇。

【法条链接】

《劳动合同法》第二十二条 第三款 用人单位与劳动者约定服务期的，不影响按照正常的工资调整机制提高劳动者在服务期期间的劳动报酬。

符合哪些条件可以得到供养亲属抚恤金...

【案例】

2007年5月，石某在一次工伤事故中严重烧伤，后经医治无效死亡。石某的父母都已年近70岁，已经丧失劳动能力，靠石某生前的工资生活。石某的妻子下岗在家待业，还有一个未成年的孩子。请问：石某的家人是否都能得到供养亲属抚恤金？

【法律解析】

职工因工死亡，其符合条件的直系亲属可以从工伤保险基金领取供养亲属抚恤金。本案中，石某的父母和孩子符合相关条件，可以得到供养亲属抚恤金。

【法条链接】

《因工死亡职工供养亲属范围规定》第三条 上条规定的人员，依靠因工死亡职工生前提供主要生活来源，并有下列情形之一的，可按规定申请供养亲属抚恤金：

（一）完全丧失劳动能力的；

（二）工亡职工配偶男年满60周岁、女年满55周岁的；

（三）工亡职工父母男年满60周岁、女年满55周岁的；

（四）工亡职工子女未满19周岁的；

（五）工亡职工父母均已死亡，其祖父、外祖父年满60周岁，祖母、外祖母年满55周岁的；

（六）工亡职工子女已经死亡或完全丧失劳动能力，其孙子女、外孙子女未满

18周岁的；

（七）工亡职工父母均已死亡或完全丧失劳动能力，其兄弟姐妹未满18周岁的。

○ 供养亲属的范围

所谓的供养亲属是指因工死亡职工生前提供主要生活来源、无劳动能力的亲属，具体包括：

子女

婚生子女　非婚生子女　养子女，继子女

子女，包括婚生子女、非婚生子女、养子女和有抚养关系的继子女，其中，婚生子女、非婚生子女包括遗腹子女。

父母

生父母　养父母　继父母

父母，包括生父母、养父母和有抚养关系的继父母。

兄弟姐妹

同父母　异父母　养/继

兄弟姐妹，包括同父母的兄弟姐妹、同父异母或者同母异父的兄弟姐妹、养兄弟姐妹、有抚养关系的继兄弟姐妹。

什么情况下会停止享受抚恤金待遇...

【案例】

2008年，李某出差时遭遇车祸，当场死亡。而李某妻子黄某因病截瘫，在家已经躺了3年。李某女儿今年11岁，李某生前所在单位与民政部门依法为李某女儿办理了抚恤金，但黄某听说女儿到了18岁就没有抚恤金了。黄某想知道，如果女儿18岁时正好在读高三或者刚考上大学，抚恤金会停发吗？

【法律解析】

依靠因工死亡职工生前提供主要生活来源的子女未满18周岁的，可按规定申请供养亲属抚恤金。但若领取抚恤金人员年满18周岁且未完全丧失劳动能力，即使仍然在校学习，也不能再享受抚恤金待遇。

【法条链接】

《因工死亡职工供养亲属范围规定》第四条 领取抚恤金人员有下列情形之一的，停止享受抚恤金待遇：

（一）年满十八周岁且未完全丧失劳动能力的；

（二）就业或参军的；

（三）工亡职工配偶再婚的；

（四）被他人或组织收养的；

（五）死亡的。

◎ 女职工与未成年工保护 ◎

怀孕时被解雇，仲裁请求为何被驳回...

【案例】

王某在某公司工作。2006年5月，王某怀孕了。同年10月，公司以孕妇不能正常从事工作为由，解除与王某的劳动合同。11月，王某向法院起诉，法院裁定不予受理。2008年6月，王某向劳动争议仲裁委员会申请仲裁，再次要求确认公司解除劳动合同行为无效，仲裁委员裁决驳回仲裁请求。这是为什么？

【法律解析】

法院不受理王某的起诉，是因为《劳动法》关于劳动争议仲裁前置的规定。劳动争议的处理方式具有一定的特殊性。一般争议都是或裁或审，选择仲裁则一裁终局；而劳动争议则必须先经过仲裁，对仲裁裁决不服的，再向法院起诉，即不得直接向法院起诉，且劳动争议仲裁裁决也不是终局裁决。本案中，王某未先申请仲裁，直接向法院起诉，自然会被法院裁定不予受理。当王某再次向劳动争议仲裁委员会提出仲裁请求而被驳回，则是因为该争议已过仲裁的时效。本案中，劳动争议发生之日为 2006 年 10 月，而王某在 2008 年 6 月才申请劳动仲裁，早已过仲裁时效，所以被驳回仲裁请求。

【法条链接】

《劳动法》第七十九条 劳动争议发生后，当事人可以向本单位劳动争议调解委员会申请调解；调解不成，当事人一方要求仲裁的，可以向劳动争议仲裁委员会申请仲裁。当事人一方也可以直接向劳动争议仲裁委员会申请仲裁。对仲裁裁决不服的，可以向人民法院提出诉讼。

第八十二条 提出仲裁要求的一方应当自劳动争议发生之日起六十日内向劳动争议仲裁委员会提出书面申请。仲裁裁决一般应在收到仲裁申请的六十日内作出。对仲裁裁决无异议的，当事人必须履行。

女性职工流产的可以休假吗......

【案例】

赵某怀孕3个月不慎流产，医生建议在家休息，赵某遂向公司请假。公司以工作繁忙为由不同意赵某休假。赵某考虑到身体状况，遂自行休假半个月。月底发放工资时，公司以赵某无故旷工半个月为由，扣除了她全部工资。公司扣除赵某工资的行为是合理的吗？女职工在怀孕期间流产的能休假吗？

【法律解析】

公司扣除赵某工资的行为是不合理的。女职工怀孕时不慎流产，依照规定，应当休假。流产同样会给女职工的身体造成严重影响，女职工流产后，用人单位应当根据医院证明，给予一定时间的产假，休产假期间，薪金照发。本案中，赵某意外流产，公司应当让其休假，并按正常情况支付工资。

【法条链接】

《女职工劳动保护规定》第八条 第二款 女职工怀孕流产的，其所在单位应当根据医务部门的证明，给予一定时间的产假。

产假期间的工资按照什么标准发放......

【案例】

柯某是北京某公司的一名员工，已经怀孕8个月，预产期快要到了。柯某与公司签订的劳动合同中，对产假期间的工资计算标准没有进行约定。柯某想知道：在产假期间，工资是按照正常上班期间的工资标准发放，还是按照一定的工资基数标准发放？

【法律解析】

本案中，如果有集体合同约定的，按照集体合同约定的加班工资基数以及休假期间工资标准确定；如果劳动合同、集体合同均未约定的，按照劳动者本人正常劳动应得的工资确定。如果公司给柯某缴纳了生育保险，则产假期间的工资由生育保险基金支付。如果柯某领到的生育津贴低于劳动合同约定工资的，公司还要予以补足。

○ 产假期间工资发放标准

《北京市工资支付规定》第四十四条 根据第二十三条 第一款 支付劳动者产假、计划生育手术假期间工资，应当按照下列原则确定：

工资没少发，和上班一样。

产假工资

1.按照劳动合同约定的劳动者本人工资标准确定。

2.劳动合同、集体合同均未约定的，按照劳动者本人正常劳动应得的工资确定。依照前款确定的加班工资基数以及各种假期工资不得低于本市规定的最低工资标准。

工资=加班工资基数+产假工资标准

【法条链接】

《北京市工资支付规定》第四十四条 根据第二十三条 第一款 支付劳动者产假、计划生育手术假期间工资，劳动合同没有约定的，按照集体合同约定的加班工资基数以及休假期间工资标准确定。

女职工待产期间，用人单位可以将其辞退吗

【案例】

贺某在某酒店任大堂接待。年初，贺某到医院检查时，发现自己怀孕了，遵照医嘱要多休息。此后，贺某经常出现迟到早退现象，但基本上仍坚持每天上班。公司得知贺某怀孕，将其转为后勤，在孩子6个月时，公司以贺某耽误工作为由，决定将其辞退。那么，用人单位可以在这时候将贺某辞退吗？

【法律解析】

用人单位不能在贺某待产期间将其辞退。女性怀孕时，用人单位必须安排职工休产假。用人单位不能以劳动者休产假，不能履行合同约定的义务为由，将其辞退，这是对女性职工权益的保护。此外，用人单位在女职工整个孕期、产期、哺乳期都不能找借口将其辞退。

【法条链接】

《劳动法》第二十九条 劳动者有下列情形之一的，用人单位不得依据本法第二十六条、第二十七条的规定解除劳动合同：

（一）患职业病或者因工负伤并被确认丧失或者部分丧失劳动能力的；

（二）患病或者负伤，在规定的医疗期内的；

（三）女职工在孕期、产期、哺乳期的；

（四）法律、行政法规规定的其他情形。

影视公司招录未成年人违法吗

【案例】

某影视艺术发展公司在一所实验小学招录了几名小学刚毕业的女孩子，打算培养她们成为偶像明星。经过当地劳动行政部门批准，影视公司与这几名女孩的家长签订了合同。合同规定，女孩们与公司签约6年，进行封闭式训练，期间要服从公司的演出安排。但这些女孩平均年龄才12岁，属于童工。请问，影视公司违法了吗？

【法律解析】

我国法律明确规定，禁止使用童工。这也是国际劳工法的一项基本原则。但是，对于一些文艺、体育或特种工艺的单位，则可以适当地放宽政策。这是因为，在文

○ 有哪些对未成年工的特殊保护规定

1. 就业年龄的限制

《劳动法》规定："禁止用人单位招用未满16周岁的未成年人。"

2. 禁止未成年工从事有害健康的工作

未成年人不能适应特别繁重及危险的工作，招收录用未成年工应当经过体格检查，录用后也应定期进行健康检查。

3. 对未成年工实行工作时间的保护

一般对未成年工实行缩短工作日制度，并且不得安排未成年工从事加班加点和夜班工作。

艺、体育等相关领域，人才的培养往往从很小的时候就要开始，孩子长大了就很难培养了。由此可见，这些单位招收未满16周岁的未成年人是很正常的。本案中，影视公司通过正常渠道将女孩们收归旗下，各种手续一应俱全，程序合法，且签订合同时，遵循了平等自愿的原则，其行为并不违法。

【法条链接】

《劳动法》第十五条 禁止用人单位招用未满十六周岁的未成年人。文艺、体育和特种工艺单位招用未满十六周岁的未成年人，必须依照国家有关规定，履行审批手续，并保障其接受义务教育的权利。

未成年工不能从事哪些劳动..

【案例】

小海读了3年劳动技校，马上面临毕业，听说学校将会给他和同学们分配工作，但是当时小海未满18周岁。小海想知道，自己不能从事哪些劳动。

【法律解析】

考虑到未成年人的身体发育状况和心理发育状况，其从事工作自然不能等同于成年人。通常，我国规定缩短未成年人的工作时间，禁止安排未成年人从事夜班工作及加班加点工作。不得安排未成年工从事矿山井下、有毒有害、国家规定的第四级体力劳动强度的劳动和其他禁忌从事的劳动。本案中，小海未满18周岁，用人单位绝对不能安排其从事禁忌的工作，以便保护未成年人的身体和心理健康。

【法条链接】

《劳动法》第六十四条 不得安排未成年工从事矿山井下、有毒有害、国家规定的第四级体力劳动强度的劳动和其他禁忌从事的劳动。

◎ 违约金与经济补偿金 ◎

未签订劳动合同，辞职能否要求经济补偿..

【案例】

钱某在某工厂打工2年，因没有社会保险，单位也没和钱某签劳动合同，钱某打算主动提出辞职。请问，如果钱某辞职，他能否得到经济补偿？

【法律解析】

用人单位未及时足额支付劳动报酬和未依法为劳动者缴纳社会保险费的，劳动者可以解除劳动合同。劳动者依照《劳动合同法》第三十八条规定解除劳动合同的，用人单位应当向劳动者支付经济补偿。经济补偿按劳动者在本单位工作的年限，每满1年支付1个月工资的标准向劳动者支付。此外，用人单位自用工之日起超过1个月不满1年未与劳动者订立书面劳动合同的，应当向劳动者每月支付2倍的工资。本案中，钱某如与单位协商不成，可向劳动局申请仲裁，如对仲裁结果不服，可向法院起诉。

【法条链接】

《劳动合同法》第三十八条　用人单位有下列情形之一的，劳动者可以解除劳动合同：

（一）未按照劳动合同约定提供劳动保护或者劳动条件的；

（二）未及时足额支付劳动报酬的；

（三）未依法为劳动者缴纳社会保险费的；

（四）用人单位的规章制度违反法律、法规的规定，损害劳动者权益的；

（五）因本法第二十六条第一款规定的情形致使劳动合同无效的；

（六）法律、行政法规规定劳动者可以解除劳动合同的其他情形。

用人单位以暴力、威胁或者非法限制人身自由的手段强迫劳动者劳动的，或者用人单位违章指挥、强令冒险作业危及劳动者人身安全的，劳动者可以立即解除劳动合同，不需事先告知用人单位。

经济补偿金的工资基数包括哪些项目

【案例】

冯某是某公司的职员，公司准备辞退他，与其协商经济补偿金的支付问题。冯某想知道的是，经济补偿金的工资基数包括哪些项目，加班费和住房补贴算吗。

【法律解析】

《劳动合同法》第四十七条规定，经济补偿按劳动者在本单位工作的年限，每满一年支付一个月工资的标准向劳动者支付。六个月以上不满一年的，按一年计算；不满六个月的，向劳动者支付半个月工资的经济补偿。本条所称月工资是指劳动者在劳动合同解除或者终止前十二个月的平均工资。对工资的范围，《劳动法意见》规定，工资包括计时工资、计件工资、奖金、津贴和补贴、延长工作时间的工资及特殊情况下支付的工资等。所以，加班费和住房补贴应计算在工资基数之内。

【法条链接】

《劳动法意见》第五十三条　第一款　劳动法中的"工资"是指用人单位依据国家有关规定或劳动合同的约定，以货币形式直接支付给本单位劳动者的劳动报酬，一般包括计时工资、计件工资、奖金、津贴和补贴、延长工作时间的工资报酬以及特殊情况下支付的工资等。"工资"是劳动者劳动收入的主要组成部分。

公司搬迁，辞退员工是否该给予经济补偿

【案例】

上海某公司因发展需要，决定在今年搬至北京。但公司好多员工不愿随公司搬迁，于是公司为他们办理了退工手续，但补偿问题公司却拖延不决。请问，公司是否应该给予他们补偿？

【法律解析】

《劳动合同法》规定，劳动合同订立时所依据的客观情况发生重大变化，致使劳动合同无法履行，经用人单位与劳动者协商，未能就变更劳动合同内容达成协议的，用人单位提前三十日以书面形式通知劳动者本人或者额外支付劳动者1个月工资后，可以解除劳动合同。同时，用人单位还需对劳动者给予一次性经济补偿。本案中，经劳动合同当事人协商一致，由用人单位解除劳动合同的，应按在单位工作的年限，每满1年支付1个月工资的经济补偿金，6个月以上不满1年的，按1年计算；不满6个月的，向劳动者支付半个月工资的经济补偿。

【法条链接】

《劳动法》第二十四条 经劳动合同当事人协商一致，劳动合同可以解除。

第二十八条 用人单位依据本法第二十四条、第二十六条、第二十七条的规定解除劳动合同的，应当依照国家有关规定给予经济补偿。

公司可以约定违约金数额吗

【案例】

2008年，董某进入一家电子仪器公司工作。试用期结束后，公司领导认为董某的表现很好，于是把董某当作技术骨干来培养，为此花去5万元培训费，双方约定服务期3年；如果董某想提前解除劳动合同，应当支付公司10万元违约金。请问，该公司约定的违约金数额是否合法？

【法律解析】

本案中，该公司虽然约定了10万元的违约金，但是超过了实际支付的培训费5万元，违反了违约金封顶的规定，而且违约金的支付数额应当减去已经履行部分分摊的培训费用。因此，该公司这样规定不符合法律规定，属于无效条款。

【法条链接】

《劳动合同法》第二十二条 用人单位为劳动者提供专项培训费用，对其进行专

业技术培训的，可以与该劳动者订立协议，约定服务期。

劳动者违反服务期约定的，应当按照约定向用人单位支付违约金。违约金的数额不得超过用人单位提供的培训费用。用人单位要求劳动者支付的违约金不得超过服务期尚未履行部分所应分摊的培训费用。

用人单位与劳动者约定服务期的，不影响按照正常的工资调整机制提高劳动者在服务期期间的劳动报酬。

违反保密义务的赔偿标准是什么

【案例】

杜某是某公司的技术人员，掌握了公司新产品的技术参数和配方。杜某朋友多次让杜某帮他复印一些技术资料，碍于情面杜某只好答应，但却给公司带来了很大的经济损失。现在公司以杜某违反劳动合同中的保密条款为由要杜某赔偿。请问，违反保密义务的赔偿标准是什么？

【法律解析】

根据《违反〈劳动法〉有关劳动合同规定的赔偿办法》第五条的规定，劳动者违反劳动合同中约定的保密事项，对用人单位造成经济损失的，按《中华人民共和国反不正当竞争法》（以下简称《反不正当竞争法》）第二十条的规定赔偿用人单位的经济损失。

【法条链接】

《反不正当竞争法》第二十条　经营者违反本法规定，给被侵害的经营者造成损害的，应当承担损害赔偿责任，被侵害的经营者的损失难以计算的，赔偿额为侵权期间因侵权所获得的利润；并应当承担被侵害的经营者因调查该经营者侵害其合法权益的不正当竞争行为所支付的合理费用。

被侵害的经营者的合法权益受到不正当竞争行为损害的，可以向人民法院提起诉讼。

损害赔偿篇
捍卫权益

◎ 交通事故损害赔偿 ◎

酒后驾车出事故，双方可以私了吗...

【案例】

　　一天晚上，章某喝了几杯酒后独自驾车回家。途中与正常驾驶的云某发生轻微碰撞。双方都没有受伤，云某的机动车只是受到轻微的刮伤。因怕被交警知道自己酒后驾车，章某便当即赔付云某500元损失费，云某也答应了，两人相继驾车离去。请问，他们的这种做法对吗？

【法律解析】

　　这种做法不对。本案中，章某属于酒后驾车，是一种严重的交通违法行为，当事双方不能进行私了，云某应该立即报警。因为酒后驾驶人员精神状态不稳定，如果私了后继续驾车可能还会导致交通事故，为避免再次伤及无辜并对酒后驾车这种行为进行严肃处理，交通事故的一方当事人应当把酒后驾车人员交给交警进行处理。

【法条链接】

　　《交通事故处理程序规定》第八条 道路交通事故有下列情形之一的，当事人应当保护现场并立即报警：

　　（一）发生财产损失事故，当事人对事实或者成因有争议的，以及虽然对事实或者成因无争议，但协商损害赔偿未达成协议的；

　　（二）机动车无号牌、无检验合格标志、无保险标志的；

○ 交通事故中当事人需要保护现场立即报警的情形

除文中描述过的情形外，还有以下两种情况，需要保护现场并立即报警：

1.造成人员死亡、受伤的

2.驾驶人无有效机动车驾驶证的

（三）载运爆炸物品、易燃易爆化学物品以及毒害性、放射性、腐蚀性、传染病病源体等危险物品车辆的；

（四）碰撞建筑物、公共设施或者其他设施的；

（五）驾驶人有饮酒、服用国家管制的精神药品或者麻醉药品嫌疑的；

（六）当事人不能自行移动车辆的。

……

违章停车遭遇酒后驾车，责任如何承担

【案例】

某日晚，苏某驾驶摩托车回家。当车行至某环岛时，一个垃圾袋附着在苏某的摩托车轮上。苏某将车停在机动车道内，下车清理。此时，朱某驾驶小轿车快速驶来。由于朱某酒后驾车，苏某与摩托车一起被撞飞，当场死亡。那么，对于该事故的责任该如何承担？

【法律解析】

朱某应承担该事故的主要责任，苏某承担次要责任。本案中，虽然苏某在清除故障时未按规定将车移动至不妨碍交通的地方停放，但其主观上不存在故意违章，

其过错应属于过失，不承担事故的主要责任。而朱某是在饮酒后驾车，其行为是严重的违章。朱某饮酒导致判断力下降，是造成该事故的主要原因。

【法条链接】

《中华人民共和国道路交通安全法》（以下简称《道路交通安全法》）第二十二条 机动车驾驶人应当遵守道路交通安全法律、法规的规定，按照操作规范安全驾驶、文明驾驶。

饮酒、服用国家管制的精神药品或者麻醉药品，或者患有妨碍安全驾驶机动车的疾病，或者过度疲劳影响安全驾驶的，不得驾驶机动车。

任何人不得强迫、指使、纵容驾驶人违反道路交通安全法律、法规和机动车安全驾驶要求驾驶机动车。

第五十二条 机动车在道路上发生故障，需要停车排除故障时，驾驶人应当立即开启危险报警闪光灯，将机动车移至不妨碍交通的地方停放；难以移动的，应当持续开启危险报警闪光灯，并在来车方向设置警告标志等措施扩大示警距离，必要时迅速报警。

什么是机动车无过错责任

【案例】

某天早晨，某十字路口发生了堵塞。人行横道被机动车堵死，行人只好从机动车之间穿行。当行人汤某欲从一辆停止的大巴车前穿过时，大巴车未注意到前方的汤某而启动，汤某抽身不及被当场轧死。那么，大巴车司机是否可以因汤某穿行机动车道而免责呢？

【法律解析】

大巴车司机不能免责，应当承担事故的全部责任。我国法律实行机动车无过错责任，即对机动车与非机动车、行人之间的交通事故适用无过错责任。本案中，当大巴车启动时，应当注意车辆的前方是否有人穿行，但大巴车司机却未在高度注意和确保安全的情况下通过，导致交通事故的发生，因此应承担全部责任。

【法条链接】

《道路交通安全法》第七十六条 第一款 第二项 机动车与非机动车驾驶人、行人之间发生交通事故，非机动车驾驶人、行人没有过错的，由机动车一方承担赔偿责任；有证据证明非机动车驾驶人、行人有过错的，根据过错程度适当减轻机动车一方的赔偿责任；机动车一方没有过错的，承担不超过百分之十的赔偿责任。

交通事故的损失是由非机动车驾驶人、行人故意碰撞机动车造成的，机动车一方不承担赔偿责任。

双方都存在过错导致交通事故，责任如何划分..

【案例】

顾某开车去往北京。临行前检查时发现防雾灯已坏，但他未予以修理。当他驾车行至大兴时，遇上大雾天气，道路能见度仅1米左右。顾某车辆行至道路某转弯处时，将同向行驶的一辆农用车撞翻。事发时，农用车未按规定靠道路右侧边沿行驶，顾某车未开防雾灯。那么，对于此次事故的责任该如何认定？

【法律解析】

顾某应承担主要责任，农用车应承担一定的责任。顾某在上路之前已经发现防雾灯损坏，但未加修理，存在重大过错，因此要负主要责任。农用车驾驶人在路况不允许的情况下，本应该按规定靠道路右侧行驶，但其却违反交通规定，存在一定的过错，应承担部分责任。

【法条链接】

《道路交通安全法》第二十一条 驾驶人驾驶机动车上道路行驶前，应当对机动车的安全技术性能进行认真检查；不得驾驶安全设施不全或者机件不符合技术标准等具有安全隐患的机动车。

在高速公路正常行驶的机动车撞上行人可以免责吗..

【案例】

一日，常某为抄近路回家，从高速公路护栏的破损处进入高速公路，当其快要冲过隔离带时，撞在一辆正常行驶的轿车上。常某被撞飞，当场死亡。经公安机关现场勘察认定：常某负事故的全部责任。那么，本案中的轿车司机应否对常某的死承担责任呢？

【法律解析】

轿车司机可以减轻责任，但不能免除全部责任。《道路交通安全法》对机动车与行人发生交通事故的归责原则适用无过错责任，无论机动车一方有无过错，均应承担相应的责任，除非有证据证明事故是由行人故意造成的，机动车一方才不承担责任。

【法条链接】

《道路交通安全法》第七十六条 第一款 第二项 机动车与非机动车驾驶人、行人之间发生交通事故，非机动车驾驶人、行人没有过错的，由机动车一方承担赔偿责任；有证据证明非机动车驾驶人、行人有过错的，根据过错程度适当减轻机动车一方的赔偿责任；机动车一方没有过错的，承担不超过百分之十的赔偿责任。

交通肇事逃逸，要承担更严重的后果吗......

【案例】

货车司机卞某，驾车经过某路段时，将齐某撞成重伤，卞某肇事后逃逸。交警队在目击证人和电子监控录像的协助下，很快逮到了卞某。那么，交通肇事逃逸，是否要承担更严重的后果？

【法律解析】

此案中，卞某不仅要负事故的全部责任，还会受到追究处罚。如果肇事车辆逃

○ 交通事故逃逸的处理

违反道路交通安全法律、法规，发生重大交通事故后逃逸的行为，根据不同情况，分别做如下处理：

1.对造成交通事故后逃逸，尚不构成犯罪的，由公安机关处200元到2000元罚款，可以并处15天以下拘留。

2.对造成重大交通事故，构成犯罪并逃逸的，除依法追究刑事责任外，由公安机关吊销其机动车驾驶证，并终生不得重新领取机动车驾驶证。

逸，保险公司就不再承担保险责任，车主要承担全部的赔偿费。肇事后逃逸的，属法定的加重情节，卞某的驾驶证将会被交管部门吊销，如果伤者因抢救不及时而死亡的，他还可能被法院判 7 年以上有期徒刑。

【法条链接】

《道路交通安全法》第一百零一条 违反道路交通安全法律、法规的规定，发生重大交通事故，构成犯罪的，依法追究刑事责任，并由公安机关交通管理部门吊销机动车驾驶证。

造成交通事故后逃逸的，由公安机关交通管理部门吊销机动车驾驶证，且终生不得重新取得机动车驾驶证。

交通事故认定书应在多长时间内作出

【案例】

成某驾驶货车途经某地时被一辆轿车追尾，轿车司机受伤，两辆事故车都受到一定损毁。可事故发生快1个月了，事故发生地的公安交通管理部门还没有给成某下发交通事故认定书。请问，公安交通管理部门应在多长时间内制作出交通事故认定书？

【法律解析】

根据相关法律规定，公安机关应在十日内制作交通事故认定书。本案中，事故已发生快 1 个月，交警部门仍未下发事故认定书，属于严重的失职行为。

【法条链接】

《交通事故处理程序规定》第四十六条 公安机关交通管理部门对经过勘验、检查现场的交通事故应当自勘查现场之日起十日内制作交通事故认定书。交通肇事逃逸的，在查获交通肇事逃逸人和车辆后十日内制作交通事故认定书。对需要进行检验、鉴定的，应当在检验、鉴定或者重新检验、鉴定结果确定后五日内制作交通事故认定书。

故意借交通事故实施自杀，机动车一方要承担责任吗

【案例】

康某与丈夫发生争吵后决定自寻短见。她独自一人来到马路上，看见前方有汽车驶来时，康某突然迎着驶来的汽车冲去。司机伍某虽然紧急制动，但依然无法避免惨祸的发生，康某被当场撞死。后经公安机关勘察，当时伍某未超过路段限制时速行使。那么，此案中机动车一方应承担责任吗？

【法律解析】

机动车司机无须承担责任。我国法律规定机动车与行人之间发生交通事故的，

如果交通事故是由行人故意造成的，机动车一方不承担责任。本次事故是由康某故意撞上行驶的机动车而产生的，司机伍某在此次事故中没有过错或违章行为，因此他无需承担责任。

【法条链接】

《道路交通安全法》第七十六条 机动车发生交通事故造成人身伤亡、财产损失的，由保险公司在机动车第三者责任强制保险责任限额范围内予以赔偿。交通事故的损失是由非机动车驾驶人、行人故意碰撞机动车造成的，机动车一方不承担赔偿责任。

○ 机动车与非机动车驾驶人、行人之间发生交通事故如何处理

1.机动车与非机动车驾驶人、行人之间发生交通事故，非机动车驾驶人、行人没有过错的，由机动车一方承担赔偿责任。

2.有证据证明非机动车驾驶人、行人有过错的，根据过错程度适当减轻机动车一方的赔偿责任；机动车一方没有过错的，承担不超过百分之十的赔偿责任。

雇员承担了刑事责任，雇主还能行使追偿权吗……………………………………

【案例】

司机项某受雇于张某。项某在一次驾车过程中发生交通事故，负全部责任，被法院认定为交通肇事罪，判处6个月有期徒刑。刑满后，张某向法院起诉要项某承担其20%的经济损失。雇员在从事雇佣活动中致人损害而且已经承担了刑事责任，雇主是否还可以向雇员追偿民事责任？

【法律解析】

可以追偿民事责任。因为项某对该交通事故负有全部责任，而且构成交通肇事罪，所以应当认定项某在主观上具有重大过失，张某与项某应当承担连带赔偿责任且有权向项某追偿。

【法条链接】

《人身损害赔偿解释》第九条 雇员在从事雇佣活动中致人损害的，雇主应当承担赔偿责任；雇员因故意或者重大过失致人损害的，应当与雇主承担连带赔偿责任。雇主承担连带赔偿责任的，可以向雇员追偿。

事故车被扣最长时间是多久……………………………………………………………

【案例】

2008年，小玲在坐亲戚的摩托车上班时，侧面冲出一辆轿车与她们的车相撞。事后，交警到现场时发现现场已经破坏，后将两车扣留。请问，事故车被扣最长时间是多久？

【法律解析】

最长被扣时间是30天，超过时限的，须报经省级人民政府公安机关交通管理部门批准。根据规定，公安交通管理部门对当事人车辆需要进行检验、鉴定的，应当在勘察现场之日起5日内指派或者委托专业技术人员、具备资格的鉴定机构进行检验、鉴定。检验、鉴定应当在20日内完成；需要延期的，经设区的市公安机关交通管理部门批准可以延长10日。

【法条链接】

《交通事故处理程序规定》第三十三条 因搜集证据需要扣留事故车辆及机动车行驶证的，公安机关交通管理部门应当开具行政强制措施凭证，将车辆移至指定的地点并妥善保管。

◎ 医疗事故赔偿 ◎

社区医院输血染肝炎该如何举证..

【案例】

　　阮某遭遇车祸大出血，需立即输血，可医院中没有合适的血浆。一位病人赵某的血型正好符合，在征得双方同意后，从赵某身上抽血输给阮某。1个月后，阮某痊愈了，却发现得了肝炎，怀疑是上次输血引起的。之后到门诊部询问赵某的地址，但社区门诊却拒绝提供，说输血时是经过双方同意的。阮某该如何举证？

【法律解析】

　　阮某只需要就患肝炎的损害事实承担举证责任。医疗机构应该就医疗行为与损害结果之间不存在因果关系及不存在医疗过错承担举证责任。

【法条链接】

　　《最高人民法院关于民事诉讼证据的若干规定》第七十五条　有证据证明一方当事人持有证据无正当理由拒不提供，如果对方当事人主张该证据的内容不利于证据持有人，可以推定该主张成立。

对献血者超量采集血液造成损害，是否应当赔偿......................................

【案例】

　　2007年10月12日，缪某去献血站义务献血，决定献200毫升，但是缪某发现采血的医务人员抽了自己400毫升的血。当时缪某也没在意，可是后来缪某的身体状况变得很差，而且总是浑身无力，缪某认为这和抽血有关。因采血过量给献血者造成损害的，是否应当赔偿？

【法律解析】

　　本案中，只要缪某能证明医务人员违反操作规程擅自超量采血，给缪某的健康造成了损害，就应当赔偿。

【法条链接】

　　《中华人民共和国献血法》（以下简称《献血法》）第九条　血站对献血者每次采集血液量一般为二百毫升，最多不得超过四百毫升，两次采集间隔期不少于六个月。严格禁止血站违反前款规定对献血者超量、频繁采集血液。

　　第十九条　血站违反有关操作规程和制度采集血液，由县级以上地方人民政府卫生行政部门责令改正；给献血者健康造成损害的，应当依法赔偿，对直接负责的主管人员和其他直接责任人员，依法给予行政处分；构成犯罪的，依法追究刑事责任。

哪些情形不属于医疗事故..

【案例】

席某因高烧去医院治疗，需要注射青霉素。护士按规定给席某做了皮试后不久，席某出现呼吸困难等异常反应。医院立即进行急救，但抢救无效，席某死亡。席某家属认为是医疗事故，要求医院赔偿。而医院辩称不存在过失，应为医疗意外而非医疗事故，故此不应承担赔偿责任。那么，本案的情形属于医疗事故吗？院方要承担赔偿责任吗？

【法律解析】

本案中，医院对席某的诊断、治疗及用药都是正确的，护士为席某做皮试也按正常的规程操作，因此医院不存在过失。席某的死亡是由于其体内机能的原因产生了高

○ 不属于医疗事故的情形

度过敏的反应，而且医院也履行了及时救治的义务，因此医院不应承担赔偿责任。

【法条链接】

《医疗事故处理条例》第三十三条 有下列情形之一的，不属于医疗事故：

（一）在紧急情况下为抢救垂危患者生命而采取紧急医学措施造成不良后果的；

（二）在医疗活动中由于患者病情异常或者患者体质特殊而发生医疗意外的；

（三）在现有医学科学技术条件下，发生无法预料或者不能防范的不良后果的；

（四）因不可抗力造成不良后果的。

到无证的私人诊所就医出现意外，不属医疗事故

【案例】

蓝某因患风湿到余某开的私人诊所（无执业许可证）就医。余某用十余味中药给蓝某配了一个药方，让其按方吃药。蓝某服用后出现不良反应，到医院检查确诊为药物中毒。随后，蓝某拿着余某开的药方到当地法院提起医疗事故诉讼，却被法院告知此案不能作为医疗事故处理。这是为什么呢？

【法律解析】

医疗事故法律关系的形成，需要双方具备相应的主体要件。按照我国《医疗事故处理条例》的规定，医疗事故的主体应是医疗机构及其医务人员。本案中余某的诊所没有执业许可证，不属于医疗机构，余某不具备医疗事故的主体条件，因此不能按医疗事故处理。

【法条链接】

《医疗事故处理条例》第二条 本条例所称医疗事故，是指医疗机构及其医务人员在医疗活动中，违反医疗卫生管理法律、行政法规、部门规章和诊疗护理规范、常规，过失造成患者人身损害的事故。

第六十一条 非法行医，造成患者人身损害，不属于医疗事故，触犯刑律的，依法追究刑事责任；有关赔偿，由受害人直接向人民法院提起诉讼。

医院伪造病历侵犯了患者的哪些权利

【案例】

盛某到某医院做胆囊摘除手术。一年后，盛某偶然听说医院在手术中发现他左肾积水，也一并予以切除了。盛某找到医院，院方向他出具了病历记录，是由盛某父亲签字的。而其父却称自己从未见过此病历，也未签过字。经字迹鉴定，签名并非盛某的父亲所写。请问，此案中医院的行为侵犯了盛某的哪些权利呢？

【法律解析】

生命健康权及知情权。生命健康权是神圣不可侵犯的，任何人不得任意处分他人的生命和健康。此案中，医院伪造病历，应当承担赔偿责任。

【法条链接】

《民法通则》第一百一十九条 侵害公民身体造成伤害的，应当赔偿医疗费、因误工减少的收入、残废者生活补助费等费用；造成死亡的，并应当支付丧葬费、死者生前扶养的人必要的生活费等费用。

《医疗事故处理条例》第九条 严禁涂改、伪造、隐匿、销毁或者抢夺病历资料。

第十一条 在医疗活动中，医疗机构及其医务人员应将患者的病情、医疗措施、医疗风险等如实告知患者，及时解答其咨询；但是，应当避免对患产者产生不利后果。

○ 患者享有知情权

根据《宪法》和《民法》的原则，公民在患病时应该享有知情权。患者知情权的具体包括：

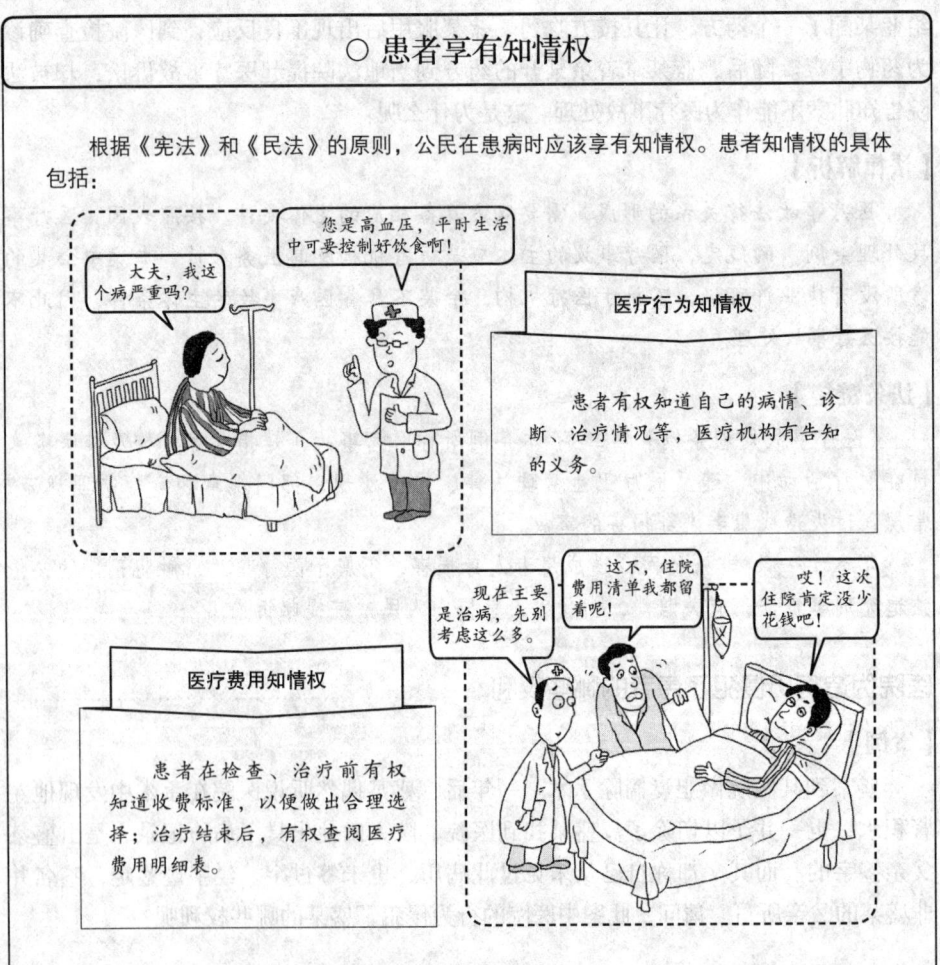

您是高血压，平时生活中可要控制好饮食啊！

大夫，我这个病严重吗?

医疗行为知情权

患者有权知道自己的病情、诊断、治疗情况等，医疗机构有告知的义务。

现在主要是治病，先别考虑这么多。

这不，住院费用清单我都留着呢！

哎！这次住院肯定没少花钱吧！

医疗费用知情权

患者在检查、治疗前有权知道收费标准，以便做出合理选择；治疗结束后，有权查阅医疗费用明细表。

医院能拒绝进行尸检吗

【案例】

莫某2006年10月因急性阑尾炎住进某市中心医院进行手术，手术中不明原因死亡。医院的结论是属于正常死亡。而莫某家属对死亡原因有怀疑，要求进行尸检并进行医疗事故鉴定，但医院拒绝进行尸检并拖延时间。莫某家属将医院告上法院。医院可以拒绝进行尸检吗？

【法律解析】

不能拒绝。法律规定，患者死亡，医患双方不能确定死因或者对死因有异议的，应当进行尸检。本案中，莫某死于手术台，其家属要求进行尸检，医院拒绝进行并拖延时间，应当承担死因不能正确判定的责任。

【法条链接】

《医疗事故处理条例》第十八条 患者死亡，医患双方当事人不能确定死因或者对死因有异议的，应当在患者死亡后48小时内进行尸检；具备尸体冻存条件的，可以延长至7日。尸检应当经死者近亲属同意并签字。

尸检应当由按照国家有关规定取得相应资格的机构和病理解剖专业技术人员进行。承担尸检任务的机构和病理解剖专业技术人员有进行尸检的义务。

医疗事故争议双方当事人可以请法医病理学人员参加尸检，也可以委派代表观察尸检过程。拒绝或者拖延尸检，超过规定时间，影响对死因判定的，由拒绝或者拖延的一方承担责任。

家属对死者尸体逾期不处理，医院可以私自处理吗

【案例】

宗某患急病入院，经抢救无效而死亡。其妻梁某交纳了尸体存放费。1个月后，当梁某及其亲属为宗某办理尸体火化时，发现宗某的尸体不见了。医院对此的解释为：死者家属在10天内不对死者的尸体进行处理，也不交纳尸体保管费用，应视为自动放弃处理，医院可自行处理。医院的说法能否成立呢？

【法律解析】

医院的说法不成立，医院无权私自处理死者尸体。根据相关法律规定，死者尸体存放一般不得超过两周。逾期不处理的尸体，经医疗机构所在地卫生行政部门批准，并报经同级公安部门备案后，由医疗机构按照规定进行处理。本案中，医院对于宗某的尸体应报卫生行政部门批准及公安部门备案后才可依法对宗某的尸体进行处理，而不是自行处理。

【法条链接】

《医疗事故处理条例》第十九条 患者在医疗机构内死亡的，尸体应当立即移放太平间。死者尸体存放时间一般不得超过两周。逾期不处理的尸体，经医疗机构所在地卫生行政部门批准，并报经同级公安部门备案后，由医疗机构按照规定进行处理。

专家未按时接诊，病人能要求医院赔偿吗

【案例】

2007年2月20日，解某到市人民医院就诊，并挂了孟医生的专家号。但是当解某到专家门诊时，孟医生有事没来，接诊的是他的助手王医生。解某认为王医生的资历不够，所以没检查就走了。下午解某又来到医院，孟医生为解某进行了诊疗。医生没有按时接诊，解某能否要求医疗机构赔偿损失？

【法律解析】

能要求赔偿。患者通过"挂号"的方式作出要约，医疗机构作为承诺人，应当按照合同的要求为解某提供医疗服务，履行约定义务。由于医疗机构和孟医生的过错，导致解某未能按时就诊，医院应当承担违约责任。

【法条链接】

《民法通则》第一百一十一条 当事人一方不履行合同义务或者履行合同义务不符合约定条件的，另一方有权要求履行或者采取补救措施，并有权要求赔偿损失。

◎ 工伤鉴定及赔偿 ◎

签了"免责合同"能免除工伤责任吗

【案例】

郁某在某建筑公司当临时工。他同公司签订了协议，其中包含"对民工的工伤概不负责"等条款。一天，郁某在工作时不慎从高处坠落，致使小腿骨折。公司给其2000元钱作医疗费。由于伤情较为严重，住院2个多月，郁某无力支付医疗费，只好找公司帮忙解决，但公司拒付。那么，签订了"免责合同"能免除工伤责任吗？

【法律解析】

公司不能免除责任，郁某的劳动合同中"工伤概不负责"的条款是无效的。本案中，公司与郁某签订这种"工伤概不负责"的协议，既不符合法律规定，也严重违反了社会公德，属于无效的民事行为，因此公司不能免除工伤责任。

【法条链接】

《劳动合同法》第二十六条 下列劳动合同无效或者部分无效：

（一）以欺诈、胁迫的手段或者乘人之危，使对方在违背真实意愿的情况下订立或者变更劳动合同的；

（二）用人单位免除自己的法定责任、排除劳动者权利的；

（三）违反法律、行政法规强制性规定的。

对劳动合同的无效或者部分无效有争议的，由劳动争议仲裁机构或者人民法院确认。

没有劳动合同，就不能认定为工伤吗..

【案例】

乌某应聘到一家工厂当车工，在操作车床时不慎轧断了左手三根手指。乌某请求享受工伤待遇，但工厂以没有与乌某签订正式的劳动合同为由，认为乌某不享受工伤待遇。没有书面劳动合同，就不能被认定为工伤吗？

【法律解析】

没有书面合同，也可以认定为工伤。本案中，只要乌某能够证明与该工厂存在事实上的劳动关系，即使没有书面劳动合同，也能被认定为工伤。所谓事实劳动关系，是指用人单位招用劳动者后不按规定订立劳动合同，或者用人单位与劳动者以前签订过劳动合同，但是劳动合同到期后用人单位同意劳动者继续在本单位工作却没有与其及时续订劳动合同的情况。

【法条链接】

工伤认定申请表应当包括事故发生的时间、地点、原因以及职工伤害程度等基本情况。

工伤认定申请人提供材料不完整的，劳动保障行政部门应当一次性书面告知工伤认定申请人需要补正的全部材料。申请人按照书面告知要求补正材料后，劳动保障行政部门应当受理。

职工探亲期间受伤，可以认定为工伤吗..

【案例】

四川省的小石是某公司职工。不久前，他按照公司规定申请回家探亲。在乘坐轮船回家的途中，发生海啸致使轮船触礁沉没，小石也不幸遇难。其家属听到此事后很伤心，同时要求公司将小石的死亡当作工伤，享受部分保险赔偿，公司拒绝了小石家属的要求。那么小石的不幸可以被认定为工伤吗？

○ 申请工伤认定需要哪些材料

《工伤保险条例》第十八条 提出工伤认定申请应当提交下列材料：

1.工伤认定申请表。

2.与用人单位存在劳动关系（包括事实劳动关系）的证明材料。

好的。

领导，我这份工伤鉴定材料需要您盖个章。

3.医疗诊断证明或者职业病诊断证明书（或者职业病诊断鉴定书）。

【法律解析】

不能认定为工伤。本案中，小石已经离开了单位，并且是为了探亲而不是工作，发生事故的地点在海上而不是工作地点。因此，不符合工伤保险所界定的工伤范围，也不属于《工伤保险条例》视为工伤的情况。

【法条链接】

《国家劳动总局保险福利司关于职工在探亲期间因自然灾害造成伤亡如何处理问题给四川省劳动局的复函》（1981 年 7 月）你局川劳险（81）29 号《关于因组织统一安排回家探亲的职工，在途中发生非本人所能抗拒的伤、亡事故，是否按因工处理的请示报告》收悉。经研究，我们认为，职工在探亲期间因自然灾害造成伤亡的，应按非因工伤亡处理。如个别伤亡职工家庭有困难的，可由企业单位在福利基金、企业基金或利润留成中酌情给予补助。

加班途中受伤的，是否属于工伤

【案例】

邢某是某设计公司的一名排版员。2008年"十一"期间，公司接到一批较急的业务，需要加班排版。10月4日，邢某工作到深夜，非常疲惫，在回家的路上不慎被迎面而来的摩托车撞伤，为此花去医疗费2000余元。邢某在加班回家的途中受伤，能享受工伤待遇吗？

【法律解析】

能享受工伤待遇。按照我国《工伤保险条例》的规定，上下班途中受到机动车事故伤害的应当认定为工伤。这里所说的"上下班途中"，既包括职工正常工作的上下班途中，也包括职工加班加点的上下班途中。

【法条链接】

《工伤保险条例》第十四条 职工有下列情形之一的，应当认定为工伤：

（一）在工作时间和工作场所内，因工作原因受到事故伤害的；

（二）工作时间前后在工作场所内，从事与工作有关的预备性或者收尾性工作受到事故伤害的；

（三）在工作时间和工作场所内，因履行工作职责受到暴力等意外伤害的；

（四）患职业病的；

（五）因工外出期间，由于工作原因受到伤害或者发生事故下落不明的；

（六）在上下班途中，受到机动车事故伤害的；

（七）法律、行政法规规定应当认定为工伤的其他情形。

自由职业者享受工伤保险待遇吗 ....

【案例】

靳某是一名图书封面设计师（自由职业）。某日，靳某应某出版社编辑之约前往出版社商讨图书封面设计方案，途中发生交通事故而受伤。事后，靳某认为自己应该认定为工伤。出版社认为自己与靳某没有劳动合同关系，不能给予靳某工伤保险待遇。请问，自由职业者可以享受工伤保险待遇吗？

【法律解析】

自由职业者无法享受工伤保险待遇。我国《工伤保险条例》规定，享受工伤保险待遇的主体是各类企业的职工和个体工商户的雇工。本案中靳某作为自由职业者，不是出版社的职工，与出版社不存在劳动合同关系，因此不能享受工伤保险待遇。

【法条链接】

《工伤保险条例》第二条 中华人民共和国境内的各类企业、有雇工的个体工商户（以下称用人单位）应当依照本条例规定参加工伤保险，为本单位全部职工或者雇工（以下称职工）缴纳工伤保险费。

中华人民共和国境内的各类企业的职工和个体工商户的雇工，均有依照本条例的规定享受工伤保险待遇的权利。

有雇工的个体工商户参加工伤保险的具体步骤和实施办法，由省、自治区、直辖市人民政府规定。

临时工是否享受工伤保险待遇 ....

【案例】

糜某是失业人员，经朋友介绍在一家装饰公司做临时工。在工作中，糜某从高处落下摔伤，花去治疗费1000余元。糜某要求公司给予工伤保险待遇。公司以糜某是临时工为由拒绝。请问，临时工是否享有工伤保险待遇？

【法律解析】

临时工也享有工伤保险待遇。我国法律规定，企业应当为其职工缴纳工伤保险费。其"职工"范围包括临时工、劳务工或者短期派遣工。本案中糜某是装饰公司的临时工，他们之间形成了劳动合同关系，因此糜某应享有工伤保险待遇。

【法条链接】

《工伤保险条例》第二条 中华人民共和国境内的各类企业、有雇工的个体工商户（以下称用人单位）应当依照本条例规定参加工伤保险，为本单位全部职工或者雇工（以下称职工）缴纳工伤保险费。

中华人民共和国境内的各类企业的职工和个体工商户的雇工，均有依照本条例的规定享受工伤保险待遇的权利。

有雇工的个体工商户参加工伤保险的具体步骤和实施办法，由省、自治区、直辖市人民政府规定。

第六十一条 第一款 本条例所称职工，是指与用人单位存在劳动关系（包括事实劳动关系）的各种用工形式、各种用工期限的劳动者。

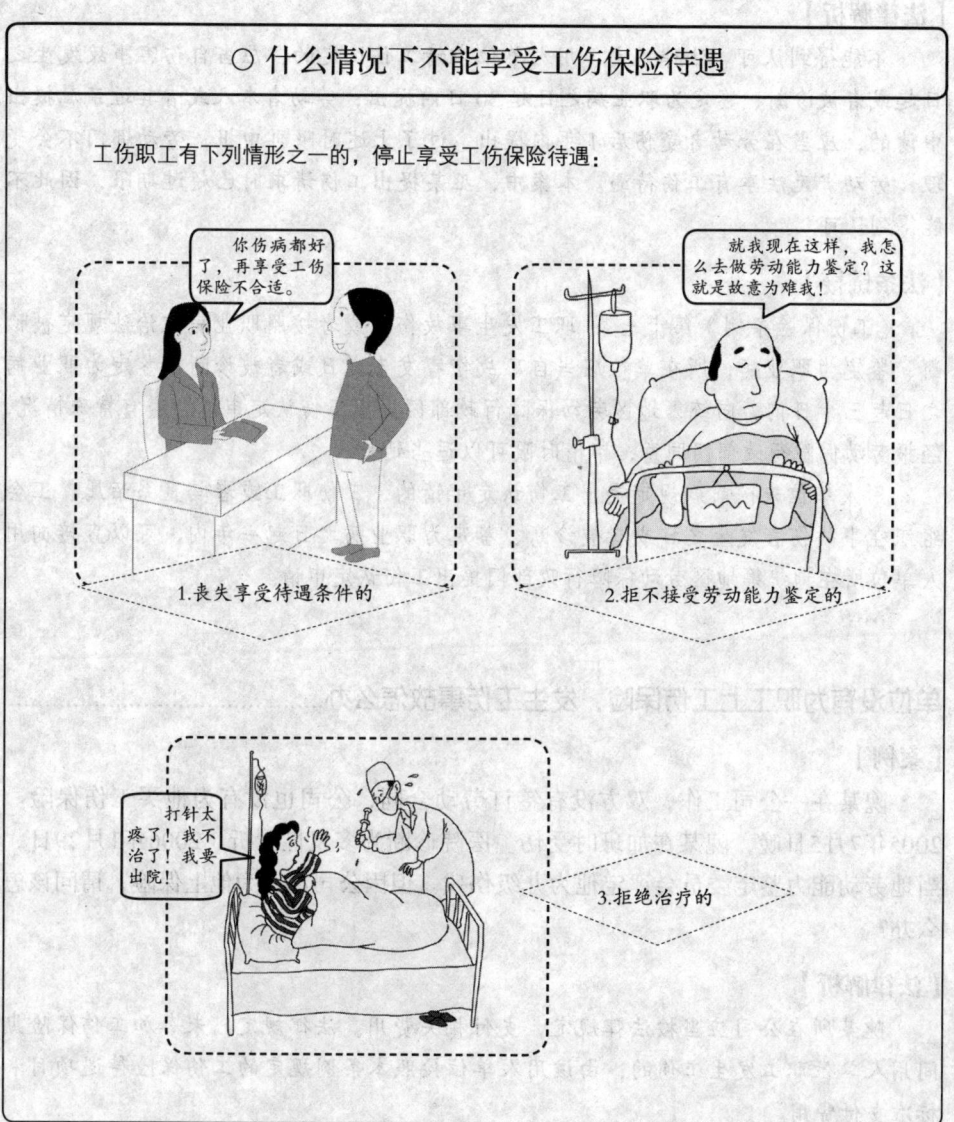

 ○ 什么情况下不能享受工伤保险待遇

申报工伤必须在一定期限内进行吗..

【案例】

2006年5月，某企业员工巫某发生工伤，做了伤残鉴定，但是当时并没有申报工伤，只是以普通医疗来治疗的。2008年4月，公司与巫某的劳动合同到期，公司决定不续签，于是巫某要求公司支付其工伤补贴。事过2年，巫某的工伤请求还能得到认可吗？

【法律解析】

不能得到认可。法律规定，用人单位申请工伤认定的，应当自伤害事故发生之日起或者被诊断、鉴定为职业病之日起30日内提出；劳动者本人或者其近亲属提出申请的，应当在劳动者受伤后1年内提出。过了上述时限再申报，劳动部门不会受理，劳动者无法享有工伤待遇。本案中，巫某提出工伤请求时已超过期限，因此不能得到认可。

【法条链接】

《工伤保险条例》第十七条 职工发生事故伤害或者按照职业病防治法规定被诊断、鉴定为职业病，所在单位应当自事故伤害发生之日或者被诊断、鉴定为职业病之日起三十日内，向统筹地区劳动保障行政部门提出工伤认定申请。遇有特殊情况，经报劳动保障行政部门同意，申请时限可以适当延长。

用人单位未按前款规定提出工伤认定申请的，工伤职工或者其直系亲属、工会组织在事故伤害发生之日或者被诊断、鉴定为职业病之日起一年内，可以直接向用人单位所在地统筹地区劳动保障行政部门提出工伤认定申请。

......

单位没有为职工上工伤保险，发生工伤事故怎么办..................................

【案例】

隗某在一公司工作，双方没有签订劳动合同，公司也没有为他买工伤保险。2005年7月5日晚，隗某在加班时受伤。医院诊断为多发性骨折。2006年1月29日，当地劳动能力鉴定委员会评定他为九级伤残。但因公司没有为他上保险，请问该怎么办？

【法律解析】

隗某所在公司应当按法律规定，支付相关费用。法律规定，未参加工伤保险期间用人单位职工发生工伤的，由该用人单位按照本条例规定的工伤保险待遇项目和标准支付费用。

【法条链接】

《工伤保险条例》第六十条 用人单位依照本条例规定应当参加工伤保险而未参加的，由劳动保障行政部门责令改正；未参加工伤保险期间用人单位职工发生工伤的，由该用人单位按照本条例规定的工伤保险待遇项目和标准支付费用。

门诊病历是否能作为认定工伤的证据......

【案例】

一次，搬运工小陆在装卸货物时，被从高处滚落的货物砸伤。入院诊断并开具了病历。他向公司申请工伤待遇，未果。公司称，小陆仍能正常工作，并未受伤，仅凭诊断病历不能认定为工伤。请问，门诊病历能否作为认定工伤的证据？

【法律解析】

门诊病历不能作为认定工伤的证据。本案中，小陆出具的门诊病历并不是法律所规定的"医疗诊断证明"，它只能证明小陆当天到医院就诊的事实，而不能成为劳动保障部门认定工伤的依据。"医疗诊断证明"应当由签订服务协议的医疗机构出具，并且应当详细说明事故的伤害情况，以及与工伤事故的关系等情况。

【法条链接】

《工伤保险条例》第十八条 提出工伤认定申请应当提交下列材料：

（一）工伤认定申请表；

（二）与用人单位存在劳动关系（包括事实劳动关系）的证明材料；

（三）医疗诊断证明或者职业病诊断证明书（或者职业病诊断鉴定书）。

工伤认定申请表应当包括事故发生的时间、地点、原因以及职工伤害程度等基本情况。

工伤认定申请人提供材料不完整的，劳动保障行政部门应当一次性书面告知工伤认定申请人需要补正的全部材料。申请人按照书面告知要求补正材料后，劳动保障行政部门应当受理。

◎ 人身损害赔偿 ◎

六旬老汉劝架受损，误工费照赔吗......

【案例】

2006年3月21日中午，村民陈某、董某发生口角准备动手，恰好被65岁的秋老汉碰见。秋老汉前去劝阻，被二人失手推倒受伤。出院后，秋老汉不能正常做工。秋老汉要求2人赔偿医疗费、护理费、营养费及误工费共计12000元。但陈某、董某认为秋老汉已年过60周岁，不应该算误工费。请问，2人应赔偿秋老汉误工费吗？

【法律解析】

2人应赔偿秋老汉误工费。我国误工费赔偿制度，是从受害人实际遭受的损失角度设计的，并不以年龄进行限制。片面地以一定的年龄作为劳动能力丧失的依据，既无明确的法律依据，与我国的国情也不相符。

○ 误工费怎么算

根据《最高人民法院关于审理人身损害赔偿案件适用法律若干问题的解释》第二十条规定，误工费根据受害人的误工时间和收入状况确定。

误工两个月，我一天赚200，误工费得给我6000块啊！

1.受害人有固定收入的，误工费按照实际减少的收入计算，即误工费=误工收入（天/月/年）×误工时间。

2.受害人无固定收入的，按照其最近三年的平均收入计算，即误工费=误工时间（天）×最近三年的平均收入水平（天/元）。

这是我们之前商讨过的误工费。

【法条链接】

《人身损害赔偿解释》第二十条 误工费根据受害人的误工时间和收入状况确定。

误工时间根据受害人接受治疗的医疗机构出具的证明确定。受害人因伤致残持续误工的，误工时间可以计算至定残日前一天。

帮朋友送货导致受伤，谁来赔偿

【案例】

某酒店老板林某从超市购了几箱啤酒，林某的好友小侯主动提出送货，林某答应了。小侯在送货途中遭遇车祸，入院后被迫截除右肢。不久，小侯提出要林某予以适当的补偿，林某以小侯系主动帮忙为由，予以拒绝。请问，林某需要承担赔偿责任吗？

【法律解析】

林某应该承担赔偿责任。法律规定，帮工人因帮工活动遭受人身损害的，被帮工人应当承担赔偿责任。被帮工人明确拒绝帮工的，不承担赔偿责任；但可以在受益范围内予以适当补偿。本案中，小侯是在帮林某送啤酒的途中受伤，而林某对小侯的帮工没有明确拒绝，因此需要承担民事责任。

【法条链接】

《人身损害赔偿解释》第十四条 帮工人因帮工活动遭受人身损害的，被帮工人应当承担赔偿责任。被帮工人明确拒绝帮工的，不承担赔偿责任；但可以在受益范围内予以适当补偿。

帮工人因第三人侵权遭受人身损害的，由第三人承担赔偿责任。第三人不能确定或者没有赔偿能力的，可以由被帮工人予以适当补偿。

事故导致胎死腹中，可否提出精神损害赔偿的请求

【案例】

2008年9月某日，仇某与丈夫在人行道上散步，被一辆车撞倒，七个多月的胎儿死于腹中。交警部门认定，肇事车主马某承担全责。在处理赔偿事宜时，马某只同意赔偿医药费、误工费等直接经济损失。那么，仇某夫妇在起诉时，可否提出精神损害赔偿的请求？

【法律解析】

可以提出精神损害赔偿的请求。肇事车主马某违章驾车，给仇某的身体健康造成损害，并侵害了仇某夫妇所享有的生育权，使仇某夫妇在精神上遭受了极大的痛苦。因此，马某应当对自己的侵权行为承担全部责任，包括精神损害赔偿责任。

【法条链接】

《精神损害赔偿解释》第一条 自然人因下列人格权利遭受非法侵害，向人民法院起诉请求赔偿精神损害的，人民法院应当依法予以受理：

（一）生命权、健康权、身体权；

（二）姓名权、肖像权、名誉权、荣誉权；

（三）人格尊严权、人身自由权。

违反社会公共利益、社会公德侵害他人隐私或者其他人格利益，受害人以侵权为由向人民法院起诉请求赔偿精神损害的，人民法院应当依法予以受理。

天降横祸致伤，管理部门要赔偿吗...

【案例】

某日刮大风，秦某在途经一处国道时，被一棵被风吹倒的树砸伤。伤愈后，他了解到那棵树受了虫害，已开始干枯、腐烂。遂找到公路管理部门，要求赔偿。但公路管理部门却认为树是被风吹倒的，属于天灾，拒绝赔偿。那么，管理部门要赔偿吗？

【法律解析】

要赔偿。树倒的原因是由于该树被虫害后干枯、腐烂。防治病虫害、排除险情、避免事故，是公路管理部门职责范围之内的事。因公路管理部门未尽责任，而致使路人秦某受伤害，应承担责任。

【法条链接】

《民法通则》第一百三十六条 建筑物或者其他设施以及建筑物上的搁置物、悬挂物发生倒塌、脱落、坠落造成他人损害的，它的所有人或者管理人应当承担民事责任，但能够证明自己没有过错的除外。

老虎发威伤人，管理员、家长谁该担责...

【案例】

2007年2月22日，6岁女孩欣欣到动物园看老虎表演。当她站在老虎屁股后面打算合影时，却被老虎咬伤，经抢救无效而死亡。本案中，管理员和家长谁该担责？

【法律解析】

动物园、老虎饲养人或管理人应当负主要责任。因为他们对自己饲养的老虎管理不善，对老虎伤人的情况预防不力。欣欣的家长作为她的监护人，没有考虑到与凶猛的老虎照相会有危险的情况，也应承担相应的责任。

【法条链接】

《民法通则》第一百二十七条 饲养的动物造成他人损害的，动物饲养人或者管理人应当承担民事责任；由于受害人的过错造成损害的，动物饲养人或者管理人不承担民事责任；由于第三人的过错造成损害的，第三人应当承担民事责任。

旅客死因不明，铁路部门该担责吗..

【案例】

有一名旅客在乘坐火车途中，突然从火车上摔下身亡。事发时正值深夜，事故原因后来未查清。其家属想向铁路索赔，但又觉得事故原因未明确，所以犹豫不决，不知如何是好。那么，旅客死因未明，铁路部门该担责吗？

【法律解析】

旅客在乘坐火车时因不明原因死亡，铁路部门负有举证的责任。除非能证明人身伤亡是因不可抗力或受害人自身原因的，铁路部门才不承担责任。

【法条链接】

《铁路法》第五十八条 因铁路行车事故及其他铁路运营事故造成人身伤亡的，铁路运输企业应当承担赔偿责任；如果人身伤亡是因不可抗力或者由于受害人自身的原因造成的，铁路运输企业不承担赔偿责任。

违章通过平交道口或者人行过道，或者在铁路线路上行走、坐卧造成的人身伤亡，属于受害人自身的原因造成的人身伤亡。

◎ 精神损害赔偿 ◎

公开病人隐疾，可以请求精神损害赔偿吗..

【案例】

小梅是一位未婚女青年，在个体医生宁某处治好了多年隐疾，小梅写了一封感谢信。但宁某为进一步招揽顾客，竟将小梅的感谢信用作广告。这使小梅经常受到同事的嘲笑，男友也与她分手，给小梅带来了极大打击。那么，小梅可以要求宁某赔偿精神损失吗？

【法律解析】

可以。宁某对小梅名誉的侵害行为不仅具有主观上的过错，并造成了对小梅名誉的毁损和身心的伤害。小梅可要求宁某停止侵害、恢复名誉、消除影响、赔礼道歉并赔偿精神损害抚慰金。

【法条链接】

《精神损害赔偿解释》第八条 第二款 因侵权致人精神损害，造成严重后果的，人民法院除判令侵权人承担停止侵害、恢复名誉、消除影响、赔礼道歉等民事责任外，可以根据受害人一方的请求判令其赔偿相应的精神损害抚慰金。

○ 常见的几种赔偿金

1.致人残疾的，为残疾赔偿金

2.致人死亡的，为死亡赔偿金

3.其他损害情形的精神抚慰金

公司的产品被人谣传致癌，可以要求精神损害赔偿吗....................

【案例】

某食品公司经营业绩很好，食品远销国外。但是有一天，外面传言，该公司生产的食品中含有致癌物质，这则谣言令该食品公司的生意一落千丈。公司领导想知道：能以公司的名义，要求造谣者赔偿精神损害赔偿吗？

【法律解析】

不可以。相关法规规定，法人或者其他组织以人格权利遭受侵害为由，向人民法院起诉请求赔偿精神损害的，人民法院不予受理。本案中，如果该食品公司食品含致癌物质这一说法确系造谣，公司可以通过其他手段维权。

【法条链接】

《精神损害赔偿解释》第五条 法人或者其他组织以人格权利遭受侵害为由，向人民法院起诉请求赔偿精神损害的，人民法院不予受理。

洗眉洗出疤痕，美容院应赔偿精神损失吗....................

【案例】

女孩关某到一美容厅洗眉，当晚洗眉处就出现胀痛。经诊断，确认是因洗眉触及真皮，毛囊组织坏死，双眉处已构成疤痕，只能靠整形手术来弥补。于是关某找到该美容院要求赔偿。但美容院只同意退还洗眉费，对关某提出的精神损失赔偿不认可。请问，美容院是否应赔偿关某精神损失？

【法律解析】

美容院应该赔偿关某精神损失。本案中，美容院美容手术没有达到一定的技术标准，且出现美容损害的结果，使关某的健康权受到不法侵害，造成其人格等受到非财产性质的损害，给关某带来了精神上的痛苦，理应赔偿精神损失。

【法条链接】

《精神损害赔偿解释》第一条 自然人因下列人格权利遭受非法侵害，向人民法院起诉请求赔偿精神损害的，人民法院应当依法予以受理：

（一）生命权、健康权、身体权；

（二）姓名权、肖像权、名誉权、荣誉权；

（三）人格尊严权、人身自由权。

违反社会公共利益、社会公德侵害他人隐私或者其他人格利益，受害人以侵权为由向人民法院起诉请求赔偿精神损害的，人民法院应当依法予以受理。

结婚戒指在清洗时被经营者弄丢，是否可以要求精神赔偿.............................

【案例】

王女士结婚时丈夫赵某送给她一枚戒指，王女士非常珍惜。她打算将戒指拿去清洗店清洗，因为这枚戒指对她有着非比寻常的意义，她很担心店员会把戒指弄丢。那么，结婚戒指如在清洗时被弄丢，可以要求精神赔偿吗？

【法律解析】

视具体情况而定，如纪念价值较大是可以要求精神损害赔偿的。我国相关法律规定，具有人格象征意义的特定纪念物品，因侵权行为而永久性灭失或者毁损，物品所有人以侵权为由，向人民法院起诉请求赔偿精神损害的，人民法院应当依法予以受理。

【法条链接】

《精神损害赔偿解释》第四条 具有人格象征意义的特定纪念物品，因侵权行为而永久性灭失或者毁损，物品所有人以侵权为由，向人民法院起诉请求赔偿精神损害的，人民法院应当依法予以受理。

刑事篇
趋利避害远离雷区

◎ **犯罪与刑罚** ◎

出卖亲生子女是否构成犯罪..

【案例】

张某和丈夫在外打工时生下一女婴，因已经有一个女孩了，怕计划生育检查时罚款，无奈之下打算送人。后来一个朋友帮忙联系了一个想收养女婴的人。在孩子6个多月的时候，对方来接孩子，张某的丈夫向其要了5000元钱。这种情况是否构成犯罪?

【法律解析】

《关于打击拐卖妇女儿童犯罪有关问题的通知》规定，出卖亲生子女的，由公安机关依法没收非法所得，并处以罚款;以营利为目的，出卖不满十四周岁子女，情节恶劣的，借收养名义拐卖儿童的，以及出卖捡拾的儿童的，均应以拐卖儿童罪追究刑事责任。因此，出卖亲生子女是否构成犯罪，不能一概而论，主要看情节是否恶劣以及是否以营利为目的。

【法条链接】

《收养法》第三十一条 出卖亲生子女的，由公安部门没收非法所得，并处以罚款;构成犯罪的，依法追究刑事责任。

强拘熟人索要财物，是否构成犯罪..

【案例】

张某与李某是同村村民。某日，张某约李某吃饭，其间，张某向李某借10000元钱。李某没有答应，张某极为恼怒。次日清晨，张某伙同韩某等4人窜至李某家里，将李某挟至一水库边上，对其进行殴打、威胁并剥去其衣物，将其浸泡在冰冷的水里。威胁李某如不交出现金10000元，就要挑断其脚筋。李某无奈，答应给其现金10000元。

【法律解析】

张某等人的行为同时侵犯了李某的人身权和财产权。张某等人对李某殴打威胁、强迫其脱衣并将其推进冷水浸泡等行为都使李某感受到生命的实际威胁，这种以暴力手段取得财物的行为符合抢劫的特征，应当以抢劫罪定罪处罚。

【法条链接】

《刑法》第二百六十三条 以暴力、胁迫或者其他方法抢劫公私财物的，处三年

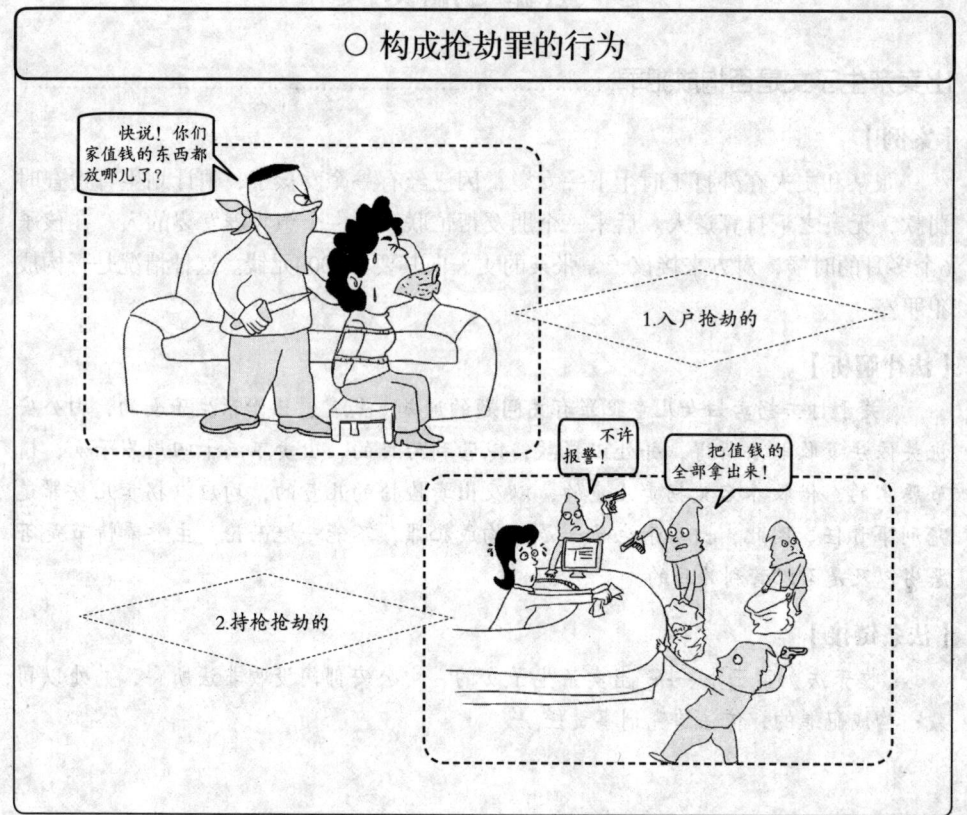

○ 构成抢劫罪的行为

快说！你们家值钱的东西都放哪儿了？

1.入户抢劫的

不许报警！

把值钱的全部拿出来！

2.持枪抢劫的

以上十年以下有期徒刑，并处罚金；有下列情形之一的，处十年以上有期徒刑、无期徒刑或者死刑，并处罚金或者没收其财产：

（一）在公共交通工具上抢劫的；

（二）抢劫银行或者其他金融机构的；

（三）多次抢劫或者抢劫数额巨大的；

（四）抢劫致人重伤、死亡的；

（五）冒充军警人员抢劫的；

（六）抢劫军用物资或者抢险、救灾、救济物资的。

与恋人相约自杀而后后悔，对方自杀身亡，算是故意杀人罪吗

【案例】

刘某和女子张某相恋但遭到双方父母的反对。于是，两人决定相约自杀殉情。刘某从家中找到农药，倒在两个杯子里，准备一起喝下。张某拿到农药，立即饮下，然后痛苦地死去。刘某看到张某临死前痛苦的模样，非常害怕，就没喝。刘某立即叫救护车，由于服用药量过重，张某因抢救无效死亡。刘某的行为应如何认定？

【法律解析】

刘某的行为不构成犯罪。所谓相约自杀，是指两人自愿共同自杀的行为。在自杀的过程中，没有强制或者诱骗的因素，不具备故意杀人罪的构成要件，因此，不能认定为故意杀人罪。此外，刘某在看到张某服食农药后，立即采取了积极的救助措施，履行了对张某的救助义务，因此，不构成犯罪。

【法条链接】

《刑法》第十五条 应当预见自己的行为可能发生危害社会的结果，因为疏忽大意而没有预见，或者已经预见而轻信能够避免，以致发生这种结果的，是过失犯罪。

过失犯罪，法律有规定的才负刑事责任。

贩卖假纪念币违法吗

【案例】

王某平时喜欢收藏。郭某说有古钱币，并拿出几枚"中国人民银行成立四十周年"的1元纪念币，说900元1个，王某前后共花了4500元买了5枚。后来专家鉴定是假的，王某去找郭某，郭某说王某是自愿买的不肯还钱。郭某这种行为违法吗？

【法律解析】

构成完整的诈骗，应具备五个因素：（一）有欺诈行为，从形式上说包括两类，一是虚构事实，二是隐瞒真相；（二）被害人陷入错误认识；（三）被害人作出财产处

分；（四）行为人受益；（五）被害人受损。这几个因素的每个环节都有因果联系。而数额较大的认定，根据《最高人民法院关于审理诈骗案件具体应用法律的若干问题的解释》规定，个人诈骗公私财物2000元以上的，属于"数额较大"。因此，郭某以非法占有为目的，用虚构事实的方法，骗取了4500元，符合诈骗罪构成要件。

【法条链接】

《刑法》第二百六十六条 诈骗公私财物，数额较大的，处三年以下有期徒刑、拘役或者管制，并处或者单处罚金；数额巨大或者有其他严重情节的，处三年以上十年以下有期徒刑，并处罚金；数额特别巨大或者有其他特别严重情节的，处十年以上有期徒刑或者无期徒刑，并处罚金或者没收财产。本法另有规定的，依照规定。

由于"不小心"致人死亡是否构成犯罪

【案例】

李某和曹某是某工地的建筑工人。一天，两人因工作问题发生了激烈的争吵。在拉扯中，李某失手将曹某推倒在地，曹某的后脑撞到了一块石头上，导致颅脑损伤，经抢救无效死亡。李某"不小心"之举，是否构成犯罪？

【法律解析】

李某构成过失致人死亡罪。首先，李某既然是建筑工人，应该很清楚地知道，工地上有很多建筑材料。将人推倒会有什么样的后果，李某应该是了解的，因此，该事件不属于意外事件。此外，之所以认定李某是过失，而不是故意，是由于李某或者已经预见到将曹某推倒可能会有危险，但是轻易地相信可以避免；或者根本由于疏忽大意就没预见，导致了结果的发生。

【法条链接】

《刑法》第十五条 应当预见自己的行为可能发生危害社会的结果，因为疏忽大意而没有预见，或者已经预见而轻信能够避免，以致发生这种结果的，是过失犯罪。

过失犯罪，法律有规定的才负刑事责任。

第二百三十二条 故意杀人的，处死刑、无期徒刑或者十年以上有期徒刑；情节较轻的，处三年以上十年以下有期徒刑。

不满16周岁者盗窃又抗拒抓捕并致人死亡，该如何定罪

【案例】

15周岁的黄某是某市初中一年级的学生。一天傍晚，黄某趁邻居李某全家外出游玩之际，翻墙进入李某家。在一阵翻箱倒柜后，黄某共搜集了现金10000元。正当黄某准备逃跑的时候，李某突然回来。黄某从兜里掏出一把刀，刺向李某的心脏，

李某应声倒地，当场毙命。黄某年纪尚幼，其犯罪情节要如何认定？

【法律解析】

本案对黄某应以故意杀人罪论处。本案中，黄某未满16周岁，在盗窃财物之后，当场使用暴力，在明知后果的情况下，依然用刀刺入李某心脏，致使李某当场死亡。主观上应认定为故意，根据上述的司法解释，应认定黄某构成故意杀人罪既遂。

【法条链接】

《刑法》第十七条 已满十六周岁的人犯罪，应当负刑事责任。

已满十四周岁不满十六周岁的人，犯故意杀人、故意伤害致人重伤或者死亡、强奸、抢劫、贩卖毒品、放火、爆炸、投毒罪的，应当负刑事责任。

已满十四周岁不满十八周岁的人犯罪，应当从轻或者减轻处罚。

因不满十六周岁不予刑事处罚的，责令他的家长或者监护人加以管教；在必要的时候，也可以由政府收容教养。

○ 盗窃财物不认定为犯罪的情形

《最高人民法院关于审理盗窃案件具体应用法律若干问题的解释》第六条 盗窃公私财物虽已达到"数额较大"的起点，但情节轻微，并具有下列情形之一的，可不作为犯罪处理：

1.初犯、偶犯、已满十六周岁不满十八周岁的未成年人作案情节轻微的。

2.主动投案或有立功表现的。

下列情形也可不作为犯罪处理，比如情节轻微并主动坦白或积极退赔的，被胁迫参加盗窃活动，没有分赃或者获赃甚微的，盗窃未遂情节轻微的以及其他情节轻微、危害不大的。

第二次被公安机关逮捕会从重处罚吗..

【案例】

梁某曾因盗窃罪被判处有期徒刑3年。刑满释放之后，梁某重操旧业，不久又因盗窃金融机构被公安机关逮捕。鉴于梁某此次属于"二进宫"，在量刑时，会从重处罚吗？

【法律解析】

对此问题的认定，要区别对待。该问题的关键在于是否构成累犯，构成累犯，即从重处罚。本案中，梁某在第一次服刑期满之后，没有改造好，立刻又开始从事犯罪活动，并且再次被捕，其罪行会被判处有期徒刑以上刑罚，这已经符合构成累犯的要件。因此，应认定梁某已构成累犯，在量刑时应从重处罚。

【法条链接】

《刑法》第六十五条 被判处有期徒刑以上刑罚的犯罪分子，刑罚执行完毕或者赦免以后，在五年以内再犯应当判处有期徒刑以上刑罚之罪的，是累犯，应当从重处罚，但是过失犯罪除外。

前款规定的期限，对于被假释的犯罪分子，从假释期满之日起计算。

犯罪后主动投案会减轻处罚吗..

【案例】

一天，肖某看见一辆崭新的摩托车，且车钥匙还在车上。肖某见四下无人，便仓皇地骑上车跑了。回到家的肖某感到十分害怕，遂即刻到派出所自首。犯罪行为发生后主动投案，在量刑时，会减轻处罚吗？

【法律解析】

我国《刑法》规定，犯罪以后主动投案，如实供述自己罪行的，是自首。对于自首，可以从轻或减轻处罚。对于犯罪较轻的，可以免除处罚。本案中，肖某在犯案后主动到公安机关投案并且交代自己的罪行，应当认定为自首，而且其行为危害不大，因此可不作为犯罪处理。对其量刑处罚时，会从轻或减轻或者免除处罚。

【法条链接】

《刑法》第六十七条 犯罪以后自动投案，如实供述自己的罪行的，是自首。对于自首的犯罪分子，可以从轻或者减轻处罚。其中，犯罪较轻的，可以免除处罚。

被采取强制措施的犯罪嫌疑人、被告人和正在服刑的罪犯，如实供述司法机关还未掌握的本人其他罪行的，以自首论。

被迫自卫致人死亡要负刑事责任吗

【案例】

李某和曹某是同一家公司的员工，平日素有仇怨。一天，李某和曹某又发生了一次争吵，虽然在同事们的劝阻下事情没有闹大，但心有不甘的曹某决定下班后伺机报复。下班以后，曹某在公司附近埋伏，看见李某走出公司大门后，便从兜里掏出一把菜刀，向李某砍去。李某夺过菜刀，本能地一划，菜刀砍中曹某的脖子，曹某当场毙命。对于曹某的死，李某要负刑事责任吗？

【法律解析】

李某的行为属于正当防卫，不必负刑事责任。正当防卫是国家赋予公民的一种面对危险时的防卫权，在适用时是有条件的。本案中，尽管李某在防卫时造成了曹某的死亡，但是，曹某的行为属于故意行凶的暴力犯罪，因此，李某的行为不构成防卫过当，不负刑事责任。

【法条链接】

《刑法》第二十条 为了使国家、公共利益、本人或者他人的人身、财产和其他权利免受正在进行的不法侵害，而采取的制止不法侵害的行为，对不法侵害人造成损害的，属于正当防卫，不负刑事责任。

正当防卫明显超过必要限度造成重大损害的，应当负刑事责任，但是应当减轻或者免除处罚。

对正在进行行凶、杀人、抢劫、强奸、绑架以及其他严重危及人身安全的暴力犯罪，采取防卫行为，造成不法侵害人伤亡的，不属于防卫过当，不负刑事责任。

紧急避险要负刑事责任吗

【案例】

郑某是某路公交车司机。一天，郑某驾驶汽车驶过某繁华地段时，车上一恐怖分子突然跃起，手中挥舞着手枪，叫嚣着要司机直接将车驶向当地市政府，中途不许停车，否则就杀害车上的乘客。经验丰富的郑某利用拐弯的机会，驾车撞向路边的一棵大树，恐怖分子站立不稳，摔倒在地，昏迷过去。车上乘客无一人死亡，客车车身破坏得较为严重。对此事故，郑某要负刑事责任吗？

【法律解析】

郑某的行为构成紧急避险，不用承担刑事责任。紧急避险是国家针对公民的对个人、他人、国家及社会的利益采取保护行为的一种授权。经过这种授权，公民可以根据情况的紧急程度，决定采取何种措施来保护需要保护的利益。本案中，郑某面对恐怖分子劫车的情况，做出的反应是合理且不过当的。因此，不必承担刑事责任。

【法条链接】

《刑法》第二十一条 为了使国家、公共利益、本人或者他人的人身、财产和其他权利免受正在发生的危险，不得已采取的紧急避险行为，造成损害的，不负刑事责任。

紧急避险超过必要限度造成不应有的损害的，应当负刑事责任，但是应当减轻或者免除处罚。

给赃车"换装"，也有罪吗

【案例】

周某将一辆盗窃回来的小汽车开到郑某的修理店，告知郑某车是偷来的，要求将该车车身的颜色更换为黑色。郑某为了获利，便按照周某的要求更换了车身颜色，收取了周某的材料费和加工费。那么，郑某的行为是否合法呢？

【法律解析】

郑某的行为是违法行为。本案中，周某已明确告知郑某汽车是盗窃所得，郑某在主观上是故意的；在客观上，郑某按照盗窃犯罪嫌疑人周某的要求更换车身颜色，其行为符合改装行为。由此可知，郑某的行为已触犯《刑法》，应按窝藏罪处罚。

【法条链接】

《刑法》第三百一十二条 明知是犯罪所得的赃物而予以窝藏、转移、收购或者代为销售的，处三年以下有期徒刑、拘役或者管制，并处或者单处罚金。

私藏"假枪"也犯法吗

【案例】

26岁的夏某是个地道的军事迷。他通过互联网等渠道收购其喜爱的仿真枪并私藏于家中，其中部分枪支还配有相应的金属子弹。闲时他就关紧房门，在家中独自对着塞满棉花的鞋盒子练习枪法。2007年8月，警方接到群众举报，在夏某家中查获6支仿真枪，其中4支是以压缩气体为动力的，具有近距离杀伤力。夏某认为，自己没有用枪伤害别人的意图，只是收藏，不构成犯罪。

【法律解析】

依照相关规定，非法持有、私藏以火药为动力发射枪弹的非军用枪支1支或者以压缩气体等为动力的其他非军用枪支2支以上的，以非法持有枪支罪定罪处罚。本案中，夏某持有的6支手枪中有4支是以压缩气体为动力的枪支，故检察机关按照非法持有枪支罪对其批准逮捕。

【法条链接】

《刑法》第一百二十八条 违反枪支管理规定，非法持有、私藏枪支、弹药的，处三年以下有期徒刑、拘役或者管制；情节严重的，处三年以上七年以下有期徒刑。

依法配备公务用枪的人员，非法出租、出借枪支的，依照前款的规定处罚。

依法配置枪支的人员，非法出租、出借枪支，造成严重后果的，依照第一款的规定处罚。

单位犯第二款、第三款罪的，对单位判处罚金，并对其直接负责的主管人员和其他直接责任人员，依照第一款的规定处罚。

骗取离婚手续改嫁算重婚......

【案例】

由于丈夫赵某长期在外打工，家中留守的妻子与贾某之间产生感情。为了"摆脱"赵某，妻子让贾某冒充赵某，去民政局办理了"离婚"手续。又与贾某闪电结婚。赵某回家后发现妻子已另嫁他人，与民政局对簿公堂。法院经审理，判决民政局支付赵某8000元赔偿费，并撤销了赵某与妻子的"离婚协议书"。对此判决，赵某并无异议，他表示将委托律师，追究妻子的重婚罪。

【法律解析】

本案中，妻子和赵某的合法婚姻存续期间，弄虚作假，让情人假冒自己的丈夫，骗取离婚手续后，又登记结婚，她的"第二次婚姻"应认定为重婚。贾某明知赵某的妻子是有夫之妇，仍与其串通，合谋骗取离婚手续后又与其登记结婚。贾某的行为也涉嫌构成重婚罪。

【法条链接】

《刑法》第二百五十八条 有配偶而重婚的，或者明知他人有配偶而与之结婚的，处二年以下有期徒刑或者拘役。

挪用公款后主动还上，是否构成犯罪......

【案例】

薛某在某公司做出纳工作。2008年12月8日，他挪用了公司2万元借给了一位亲戚急用，但是第二天就遇到公司突击盘点。事发后，薛某主动承认了错误，并立即把挪用的2万元归还给了公司。可是，公司主管要求薛某立即辞职，并办理辞职手续，否则便要告薛某挪用资金罪。

【法律解析】

如果薛某挪用公司资金借给他人进行营利或者非法活动，涉嫌构成挪用资金罪。

劳动者严重违反用人单位的规章制度的，用人单位可以依据劳动合同法与其解除劳动合同。

【法条链接】

《刑法》第二百七十二条 公司、企业或者其他单位的工作人员，利用职务上的便利，挪用本单位资金归个人使用或者借贷给他人，数额较大、超过三个月未还的，或者虽未超过三个月，但数额较大、进行营利活动的，或者进行非法活动的，处三年以下有期徒刑或者拘役；挪用本单位资金数额巨大的，或者数额较大不退还的，处三年以上十年以下有期徒刑。

国有公司、企业或者其他国有单位中从事公务的人员和国有公司、企业或者其他国有单位委派到非国有公司、企业以及其他单位从事公务的人员有前款行为的，依照本法第三百八十四条的规定定罪处罚。

◎ 危害国家、公共安全罪 ◎

剥夺政治权利是什么意思

【案例】

某知名高校的在校三年级学生黄某，平日思考问题激进暴力，总是在公共场合表现对国家及社会现状的不满，大肆宣扬反动言论，甚至秘密地召集一些所谓的同道中人，成立了一个政党，将推翻中国共产党的领导作为政治目标写入了所谓的"党章"。后被学校发现。黄某以危害国家安全罪被判处有期徒刑10年，剥夺政治权利3年。什么是剥夺政治权利？

【法律解析】

我国《刑法》在规定了五种主刑外，还规定了三种附加刑，包括罚金、剥夺政治权利以及没收财产。附加刑可以与主刑附加使用，也可以单独使用。剥夺政治权利，顾名思义就是限制政治权利的行使。《宪法》赋予每个公民选举权、被选举权、言论结社自由等政治权利，将这些权利剥夺，显然是一种惩罚性的措施。政治权利的意义是重大的，我国是人民民主专政的国家，人民群众参与政权是立国之本，而公民参与治国依据的就是政治权利。将这些权利剥夺，公民国家主人的地位就无法体现了。

【法条链接】

《刑法》第五十四条 剥夺政治权利是剥夺下列权利：

（一）选举权和被选举权；

○ 哪些犯罪分子应附加剥夺政治权利

我国《刑法》第56条规定了附加剥夺政治权利的几种适用情形：

1.对于危害国家安全的犯罪分子，应当附加剥夺政治权利。

2.对于被判处死刑、无期徒刑的犯罪分子，应当剥夺政治权利终身。

3.对于故意杀人、强奸、放火、爆炸、投毒、抢劫等严重破坏社会秩序的犯罪分子，可以附加剥夺政治权利。

（二）言论、出版、集会、结社、游行、示威自由的权利；

（三）担任国家机关职务的权利；

（四）担任国有公司、企业、事业单位和人民团体领导职务的权利。

私藏枪支犯罪吗..

【案例】

钱女士一家居住在离市区较远的郊区，附近环境比较荒野，治安也不太好。钱女士的丈夫常年不在家，家里只有钱女士和孩子居住，于是钱女士便私藏了一把枪，以备不时之需。一天，孩子无意中发现了手枪，便拿出来玩耍。附近的邻居看到孩子手中的枪后，惊慌之余便大声喊叫，引起了不小的恐慌。直到警察闻讯赶到，局面才得以控制。钱女士私藏枪支构成犯罪吗？

【法律解析】

钱女士私藏枪支构成犯罪。我国对于枪械的管理是非常严格的，任何单位或者个人非法持有、制造、买卖、运输、出租、出借枪支等的行为都要受到严厉的惩罚。严格的枪械管理是为了防止枪支泛滥的情况发生，以便保证国家安全，维护社会稳定。本案中，钱女士私藏枪支，并引起了周围群众的恐慌，构成犯罪，应承担刑事责任。

【法条链接】

《刑法》第一百二十八条 违反枪支管理规定，非法持有、私藏枪支、弹药的，处三年以下有期徒刑、拘役或者管制；情节严重的，处三年以上七年以下有期徒刑。

依法配备公务用枪的人员，非法出租、出借枪支的，依照前款的规定处罚。

依法配置枪支的人员，非法出租、出借枪支，造成严重后果的，依照第一款的规定处罚。

单位犯第二款、第三款罪的，对单位判处罚金，并对其直接负责的主管人员和其他直接责任人员，依照第一款的规定处罚。

买卖炸药犯罪吗..

【案例】

黄某想要亲身体验一下身在爆炸现场的感受，于是通过朋友购买了1公斤的炸药。此事被邻居杨某得知，感到十分恐惧，于是向公安机关举报。公安机关遂对黄某依法拘留审讯。黄某购买炸药的行为是违法的吗？

【法律解析】

黄某的行为是违法的。目前，炸药被广泛地用于军事领域，也会用于科学技术领域。这是一种破坏力极大的物质，当然不能在日常生活中随意地买卖、借贷和使用。和枪支类似，炸药也是受国家严格控制的。本案中，黄某为追求个人刺激，私自买卖炸药，必须被给予严厉的处罚。

【法条链接】

《刑法》第一百二十五条 非法制造、买卖、运输、邮寄、储存枪支、弹药、爆炸物的，处三年以上十年以下有期徒刑；情节严重的，处十年以上有期徒刑、无期徒刑或者死刑。

非法买卖、运输核材料的，依照前款的规定处罚。

单位犯前两款罪的，对单位判处罚金，并对其直接负责的主管人员和其他直接责任人员，依照第一款的规定处罚。

制作警服、警用器械可以销售吗..

【案例】

某黑社会团体常年从事违法乱纪的活动，冒充警察以办案为名，实施抢劫、盗窃、杀人的犯罪活动。最近，该黑社会头目决定制作一批警服以及警械，以便冒充警察时更具逼真的效果，遂秘密委托某服装厂制作这批警服警械。警察、法官，以及检察官制式的服装和相关的器械可以被随意地生产、销售吗？

【法律解析】

按照法律规定，非法生产、销售人民警察制式服装、车辆号牌等专用标志、警械，构成犯罪，要追究刑事责任。警察被别人冒充，必然会引起社会秩序的混乱，造成严重的社会危害。本案中，该服装厂接受委托，非法制作警服、警械，触犯了《刑法》。按照法律规定，要追究其刑事责任。

【法条链接】

《刑法》第二百八十一条 非法生产、买卖人民警察制式服装、车辆号牌等专用标志、警械，情节严重的，处三年以下有期徒刑、拘役或者管制，并处或者单处罚金。

单位犯前款罪的，对单位判处罚金，并对其直接负责的主管人员和其他直接责任人员，依照前款的规定处罚。

将禁止出口的珍贵文物私自赠送给外国友人，构成犯罪吗..............................

【案例】

郑某的祖上是望族显贵，家境殷实。郑某作为独子，继承了家族所有的财产，在这些财产中，包括一些国家级的珍贵文物。一天，郑某的一位外国朋友来访，郑某非常高兴，遂将一件珍贵的唐代瓷器赠送给了外国朋友。郑某的行为构成犯罪吗?

【法律解析】

郑某的行为构成犯罪。一般来说，珍贵的文物都会收归国有，由国家保存。但是，也会有一些文物被私人收藏家收藏。本着珍贵的文物不能外流的意图，国家制定了相关的条文。本案中，郑某并不是为了盈利，而只是弘扬友善，尽管这样，在没有经过国家批准的情况下，私自将珍贵文物赠送给外国友人，也是不可以的。

【法条链接】

《刑法》第三百二十五条 违反文物保护法规，将收藏的国家禁止出口的珍贵文物私自出售或者私自赠送给外国人的，处五年以下有期徒刑或者拘役，可以并处罚金。

单位犯前款罪的，对单位判处罚金，并对其直接负责的主管人员和其他直接责任人员，依照前款的规定处罚。

◎ 破坏市场经济秩序罪 ◎

骗购经济适用房的行为是否构成犯罪..

【案例】

2006年3月，梁某在网上看见一套经济适用房，面积65平方米，总价36万元。虽然他已经有一套房屋，但想买下来作为投资。在不符合购房条件的情况下，他虚报了个人申请资料，还伪造了户口本，最终购得了房屋。那么，骗购经济适用房的行为是否构成犯罪?

【法律解析】

对于骗购经济适用房的行为，主要是以行政和经济手段进行调处，根据《经济适用住房管理办法》第四十三条的规定，梁某伪造证件，构成了犯罪，应当由公安机关进行处理。

【法条链接】

《经济适用住房管理办法》第四十三条 对弄虚作假、隐瞒家庭收入和住房条件，骗购经济适用住房或集资、合作建房的个人，由经济适用住房主管部门追回已购住房或者由购买人按市场价补足购房款，并可提请所在单位对申请人进行行政处分;对出具虚假证明的单位，由经济适用住房主管部门提请有关部门追究单位主要领导的责任。

以虚假合同骗取银行贷款应负什么责任......

【案例】

某商贸公司的资金周转出现了问题，为了能够得到银行的贷款，该公司用虚假的合同蒙蔽银行，说是履行合同后，将有很大的收益。银行在不查明真相之下，发放了巨额的贷款。该商贸公司的行为构成犯罪吗？

【法律解析】

该商贸公司的行为构成金融诈骗罪。金融诈骗罪是指以非法占有为目的，采用虚构事实或者隐瞒事实真相的方法，骗取公私财物或者金融机构信用，破坏金融管理秩序的行为。本案中，该公司为了骗取银行的贷款，伪造合同，在主观上属于故意为之，在客观上是以非法占有财产为目的，而且诈骗的数额比较巨大，构成金融诈骗罪。

【法条链接】

《刑法》第一百九十三条 有下列情形之一，以非法占有为目的，诈骗银行或者其他金融机构的贷款，数额较大的，处五年以下有期徒刑或者拘役，并处二万元以上二十万元以下罚金；数额巨大或者有其他严重情节的，处五年以上十年以下有期徒刑，并处五万元以上五十万元以下罚金；数额特别巨大或者有其他特别严重情节的，处十年以上有期徒刑或者无期徒刑，并处五万元以上五十万元以下罚金或者没收财产：

（一）编造引进资金、项目等虚假理由的；

（二）使用虚假的经济合同的；

（三）使用虚假的证明文件的；

（四）使用虚假的产权证明作担保或者超出抵押物价值重复担保的；

（五）以其他方法诈骗贷款的。

以假消息严重影响股市交易，是否违法......

【案例】

薛某炒股票已经有10年了。不久前，股市大幅上涨，薛某分析股市的上涨不会持续很长时间，很快就会下跌，遂在网上散布消息，并称这是内部人员提供。结果，很多股民闻讯，纷纷抛售股票，股市的秩序遭受了严重的冲击，濒临崩溃。薛某的行为构成犯罪吗？

【法律解析】

薛某的行为构成犯罪。本案中，薛某将自己预测的消息，以内部消息的名义，利用网络进行传播，故意散布股市行情的假消息，严重扰乱股市正常的秩序，造成不可预计的后果，构成破坏金融管理秩序罪，应受到严厉的惩处。

【法条链接】

《刑法》第一百八十一条 编造并且传播影响证券交易的虚假信息，扰乱证券交易市场，造成严重后果的，处五年以下有期徒刑或者拘役，并处或者单处一万元以上十万元以下罚金。

证券交易所、证券公司的从业人员，证券业协会或者证券管理部门的工作人员，故意提供虚假信息或者伪造、变造、销毁交易记录，诱骗投资者买卖证券，造成严重后果的，处五年以下有期徒刑或者拘役，并处或者单处一万元以上十万元以下罚金；情节特别恶劣的，处五年以上十年以下有期徒刑，并处二万元以上二十万元以

○ 破坏金融管理秩序罪的类型

　　破坏金融管理秩序罪在客观方面表现为违反国家对金融市场的监督管理的法律、法规。这类犯罪的客观方面的表现形式多种多样，常见类型包括：

1.破坏货币管理制度的犯罪行为

　　包括伪造货币；变造货币；出售、购买、运输假币；金融工作人员购买假币、以假币换取货币等行为。

2.扰乱证券市场交易秩序的犯罪行为

　　包括操纵证券市场价格；以散布谣言、虚假信息等手段影响证券发行交易；利用职务便利，人为压低或抬高证券价格等。

下罚金。

单位犯前两款罪的，对单位判处罚金，并对其直接负责的主管人员和其他直接责任人员，处五年以下有期徒刑或者拘役。

虚报遭窃的数额骗取保险金构成犯罪吗

【案例】

贾某是某公司总裁，给自己的财产上了巨额的财产保险附加盗窃险。一次，贾某带着全家去外地旅游。回来时，发现家中遭窃，清点了财产后，发现丢失现金大概2万元、金项链1条。贾某遂向保险公司谎报了失窃的数额，称丢失现金5万元、金项链3条。这样的行为是违法的吗？

【法律解析】

贾某的行为已经构成了犯罪。本案中，贾某向保险公司虚报遭窃的数额以骗取保险金，这是一种保险欺诈的行为，如果犯罪危害轻微，一般给予行政处罚；如果情节严重，则认定构成金融诈骗罪，依法追究其刑事责任。

【法条链接】

《刑法》第一百九十八条 有下列情形之一，进行保险诈骗活动，数额较大的，处五年以下有期徒刑或者拘役，并处一万元以上十万元以下罚金；数额巨大或者有其他严重情节的，处五年以上十年以下有期徒刑，并处二万元以上二十万元以下罚金；数额特别巨大或者有其他特别严重情节的，处十年以上有期徒刑，并处二万元以上二十万元以下罚金或者没收财产：

（一）投保人故意虚构保险标的，骗取保险金的；

（二）投保人、被保险人或者受益人对发生的保险事故编造虚假的原因或者夸大损失的程度，骗取保险金的；

（三）投保人、被保险人或者受益人编造未曾发生的保险事故，骗取保险金的；

（四）投保人、被保险人故意造成财产损失的保险事故，骗取保险金的；

（五）投保人、受益人故意造成被保险人死亡、伤残或者疾病，骗取保险金的。

有前款第四项、第五项所列行为，同时构成其他犯罪的，依照数罪并罚的规定处罚。

单位犯第一款罪的，对单位判处罚金，并对其直接负责的主管人员和其他直接责任人员，处五年以下有期徒刑或者拘役；数额巨大或者有其他严重情节的，处五年以上十年以下有期徒刑；数额特别巨大或者有其他特别严重情节的，处十年以上有期徒刑。

保险事故的鉴定人、证明人、财产评估人故意提供虚假的证明文件，为他人诈骗提供条件的，以保险诈骗的共犯论处。

暴力抗税的行为要承担刑事责任吗...

【案例】

某市一啤酒集团的总经理许某与黑道相勾结，暴力抗税。税务机关的工作人员多次上门催缴税款，无人理会。许某为了"教训"这些税务人员，便纠集了一些黑道打手，武力威胁这些税务人员，声称：谁要再查，就要谁好看。许某的行为构成犯罪吗？

【法律解析】

许某的行为构成抗税罪。本案中，许某指使打手武力威胁税务机关的工作人员，拒不缴纳税款，侵犯了国家的税收管理制度，又采用暴力、威胁方法抗拒缴纳应纳的税款，因此，还侵犯了执行征税职务活动的税务人员的人身权利。

【法条链接】

《刑法》第二百零二条 以暴力、威胁方法拒不缴纳税款的，处三年以下有期徒刑或者拘役，并处拒缴税款一倍以上五倍以下罚金；情节严重的，处三年以上七年以下有期徒刑，并处拒缴税款一倍以上五倍以下罚金。

◎ 侵犯公民人身权利、民主权利罪 ◎

随便诬陷诽谤别人构成犯罪吗...

【案例】

夏某被公司作为新的接班人大力栽培。同级别的人事部门主管韩某出于忌妒，遂在公司内部散布谣言，说夏某经常召妓，同时还涉嫌侵吞公司财产。此举严重地损坏了夏某的声誉，连公司的高层也开始对夏某重新考量，甚至夏某的妻子也吵闹着要和夏某离婚。韩某的行为构成犯罪吗？

【法律解析】

韩某的行为构成诽谤罪。本案中，韩某出于忌妒，散布谣言，严重地损坏了夏某的名誉，给夏某的生活造成了恶劣的影响，情节非常恶劣，已经构成了诽谤罪，要依法追究其刑事责任。

【法条链接】

《刑法》第二百四十三条 捏造事实诬告陷害他人，意图使他人受刑事追究，情节严重的，处三年以下有期徒刑、拘役或者管制；造成严重后果的，处三年以上十年以下有期徒刑。

○ 哪些行为构成诽谤罪

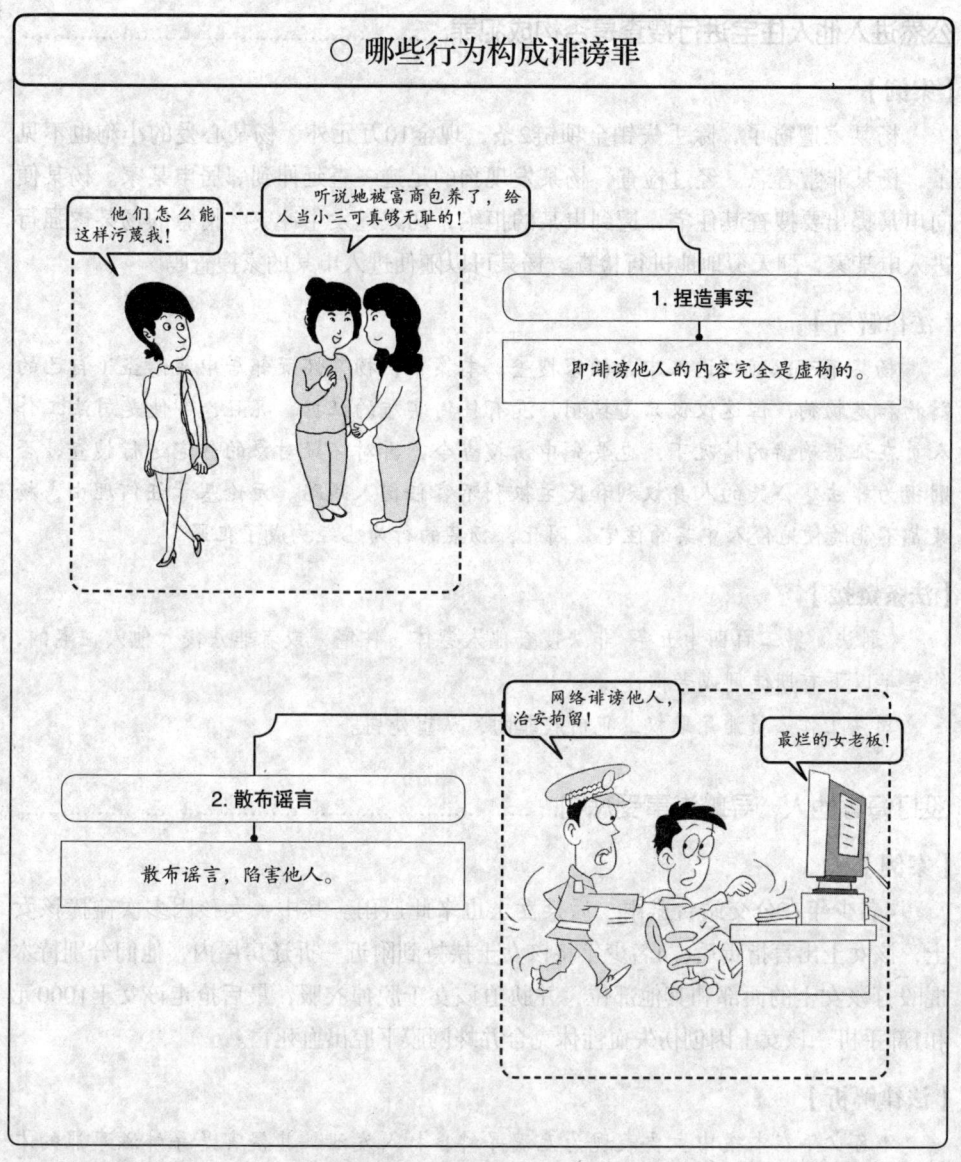

国家机关工作人员犯前款罪的，从重处罚。

不是有意诬陷，而是错告，或者检举失实的，不适用前两款的规定。

第二百四十六条 以暴力或者其他方法公然侮辱他人或者捏造事实诽谤他人，情节严重的，处三年以下有期徒刑、拘役、管制或者剥夺政治权利。

前款罪，告诉的才处理，但是严重危害社会秩序和国家利益的除外。

公然进入他人住宅进行搜查是否构成犯罪..

【案例】

杨某家遭窃了，除丢失铂金项链2条，现金10万元外，杨某心爱的小狗也不见了，杨某非常着急。经过检查，杨某发现狗的足迹一直延伸到邻居申某家。杨某便向申某提出要搜查其住宅，遭到申某的拒绝，两人遂发生冲突。情急的杨某遂强行进入申某家，翻天覆地地进行检查。杨某可以随便进入申某的家搜查吗？

【法律解析】

杨某不可以随便进入申某的家搜查。本案中，杨某怀疑邻居申某偷盗了自己的财物和宠物狗，但这仅仅只是揣测，没有任何实质的证据。况且，即使是司法工作人员在证据确凿的情况下，也要先申请搜查令，再对怀疑对象的住宅进行搜查，否则视为非法。公民的人身权利和民主权利不容任何人践踏。无论基于任何理由，杨某都不能随便地侵入申某的住宅。因此，杨某的行为已经构成了犯罪。

【法条链接】

《刑法》第二百四十五条 非法搜查他人身体、住宅，或者非法侵入他人住宅的，处三年以下有期徒刑或者拘役。

司法工作人员滥用职权，犯前款罪的，从重处罚。

殴打侮辱他人，寻衅滋事受惩罚..

【案例】

4名少年在公交站台避雨，后某女士也来此避雨。其中一女孩因多次碰撞该女士，该女士出言指责后，4名少年将该女士挟持到附近一拆迁房屋内，他们分别持木棍殴打该女士的面部和其他部位，并胁迫该女士脱掉衣服，最后抢走女士1000元和1部手机。该女士因创伤失血性休克合并蛛网膜下腔出血死亡。

【法律解析】

4名少年在本案中主要表现为无端寻衅、打人发泄，其侵害是寻衅滋事罪的本质特征。本案中，4名少年将该女士殴打致死，情节恶劣，符合寻衅滋事罪的犯罪构成，所以，以寻衅滋事罪对4名少年定罪量刑。

【法条链接】

《刑法》第二百九十三条 有下列寻衅滋事行为之一，破坏社会秩序的，处五年以下有期徒刑、拘役或者管制：

（一）随意殴打他人，情节恶劣的；

（二）追逐、拦截、辱骂他人，情节恶劣的；

（三）强拿硬要或者任意损毁、占用公私财物，情节严重的；

（四）在公共场所起哄闹事，造成公共场所秩序严重混乱的。

虐待家人，情节恶劣要被治罪..

【案例】

丁某与妻子赵某从孤儿院领养了一个男孩。男孩长大成人后经常因为一些生活琐事打骂养父母。一天，男孩酒后回到家中，因为赵某的一句问话即对其大骂并拳打脚踢，致赵某头面部、前额多处受伤。第二天凌晨，赵某因不堪忍受虐待，跳入湖中自杀身亡。

【法律解析】

虐待家庭成员，情节恶劣的，处二年以下有期徒刑、拘役或者管制。致使被害人重伤死亡的，处二年以上七年以下有期徒刑。如果造成被害人重伤或是死亡，可以到派出所或检察院报案，由检察院提起公诉。

【法条链接】

《刑法》第二百六十条 虐待家庭成员，情节恶劣的，处二年以下有期徒刑、拘役或者管制。

犯前款罪，致使被害人重伤、死亡的，处二年以上七年以下有期徒刑。

第一款罪，告诉的才处理。

与精神病人发生性关系，构成犯罪吗..

【案例】

郭某的男朋友出车祸身亡后，郭某内心受到重创，变得神志恍惚，并间歇性发作精神病。一天，郭某想到了男朋友，精神病发作，神志不清。邻居曾某见此情景，便趁机与郭某发生了关系，郭某以为是男朋友，因此未做抵抗。曾某的行为构成犯罪吗？

【法律解析】

曾某的行为构成强奸罪。本案中，曾某在与郭某发生关系时，尽管没有遭遇抵抗，但由于郭某的精神病发作，神志不清，对自己的行为不能做出正确的判断，所以仍然认定为强奸罪成立。

【法条链接】

《最高人民法院、最高人民检察院、公安部关于当前办理强奸案件中具体应用法律的若干问题的解释》明知妇女是精神病患者或者痴呆者（程度严重的）而与其发生性行为的，不管犯罪分子采取什么手段，都应以强奸罪论处。

恶毒辱骂他人致使对方自杀，骂人者要承担什么责任·····················

【案例】

贾某和刘某是邻居，素来不和。一天，两人在菜市场相遇，同时看中了一条鱼，双方均不肯退让，争执不下。于是，贾某破口大骂，说出各种不堪入耳的粗言俗语，引起群众的围观与哄笑。刘某感到自己受到了羞辱，内心造成很大的创伤，遂自杀了。贾某的行为要如何认定？

【法律解析】

贾某的行为构成侮辱罪。本案中，贾某没有直接杀人，因此不能认定为故意杀人罪。贾某对刘某进行言辞上的谩骂，当众恶意地羞辱刘某，构成侮辱。通常情况，行为人先前实施了严重的违法行为，结果导致被害人自杀身亡的，可把致人自杀死亡的结果作为一个严重的情节考虑。因此，贾某对刘某的死不能以故意杀人罪论处，只在认定贾某构成侮辱罪时，作为一个量刑的情节，从重处罚。

【法条链接】

《刑法》第二百四十六条　以暴力或者其他方法公然侮辱他人或者捏造事实诽谤他人，情节严重的，处三年以下有期徒刑、拘役、管制或者剥夺政治权利。

前款罪，告诉的才处理，但是严重危害社会秩序和国家利益的除外。

◎ 妨害社会管理秩序罪 ◎

戏称商场有炸弹，也会被判刑吗·····························

【案例】

王某偶然在报纸上看到某商场的服务台电话，决定跟商场总台服务员开个"玩笑"。他当即拨通了电话，对总台服务员说商场中有一枚炸弹。服务员立即报告了领导。警方接警后，火速疏散顾客，搜寻了几个小时，才发现这只是一个恶作剧。事后，王某被判处有期徒刑两年。

【法律解析】

王某的行为已构成编造、故意传播虚假恐怖信息罪。本案中，王某谎称商场有炸弹，属编造、故意传播爆炸威胁性恐怖信息；通过传播后引起了疏散顾客、警察搜寻等后果，严重扰乱了社会秩序。尽管是开玩笑，但王某对由此产生的后果持放任态度，而非适可而止，具有主观上的间接故意。

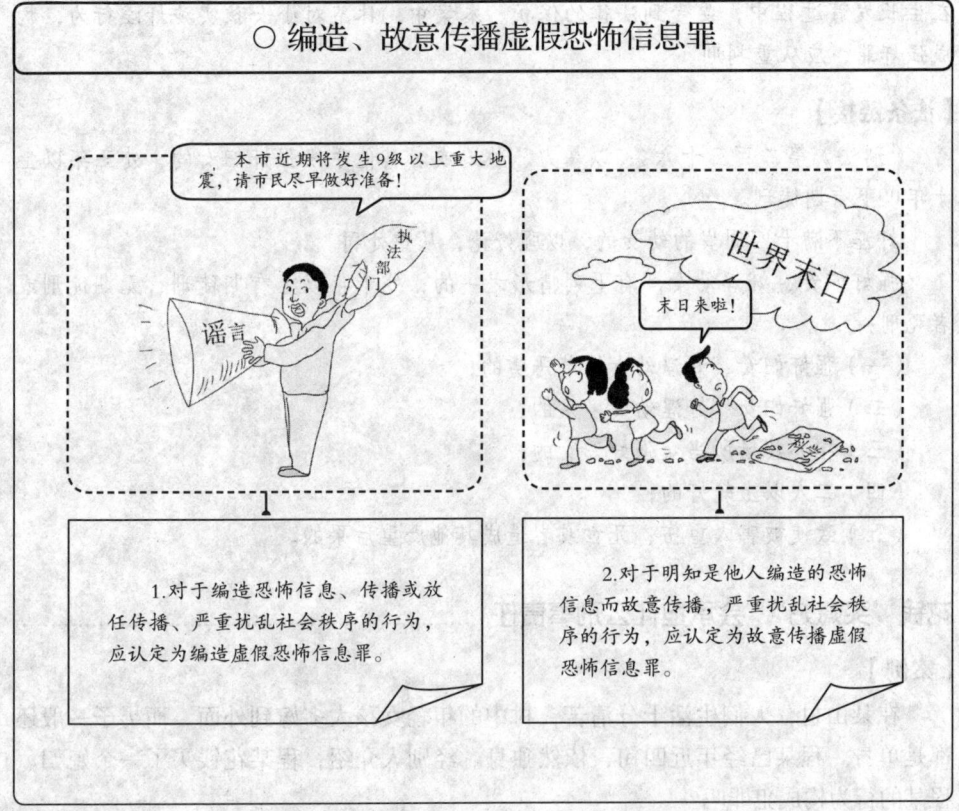

○ 编造、故意传播虚假恐怖信息罪

本市近期将发生9级以上重大地震，请市民尽早做好准备！

执法部门

谣言

世界末日

末日来啦！

1.对于编造恐怖信息、传播或放任传播、严重扰乱社会秩序的行为，应认定为编造虚假恐怖信息罪。

2.对于明知是他人编造的恐怖信息而故意传播，严重扰乱社会秩序的行为，应认定为故意传播虚假恐怖信息罪。

【法条链接】

　　《中华人民共和国刑法修正案（三）》编造爆炸威胁、生化威胁、放射威胁等恐怖信息，或者明知是编造的恐怖信息而故意传播，严重扰乱社会秩序的，处五年以下有期徒刑、拘役或者管制；造成严重后果的，处五年以上有期徒刑。

奸淫幼女，会被从重判刑吗......

【案例】

　　林某的邻居韩某家有一个12岁的小女儿，林某经常去韩某家做客，两家彼此之间比较熟悉。一天晚上，韩某夫妇外出办事，只留下女儿看家。林某借做客为名，来到韩某家，诱骗小女孩，与其发生了性关系。林某要承担什么刑事责任？

【法律解析】

　　林某奸淫幼女，按强奸罪论处，并从重判刑。奸淫幼女是指行为人与不满十四周岁的幼女发生性关系的行为。无论是在生理上还是在心理上，这些未成年人还处在生长发育过程中，要受到法律的保护。本案中，林某对小女孩实施奸淫行为，构成强奸罪，应从重判刑。

【法条链接】

《刑法》第二百三十六条 以暴力、胁迫或者其他手段强奸妇女的，处三年以上十年以下有期徒刑。

奸淫不满十四周岁的幼女的，以强奸论，从重处罚。

强奸妇女、奸淫幼女，有下列情形之一的，处十年以上有期徒刑、无期徒刑或者死刑：

（一）强奸妇女、奸淫幼女情节恶劣的；

（二）强奸妇女、奸淫幼女多人的；

（三）在公共场所当众强奸妇女的；

（四）二人以上轮奸的；

（五）致使被害人重伤、死亡或者造成其他严重后果的。

花钱"买媳妇"，会承担什么刑事责任

【案例】

在某山村，人们生活十分清苦，村中的年轻女孩大多嫁到外面，而男子一般还都是单身。程某已经年近四旬，依然独身。经别人介绍，程某花钱买了一个媳妇。程某的行为构成犯罪吗？

【法律解析】

程某的行为构成犯罪。拐卖妇女的行为是犯罪，收买被拐卖妇女的行为同样是犯罪，同样要追究刑事责任。本案中，程某剥夺了被拐卖女子的人身自由，违背了其意志，应当追究其刑事责任。如果程某强行与买来的媳妇发生性关系，还应加判强奸罪。

【法条链接】

《刑法》第二百四十一条 收买被拐卖的妇女、儿童的，处三年以下有期徒刑、拘役或者管制。

收买被拐卖的妇女，强行与其发生性关系的，依照本法第二百三十六条的规定定罪处罚。

收买被拐卖的妇女、儿童，非法剥夺、限制其人身自由或者有伤害、侮辱等犯罪行为的，依照本法的有关规定定罪处罚。

收买被拐卖的妇女、儿童，并有第二款、第三款规定的犯罪行为的，依照数罪并罚的规定处罚。

○ 构成拐卖妇女罪的行为有哪些

拐卖妇女罪在客观上表现为非法拐骗、绑架、收买、贩卖、接送或者中转妇女的行为。在五种行为方式中，拐骗和贩卖是拐卖妇女罪中最主要、最常见的客观表现。

收买被拐卖的妇女、儿童又出卖的，依照本法第二百四十条的规定定罪处罚。

收买被拐卖的妇女、儿童，按照被买妇女的意愿，不阻碍其返回原居住地的，对被买儿童没有虐待行为，不阻碍对其进行解救的，可以不追究刑事责任。

故意传播艾滋病要承担什么刑事责任...

【案例】

林某因为一次意外事故感染了艾滋病病毒。林某为了报复社会，购买了针管，将自己的一部分血液放在针管里，只要看见自己讨厌的人，就将自己的血液注射到别人的身体内，恶意传播艾滋病病毒。尽管脱离了人体的艾滋病病毒再感染的几率较小，但还是引起了社会的恐慌，造成了恶劣的影响。林某的行为要承担什么刑事责任？

【法律解析】

林某的行为构成传播传染病罪。本案中，林某恶意地传播艾滋病病毒，也许没有实质的感染，但是，仅仅做出这样的行为就已经是巨大的威胁了，足以引发恐慌，造成恶劣的社会影响。因此，林某构成传播传染病罪，要依法追究其刑事责任。

【法条链接】

《刑法》第三百三十二条 违反国境卫生检疫规定，引起检疫传染病传播或者有传播严重危险的，处三年以下有期徒刑或者拘役，并处或者单处罚金。

单位犯前款罪的，对单位判处罚金，并对其直接负责的主管人员和其他直接责任人员，依照前款的规定处罚。

随意砍伐树木的行为构成犯罪吗

【案例】

杨某打算盖房子。动工前，杨某发现后山的树林可以提供盖房需要的木材，这样就可以省去一笔不小的开支。杨某便带人到后山随意地砍伐了很多树木，裁成木料，拿回家盖房子。杨某的行为构成犯罪吗？

【法律解析】

杨某的行为构成盗伐林木罪。本案中，杨某没有砍树证，就带人上山砍伐树木，是违法行为。森林资源是我国重要的资源，是生物多样化的基础。为了保护森林资源，国家出台了很多法律，禁止滥砍滥伐。杨某无视国家法律的相关规定，滥砍滥伐森林资源，要追究其刑事责任。

【法条链接】

《刑法》第三百四十五条 盗伐森林或者其他林木，数量较大的，处三年以下有期徒刑、拘役或者管制，并处或者单处罚金；数量巨大的，处三年以上七年以下有期徒刑，并处罚金；数量特别巨大的，处七年以上有期徒刑，并处罚金。

违反森林法的规定，滥伐森林或者其他林木，数量较大的，处三年以下有期徒刑、拘役或者管制，并处或者单处罚金；数量巨大的，处三年以上七年以下有期徒刑，并处罚金。

以牟利为目的，在林区非法收购明知是盗伐、滥伐的林木，情节严重的，处三年以下有期徒刑、拘役或者管制，并处或者单处罚金；情节特别严重的，处三年以上七年以下有期徒刑，并处罚金。

盗伐、滥伐国家级自然保护区内的森林或者其他林木的，从重处罚。

公民持有多少毒品就属违法了

【案例】

杨某的朋友中有不少人吸毒。一次，杨某的一个朋友将1包200克左右的海洛因交给杨某保管，说不久会来取走。杨某的一个亲戚来家里玩，无意中发现了毒品，就报了警。接到报警的警察到杨某家缴获了毒品，并将杨某拘捕。

【法律解析】

按照毒品种类的不同，标准也就不同。根据《刑法》规定，公民非法持有鸦片200克以上1000克以下，持有海洛因或者甲基苯丙胺10克以上50克以下，持有其他毒品数量较大的，就构成犯罪。

【法条链接】

《刑法》第三百四十八条 非法持有鸦片一千克以上、海洛因或者甲基苯丙胺五十克以上或者其他毒品数量大的，处七年以上有期徒刑或者无期徒刑，并处罚金；非法持有鸦片二百克以上不满一千克、海洛因或者甲基苯丙胺十克以上不满五十克或者其他毒品数量较大的，处三年以下有期徒刑、拘役或者管制，并处罚金；情节严重的，处三年以上七年以下有期徒刑，并处罚金。

发生食物中毒事件，食品生产厂家要负刑事责任吗

【案例】

某饮料厂生产的饮料不符合卫生标准，就投放到市场上。很多人在饮用了该厂生产的饮料后，出现了中毒的现象，上吐下泻，纷纷住院治疗。对于此事，该饮料厂要承担什么样的刑事责任？

【法律解析】

该饮料厂构成生产、销售不符合卫生标准的食品罪。本案中，该厂生产的饮料不符合卫生标准，侵犯了国家食品卫生管理制度和公民的生命权、健康权，并且造成了严重的社会危害。该罪在主观上一定是故意的，这里所指的故意并不是指生产厂家故意要用食品毒害消费者，而是指厂家对可能造成严重食物中毒事故或其他严重食源性疾患的后果采取放任的态度。

【法条链接】

《刑法》第一百四十三条 生产、销售不符合卫生标准的食品，足以造成严重食物中毒事故或者其他严重食源性疾患的，处三年以下有期徒刑或者拘役，并处或者

单处销售金额百分之五十以上二倍以下罚金；对人体健康造成严重危害的，处三年以上七年以下有期徒刑，并处销售金额百分之五十以上二倍以下罚金；后果特别严重的，处七年以上有期徒刑或者无期徒刑，并处销售金额百分之五十以上二倍以下罚金或者没收财产。

拒不执行法院的判决，要承担什么刑事责任

【案例】

白某在一次交通事故中负全责，法院判决白某赔偿受害人申某35万元。申某经历了这次车祸事件后，双腿被截肢，失去了生活能力，因此，法院判决的损害赔偿对申某而言非常重要。白某接到法院判决后，拒不执行判决。白某的行为要承担什么刑事责任？

【法律解析】

白某的行为构成拒不执行法院判决罪。本案中，白某在接到法院的判决书后，不执行法院的判决，就等于藐视法庭，情节恶劣，法院可以依法强制执行。如果白某屡教不改，就依据相关法律规定，认定其构成拒不执行法院判决罪，追究其刑事责任。

【法条链接】

《刑法》第三百一十三条 对人民法院的判决、裁定有能力执行而拒不执行，情节严重的，处三年以下有期徒刑、拘役或者罚金。

窝藏赃物要承担什么刑事责任

【案例】

程某是某大学的学生。周末，程某趁同学们都不在宿舍的机会，连撬十几个宿舍的门，偷走笔记本电脑2台、MD播放机2台、CD播放机3台、现金数千元。带着这些赃物，程某直奔朋友杨某家，将这些赃物先藏在杨家，想等过了风声后，再找机会销赃。杨某窝藏赃物，要承担什么刑事责任？

【法律解析】

杨某已经构成窝藏赃物罪。窝藏赃物罪，是指明知是犯罪所得及其产生的收益，还以窝藏的方式隐瞒的行为。本案中，杨某为了讲义气，便为朋友窝藏盗窃来的赃物，客观上已经具备构成窝藏赃物罪的犯罪要件。应认定为窝藏赃物罪既成事实，依法追究其刑事责任。

【法条链接】

《刑法》第三百一十二条 明知是犯罪所得的赃物而予以窝藏、转移、收购或者代为销售的，处三年以下有期徒刑、拘役或者管制，并处或者单处罚金。

诉讼篇
教你怎样打官司

◎ 民事诉讼 ◎

被告不是本地人，到哪个法院去起诉..............................

【案例】

住在A市的张某到B市出差，遇到大学同学范某，范某向张某借钱1万元，后来张某回到A市。半年后，两人就还款问题产生纠纷，张某决定起诉范某。但是，两人不在同一个城市，张某不知道要向哪个法院提起诉讼？

【法律解析】

我国在民事诉讼管辖中，一般适用"原告就被告"原则，即被告在哪个法院辖区，原告就到哪个法院起诉，案件就归被告所在地管辖。此处所说的当事人的所在地，不仅指户口所在地，也包括经常居住地。本案中，张某应到范某所在地去提起诉讼，这样做有利于查清案件事实，及时准确地做出裁判，也有利于双方当事人出庭应诉。

【法条链接】

《民事诉讼法》第二十二条 对公民提起的民事诉讼，由被告住所地人民法院管辖；被告住所地与经常居住地不一致的，由经常居住地人民法院管辖。

对法人或者其他组织提起的民事诉讼，由被告住所地人民法院管辖。

同一诉讼的几个被告住所地、经常居住地在两个以上人民法院辖区的，各区人民法院都有管辖权。

○ 民事诉讼起诉需要符合哪些条件

　　民事诉讼是指人民法院在当事人和全体诉讼参与人的参加下，依法审理和解决民事纠纷的活动，以及由这些活动所发生的诉讼关系。民事诉讼起诉需要满足的条件：

被告人

1.有明确的被告

　　不仅指被告的诉讼主体资格应合法有效存在，也要求被告必须与原告的诉讼请求有法律上的利害关系。

2.有具体的诉讼请求和事实、理由

　　"具体"就是要求原告根据诉讼的种类，对追求的法律效果或者要求对方当事人承担的责任形式及内容予以明确化和细化。

不服　离婚　上诉　诉讼

合同纠纷应该到哪个法院起诉...

【案例】

　　周某毕业后留在了北京工作，单位为其办理了北京户口。一年春节，周某返回江西老家，与一家化工厂签订了协议，约定周某今后两年担任该厂的经济顾问，该厂付给周某报酬，工作方式为随时通过电话联系提供服务。不久，周某回到北京，却不想履行合同义务了。该化工厂决定提起诉讼，但是不知道应该向北京的法院提起诉讼，还是向本地的法院提起诉讼。

【法律解析】

　　该化工厂应该向北京的法院提起诉讼。对于合同纠纷，应该由被告住所地或合同履行地管辖。本案中，周某与化工厂的合同没有实际履行，因此不能按照合同履行地管辖，应该按照被告住所地管辖。我国法律规定公民的住所地是公民的户籍所在地，周某的户口已经迁到北京，化工厂应该在北京的法院起诉。

【法条链接】

　　《民事诉讼法》第二十四条　因合同纠纷提起的诉讼，由被告住所地或者合同履行地人民法院管辖。

受诉法院移送管辖是否合理..

【案例】

　　2008年10月，于某的一个朋友周某向于某借了5万元，借条上约定的还款日期是2009年10月5日。还款日期到了，于某几经催要，周某都没有按时归还。于是于某到周某住所地法院提起民事诉讼，要求其归还借款。周某住所地法院受理案件以后，周某把户籍迁至本市的另外一个区，并向受诉法院提起管辖权异议。受诉法院于是便把案件移送给了周某现在户籍所在地的法院。那么，受诉法院的做法合理吗？

【法律解析】

　　受诉法院的做法不合理。这属于民事诉讼中的管辖恒定原则，案件受理以后，被告的住所地变更并不影响受诉法院的管辖权。有管辖权的人民法院受理案件以后，不得以行政区域变更为由，将案件移送给变更后有管辖权的人民法院。

【法条链接】

　　《民诉意见》第三十四条　案件受理后，受诉人民法院的管辖权不受当事人住所地、经常居住地变更的影响。

在向法院提起诉讼后，还可以撤诉吗..

【案例】

　　李大爷的两个儿子在李大爷去世之后，由于遗产问题发生纠纷，大儿子将二儿子告上法庭。后来，在乡邻的劝解和调和下，两人决定不再对簿公堂，经协商达成协议。现在事情已经解决，李大爷的大儿子可以提出撤诉吗？

【法律解析】

　　李大爷的大儿子可以提出撤诉。民事诉讼主体在民事诉讼中享有自行和解权。

民事诉讼和解，是指双方当事人在民事审判程序和民事执行程序中自行协助、达成协议、较为平和地解决纠纷的权利。本案中，李大爷的两个儿子在乡亲的调解下达成协议，很平和地解决了矛盾，当然可以撤诉。

【法条链接】

《民事诉讼法》第五十一条 双方当事人可以自行和解。

第五十二条原告可以放弃或者变更诉讼请求。被告可以承认或者反驳诉讼请求，有权提起反诉。

什么是有独立请求权的第三人

【案例】

谭某去世以后，其子谭甲与谭乙就遗产分割问题发生纠纷，谭甲认为谭乙多占了财产，请求重新分割。诉讼过程中，其在外地的妹妹谭丙赶回家中，认为父亲的遗产应该有自己的一份。那么，谭丙可以参加她的两个哥哥之间的诉讼吗？如果能参加，应以什么身份参加呢？

【法律解析】

谭丙可以参加到诉讼中来，她的身份是有独立请求权的第三人。有独立请求权的第三人是指对原、被告争议的诉讼标的认为有独立的请求权，因而起诉参加到已经开始的诉讼中来的人。本案中，谭丙认为两个哥哥争财产而将她排除在外，侵害了她的继承权，因此而参加到诉讼中来，其诉讼地位是有独立请求权的第三人。

【法条链接】

《民事诉讼法》第五十六条 对当事人双方的诉讼标的，第三人认为有独立请求权的，有权提起诉讼。

对当事人双方的诉讼标的，第三人虽然没有独立请求权，但案件处理结果同他有法律上的利害关系的，可以申请参加诉讼，或者由人民法院通知他参加诉讼。人民法院判决承担民事责任的第三人，有当事人的诉讼权利义务。

儿子被伤，母亲能以原告的身份起诉吗

【案例】

2009年7月，某服装公司在一家酒店举办展销活动，张某带着4岁的儿子到现场进行购物。当张某到收银处交钱时，其儿子被走廊里一个大理石面的桌子砸伤，诊断结果是右脚跟骨粉碎性骨折。之后张某找到酒店索赔，经过多次协商，该酒店只给了2000元医疗费就再也不管了。那么，张某能否替儿子进行起诉？

【法律解析】

张某可以替儿子进行起诉。从事住宿、餐饮、娱乐等经营活动或者其他社会活动的自然人、法人、其他组织，未尽合理限度范围内的安全保障义务致使他人遭受人身损害，赔偿权利人请求其承担相应赔偿责任的，人民法院应予支持。本案中，张某可以作为儿子的法定代理人代为起诉，但是不能以原告的身份起诉。

【法条链接】

《人身损害赔偿解释》第六条 从事住宿、餐饮、娱乐等经营活动或者其他社会活动的自然人、法人、其他组织，未尽合理限度范围内的安全保障义务致使他人遭受人身损害，赔偿权利人请求其承担相应赔偿责任的，人民法院应予支持。

儿童也能当原告吗

【案例】

2009年5月25日，在某幼儿园读中班的5岁男孩巍巍吃完饭后，在床上嬉闹。幼儿园老师韩某觉得心烦，便冲到床前打了孩子，结果将孩子磕在了床板上，孩子被磕得满嘴是血，放声大哭。孩子的哭声引来了其他老师，老师们将孩子送到医院，经检查，孩子受伤比较严重，治疗期达半年之久。孩子的父亲赵某将韩某告上法庭。巍巍的父亲可以代替孩子维权吗？巍巍是原告吗？

【法律解析】

巍巍的父亲是巍巍的法定诉讼代理人，可以代替巍巍行使诉讼权利，但本案的原告应是巍巍。法定的诉讼代理人，是指依照法律规定代理无诉讼行为能力人的当事人进行民事诉讼的人。无诉讼行为能力人由他的监护人作为法定代表人代为诉讼。本案中，巍巍是未成年人，其人身权受到侵害，但是没有参与诉讼的能力。巍巍的父亲赵某是法定的诉讼代理人，可以代巍巍提起诉讼，但他在诉讼中的地位是法定代理人，而非原告。

【法条链接】

《民事诉讼法》第五十七条 无诉讼行为能力人由他的监护人作为法定代理人代为诉讼。法定代理人之间互相推诿代理责任的，由人民法院指定其中一人代为诉讼。

《民诉意见》第六十七条 在诉讼中，无民事行为能力人、限制民事行为能力人的监护人是他的法定代理人。事先没有确定监护人的，可以由有监护资格的人协商确定，协商不成的，由人民法院在他们之间指定诉讼中的法定代理人。当事人没有《民法通则》第十六条第一、二款或者第十七条第一款规定的监护人的，可以指定该法第十六条第四款或者第十七条第三款规定的有关组织担任诉讼期间的法定代理人。

○ 哪些人不能做诉讼代理人

　　根据我国《民事诉讼法实施意见》第68条的规定，无民事行为能力人、限制行为能力人或者可能损害被代理人利益的人，不能作为诉讼代理人。

　　1.无民事行为能力人——未成年人。
　　中国民法通则规定：18周岁以上有公民权的成年人，才具有完全民事行为能力，可以独立进行民事活动，是完全民事行为能力人。

　　2.不能完全辨认自己行为的精神病人，是限制民事行为能力人。

我的傻闺女啊，你消停会儿吧！

在他人住所里偷拍偷录的视听资料是合法的证据吗......................................

【案例】

　　赵某与丈夫吕某一直感情不和，不久前，赵某得知丈夫在外面包养了情人，便跟踪丈夫吕某，终于在一天晚上跟踪丈夫到了其情人的住所。赵某潜入屋内，用录像机将丈夫与其情人约会的场景都拍摄下来。拿到证据后，赵某立即向法院起诉，提出离婚诉求并且要求赔偿。那么，在他人住所里偷拍偷录的视听资料可以作为合法证据吗？

【法律解析】

以侵害他人合法权益或者违反法律禁止性规定的方法取得的证据，不能作为认定案件事实的依据。证据是否合法关键在于偷录的视听资料是否侵害了被偷录人的合法权益。如果没有侵害，就视为合法证据；如果侵害了，不但证据被视为非法证据，拍摄人还有可能因侵害了被偷录人的合法权益而被追究刑事责任。

本案中，赵某非法侵入别人住宅，将约会这种非常私密的情景拍摄下来，已经构成了侵权，而且性质比较恶劣。偷录到的视听资料属于严重的侵犯人权，因此，不能作为合法证据。

【法条链接】

《关于民事诉讼证据的若干规定》第六十八条 以侵害他人合法权益或者违反法律禁止性规定的方法取得的证据，不能作为认定案件事实的依据。

离婚时，妻子可以查询丈夫的存款吗...

【案例】

马某与丈夫结婚多年，近几年常为家庭琐事争吵，感情已经破裂。马某想离婚，但是因为丈夫掌握家中收入，存款都以他的名字开户，马某想查清丈夫名下有多少存款。那么，马某能以妻子的身份到银行查询丈夫的存款吗？如果不能，马某该怎么办？

【法律解析】

根据《储蓄管理条例》第三十二条的规定，储蓄机构及其工作人员对储户的储蓄情况负有保密责任。储蓄机构不代任何单位和个人查询、冻结或者划拨储蓄存款，国家法律、行政法规另有规定的除外。因此，如果马某向银行要求查询丈夫名下的存款，银行可以拒绝。但是，如果马某向法院提起离婚诉讼，根据《民事诉讼法》的规定，当事人及其诉讼代理人因客观原因不能自行收集的证据，或者人民法院认为审理案件需要的证据，人民法院应当调查收集。所以马某可以申请法院对丈夫的存款进行调查。

【法条链接】

《储蓄管理条例》第三十二条 储蓄机构及其工作人员对储户的储蓄情况负有保密责任。储蓄机构不代任何单位和个人查询、冻结或者划拨储蓄存款，国家法律、行政法规另有规定的除外。

《民事诉讼法》第六十四条 当事人对自己提出的主张，有责任提供证据。

当事人及其诉讼代理人因客观原因不能自行收集的证据，或者人民法院认为审理案件需要的证据，人民法院应当调查收集。

人民法院应当按照法定程序，全面地、客观地审查核实证据。

在民事诉讼中，哪一方当事人有责任提供证据

【案例】

邓某和几个朋友到一家小餐馆吃饭，第二天大家全都出现了上吐下泻的现象。邓某与餐馆负责人交涉，没有结果。邓某等人随即到医院诊治，并到卫生防疫部门作了检测。检测结果发现餐馆的厨师体内带菌，致使部分菜肴被污染，从而使食用过的人食物中毒。得到了证据，邓某等人就向法院提起诉讼。那么，在民事诉讼中，提起诉讼一方需要承担举证责任吗？

【法律解析】

民事诉讼中，实施"谁主张，谁举证"的证明责任，由起诉方的当事人对其主张的事实提供证据并予以证明。如果诉讼终结时根据全案证据仍不能判明当事人主张的事实真伪，则由该当事人承担不利的诉讼后果。本案中，邓某等人以小餐馆侵犯了邓某等人的健康权为由，向法院提起诉讼。因此，应该由邓某等人承担举证责任。

【法条链接】

《民事诉讼法》第六十四条 当事人对自己提出的主张，有责任提供证据。

当事人及其诉讼代理人因客观原因不能自行收集的证据，或者人民法院认为审理案件需要的证据，人民法院应当调查收集。

人民法院应当按照法定程序，全面地、客观地审查核实证据。

什么是举证责任倒置

【案例】

一天晚上，刘某在小区溜达时被一只狗咬伤。尽管天黑，但是刘某还是一眼就认出了咬伤自己的狗是隔壁邻居郭某饲养的德国黑背。刘某去医院检查，伤势比较严重。刘某于是到郭某家，要求损害赔偿。郭某辩称，除非拿出证据，否则无法证明刘某的伤口是自己的狗咬伤的。可是，狗是郭某的，刘某根本无法拿出证据证明。这种情况下，刘某应该怎么办？

【法律解析】

民事诉讼中"谁主张，谁举证"的证明责任是针对一般情况。有时会出现非常

不利于原告举证的情况，此时，就应由被告方承担举证责任，证明待证事实的反面事实，这就是举证责任倒置。案例中，咬人的狗是郭某的，刘某平时根本接触不到，取证很困难。因此，刘某被狗咬伤一事，刘某是无法证明的，但是这并不意味着合法权益就不能维护了。为了体现公平，应该由被告来承担举证责任，证明自己的狗没有将刘某咬伤。如果不能证明，被告人就要承担不利的诉讼结果。

【法条链接】

《民诉意见》第七十四条 在诉讼中，当事人对自己提出的主张，有责任提供证据。但在下列侵权诉讼中，对原告提出的侵权事实，被告否认的，由被告负责举证：

（一）因产品制造方法发明专利引起的专利侵权诉讼；

（二）高度危险作业致人损害的侵权诉讼；

（三）因环境污染引起的损害赔偿诉讼；

（四）建筑物或者其他设施以及建筑物上的搁置物、悬挂物发生倒塌、脱落、坠落致人损害的侵权诉讼；

（五）饲养动物致人损害的侵权诉讼；

（六）有关法律规定由被告承担举证责任的。

被逼迫写下的欠条，有效吗

【案例】

武某和熊某因做生意产生纠纷，争吵中，武某非常生气，拿着凶器威胁熊某写下了一张10000元的欠条。事后，熊某认为武某只是一时气急，过后就没事了，所以没有报警。不久，武某拿着欠条到法院起诉熊某，要求熊某还钱。熊某该怎么办？这个证据有效吗？

【法律解析】

根据《民事诉讼法》第六十五条第二款的规定，人民法院对有关单位和个人提出的证明文书，应当辨别真伪，审查确定其效力。辨别真伪，除了对证据本身的检验外，法官的主观判断也是决定判决的重要因素，这就是司法实践中常用的自由心证。自由心证，是指证据的取舍和证明力的大小，法律预先不作规定，而由法官、陪审官根据内心确信进行自由判断，形成确认。

本案中，在没有相关法律的规定下，此欠条究竟能否作为有效证据，取决于法官的主观认定。如果本案审理即将结束，法官还没有做出判断，则要根据《民事诉讼法》关于举证责任的规定，承担举证责任的一方要证明相应的事实。熊某如能够证明该欠条为自己受胁迫所写，则欠条无效，武某的诉讼请求会被驳回；而如果不能证明，熊某则要承担不利的诉讼结果。

【法条链接】

《民事诉讼法》第六十四条 第一款 当事人对自己提出的主张，有责任提供证据。

第六十五条 人民法院有权向有关单位和个人调查取证，有关单位和个人不得拒绝。

人民法院对有关单位和个人提出的证明文书，应当辨别真伪，审查确定其效力。

哪些案件可以请求法院先予执行

【案例】

2009年9月，蔡某的父亲被一辆汽车撞伤。肇事车主为酒后驾车，负交通事故的全部责任。蔡某的父亲受伤以后住院治疗，而肇事车主迟迟不支付医疗费用。蔡某

○ 哪些案件可以请求法院先予执行

《民事诉讼法》第九十七条 人民法院对下列案件，根据当事人的申请，可以裁定先予执行：

1.追索赡养费、扶养费、抚育费、抚恤金、医疗费用的

2.追索劳动报酬的

家在付了3万元的医疗费用以后，由于经济困难没有能力再负担后续的医疗费用，现已将肇事车主起诉至法院。那么，在诉讼过程中能否请求法院先予执行？

【法律解析】

可以申请先予执行。《民事诉讼法》第九十七条规定了人民法院根据当事人的申请，可以裁定先予执行的几种情形，本案中，由于蔡某父亲住院治疗急需医疗费用，符合法律规定的情形，可以申请先予执行。

【法条链接】

《民事诉讼法》第九十八条 人民法院裁定先予执行的，应当符合下列条件：

（一）当事人之间权利义务关系明确，不先予执行将严重影响申请人的生活或者生产经营的；

（二）被申请人有履行能力。

人民法院可以责令申请人提供担保，申请人不提供担保的，驳回申请。申请人败诉的，应当赔偿被申请人因先予执行遭受的财产损失。

法院拘传应符合哪些条件

【案例】

2009年5月，赵某的妻子向法院提出离婚诉讼。赵某因为不愿意离婚，就没有按照法院通知的开庭日期出庭。后来，法院先后给赵某送过两次传票通知赵某出庭，赵某都没有去法院。后来，赵某妻子告诉赵某如果赵某再不出庭，法院可以拘传赵某强制到庭参加诉讼。那么，法院拘传应符合哪些条件？

【法律解析】

拘传，是指人民法院在法定情况下强制被告到庭的一种强制措施。根据《民事诉讼法》第一百条的规定，人民法院对必须到庭的被告，经两次传票传唤，无正当理由拒不到庭的，可以拘传。这包含了三层意思：（一）适用对象是必须到庭的被告。一般来说，离婚案件的当事人须出庭参加诉讼。（二）已经两次传票传唤。（三）无正当理由拒不到庭。本案中，赵某作为离婚案件必须到庭的被告，经两次传票传唤无正当理由拒不到庭，符合拘传条件。

适用拘传，由合议庭或独任审判员提出意见，报经院长批准，并且填写拘传票，直接送达被拘传人，由被拘传人签字或者盖章。在拘传之前，应该向被拘传人说明拒不到庭的后果，经过批评教育后仍然拒不到庭的方可拘传其到庭。

【法条链接】

《民事诉讼法》第一百条 人民法院对必须到庭的被告，经两次传票传唤，无正当理由拒不到庭的，可以拘传。

民事上诉状能否直接交到二审法院

【案例】

2009年8月5日，杨某接到一审法院的民事判决，其对判决不服，3天后便向中级人民法院提起上诉。中院二审立案受理了杨某的上诉状和材料，让杨某交了诉讼费用。1个多月过去了，杨某还没有收到中院的传票，于是想直接把上诉状送到中院。那么，这样做具有法律效力吗？

【法律解析】

根据《民事诉讼法》第一百四十九条的规定，上诉状应当通过原审人民法院提出，并按照对方当事人或者代表人的人数提出副本。当事人直接向第二审人民法院上诉的，第二审人民法院应当在5日内将上诉状移交原审人民法院。

根据本法第一百五十条的规定，原审人民法院收到上诉状，应当在5日内将上诉状副本送达对方当事人，对方当事人在收到之日起15日内提出答辩状。人民法院应当在收到答辩状之日起5日内将副本送达上诉人。对方当事人不提出答辩状的，不影响人民法院审理。原审人民法院收到上诉状、答辩状，应当在5日内连同全部案卷和证据，报送第二审人民法院。

民事案件二审审理期限一般为3个月。因此，案例中，二审法院已经受理了杨某的上诉，杨某不必过于焦急，其直接把上诉状送到中院，中院会在5日内将其上诉状移交一审人民法院。

【法条链接】

《民事诉讼法》第一百四十九条 上诉状应当通过原审人民法院提出，并按照对方当事人或者代表人的人数提出副本。

当事人直接向第二审人民法院上诉的，第二审人民法院应当在五日内将上诉状移交原审人民法院。

第一百五十条 原审人民法院收到上诉状，应当在五日内将上诉状副本送达对方当事人，对方当事人在收到之日起十五日内提出答辩状。人民法院应当在收到答辩状之日起五日内将副本送达上诉人。对方当事人不提出答辩状的，不影响人民法院审理。

原审人民法院收到上诉状、答辩状，应当在五日内连同全部案卷和证据，报送第二审人民法院。

◎ 刑事诉讼 ◎

犯罪嫌疑人可以自行辩护吗..

【案例】

　　2009年11月，张某与郝某因借贷纠纷产生矛盾，张某一气之下，用椅子将郝某打伤。经医院检查，郝某第一腰椎横突骨折。此案经公安机关审查终结之后，人民检察院批准逮捕并向人民法院提起了公诉。张某与郝某家境都比较贫困，请不起律师，两人可以自行辩护吗？

【法律解析】

　　法律赋予公民平等的辩护权，刑事犯罪案件中的犯罪嫌疑人可以自行辩护。但在司法实践中，刑事案件的审理过程较为复杂，对诉讼程序不熟悉可能会导致当事人无法正常地参与刑事诉讼。辩护律师则熟悉法律并能够熟练地运用法律，委托辩护律师，维权过程可能会较为顺利。

　　本案中，张某将郝某打伤，构成故意伤害罪，人民检察院依法提起公诉。实际上，作为公诉方的人民检察院代受害人郝某行使诉讼的权利，而完全不了解法律的张某显然处在一个不利位置上。无论案件的实际情况怎样，单就诉讼程序而言，似乎就难以公平平等。因此，张某应委托专业律师代理此案，尽可能地维护自己辩护的权利。

【法条链接】

　　《刑事诉讼法》第三十二条　犯罪嫌疑人、被告人除自己行使辩护权以外，还可以委托一至二人作为辩护人。下列的人可以被委托为辩护人：

　　（一）律师；（二）人民团体或者犯罪嫌疑人、被告人所在单位推荐的人；（三）犯罪嫌疑人、被告人的监护人、亲友。正在被执行刑罚或者依法被剥夺、限制人身自由的人，不得担任辩护人。

没钱请律师，当事人只能自行辩护吗..

【案例】

　　犯罪嫌疑人房某因故意杀人罪被人民检察院依法提起公诉。案件移交到法院后，由于家境贫困，房某及家人迟迟不聘请律师参与诉讼。而且房某家人认为，房某犯的是故意杀人罪，有可能会判死刑，救与不救没什么意义，也就不必请律师了。此时的房某只能自己为自己辩护了吗？

【法律解析】

　　犯罪嫌疑人、被告人通常对法律了解不多，需要借助专业人士的力量来维护自己的合法权益。根据《最高人民法院关于执行〈刑事诉讼法〉若干问题的解释》（以下简称《刑事诉讼法解释》）第三十七条的规定，被告人确无经济来源，其家属经多次劝说仍不愿为其承担辩护律师费用的，人民法院可以为其指定辩护人。被告人可以选择自行辩护，法院也应该为其指定辩护律师。

本案中，犯罪嫌疑人房某由于家境贫寒，无法聘请律师，国家会为房某指定律师。这样，在刑事诉讼中被告一方的利益才能被更好地维护。

【法条链接】

《刑事诉讼法解释》第三十七条 被告人没有委托辩护人而具有下列情形之一的，人民法院可以为其指定辩护人：

（一）符合当地政府规定的经济困难标准的；

（二）本人确无经济来源，其家庭经济状况无法查明的；

（三）本人确无经济来源，其家属经多次劝说仍不愿为其承担辩护律师费用的；

（四）共同犯罪案件中，其他被告人已委托辩护人的；

（五）具有外国国籍的；

（六）案件有重大社会影响的；

（七）人民法院认为起诉意见和移送的案件证据材料可能影响正确定罪量刑的。

○ 哪些人可以被委托为辩护人

犯罪嫌疑人、被告人除自己行使辩护权以外，还可委托辩护人。正在被执行刑罚或者依法被剥夺、限制人身自由的人，不得担任辩护人。可以被委托为辩护人的人包括：

1.律师
是指依法取得律师执业证书，接受委托或者指定，为当事人提供法律服务的执业人员。

2.被告人的监护人
"监护人"是指承担对未成年人、精神病人的人身、财产以及其他合法权利进行监督、保护职责的人，如未成年人的父母、精神病患者的配偶等。

被告律师引诱证人改变证词怎么办......

【案例】

赖某与同事周某素来不和，后赖某将周某引至自家小区，将其杀死后抛尸，该过程恰巧被小区居民万某看到。不久，在万某协助下，公安局将此案侦破，赖某被依法逮捕。此案移交法院审理后，赖某聘请了律师李某代理诉讼。李某为了给赖某开脱罪责，找到万某，采用金钱利诱以及武力威胁并施的方式，要求万某放弃作证，万某只好答应。李某的行为要承担责任吗？

【法律解析】

根据《刑事诉讼法》第三十八条的规定，辩护律师和其他辩护人，不得帮助犯罪嫌疑人、被告人隐匿、毁灭、伪造证据或者串供，不得威胁、引诱证人改变证言或者作伪证以及进行其他干扰司法机关诉讼活动的行为。违反此规定的，应当依法追究法律责任。《中华人民共和国律师法》（以下简称《律师法》）第四十九条规定，律师如果有提供虚假证据，隐瞒重要事实或者威胁、利诱他人提供虚假证据，隐瞒重要事实的，不仅要吊销律师执照，并且要追究相应的刑事责任。

本案中，李某的行为已经构成了律师伪证罪，依照《刑法》第三百零六条的规定，在刑事诉讼中，辩护人、诉讼代理人毁灭、伪造证据，帮助当事人毁灭、伪造证据，威胁、引诱证人违背事实改变证言或者作伪证的，处三年以下有期徒刑或者拘役；情节严重的，处三年以上七年以下有期徒刑。

【法条链接】

《刑事诉讼法》第三十八条 辩护律师和其他辩护人，不得帮助犯罪嫌疑人、被告人隐匿、毁灭、伪造证据或者串供，不得威胁、引诱证人改变证言或者作伪证以及进行其他干扰司法机关诉讼活动的行为。

违反前款规定的，应当依法追究法律责任。

《律师法》第四十九条 律师有下列行为之一的，由设区的市级或者直辖市的区人民政府司法行政部门给予停止执业六个月以上一年以下的处罚，可以处五万元以下的罚款；有违法所得的，没收违法所得；情节严重的，由省、自治区、直辖市人民政府司法行政部门吊销其律师执业证书；构成犯罪的，依法追究刑事责任：

......

（四）故意提供虚假证据或者威胁、利诱他人提供虚假证据，妨碍对方当事人合法取得证据的；

......

律师因故意犯罪受到刑事处罚的，由省、自治区、直辖市人民政府司法行政部门吊销其律师执业证书。

《刑法》第三百零六条 在刑事诉讼中，辩护人、诉讼代理人毁灭、伪造证据，帮助当事人毁灭、伪造证据，威胁、引诱证人违背事实改变证言或者作伪证的，处三年以下有期徒刑或者拘役；情节严重的，处三年以上七年以下有期徒刑。

被告人可以中途更换辩护律师吗

【案例】

翁某因故意伤害罪被人民检察院提起公诉，翁某聘请了律师张某作为自己的辩护律师。庭审开始后，翁某对张某的表现很不满意，认为如果让张某继续代理，会对自己非常不利。翁某希望更换自己的辩护律师。那么，被告人翁某可以中途更换律师吗？

【法律解析】

根据《刑事诉讼法》第三十九条的规定，在审判过程中，被告人可以拒绝辩护人继续为他辩护，也可以另行委托辩护人辩护。本案中，辩护律师张某在庭审中的表现不但不能帮助翁某，而且给翁某造成了困扰，如果当事人翁某认为辩护律师的表现无法维护其合法权益，可以要求换掉张某，重新聘请律师。

【法条链接】

《刑事诉讼法》第三十九条 在审判过程中，被告人可以拒绝辩护人继续为他辩护，也可以另行委托辩护人辩护。

取保候审的保证人要满足什么条件

【案例】

某女子姚某过失将同事打伤，到公安机关自首，公安机关决定对其进行取保候审，责令其提出保证人或交纳保证金。姚某于是提出让自己的表兄肖某作为保证人，肖某也同意了。不久，公安机关了解到肖某曾在几年前因犯罪而被判剥夺政治权利至今，因此，肖某不符合作保证人的条件。那么，取保候审的保证人要满足什么条件？

【法律解析】

我国《刑事诉讼法》规定了两种取保候审的方式：一种是保证人保证的方式，一种是保证金保证的方式。保证人必须满足四个条件：（一）与本案无牵连；（二）有能力履行保证义务；（三）享有政治权利，人身自由未受到限制；（四）有固定的住处和收入。本案中，肖某曾因犯罪而被判剥夺政治权利，至今刑期还没过，因此，肖某不符合作为保证人的条件。

【法条链接】

《刑事诉讼法》第五十四条 保证人必须符合下列条件：

（一）与本案无牵连；

（二）有能力履行保证义务。

（三）享有政治权利，人身自由未受到限制；

（四）有固定的住处和收入。

○ 取保候审的保证方式有哪些

警察同志，我愿意做表弟的保证人，并保证做到随传随到！

1. 提出保证人担保

被取保候审人要提出一个符合条件的人作为自己的保证人，该保证人要承担法律规定的义务，担保被保证人能够做到候审不误。

2. 提供保证金

犯罪嫌疑人、被告人被取保候审的，交纳一定数额的现金作担保。如果违反有关规定，保证金就会被没收。

保证金

犯罪嫌疑人、被告人在取保候审期间未违反规定的，取保候审结束的时候，应当退还保证金。

什么是监视居住，监视居住有时间限制吗..

【案例】

赵某因涉嫌盗窃被县公安局决定监视居住，并交由赵某所在地的派出所执行。该派出所指定赵某在一间约为14平方米的房间内活动，不得离开，每日三餐由家人送来，去厕所也要由公安人员跟着。在此期间，县公安局没有过问赵某的案件，一直拖了8个多月，才重新侦查。那么，这是合法的吗？

【法律解析】

监视居住，是指人民法院、人民检察院、公安机关在刑事诉讼过程中对犯罪嫌疑人、被告人采用的，命令其不得擅自离开住所或者居所并对其活动予以监视和控制的一种强制方法。根据《刑事诉讼法》的规定，监视居住期间不得超过6个月，在监视居住期间，不得中断对案件的侦查、起诉和审判工作。本案中，县公安局在对赵某名义上实行监视居住，实际上与剥夺人身自由的羁押差不多，且在此期间中断了对赵某案件的调查，对其监视居住已经8个多月，超过了法律规定的6个月的期限，因此必须对赵某解除监视居住措施。

【法条链接】

《刑事诉讼法》第五十条 人民法院、人民检察院和公安机关根据案件情况，对犯罪嫌疑人、被告人可以拘传、取保候审或者监视居住。

第五十七条 被监视居住的犯罪嫌疑人、被告人应当遵守以下规定：

（一）未经执行机关批准不得离开住处，无固定住处的，未经批准不得离开指定的居所；

（二）未经执行机关批准不得会见他人；

（三）在传讯的时候及时到案；

（四）不得以任何形式干扰证人作证；

（五）不得毁灭、伪造证据或者串供。

被监视居住的犯罪嫌疑人、被告人违反前款规定，情节严重的，予以逮捕。

第五十八条 人民法院、人民检察院和公安机关对犯罪嫌疑人、被告人取保候审最长不得超过十二个月，监视居住最长不得超过六个月。

在取保候审、监视居住期间，不得中断对案件的侦查、起诉和审理。对于发现不应当追究刑事责任或者取保候审、监视居住期限届满的，应当及时解除取保候审、监视居住。解除取保候审、监视居住，应当及时通知被取保候审、监视居住人和有关单位。

接受委托后，辩护律师可以与被关押的委托人见面吗..............................

【案例】

2009年5月，律师李某接受了涉嫌抢劫犯罪嫌疑人林某的亲属的委托，担任林某的辩护律师。而后，李某到看守所要求会见林某。李某出示了律师证、授权委托书、律师事务所会见专用函等所有法定手续后，看守所以必须经侦查机关批准才能会见为由拒绝了李某的会见要求。那么，律师李某此时能否与犯罪嫌疑人会见？

【法律解析】

根据《刑事诉讼法》第九十六条第二款的规定，受委托的律师有权向侦查机关了解犯罪嫌疑人涉嫌的罪名，可以会见在押的犯罪嫌疑人，向犯罪嫌疑人了解有关案件情况。律师会见在押的犯罪嫌疑人，侦查机关根据案件情况和需要可以派员在场。涉及国家秘密的案件，律师会见在押的犯罪嫌疑人，应当经侦查机关批准。

律师会见犯罪嫌疑人，除涉及国家机密情形外，无须任何人的批准。本案中，犯罪嫌疑人林某涉嫌抢劫罪，不涉及国家机密，律师不必经侦查机关批准，就可以会见林某。看守所阻止律师会见林某的做法是不对的。

【法条链接】

《刑事诉讼法》第九十六条 犯罪嫌疑人在被侦查机关第一次讯问后或者采取强制措施之日起，可以聘请律师为其提供法律咨询、代理申诉、控告。犯罪嫌疑人被逮捕的，聘请的律师可以为其申请取保候审。涉及国家秘密的案件，犯罪嫌疑人聘请律师，应当经侦查机关批准。

受委托的律师有权向侦查机关了解犯罪嫌疑人涉嫌的罪名，可以会见在押的犯罪嫌疑人，向犯罪嫌疑人了解有关案件情况。律师会见在押的犯罪嫌疑人，侦查机关根据案件情况和需要可以派员在场。涉及国家秘密的案件，律师会见在押的犯罪嫌疑人，应当经侦查机关批准。

妇女在怀孕期间犯罪的，可以申请监外执行吗..............................

【案例】

某女姚某与齐某在生意上产生纠纷，姚某于是纠集了一群人，找齐某闹事。齐某也召集了一群人，双方展开械斗，影响恶劣。公安机关经调查取证后将案件移送人民检察院，检察院依法提起公诉。法院依法判处姚某、齐某聚众斗殴罪成立，姚某被判处有期徒刑3年，齐某被判处有期徒刑2年。宣判之后不久，法院发现姚某怀孕。那么，对于怀孕妇女犯罪的，可以实行监外执行吗？

【法律解析】

根据《刑事诉讼法》第二百一十四条的规定，对于被判处有期徒刑或者拘役的罪犯，有下列情形之一的，可以暂予监外执行：（一）有严重疾病需要保外就医的；（二）怀孕或者正在哺乳自己婴儿的妇女。本案中，对于姚某的判决生效之后不久，就发现姚某怀孕了。按照规定，怀孕的女性可以适用监外执行。

【法条链接】

《刑事诉讼法》第二百一十四条 第一款 对于被判处有期徒刑或者拘役的罪犯，有下列情形之一的，可以暂予监外执行：

（一）有严重疾病需要保外就医的；

（二）怀孕或者正在哺乳自己婴儿的妇女。

○ 可以暂予监外执行的情况

有下列情形之一的，可以暂予监外执行：

监狱

我有严重心脏病，需要申请保外就医。

如果罪犯患有严重疾病，危害到自己或者其他人的生命健康，靠关押场所的医疗条件难以治好，符合保外就医条件，可以暂予监外执行。

出于人道主义原则，怀孕或者正在哺乳期的妇女可以暂予监外执行，让罪犯回到家庭中，得到更好的照顾或者照顾好婴儿。

◎ 行政诉讼 ◎

对劳动教养不服可以直接向法院起诉吗..

【案例】

A公司长期拖欠B公司货款。2008年5月，周某作为B公司的法人代表与公司股东姚某、安某等六人到A公司商谈还款的事。但是在商谈过程中两方发生冲突，继而相互纠缠殴打起来，最终造成A公司一人轻伤。事后，劳动教养委员会以周某纠集姚某、安某等人聚众斗殴扰乱社会治安为由，决定对周某进行劳动教养一年。周某不服，他应该怎么办？可以直接向法院起诉吗？

【法律解析】

根据相关法律规定，被决定劳动教养的人对劳动教养决定不服的，可以向上一级劳动教养委员会申请复议，对复议不服的，可以向人民法院提起诉讼。

【法条链接】

《最高人民法院行政审判庭关于人民法院受理劳动教养行政案件是否需要复议前置问题的答复》法律、法规规定当事人对劳动教养决定不服，应当先向行政机关申请复议，对复议不服的，再向人民法院提起诉讼。

《劳动教养试行办法》第十二条 第二款 被决定劳动教养的人，对主要事实不服的，由审批机关组织复查。

可以起诉110报警中心吗..

【案例】

杨某是一家网吧老板，2009年4月12日凌晨，网吧里发生了一起持刀抢劫案。从歹徒刚进来时杨某就打110报警，但是一直无人接听，直到14分钟以后案犯劫走价值数万元的电脑和人民币逃走。杨某觉得如果当时打110后公安机关及时出警，就不会造成这么大的损失了。那么，杨某能起诉110报警中心吗？

【法律解析】

根据《中华人民共和国行政诉讼法》（以下简称《行政诉讼法》）第十一条的规定，申请行政机关履行保护人身权、财产权的法定职责，行政机关拒绝履行或者不予答复的，公民、法人或者其他组织可以提起行政诉讼。案例中，作为国家行政机关的110报警中心一直无人接听电话，这种不作为是一种严重的失职行为，杨某可以起诉110报警中心所属的公安局。

【法条链接】

《行政诉讼法》第十一条 人民法院受理公民、法人和其他组织对下列具体行政行为不服提起的诉讼：

（一）对拘留、罚款、吊销许可证和执照、责令停产停业、没收财物等行政处罚不服的；

（二）对限制人身自由或者对财产的查封、扣押、冻结等行政强制措施不服的；

（三）认为行政机关侵犯法律规定的经营自主权的；

（四）认为符合法定条件申请行政机关颁发许可证和执照，行政机关拒绝颁发或者不予答复的；

（五）申请行政机关履行保护人身权、财产权的法定职责，行政机关拒绝履行或者不予答复的；

（六）认为行政机关没有依法发给抚恤金的；

（七）认为行政机关违法要求履行义务的；

（八）认为行政机关侵犯其他人身权、财产权的。

除前款规定外，人民法院受理法律、法规规定可以提起诉讼的其他行政案件。

住院期间发生医疗纠纷，可以起诉卫生行政主管部门吗.....................................

【案例】

杨某因病到某市一家医院治疗，住院治疗期间发生医疗纠纷。杨某同医院与卫生部门协商，都没有结果，于是以卫生主管部门不作为为由，向法院提起了行政诉讼。那么，住院期间发生医疗纠纷，可以起诉卫生行政主管部门吗？

【法律解析】

案例中，卫生主管部门的不作为执政，放任了对原告利益损害状况的发生，而不履行保护的职责，客观上造成了原告利益损害状况的延长。根据《行政诉讼法》的规定，杨某可以起诉卫生主管部门的不作为，法院应当受理杨某的起诉。

【法条链接】

《行政诉讼法》第十一条 人民法院受理公民、法人和其他组织对下列具体行政行为不服提起的诉讼：

……

（五）申请行政机关履行保护人身权、财产权的法定职责，行政机关拒绝履行或者不予答复的；

……

行政篇
与国家机关打交道

◎ 治安管理 ◎

对于哪些治安管理处罚，当事人可以要求听证

【案例】

在一次执法检查的过程中，公安机关认定张某所办的书店有销售淫秽书籍的情况，遂决定吊销该书店的经营许可证。张某不服公安机关的上述决定，要求举行听证。

【法律解析】

听证也称听取意见，指行政机关在作出影响相对人权利义务决定时，应听取相对人的意见。公安机关作出吊销许可证以及处两千元以上罚款的治安管理处罚决定前，应当告知违反治安管理行为人有权要求举行听证。本案中，公安机关对张某的书店采取的是吊销许可证的治安管理处罚，属于当事人可以要求听证的范围，所以张某有权请求听证。

【法条链接】

《治安管理处罚法》第九十八条 公安机关作出吊销许可证以及处两千元以上罚款的治安管理处罚决定前，应当告知违反治安管理行为人有权要求举行听证；违反治安管理行为人要求听证的，公安机关应当及时依法举行听证。

○ 行政处罚听证程序的适用范围

听证程序是一般程序中的一种特殊程序，它并非行政处罚的必经程序，其适用的范围是有限的，除了比较常见的较大数额罚款和较重的行政处罚需要听证之外，还包括：

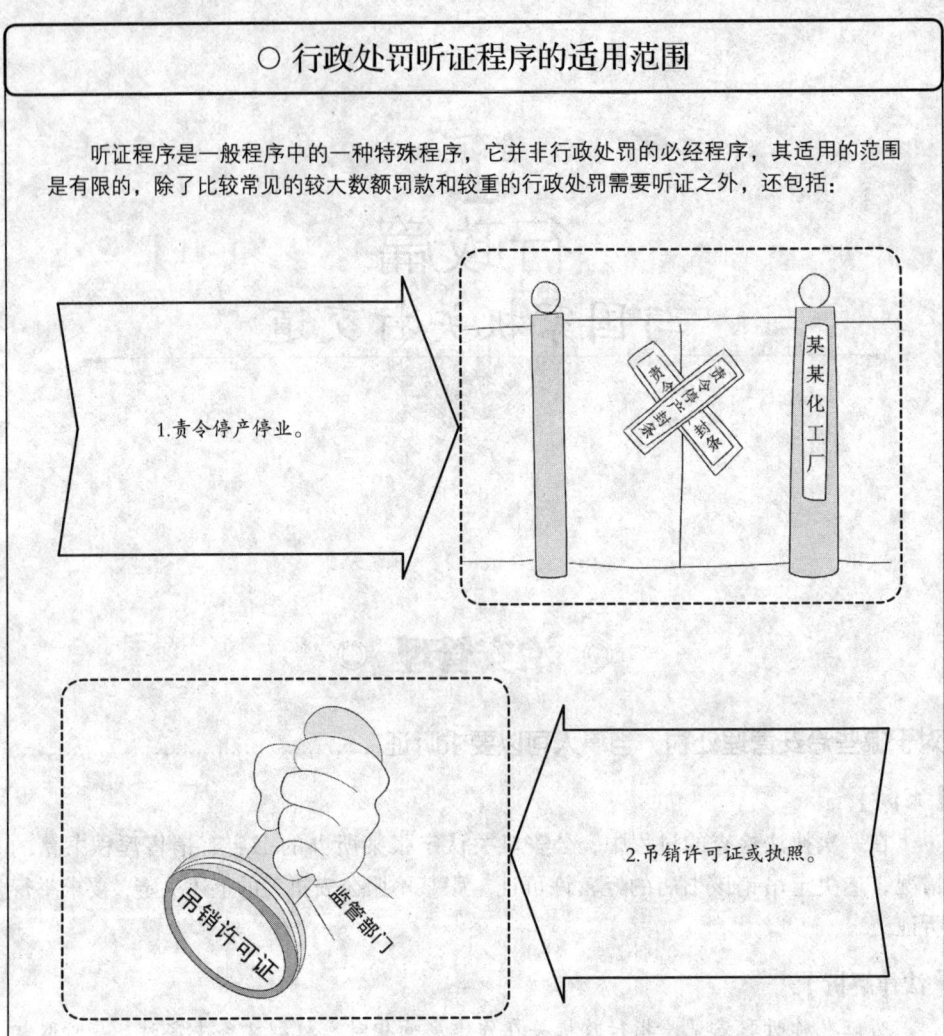

1.责令停产停业。

2.吊销许可证或执照。

不服治安管理处罚决定的，当事人可以采取怎样的救济措施.......................

【案例】

杨某等300多人到国土资源局上访。上访人中有打标语、喊口号、围堵大门等行为，上访人滞留在院内长达6个小时。杨某是煽动聚众扰乱正常办公秩序的首要分子。该地公安机关决定给予杨某行政拘留15日的处罚。杨某对该决定不服，向上一级公安机关申请复议。

【法律解析】

对行政机关作出的警告、罚款、没收违法所得、没收非法财物、责令停产停业、暂扣或者吊销许可证、暂扣或者吊销执照、行政拘留等行政处罚决定不服的，公民、法人或者其他组织可以依法申请行政复议。本案中，杨某可以向作出行政处罚的机关即当地公安机关的上一级公安部门提出复议申请，也可以向该公安机关所在地的基层法院提起行政诉讼。

【法条链接】

《治安管理处罚法》第一百零二条 被处罚人对治安管理处罚决定不服的，可以依法申请行政复议或者提起行政诉讼。

什么样的情况下人民警察可以当场收缴罚款

【案例】

人民警察发现严某参与赌博，但是情节较轻，所以决定对其作出罚款50元的治安管理处罚。在当事人没有异议的情况下，当场对其收缴了罚款。请问，人民警察可以当场收缴罚款吗？

【法律解析】

根据我国法律的规定，受到罚款处罚的人应该在法定的期限内向指定的银行缴纳罚款，但是在某些情况下，也可以直接收缴罚款。具体的情况是：五十元以下的罚款，可以由人民警察当场作出处罚决定。在人民警察当场作出罚款决定，被处罚人对罚款无异议的情况下，人民警察就可以在作出罚款决定后当场进行收缴。

【法条链接】

《治安管理处罚法》第一百零四条 受到罚款处罚的人应当自收到处罚决定书之日起十五日内，到指定的银行缴纳罚款。但是，有下列情形之一的，人民警察可以当场收缴罚款：

（一）被处五十元以下罚款，被处罚人对罚款无异议的；

（二）在边远、水上、交通不便地区，公安机关及其人民警察依照本法的规定作出罚款决定后，被处罚人向指定的银行缴纳罚款确有困难，经被处罚人提出的；

（三）被处罚人在当地没有固定住所，不当场收缴事后难以执行的。

公安机关接到报案有受理期限吗

【案例】

宋某在上班途中发现钱包丢失，于是急忙赶往公安机关报案。公安局的值勤民警肖某告诉宋某说，他今天很忙，让宋某明天再来。肖某的做法符合法律规定吗？

【法律解析】

肖某的做法是违法的。我国《治安管理处罚法》规定，公安机关对报案、控告、举报或者违法行为人的主动投案，以及其他行政部门、司法机关移送的治安管理案件，应当及时受理并进行登记。本案中，对于受害人宋某的报案，公安局的民警肖某应当依法立即受理并及时登记，而不能以"忙"为借口加以推脱。

【法条链接】

《治安管理处罚法》第七十七条 公安机关对报案、控告、举报或者违反治安管理行为人主动投案，以及其他行政主管部门、司法机关移送的违反治安管理案件，应当及时受理，并进行登记。

第七十八条 公安机关受理报案、控告、举报、投案后，认为属于违反治安管理行为的，应当立即进行调查；认为不属于违反治安管理行为的，应当告知报案人、控告人、举报人、投案人，并说明理由。

公安机关作出的处罚有失公平怎么办

【案例】

田某开车将同向骑自行车的丁某刮倒。之后田某把丁某送到医院，并支付了医疗费，检查脾脏一切正常。后来丁某向派出所报案说田某无证驾驶，公安机关对田某作出了治安拘留15日的处罚裁决书。但是田某在出事前已经通过了驾驶员资格考试，而且事后第二天就取得了驾驶证。公安机关对田某的处罚是否有失公平？

【法律解析】

行政机关在对违法人进行处罚时应考虑违法情节和动机等客观情况。在事发前田某已经通过了驾驶员资格考试，事后第二天就取得了驾驶证，而且在出事后积极带丁某治疗，显然其违法情节并不严重。

公安机关作出了治安拘留15日的处罚裁决书，属于显失公平。因此，田某可以向上级机关提出复议或者向法院请求变更。

【法条链接】

《治安管理处罚法》第六十四条 有下列行为之一的，处五百元以上一千元以下罚款；情节严重的，处十日以上十五日以下拘留，并处五百元以上一千元以下罚款：

（一）偷开他人机动车的；

（二）未取得驾驶证驾驶或者偷开他人航空器、机动船舶的。

公安人员可以当场作出行政处罚吗..

【案例】

范某在装修厨房的时候，凿穿了墙面损坏了邻居赵某家的壁橱，双方便争执了起来。两人争吵的声音惊扰了周围的邻居，邻居遂报了警。闻讯而来的警察经过现场勘查，依照《治安管理处罚法》作出相应的处罚，两人都没有异议。公安人员可以当场作出行政处罚吗？

【法律解析】

公安人员可以当场作出行政处罚。该问题主要涉及了行政处罚的简易程序的问题。适用简易程序是要符合一定的条件的，其必须是有法定依据；违法事实确凿；较小数额罚款或者警告的行政处罚。此处，较小的罚款是指对公民处以 50 元以下，对法人或其他组织处以 1000 元以下的罚款。如果符合以上的条件，执法人员就可以适用简易程序，当场作出行政处罚。

本案中，事件的脉络很清晰，范某与赵某双方对违法事实的认定没有异议，争议比较集中，执法人员可以当场作出行政处罚。

【法条链接】

《治安管理处罚法》第一百条 违反治安管理行为事实清楚，证据确凿，处警告或者二百元以下罚款的，可以当场作出治安管理处罚决定。

警察可以对治安案件进行调解吗..

【案例】

薛某到一家饭店吃饭，席间多喝了点酒，便开始酒后闹事。薛某不顾服务员的劝阻，砸坏了饭店内的许多桌椅，共造成经济损失1000余元。派出所接到报警后赶到饭店，制止了薛某的行为。酒醒后的薛某得知自己的行为，遂表示愿意赔偿损失，饭店方面也没有异议，此事就此解决。对此治安案件，警察可以进行调解吗？

【法律解析】

对于这种治安案件，警察是可以进行调解的。调解制度是我国民事诉讼、刑事自诉和赔偿诉讼中的特有制度，是在尊重当事人意愿的前提下进行的调解。本案中，薛某酒后砸坏了该饭店的桌椅，虽造成了一定的财产损失，但情节比较轻微，公安机关在尊重双方意愿的情况下，可以进行调解，达成调解协议。但是，如果双方不愿意履行调解协议，则公安机关应依法作出行政处罚。

【法条链接】

　　《治安管理处罚法》第九条　对于因民间纠纷引起的打架斗殴或者损毁他人财物等违反治安管理行为，情节较轻的，公安机关可以调解处理。经公安机关调解，当事人达成协议的，不予处罚。经调解未达成协议或者达成协议后不履行的，公安机关应当依照本法的规定对违反治安管理行为人给予处罚，并告知当事人可以就民事争议依法向人民法院提起民事诉讼。

派出所民警可以作出拘留的处罚吗

【案例】

　　叶女士在自己经营的美容美发店正常营业时，当地派出所干警突然闯入美发店，将叶女士强行带到派出所，并对其进行严格的审讯，要其承认暗娼的行为。在长达20多个小时的非法讯问后，便出具了一份《治安管理处罚决定书》，以暗娼为由拘留叶女士15天。派出所民警的行为是合法的吗？

【法律解析】

　　派出所民警的行为不合法。公安派出所是公安机关的派出机构，被派出机构不是独立的行政主体，除非法律的授权，否则不能以自己的名义对其行为负责。根据法律规定，派出所尽管也可以作出行政处罚，但是只能是警告，或者是500元以下的罚款的行政处罚，不能超出这个范围，否则就是越权。其他的行政处罚由县级以上的公安机关作出。

　　本案中，拘留15天的行政处罚显然已经超出了派出所的职权范围，该处罚是越权作出的，是无效的。

【法条链接】

　　《治安管理处罚法》第九十一条　治安管理处罚由县级以上人民政府公安机关决定；其中警告、五百元以下的罚款可以由公安派出所决定。

违反治安管理的，有哪些法定的减轻或从重情节

【案例】

　　柳某在自家宅基地建造房屋时，郑某用石头将其石棉瓦砸毁，属于故意损毁公私财物的行为。当地公安机关在作出行政处罚决定时，认为郑某在事发之后，主动向柳某道歉并给予了赔偿，属于法定的减轻处罚或免除处罚的情节，所以决定对其免除处罚。

【法律解析】

　　我国《治安管理处罚法》规定的减轻处罚和不予处罚的情形，主要是考虑到行

为人的行为特征、行为后果、社会危害等客观因素。主要情形有：一是情节特别轻微的。这里规定的"情节特别轻微的"，主要是指违反治安管理的行为没有造成危害后果或者危害后果很轻微等情况。二是主动消除或者减轻违法后果，并取得被侵害人谅解的。

【法条链接】

《治安管理处罚法》第十九条 违反治安管理有下列情形之一的，减轻处罚或者不予处罚：

（一）情节特别轻微的；

（二）主动消除或者减轻违法后果，并取得被侵害人谅解的；

（三）有立功表现的。

......

○ 违反治安管理的哪些情形可减轻处罚或不予处罚

除了上文所述的情形外，还有以下两种情况可以减轻处罚或者不予处罚：

哪种情况下，应给予行政拘留处罚的，不再执行行政拘留处罚............

【案例】

朱某是网络爱好者，在网友聚会上认识了马某。马某后来多次发出侮辱朱某人格的帖子。公安机关以马某诽谤他人情节特别严重，决定对其作出拘留5日的决定，但是由于马某不足16岁，且是初犯，遂决定不再执行行政拘留处罚。

【法律解析】

《治安管理处罚法》中关于不执行行政拘留处罚的规定目的在于体现对弱势群体的特殊保护。行政拘留毕竟是剥夺人身自由的严厉处罚，应当慎重采用，并且为了避免行政拘留给某些人带来消极影响，坚持对未成年人治安处罚为辅教育为主的方针，充分保障老人和未成年人的权益，充分尊重和保障人权，法律规定对某些违反治安管理行为人不执行行政拘留处罚。

【法条链接】

《治安管理处罚法》第二十一条 违反治安管理行为人有下列情形之一，依照本法应当给予行政拘留处罚的，不执行行政拘留处罚：

（一）已满十四周岁不满十六周岁的；

（二）已满十六周岁不满十八周岁，初次违反治安管理的；

（三）七十周岁以上的；

（四）怀孕或者哺乳自己不满一周岁婴儿的。

◎ 行政处罚 ◎

私刻公章会受到什么处罚............

【案例】

贾某在报纸上看了一个产品，觉得不错，也不需要太大的投资，所以就联系做销售，并在网上开了一家店。开张后有人来订货，但要贾某开具带有公章的正式发票，贾某想看产品销路如何，然后再到工商部门登记，就找熟人帮忙刻了一枚公章。贾某的行为违法吗？

【法律解析】

贾某的行为是违法行为。我国法律对国家机关、企业、事业单位、公司、人民团体或者其他组织的公章刻制有严格的规定，必须取得工商登记后到公安机关备案，在合法的刻章单位刻制公章。本案中，贾某私自找人刻制公章是违法行为。

【法条链接】

《治安管理处罚法》第五十二条 有下列行为之一的，处十日以上十五日以下拘留，可以并处一千元以下罚款；情节较轻的，处五日以上十日以下拘留，可以并处五百元以下罚款：

（一）伪造、变造或者买卖国家机关、人民团体、企业、事业单位或者其他组织的公文、证件、证明文件、印章的；

（二）买卖或者使用伪造、变造的国家机关、人民团体、企业、事业单位或者其他组织的公文、证件、证明文件的；

（三）伪造、变造、倒卖车票、船票、航空客票、文艺演出票、体育比赛入场券或者其他有价票证、凭证的；

（四）伪造、变造船舶户牌，买卖或者使用伪造、变造的船舶户牌，或者涂改船舶窗体顶端的。

私自买卖外汇会受到什么处罚

【案例】

曾某是某外贸公司的法人代表。公司准备派曾某到欧洲办理一项涉外业务，于是曾某到银行申购了部分欧元。但是由于某种原因最终取消了行程，之后曾某托人将欧元在黑市上交易，赚了8000元。曾某私自买卖外汇会受到什么处罚？

【法律解析】

我国实行严格的外汇管制，法律禁止在银行和指定的外汇调剂市场以外从事私下外汇交易。对于申购的外汇如果暂时不用，可以存入银行或者卖给外汇指定银行。但是曾某擅自到黑市上抛售，扰乱了金融管理秩序，应当予以处罚。

【法条链接】

《中华人民共和国外汇管理条例》（以下简称《外汇管理条例》）第四十五条 私自买卖外汇、变相买卖外汇、倒买倒卖外汇或者非法介绍买卖外汇数额较大的，由外汇管理机关给予警告，没收违法所得，处违法金额30%以下的罚款；情节严重的，处违法金额30%以上的罚款；构成犯罪的，依法追究刑事责任。

被行政拘留而后被判刑的，之前被监禁的时间怎么算

【案例】

邢某因吸毒被公安机关行政拘留。随着调查的深入，发现邢某还涉嫌走私毒品和贩卖毒品。法院经过审理，判处邢某有期徒刑10年。邢某之前被行政拘留的刑期应怎么算？

【法律解析】

邢某之前被行政拘留的刑期不会忽略不计。行政拘留,又称为治安拘留,是指公安机关依法对违反行政法律规范的人,在短期内限制其人身自由的一种处罚。剥夺人身自由,是一种很重的处罚。期限应该严格计算,即使多计算一天,也是严重侵犯人权。

本案中,邢某在被判决有期徒刑10年前,被行政拘留了一段时间,邢某先前被羁押的期限按照1:1的比例算在有期徒刑的刑期里。

【法条链接】

《行政处罚法》第二十八条 违法行为构成犯罪,人民法院判处拘役或者有期徒刑时,行政机关已经给予当事人行政拘留的,应当依法折抵相应刑期。

违法行为构成犯罪,人民法院判处罚金时,行政机关已经给予当事人罚款的,应当折抵相应罚金。

该处罚决定是否违反法定程序

【案例】

梁某是一名出租车司机。2008年6月,梁某在市长途汽车站内拉客时,被派出所民警发现,以扰乱公共场所秩序为由,当场处以200元罚款,而且该民警当场收缴了罚款。该处罚决定是否违反法定程序?

【法律解析】

《治安管理处罚法》规定,扰乱车站、港口、码头、机场、商场、公园、展览馆或者其他公共场所秩序的,处警告或者200元以下罚款;情节较重的,处5日以上10日以下拘留,可以并处500元以下罚款。派出所民警对梁某当场作出的200元罚款决定违反法定程序,而且不应该当场收缴罚款。

【法条链接】

《行政处罚法》第三十三条 违法事实确凿并有法定依据,对公民处以五十元以下、对法人或者其他组织处以一千元以下罚款或者警告的行政处罚的,可以当场作出行政处罚决定。当事人应当依照本法第四十六条、第四十七条、第四十八条的规定履行行政处罚决定。

税务机关的二次处罚决定违法吗

【案例】

范某经营的汽车配件经销部因开具收款收据代替正规发票,偷税10万元,税务机关作出处理决定:追缴所偷税款10万元;根据《中华人民共和国税收征收管理法》处以所偷税款一倍罚款，计人民币20万元。税务机关是否违反有关行政处罚的法律规定？

【法律解析】

税务机关违反了对一个违法行为不得给予两次以上罚款的规定。税务机关对一个违法行为依据不同的法律规定给予两次以上罚款，违反了《行政处罚法》第二十四条的规定，即对当事人的同一个违法行为，不得给予两次以上罚款的行政处罚。

【法条链接】

《行政处罚法》第二十四条 对当事人的同一个违法行为，不得给予两次以上罚款的行政处罚。

业主违规装修，物业公司无权越级"行政处罚"

【案例】

韩女士最近购买了一套新房，装修房屋时，她收到了小区物业公司开出的500元的罚单。原来，小区的物业公司认为其违反了不得擅自改变房屋结构的物业公司相关规定。那么，即使韩女士真的违反了相关规定，物业公司有权罚款吗？

【法律解析】

物业公司无权对业主罚款。物业管理公司不是行政机关，也不属于《行政处罚法》规定的受行政机关委托可以实施行政处罚的组织，所以无权实施包括罚款在内的任何行政处罚行为。另外，物业公司对业主的职责主要是服务，如果业主在装修过程中违反《住宅室内装饰装修管理办法》中的禁止性规定，物业公司在制止无效的情况下，应报请有关行政管理部门处理，而不能代替行政机关来罚款。

【法条链接】

《行政处罚法》第十五条 行政处罚由具有行政处罚权的行政机关在法定职权范围内实施。

被罚商贩拒不缴纳罚款怎么办

【案例】

陆某经营一家花店，为了省事，陆某便将剪下来的废枝废叶堆到附近的垃圾箱旁，沿途还遗落很多的泥土，影响市容，致使附近居民怨声载道。有关部门以此为由对陆某处以罚款的行政处罚。陆某不理会，罚款也不交。经多次催促，陆某仍不缴纳罚款。对于这种逾期不履行行政处罚决定的行为，有什么应对措施吗？

【法律解析】

　　行政处罚是一种行政制裁，是对违反行政法律规范但尚未构成犯罪的行政相对人的制裁，是由国家强制力保证实施的。妄图逃避肯定是行不通的，对于逾期不履行行政处罚的行为，法律规定了惩罚性的措施，包括加倍罚款、查封、扣押的财物拍卖或者将冻结的存款划拨抵缴罚款；申请法院强制执行。本案中，有关行政机关对陆某作出罚款的行政处罚后，陆某拒不执行，按照法律规定，会采取加罚、将查封或扣押财物拍卖、将冻结的存款划拨抵缴罚款以及由人民法院强制执行等相应的措施。

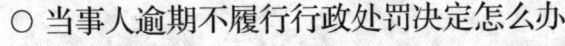

○ 当事人逾期不履行行政处罚决定怎么办

当事人逾期不履行行政处罚决定，有以下几种惩罚措施：

查封物品拍卖会

当事人逾期不履行行政处罚决定的，行政机关可以通过拍卖查封、扣押的财物或者划拨冻结的存款划拨抵缴罚款。

对于逾期拒不履行行政处罚决定的"老赖"，行政机关可以申请人民法院强制执行。

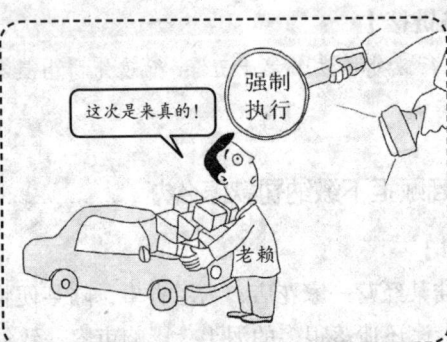

这次是来真的！

强制执行

老赖

【法条链接】

《行政处罚法》第五十一条 当事人逾期不履行行政处罚决定的，作出行政处罚决定的行政机关可以采取下列措施：

（一）到期不缴纳罚款的，每日按罚款数额的百分之三加处罚款；

（二）根据法律规定，将查封、扣押的财物拍卖或者将冻结的存款划拨抵缴罚款；

（三）申请人民法院强制执行。

◎ 警察与国家赔偿 ◎

怎样申请国家赔偿

【案例】

杨某在工作中被人诬陷为贪污公款，随后被公安机关逮捕。在关押了3个月后，检察院向法院提起了公诉，最后法院以事实不清、证据不足为由判决杨某无罪。杨某被关了这么久，是否能得到赔偿？

【法律解析】

根据相关法律规定，行使侦查、检察、审判、监狱管理职权的机关及其工作人员在行使职权时对没有犯罪事实的人错误逮捕的，受害人有取得赔偿的权利。杨某要求赔偿，应当先向赔偿义务机关提出。本案中，作出逮捕决定的机关为赔偿义务机关。按照国家赔偿标准，每错关1天，按全国上年度职工日平均工资给予赔偿。

【法条链接】

《中华人民共和国国家赔偿法》（以下简称《国家赔偿法》）第十五条 行使侦查、检察、审判、监狱管理职权的机关及其工作人员在行使职权时有下列侵犯人身权情形之一的，受害人有取得赔偿的权利：

（一）对没有犯罪事实或者没有事实证明有犯罪重大嫌疑的人错误拘留的；

（二）对没有犯罪事实的人错误逮捕的；

（三）依照审判监督程序再审改判无罪，原判刑罚已经执行的；

（四）刑讯逼供或者以殴打等暴力行为或者唆使他人以殴打等暴力行为造成公民身体伤害或者死亡的；

（五）违法使用武器、警械造成公民身体伤害或者死亡的。

国家赔偿诉讼时效有什么规定......

【案例】

陶某于2006年3月18日收到县工商局行政处罚听证告知书，下午到工商局要求听证时，被工作人员打伤，法医鉴定为轻伤。工商局支付了第一次手术费，但不肯付第二次手术费。陶某于2008年1月21日向工商局邮寄了国家赔偿申请书，但没有回音，便于2008年4月14日向法院起诉，法院以陶某起诉超过诉讼时效为由裁定不予受理。陶某超过诉讼时效了吗？

【法律解析】

陶某向法院起诉也并未超过诉讼时效。根据《国家赔偿法》的规定，工商局工作人员在行使行政职权时造成陶某身体伤害，工商局应依法确认该违法行为并给予赔偿。陶某应当先向工商局提出，也可以在申请行政复议和提起行政诉讼中一并提出。而陶某向工商局请求赔偿的时效为2年，陶某的申请并未超过此请求权时效。

【法条链接】

《国家赔偿法》第十三条 赔偿义务机关应当自收到申请之日起两个月内依照本法第四章的规定给予赔偿；逾期不予赔偿或者赔偿请求人对赔偿数额有异议的，赔偿请求人可以自期间届满之日起三个月内向人民法院提起诉讼。

交通救助不当导致的伤亡，交警要承担责任吗......

【案例】

某城际高速公路发生了一起重大交通事故。一辆大货车撞倒了路边的围栏，卡在了隔离带上，随后有6辆车避闪不及，全部卷入其中，现场混乱不堪。接到事故报告，交警大队警察与医护人员到现场实施救援。在实施救援的过程中，交警与医护人员配合不当，致使伤者不能及时地被移出事故现场接受急救，最终导致5人死亡、3人重伤、2人轻伤的严重后果。交警与医护人员要承担责任吗？

【法律解析】

交警与医护人员应承担相应的责任。交通事故发生后，迅速地赶往现场，实施救助，保护现场，勘察现场，这是警察的法定义务。本案中，警察和医护人员配合不当，没有很好地掌控局面，导致了救援行动的迟缓，使伤员得不到及时救助，最终使损失进一步扩大。这是警察与医护人员的失职，应当承担相应的责任。

【法条链接】

《道路交通安全法》第七十二条 公安机关交通管理部门接到交通事故报警后，应当立即派交通警察赶赴现场，先组织抢救受伤人员，并采取措施，尽快恢复交通。

交通警察应当对交通事故现场进行勘验、检查，搜集证据；因搜集证据的需要，可以扣留事故车辆，但是应当妥善保管，以备核查。

对当事人的生理、精神状况等专业性较强的检验，公安机关交通管理部门应当委托专门机构进行鉴定。鉴定结论应当由鉴定人签名。

第七十五条 医疗机构对交通事故中的受伤人员应当及时抢救，不得因抢救费用未及时支付而拖延救治。肇事车辆参加机动车第三者责任强制保险的，由保险公司在责任限额范围内支付抢救费用；抢救费用超过责任限额的，未参加机动车第三者责任强制保险或者肇事后逃逸的，由道路交通事故社会救助基金先行垫付部分或者全部抢救费用，道路交通事故社会救助基金管理机构有权向交通事故责任人追偿。

◎ 信 访 ◎

公民享有哪些信访权利

【案例】

林某户口被人占用，派出所不管，说户口办理原则是：身份证号编码登记为准原则，人口信息先入为主原则，方便群众和方便管理原则。林某的户口被人先办了二代身份证，在多次申请无法解决的情况下，遂决定向上级公安机关信访。

【法律解析】

根据《信访条例》的规定，信访人应当如实反映情况，不得捏造、歪曲事实，不得诬告、陷害他人。信访人主要有七种权利和五种义务。

权利有：一是信访事项提出权（信访权）；二是不受报复权（要求保密权）；三是请求复查权；四是了解权（要求答复权）；五是申诉权（对处理不服的可以向法院提起行政诉讼）；六是反映重大、紧急信访事项权；七是受奖励权。

义务有：一是遵守提出程序的义务；二是如实反映情况的义务；三是遵守禁止性行为的义务；四是遵守上访程序的义务；五是执行行政机关处理决定的义务。

本案中，林某进行信访依据的是当事人享有的信访权利中的信访事项提出权。

【法条链接】

《信访条例》第十四条 信访人对下列组织、人员的职务行为反映情况，提出建议、意见，或者不服下列组织、人员的职务行为，可以向有关行政机关提出信访事项：

（一）行政机关及其工作人员；

（二）法律、法规授权的具有管理公共事务职能的组织及其工作人员；

（三）提供公共服务的企业、事业单位及其工作人员；

（四）社会团体或者其他企业、事业单位中由国家行政机关任命、派出的人员；

（五）村民委员会、居民委员会及其成员。

对依法应当通过诉讼、仲裁、行政复议等法定途径解决的投诉请求，信访人应当依照有关法律、行政法规规定的程序向有关机关提出。

公民在信访活动中应该遵守哪些规定？遵守什么样的程序.........................

【案例】

某村部分村民因对酒厂占用耕地的补偿款不满，多次集体到镇政府进行上访。镇主要领导获知此事后，迅速组织工作组现场调查摸底，掌握第一手资料并及时向县领导及有关部门反映情况，经过长达半年的深入细致工作，促使酒厂与群众双方达成了协议，实现了政府、企业、群众的三满意。

【法律解析】

我国实行的是逐级上访和分级受理制度。信访工作坚持的是"分级负责、归口办理"和"谁主管、谁负责"的原则。因此，农民的信访活动应先到接待处理信访问题的起点单位反映，即先到乡镇党委政府、街道办事处或所在的工作单位反映。能在乡里解决的就不到县，能在县解决的就不要到市，能在市解决的就不要到省。另一方面，可以通过诉讼、仲裁程序和行政复议程序解决。

本案中，村民对耕地征收补偿款不满，到镇政府上访是符合法定程序要求的，镇政府也及时解决了这一问题。

【法条链接】

《信访条例》第二十条 信访人在信访过程中应当遵守法律、法规，不得损害国家、社会、集体的利益和其他公民的合法权利，自觉维护社会公共秩序和信访秩序，不得有下列行为：

（一）在国家机关办公场所周围、公共场所非法聚集，围堵、冲击国家机关，拦截公务车辆，或者堵塞、阻断交通的；

（二）在信访接待场所滞留、滋事，或者将生活不能自理的人弃留在信访接待场所的；

（三）煽动、串联、胁迫、以财物诱使、幕后操纵他人信访或者以信访为名借机敛财的；

（四）扰乱公共秩序、妨害国家和公共安全的其他行为。

○ 信访人信访过程中不得有哪些行为

除文中提到的行为，还有以下几种：

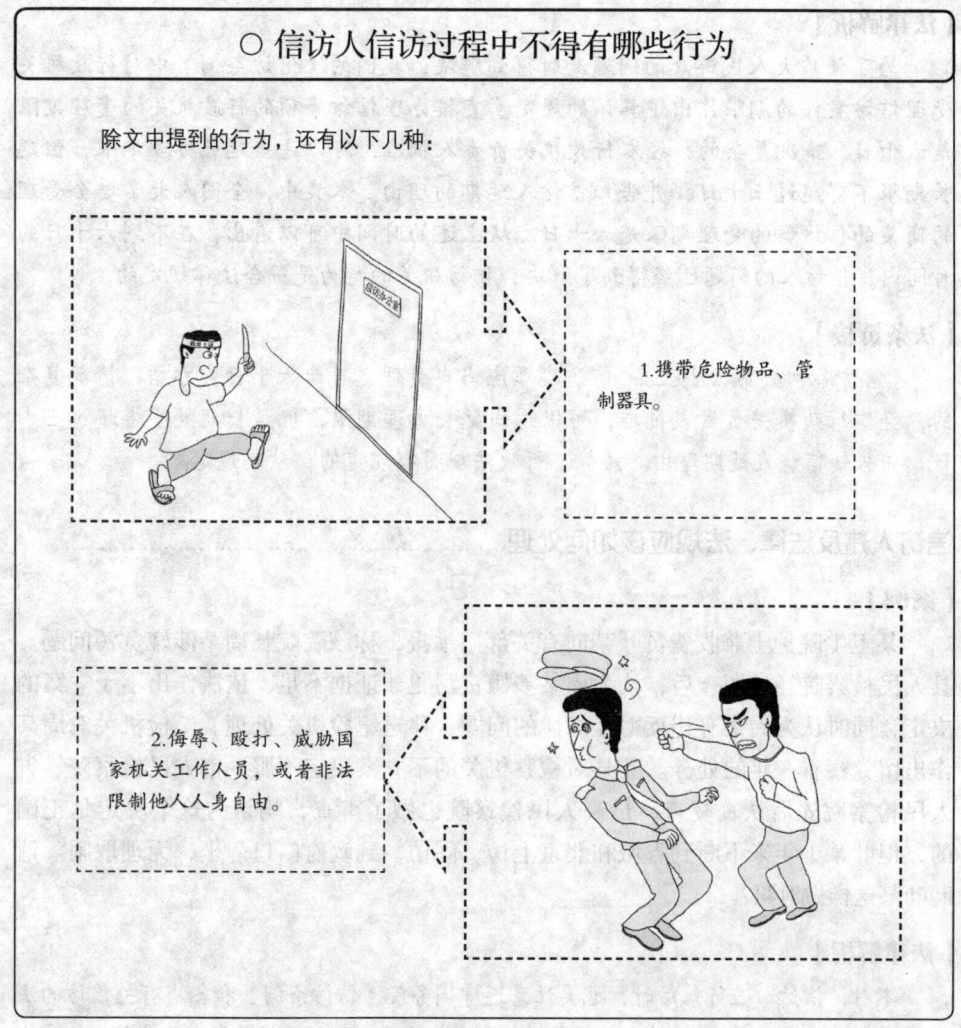

1.携带危险物品、管制器具。

2.侮辱、殴打、威胁国家机关工作人员，或者非法限制他人人身自由。

行政机关办理信访案件是否受期限的限制..

【案例】

2006年12月30日，70岁的退休工人商某到全国人大常委会办公厅信访局接待室哭诉说，其子小商为程某看守砂场，应得劳务费7000元，几经讨要，程某拒不给。小商再次向程某讨要时，被程某的弟弟用五连发猎枪打死。杀人者被依法判处死刑。商某向市人民法院提起诉讼，要求程某给付欠款。虽获胜诉，但时过7年未能得到执行。信访局向省人大常委会办公厅交办此案，要求依法督办。最后，在四级人大的过问下，2007年1月18日，法院终于将欠款7000元及利息共计11000元全部执行到位。

【法律解析】

为了使广大人民群众的问题及时得到解决，我国的《信访条例》中对行政机关受理信访案件的期限作出了具体的规定。直接办理信访事项的行政机关的受理期限是六十日。情况复杂的，经本行政机关负责人批准，可以适当延长办理期限，但延长期限不得超过三十日，并告知信访人延期的理由。本案中，全国人大常委会受理的商某的信访案的受理期限是六十日。从上述的时间中可以看出，在不到六十日的时间内，信访人的问题已经得到了解决，信访机关的行为是符合法律规定的。

【法条链接】

《信访条例》第三十三条 信访事项应当自受理之日起六十日内办结；情况复杂的，经本行政机关负责人批准，可以适当延长办理期限，但延长期限不得超过三十日，并告知信访人延期理由。法律、行政法规另有规定的，从其规定。

信访人违反法律、法规应该如何处理

【案例】

某卫生院护士兼收费员叶某向有关部门举报，称该院院长周某涉嫌贪污问题。县人民检察院经过调查后，认为周某涉嫌贪污犯罪证据不足，依法作出不予立案的决定，同时认为周某有违反财经纪律的问题，移送纪检机关处理。纪检机关对周某作出留党察看一年的处分。叶某对检察机关的不立案决定不服。市人民检察院、省人民检察院先后认真复查，最高人民检察院也做了审查，均认为这个决定是正确的，但叶某十年来不断到省城和北京上访、闹访，到政府门口静坐，无理取闹。请问叶某这样做对吗？

【法律解析】

不对，信仿人进行信访时，也要注意遵守国务院《信访条例》和各省有关信访的法规。要依照法律规定，正当地行使信访的权利，不能无理取闹，扰乱社会公共秩序。违法信访会给信访人带来治安管理处罚等惩罚，严重的还有可能导致刑事犯罪。本案中，叶某在有关机关已经对其信访请求作出处理的情况下，仍旧纠缠不休，到机关门口静坐，影响公共秩序，已经违反了《信访条例》的规定，应当依法作出治安管理处罚的决定。

【法条链接】

《信访条例》第四十七条 违反本条例第十八条、第二十条规定的，有关国家机关工作人员应当对信访人进行劝阻、批评或者教育。

经劝阻、批评和教育无效的，由公安机关予以警告、训诫或者制止；违反集会游行示威的法律、行政法规，或者构成违反治安管理行为的，由公安机关依法采取必要的现场处置措施、给予治安管理处罚；构成犯罪的，依法追究刑事责任。

经济篇
经济维权的盾牌

◎ 投 资 ◎

股民因券商工作失误而致配股未能成交，能否索赔...................................

【案例】

赵某于2008年6月10日在某证券交易所认购配股，但由于证券交易所的过失，致使配股未能成交，给赵某造成直接经济损失1万余元。那么，赵某能向证券商索赔吗？

【法律解析】

上市公司股东认购配股是股东的法定权利。这项权利具有财产性质，任何组织和个人因其作为或不作为致使股东配股权利未能得以有效实现，都要承担因此造成股东财产损失后果的法律责任。所以，不论券商故意还是过失（包括交易传输系统管理或维修不善），致使股民下达的配股委托未实施或未成交，都应赔偿股民因配股未成造成的损失。

【法条链接】

《民法通则》第一百零六条 公民、法人违反合同或者不履行其他义务的，应当承担民事责任。

公民、法人由于过错侵害国家的、集体的财产，侵害他人财产、人身的应当承担民事责任。

没有过错，但法律规定应当承担民事责任的，应当承担民事责任。

买的股票退市了，股民怎么办...

【案例】

唐某于2008年9月，买了某公司价值5万元的股票，但是不久该公司的股票便终止上市了。那么，唐某是否依然享有该公司的资产受益权？

【法律解析】

上市公司股票终止上市后，仍然是合法存续、公众投资者持股的股份有限公司，应当保证公司股东依法享有的资产受益、重大决策和选择管理者等权利，保证公众投资者合法享有的知情权。终止上市的股份有限公司所发行的全部股份继续由中国证券登记结算有限责任公司登记托管，公司所发行的股份仍可以依法转让。公司终止上市前向社会公众发行的股份，由代办机构代为办理转让手续；非挂牌交易股份的转让仍以协议转让方式进行。

【法条链接】

《关于做好股份有限公司终止上市后续工作的指导意见》一、关于股份有限公司终止上市后保护股东权益问题

（一）根据《公司法》的规定，上市公司是公司设立及股份发行经省级人民政府依法批准，向社会公开募集和股票上市交易经中国证监会依法核准的股份有限公司。根据《证券法》规定，上市公司丧失《公司法》规定的上市条件的，其股票依法暂停上市或者终止上市。上市公司股票终止上市后，仍然是合法存续、公众投资者持股的股份有限公司，在各级人民政府的监督管理下，做好依法终止上市的经济和社会稳定工作。

（二）中国证监会各地派出机构要及时向所在地人民政府通报上市公司终止上市风险以及股份有限公司控股股东、董事和高级管理人员损害公司和公众股东利益的问题，协助所在地人民政府实施终止上市风险应急处理措施和追究失职责任。

（三）股票终止上市的股份有限公司（以下简称"公司"）依法接受所在地人民政府的监督管理，保证公司股东依法享有的资产受益、重大决策和选择管理者等权利，保证公众投资者合法享有的知情权，保证其向社会公众发行的股份在中国证券业协会建立的"代办股份转让系统"（以下简称"代办系统"）进行有序转让，切实承担公众公司的社会责任。

......

公司能否回收股东的股权...

【案例】

肖某是某有限责任公司的股东，在公司担任副总经理职务。公司自2002年9月成

立1年后就持续盈利，可是肖某只是每月领取担任职务的薪水，在年终时无法得到公司给股东的分红。因为每年年终公司召开股东会时，股东会总是决议不向股东分配利润。2009年，肖某想要退股，他能否请求公司收购自己的股权？

【法律解析】

《公司法》第七十五条规定，公司连续五年不向股东分配利润，而公司该五年连续盈利，并且符合本法规定的分配利润条件的，则股东可以请求公司按合理价格收购其股权。因此，肖某可以请求公司收购其股权。如果肖某与公司不能达成股权收购协议，肖某可以向人民法院提起诉讼。

【法条链接】

《公司法》第七十五条 有下列情形之一的，对股东会该项决议投反对票的股东可以请求公司按照合理的价格收购其股权：

（一）公司连续五年不向股东分配利润，而公司该五年连续盈利，并且符合本法规定的分配利润条件的；

○ 哪些情况下股东可以请求公司收购其股权

有些情况下股东是可以请求公司收购其股权的，比如：

1.公司经营困难

当公司经营管理发生严重困难，连续亏损，继续存在会使股东利益受到重大损失时，股东可要求退股。

2.公司合并

公司合并通常有两种形式：新设合并和吸收合并。不论哪种形式的合并，股东都可以提出收购其股权的请求。

（二）公司合并、分立、转让主要财产的；

（三）公司章程规定的营业期限届满或者章程规定的其他解散事由出现，股东会会议通过决议修改章程使公司存续的。

自股东会会议决议通过之日起六十日内，股东与公司不能达成股权收购协议的，股东可以自股东会会议决议通过之日起九十日内向人民法院提起诉讼。

股东不想继续追加投资，能否请求法院解散公司..

【案例】

赵某、李某等是一家有限责任公司的股东，公司2001年成立。因为公司的经营决策出现失误，公司生产的产品一直打不开市场销路。公司的经营举步维艰，赵某、李某等股东只有不断投入资金才能维系公司生存。现在赵某、李某等不想再继续投资，便建议股东会解散公司，可是经股东会决议作出不解散公司的决定。为了避免利益继续受损，赵某、李某等股东能否联合起来请求法院解散公司？

【法律解析】

如果公司经营管理发生严重困难，股东继续追加投资会受到更大的损失，那么股东联合持有公司全部股东表决权百分之十以上的股东，可以请求人民法院解散公司。如果赵某、李某等股东所持公司全部股东表决权达到百分之十以上，可以请求人民法院解散公司。

【法条链接】

《公司法》第一百八十三条 公司经营管理发生严重困难，继续存续会使股东利益受到重大损失，通过其他途径不能解决的，持有公司全部股东表决权百分之十以上的股东，可以请求人民法院解散公司。

可以用贷款作为对公司的出资吗..

【案例】

林某与朋友闫某合伙设立有限责任公司，约定林某出资50万元，闫某出资30万元。但林某只有货币20万元，于是以自己的房屋作抵押，向银行贷款30万元，连同自己的20万元一起作为对公司的出资。林某以贷款为出资的行为属于"虚假出资"吗？

【法律解析】

冯某的出资有效，不能认定为虚假出资。我国《公司法》并没有限定股东必须以自有资金出资，只要股东按公司章程足额出资，无论股东资金是自有资金还是贷款或是其他合法来源，都是符合法律规定的，贷款资金并非虚假出资。

【法条链接】

《公司法》第二十八条 股东应当按期足额缴纳公司章程中规定的各自所认缴的出资额。股东以货币出资的，应当将货币出资足额存入有限责任公司在银行开设的账户；以非货币财产出资的，应当依法办理其财产权的转移手续。

◎ 创 业 ◎

什么是"有限责任公司"

【案例】

胡某想自己创办一家公司，但是听说我国存在许多企业形式，既有有限责任公司，还有个人独资企业、合伙企业，他不知道其有什么区别。什么是"有限责任公司"？它与个人独资企业、合伙企业有什么区别？

【法律解析】

有限责任公司是指股东以其出资额为限对公司承担责任，公司以其全部资产对公司的债务承担责任的法人企业。而在个人独资企业中，出资人以个人所有的财产对企业的债务承担无限责任；合伙企业分为普通合伙企业与有限合伙企业。普通合伙企业中，合伙人以个人财产对企业的债务承担无限连带责任；有限合伙企业中，普通合伙人以个人财产对企业的债务承担无限连带责任，有限合伙人以其认缴的出资额对合伙企业的债务承担责任。

【法条链接】

《公司法》第三条 公司是企业法人，有独立的法人财产，享有法人财产权。公司以其全部财产对公司的债务承担责任。

有限责任公司的股东以其认缴的出资额为限对公司承担责任；股份有限公司的股东以其认购的股份为限对公司承担责任。

《个人独资企业法》第二条 本法所称个人独资企业，是指依照本法在中国境内设立，由一个自然人投资，财产为投资人个人所有，投资人以其个人财产对企业债务承担无限责任的经营实体。

合伙企业中被除名，不服该怎么办

【案例】

邵某和几个朋友合伙成立一家企业，其他合伙人一致推举邵某执行合伙事务。前不久在跟某单位洽谈一笔业务时，因邵某的过失导致该合伙企业受损。其他几个合伙人就一致表决要把邵某除名。如果邵某对除名决定不服该怎么办？

【法律解析】

公司对合伙人的除名决议应当书面通知被除名人。被除名人接到书面除名通知之日，除名即开始生效。如果被除名人对除名决议有异议的，可以自接到除名通知之日起 30 日内，向人民法院起诉。故邵某可以自接到除名通知之日起 30 日内，向人民法院起诉。

【法条链接】

《中华人民共和国合伙企业法》(以下简称《合伙企业法》)第四十九条　合伙人有下列情形之一的，经其他合伙人一致同意，可以决议将其除名：

（一）未履行出资义务；

（二）因故意或者重大过失给合伙企业造成损失；

（三）执行合伙事务时有不正当行为；

（四）发生合伙协议约定的事由。

对合伙人的除名决议应当书面通知被除名人。被除名人接到除名通知之日，除名生效，被除名人退伙。被除名人对除名决议有异议的，可以自接到除名通知之日起三十日内，向人民法院起诉。

○ 合伙人被除名的情况

关于合伙企业能将合伙人除名的情况，常见的有以下几种：

1.因某个合伙人的过失造成企业巨大损失的，这种情况下企业可以将其除名。

2.企业合伙人存在不良居心，将收益据为己有，此时合伙企业可以联合将其除名。

合伙企业的负责人，能否转让合伙企业..

【案例】

范某与两位朋友共同出资合伙经营一家企业，办理了营业执照，范某是合伙企业的负责人。但是由于经营不善，企业严重亏损。范某想把这家合伙企业转让给别人，但范某的朋友不同意。那么，范某有权自己把企业转让出去吗？

【法律解析】

在未经两位合伙人同意的情况下，范某无权把企业转让出去。根据《合伙企业法》的规定，范某可以把合伙企业中属于自己的财产份额转让出去。合伙企业存续期间，合伙人向合伙人以外的人转让其在合伙企业中的全部或者部分财产份额时，须经其他合伙人一致同意。合伙人之间转让在合伙企业中的全部或者部分财产份额时，应当通知其他合伙人。合伙人依法转让其财产份额的，在同等条件下，其他合伙人有优先受让的权利。

【法条链接】

《合伙企业法》第二十二条　除合伙协议另有约定外，合伙人向合伙人以外的人转让其在合伙企业中的全部或者部分财产份额时，须经其他合伙人一致同意。

合伙人之间转让在合伙企业中的全部或者部分财产份额时，应当通知其他合伙人。

创业合伙人怎样才能退出公司..

【案例】

徐某和几个朋友共同投资合伙开了一家有限责任公司，但由于办理了加拿大移民要到国外定居，他决定撤出股份离开公司。徐某要退出公司要遵循哪些法律规定呢？

【法律解析】

股东在公司登记后，不得抽逃出资。股东如果要退出公司，可以向其他股东转让股权，也可以在取得半数以上其他股东同意的情况下向股东以外的其他人转让股权。经股东同意转让的股权，在同等条件下，其他股东对该股权有优先购买权。

【法条链接】

《公司法》第七十二条　有限责任公司的股东之间可以相互转让其全部或者部分股权。

股东向股东以外的人转让股权，应当经其他股东过半数同意。股东应就其股权转让事项书面通知其他股东征求同意，其他股东自接到书面通知之日起满三十日未答复的，视为同意转让。其他股东半数以上不同意转让的，不同意的股东应当购买该转让的股权；不购买的，视为同意转让。

经股东同意转让的股权，在同等条件下，其他股东有优先购买权。两个以上股东主张行使优先购买权的，协商确定各自的购买比例；协商不成的，按照转让时各自的出资比例行使优先购买权。

公司章程对股权转让另有规定的，从其规定。

合伙人退伙了还对合伙期间的债务承担责任吗...

【案例】

乔某、曾某、白某成立一家有限合伙企业，其中乔某投入10万元资金，并约定以10万元资金对外承担有限责任。企业成立后，由于经营不善一直处于亏损状态，并在外欠了一些债务。乔某见状，找到曾某与白某商议，欲退出合伙，二人同意，并退给乔某7万元钱。1个月后，合伙企业破产，欠了20万元外债。乔某对这份债务有偿还的责任吗？

【法律解析】

乔某应以7万元合伙企业的债务承担责任。我国《合伙企业法》规定，有限合伙人退伙后，对于其退伙前发生的合伙企业债务，应当以其退伙时从合伙企业取出的财产承担责任。本案中，合伙企业自成立以来一直处于亏损状态，乔某退伙后1个月即破产，很显然合伙企业债务中的绝大部分是乔某退伙前产生的，因此乔某应以他退伙时取回的财产承担责任。

【法条链接】

《合伙企业法》第八十一条 有限合伙人退伙后，对基于其退伙前的原因发生的有限合伙企业债务，以其退伙时从有限合伙企业中取回的财产承担责任。

日常消费篇
衣食住行明白消费

◎ 服 装 ◎

商家处理的商品售出后，能退货吗......

【案例】

王女士看到一家专卖店在出售名牌的处理皮包，价格便宜。店员说厂家的仓库漏了雨，皮包被打湿了，有些地方颜色有些脱落。他们还立了一块"处理品售出概不退换"的牌子。王女士买了一个，回家发现皮包颜色有明显脱落。她找商家退货，但商家不给退货。那么，处理品到底可不可以退货呢？

【法律解析】

经营者对出售时已明确告知存在瑕疵的处理品不承担退货责任。如果没有说明，一旦出现质量问题或者被有关机关认定为不合格产品，消费者有权向经营者提出退货和赔偿要求，经营者应当无条件退货。王女士在买打折的皮包时，商家已经明确告知皮包被淋了雨，还告知了有些地方颜色有些脱落，而这种瑕疵也并不会对人体健康或者人身安全、财产等造成危害。王女士无权向商家要求退货或赔偿。

【法条链接】

《消费者权益保护法》第二十二条 经营者应当保证在正常使用商品或者接受服务的情况下其提供的商品或者服务应当具有的质量、性能、用途和有效期限；但消费者在购买商品或者接受服务前已经知道其存在瑕疵的除外。

促销价格反而高，能告商家欺诈吗

【案例】

某商场进行价格促销期间，魏某买了一款羽绒服。后来魏某得知，羽绒服促销前售价仅为488元，商家在促销时却以618元计算。魏某要求商场公开道歉并双倍赔偿其损失。商场认为，该款羽绒服的实际价格是618元，但是在促销前一直是按折扣价488元销售，因此促销没有虚构原价，没有进行价格欺诈。

【法律解析】

可以告商家欺诈。商场打折促销，商品售价应该会比正常价格低，可是如果商家虚构原价，使促销价格反而更高，则严重损害了消费者的合法权益。商家在提供商品或服务时有欺诈行为的，应该承担"退一赔一"的民事责任，即双倍赔偿责任。

【法条链接】

《禁止价格欺诈行为的规定》第七条 经营者收购、销售商品和提供有偿服务，采取下列价格手段之一的，属于价格欺诈行为：虚构原价，虚构降价原因，虚假优

○ 商家价格欺诈行为有哪些

俗话说"无奸不商"，在合法的前提下商人的"奸"其实是一种聪明，但为了牟取利益，在价格上欺诈消费者，这就是真正的奸商。一般来说，商家价格欺诈行为包括：

1.虚构降价
故意打着降价的旗号，牟取利益。

2.虚假原价
谎称商品是折扣价格，其实是故意抬高了原价，欺骗消费者购买。

惠折价，谎称降价或者将要提价，诱骗他人购买的。

《零售商促销行为管理办法》第十一条 零售商开展促销活动，不得利用虚构原价打折或者使人误解的标价形式或价格手段欺骗、诱导消费者购买商品。

衣物质量有缺陷造成损害怎么办

【案例】

秦先生在一家商场买了一套保暖内衣后，穿了不到一星期，身上就出现了发红现象。秦先生被确诊为皮炎，系穿保暖内衣所致。秦先生为此花去医疗费用上千元，病好后，他便带着保暖内衣到有关部门申请鉴定。鉴定结论表明，该保暖内衣的甲醛含量严重超标。秦先生来到商场索赔，要求对方赔偿损失。

【法律解析】

商家应当予以赔偿。《产品质量法》第四十一条规定，因产品存在缺陷造成人身、缺陷产品以外的其他财产（以下简称他人财产）损害的，生产者应当承担赔偿责任。《纺织品甲醛含量的限定》对保暖内衣等纺织品的甲醛含量有明确限定。秦先生购买的这套保暖内衣甲醛含量超标，不符合国家制定的行业标准，存在危及人身安全的不合理危险，是典型的产品缺陷。

【法条链接】

《消费者权益保护法》第四十四条 经营者提供商品或者服务，造成消费者财产损害的，应当按照消费者的要求，以修理、重作、更换、退货、补足商品数量、退还货款和服务费用或者赔偿损失等方式承担民事责任。消费者与经营者另有约定的，按照约定履行。

洗衣店规定的"行规"合法吗

【案例】

何女士于2009年5月20日到某干洗店干洗一件价值800余元的大衣，并支付干洗费15元。等到何女士去取衣服时，却被告知大衣丢失了。为此，何女士要求该店按价赔偿800元。但该店负责人却表示，只可以按洗衣费5倍赔偿，并说这是洗衣业的"行规"。请问，该洗衣"行规"是否合法？

【法律解析】

该"行规"是违法的，不受法律保护。另外，何女士的大衣被丢失，其责任在于该干洗店保管不慎所致。所以，何女士有权就该大衣丢失向干洗店索赔。同时，由于该店并未向何女士提供干洗服务，因而也不能占有15元干洗费，干洗费应予退还。

【法条链接】

《消费者权益保护法》第二十四条 经营者不得以格式合同、通知、声明、店堂告示等方式作出对消费者不公平、不合理的规定，或者减轻、免除其损害消费者合法权益应当承担的民事责任。

格式合同、通知、声明、店堂告示等含有前款所列内容的，其内容无效。

第四十四条 经营者提供商品或者服务，造成消费者财产损害的，应当按照消费者的要求，以修理、重作、更换、退货、补足商品数量、退还货款和服务费用或者赔偿损失等方式承担民事责任。消费者与经营者另有约定的，按照约定履行。

◎ 食 品 ◎

购买过期食品，生病住院谁来赔偿......

【案例】

小红的母亲从超市买了一只袋装扒鸡，特价五元，只是超过保质期七天了。第二天小红的父母就因食物中毒住进了医院。小红说保留好证据，等病好了找超市索赔。但小红的母亲说人家超市可能不认账，因为自己明知道过期了还买，只能怨自己贪便宜吃大亏。那么，购买明知已经过期的食品，生病住院谁来赔偿呢?

【法律解析】

超市应当承担赔偿责任。根据相关法则规定，销售者不得销售国家明令淘汰并停止销售的产品和失效、变质的产品。消费者购买、使用商品和接受服务时享有人身、财产安全不受损害的权利。违反规定，生产、经营不符合卫生标准的食品，造成食物中毒事故或者其他食源性疾患的，消费者可以向销售者要求赔偿。

本案中，虽然小红的母亲明知食品过期，仍自愿购买，这都不影响和不能免除商家承担赔偿责任。法律并没有规定顾客明知食品过期仍然购买，商家就可以免除责任。超市销售过期食品的行为，客观上给顾客身体健康和经济上造成了较大损害，超市应对此承担责任，对小红的父母依法给予赔偿。

【法条链接】

《产品质量法》第三十五条 销售者不得销售国家明令淘汰并停止销售的产品和失效、变质的产品。

《中华人民共和国食品安全法》(以下简称《食品安全法》)第八十五条 违反本法规定，有下列情形之一的，由有关主管部门按照各自职责分工，没收违法所得、违法生产经营的食品和用于违法生产经营的工具、设备、原料等物品;违法生产经营的食品货值金额不足一万元的，并处二千元以上五万元以下罚款;货值金额一万元以上的，并处货值金额五倍以上十倍以下罚款；情节严重的，吊销许可证：

　　……

　　（七）经营超过保质期的食品；

　　……

　　《消费者权益保护法》第四十一条 经营者提供商品或者服务，造成消费者或者其他受害人人身伤害的，应当支付医疗费、治疗期间的护理费、因误工减少的收入等费用，造成残疾的，还应当支付残疾者生活自助费、生活补助费、残疾赔偿金以及由其扶养的人所必需的生活费等费用；构成犯罪的，依法追究刑事责任。

饭店收取服务费、纸筷费、开瓶费是否合理..

【案例】

　　2008年11月26日中午，刘某与同事到某饭店就餐，刘某未经经营者同意，将从超市购买的4瓶剑南春酒带入店内饮用。就餐完毕，经营者向刘某收取餐费410元，其中包括开瓶费和纸筷费。刘某起诉到法院，要求经营者退还非法收取的开瓶费、纸筷费，赔偿相应损失。饭店收取开瓶费、纸筷费合理吗？

【法律解析】

　　要视不同情况而区别对待。若消费者与经营者已就纸筷费或者服务费达成协议，当事人应当按照约定履行义务；经营者若以店堂告示等形式向消费者收取纸筷费或服务费，而消费者并不知情且该告示并不醒目，则应当认为收取纸筷费或服务费并没有订入合同，消费者不应当支付该费用；若经营者以店堂告示等形式向消费者收取纸筷费或服务费，同时服务员向消费者做了说明或者该告示非常醒目，此时，消费者应当支付该费用。

【法条链接】

　　《消费者权益保护法》第十条 消费者享有公平交易的权利。消费者在购买商品或者接受服务时，有权获得质量保障、价格合理、计量正确等公平交易条件，有权拒绝经营者的强制交易行为。

最低消费规定合法吗..

【案例】

　　郑某和一同事在某餐馆就餐，结账时发现费用比实际多出8元，于是郑某找该饭店的服务人员理论。他们告诉郑某该饭店由于装修和服务投入较大，出于成本考虑，从而划定了客人的基本消费额度，即最低消费金额50元。该饭店的规定是否合法？

【法律解析】

该饭店的规定不合法。该饭店单方面制定这样的条款损害了消费者的合法利益，限制了消费者的自主选择权。可以通过以下途径解决：（一）与经营者协商和解；（二）请求消费者协会调解；（三）向有关行政部门申诉；（四）根据与经营者达成的仲裁协议提请仲裁机构仲裁；（五）向人民法院提起诉讼。

○ 消费者享有公平交易权

按照《消费者权益保护法》第十条第二款的规定，公平交易权包括两方面的内容：

1.消费者有权享有质量保障、价格合理、计量正确等公平交易条件。

这个和我看到的不一样！

退货

网络购物

这底座不是平板电视的一部分吗，怎么还单独收费？这不是强迫交易吗！

底座单独收费，这已经是行规了。

2.消费者有权拒绝经营者的强制交易行为。对消费者而言，强制交易行为不仅侵犯了其自主选择权，而且还侵犯了其公平交易权，因而消费者有权予以拒绝。

【法条链接】

《消费者权益保护法》第十条 消费者享有公平交易的权利。消费者在购买商品或者接受服务时，有权获得质量保障、价格合理、计量正确等公平交易条件，有权拒绝经营者的强制交易行为。

预订的酒席被取消，可以双倍索还定金吗..

【案例】

刘先生在某酒店预订了6月15日为其父过70大寿的寿宴，并交了300元押金。6月12日，酒店通知刘先生，6月15日该酒店被一家结婚的包下，不能承办刘先生父亲的寿宴。刘先生非常气愤，要求酒店双倍返还定金，但酒店只同意退回定金，双方遂起纷争。

【法律解析】

刘先生有权要求酒店双倍返还定金。《消费者权益保护法》规定了经营者应遵循诚实信用原则。所谓的诚实信用原则是指经营者在与消费者进行交易时，应该诚实守信，不得恶意违反法律的规定与双方的约定。本案中，刘先生已经向酒店预订了酒席并交付了定金，酒店没有经过刘先生同意就擅自取消，其行为显然有违诚信，应该承担《合同法》中规定的定金罚则，即向刘先生双倍返还定金。

【法条链接】

《合同法》第一百一十五条 当事人可以依照《中华人民共和国担保法》约定一方向对方给付定金作为债权的担保。债务人履行债务后，定金应当抵作价款或者收回。给付定金的一方不履行约定的债务的，无权要求返还定金；收受定金的一方不履行约定的债务的，应当双倍返还定金。

产品致消费者受伤，可以要求赔偿吗..

【案例】

个体食杂店老板张某从某食品批发中心批发了30箱啤酒准备出售。啤酒拉到家卸车时一瓶啤酒突然爆炸，将张某左眼炸伤，花去医疗费1万余元。张某找到该批发中心要求赔偿医疗费，但该批发中心认为自己只是销售啤酒，责任应由啤酒生产厂家来负。

【法律解析】

张某可以要求食品批发中心赔偿。法律规定，经营者因产品给消费者造成人身或财产损害的，应当赔偿医疗费、护理费、因误工减少的收入等费用。需要说明的是，《消费者权益保护法》中所称的"经营者"，包括生产者、销售者、运输者、保管者。所以，本案中该食品批发中心称自己不负责任是没有法律依据的。

【法条链接】

《消费者权益保护法》第十一条 消费者因购买、使用商品或者接受服务受到人身、财产损害的，享有依法获得赔偿的权利。

第三十五条 消费者在购买、使用商品时，其合法权益受到损害的，可以向销售者要求赔偿。销售者赔偿后，属于生产者的责任或者属于向销售者提供商品的其他销售者的责任的，销售者有权向生产者或者其他销售者追偿。消费者或者其他受害人因商品缺陷造成人身、财产损害的，可以向销售者要求赔偿，也可以向生产者要求赔偿。属于生产者责任的，销售者赔偿后，有权向生产者追偿。属于销售者责任的，生产者赔偿后，有权向销售者追偿。消费者在接受服务时，其合法权益受到损害的，可以向服务者要求赔偿。

酒店可以禁止顾客自带酒水吗

【案例】

刘先生某天与朋友一起到一家酒店吃饭，自带了一瓶朋友新送的洋酒，就拿出来要喝，可是酒店的服务员告诉刘先生，该店禁止自带酒水。刘先生很气愤，与酒店工作人员争论起来。但酒店坚持不允许刘先生喝自带的洋酒。刘先生一气之下，还是喝了自带的酒。但结账时酒店收了他100元"酒水服务费"。刘先生可以拒交服务费吗？

【法律解析】

目前很多地方的酒店都以店堂告示的形式禁止消费者自带酒水，这其实侵犯了消费者的自主选择权，是违反《消费者权益保护法》的规定的。酒店的做法是不合法的，刘先生有权拒交"酒水服务费"。

【法条链接】

《消费者权益保护法》第九条 消费者享有自主选择商品或者服务的权利。消费者有权自主选择提供商品或者服务的经营者，自主选择商品品种或者服务方式，自主决定购买或者不购买任何一种商品、接受或者不接受任何一项服务。消费者在自主选择商品或者服务时，有权进行比较、鉴别和挑选。

消费者维权可采取哪些途径

【案例】

陈先生到某商场购买食品，回家食用后全家腹泻。经检验是在商场买回的食品大肠杆菌超标所致。后陈先生要求商场赔偿自己购物的价款及全家的医疗费、误工费等共计损失5000余元，并与商家多次交涉，但商家总以各种理由推脱。这种情况下，陈先生应如何维护自己的权益？

【法条解析】

如果与商家交涉无效，根据《消费者权益保护法》的规定，陈先生可以向消费者协会求助，也可以向有关行政部门申诉。如果曾与经营者达成仲裁协议，可以提请仲裁。还可以向人民法院提出诉讼。

【法律链接】

《消费者权益保护法》第三十四条 消费者和经营者发生消费者权益争议的，可以通过下列途径解决：

（一）与经营者协商和解；

（二）请求消费者协会调解；

（三）向有关行政部门申诉；

（四）根据与经营者达成的仲裁协议提请仲裁机构仲裁；

（五）向人民法院提起诉讼。

◎ 美容娱乐 ◎

不按照优惠券载明的内容履行，属于违约行为吗..

【案例】

一日，小柳得到了一张优惠券，免费得到一次头发的水疗护理。小柳进入美发店，当拿出优惠券想要使用时，工作人员告诉她凭优惠券是可以免费做一次免费水疗，但是水疗所需的精油等需要自己支付。小柳当场提出质疑。工作人员最后表示，如果要进行免费水疗就得支付200元的材料费，否则就不予水疗。

【法律解析】

美发店的行为属于违约。从法律关系的角度来分析，商家通过派发优惠券搞促销，属于要约行为。要约是指希望和他人订立合同的意思表示，经受要约人承诺，要约人即受该意思表示的约束。如果商家不按照优惠券载明的内容履行，应当承担违约责任。

【法条链接】

《合同法》第二十六条 承诺通知到达要约人时生效。承诺不需要通知的，根据交易习惯或者要约的要求作出承诺的行为时生效。

《消费者权益保护法》第二十三条 经营者提供商品或者服务，按照国家规定或者与消费者的约定，承担包修、包换、包退或者其他责任的，应当按照国家规定或者约定履行，不得故意拖延或者无理拒绝。

年卡"猝死"，该由谁承担责任..

【案例】

2009年6月，梅小姐在一家商场的美容美体中心办了一张年卡，凭此年卡可以每个月享受一次免费的全身按摩，但是只使用了一个月，这家美容美体中心突然关门歇业。几天之后，店铺居然改头换面成了一家发型设计中心，老板也换人了。现在找不到原来美容美体中心的老板，梅小姐的年卡"猝死"成了废卡，该由谁承担责任呢？

【法律解析】

商场应当承担连带责任，负责赔偿。本案中，商场将柜台、店铺等出租给各商家，包括美容美体中心，梅小姐现在找不到美容美体中心的老板，根据《消费者权益保护法》第三十八条的规定，梅小姐可以要求商场承担赔偿责任，商场在对梅小姐进行赔偿后，有权向美容美体中心的负责人追偿。

【法条链接】

《消费者权益保护法》第三十八条 消费者在展销会、租赁柜台购买商品或者接受服务，其合法权益受到损害的，可以向销售者或者服务者要求赔偿。展销会结束或者柜台租赁期满后，也可以向展销会的举办者、柜台的出租者要求赔偿。展销会的举办者、柜台的出租者赔偿后，有权向销售者或者服务者追偿。

美容变毁容，人身损害、精神损害赔偿责任都要担..

【案例】

一个月前，刘女士到某美容院做了割眼袋手术。当时美容院一再保证这个手术绝对安全，而且不留痕迹。但一个月后，刘女士就感到手术处疼痛得厉害，而且割过眼袋的地方更是红肿，气愤之极的刘女士向法院起诉，要求美容院进行人身损害和精神损害赔偿，费用共计30余万元。

【法律解析】

根据《消费者权益保护法》第四十一条的规定，经营者提供商品或者服务，造成消费者或者其他受害人人身伤害的，应当支付医疗费、治疗期间的护理费、因误工减少的收入等费用。美容损害又不同于一般的人身损害。首先，美容机构没有完全履行与消费者之间形成的美容法律关系中的义务而造成了消费者的人身损害。其次，美容损害赔偿责任既包括对人的容貌即人身损害的物质赔偿责任，还包括对容貌受损而带来的精神损害的经济补偿责任。

【法条链接】

《消费者权益保护法》第四十一条 经营者提供商品或者服务，造成消费者或者其他受害人人身伤害的，应当支付医疗费、治疗期间的护理费、因误工减少的收入等费用，造成残疾的，还应当支付残疾者生活补助费、残疾赔偿金以及由其扶养的人所必需的生活费等费用；构成犯罪的，依法追究刑事责任。

免费服务泡了汤，商家应该赔偿吗

【案例】

章小姐从一家体育器材公司购买了一部跑步机，并得到一张年卡，享受一年的免费健身。可是，两个月后免费健身活动却终止了。该公司以年卡为免费赠送，章小姐没有付钱为由，不承担赔偿责任。那么，免费服务突然泡了汤，该公司应该负责赔偿吗？

【法律解析】

要赔偿。赠品是有偿所得，章小姐的年卡便是，就有权享受服务。现在体育器械公司由于自己的过错，不能履行合同，却借口以章小姐没有实际损失推脱，违反了约定，侵犯了章小姐的合法权益，应当提供健身服务或者退还费用。

【法条链接】

《消费者权益保护法》第十六条 经营者向消费者提供商品或者服务，应当仿照《中华人民共和国产品质量法》和其他有关法律、法规的规定履行义务。经营者和消费者有约定的，应当按照约定履行义务，但双方的约定不得违背法律、法规的规定。

◎ 旅行出游 ◎

因雨雪天气而缩短行程，旅行社是否应支付违约金

【案例】

2008年1月中旬，杜某在某旅行社报名，参加2月初一个去广西桂林和海南的旅游线路。但是，由于当时是全国普降雨雪的特殊时期，旅行社说去广西桂林的旅游线路开通不了，只能去海南，也就是说旅游线路会缩短。报名的时候，交了200元钱，旅行社承诺说一定可以按期出行。旅行社是否应退还杜某交的200元和支付杜某一定的违约金？

【法律解析】

杜某不能要求旅行社支付违约金。但如果杜某提出解除合同，旅行社应退还给

○ 法律规定的不可抗力范围有哪些

1.自然灾害

如台风、洪水、冰雹、地震、海啸、火灾等。

2.政府行为

指当事人的合同订立以后，政府当局颁布新的法律、政策、行政措施而致使合同不能履行。

3.社会异常事件

主要是指一些偶发的事件阻碍合同履行，比如罢工、暴乱等。

他200元。因全国普降雨雪等天气灾害情况，是旅行社所不能预料的。如果旅行社与杜某签订了合同，合同中约定了违约金，因不可抗力原因导致不能履行合同，可以免除旅行社的违约责任。

【法条链接】

《合同法》第一百一十七条 因不可抗力不能履行合同的，根据不可抗力的影响，部分或者全部免除责任，但法律另有规定的除外。当事人迟延履行后发生不可抗力的，不能免除责任。

旅行社是否承担违约责任

【案例】

2008年5月10日，钱女士和父母参加了旅行社组织的西北7日游。在去往景点的途中，因司机违章造成交通事故，钱女士和父母都受了伤。事后钱女士向旅行社索赔，旅行社却说他们只负责提供专职导游接待，提供车辆服务的是当地的某汽车租赁公司，因此，事故责任应由汽车租赁公司承担。那么，钱女士该怎么办呢?

【法律解析】

钱女士既可以提起侵权之诉，也可以提起违约之诉。从违约的构成来看，只要合同一方违反了合法有效的合同约定，并且不具有不可抗力等责任免除的情形即构成了违约。即使该违约是由于第三方的原因造成的，旅行社也应当向钱女士及其父母承担违约责任。需要提醒的是，选择侵权之诉的人身损害赔偿，受害人可以主张精神损害赔偿;而选择违约之诉，除法律有特别规定的外，不能主张精神损害赔偿。

【法条链接】

《合同法》第一百二十一条 当事人一方因第三人的原因造成违约的，应当向对方承担违约责任。当事人一方和第三人之间的纠纷，依照法律规定或者按照约定解决。

旅行社遗漏游览景点，赔偿如何计算

【案例】

黄某等旅游者报名参加一个旅游团，双方签订了《旅游合同》。在旅游过程中，因组团社与地接社之间发生团款纠纷，耽误了旅游行程。旅游结束后，黄某等旅游者要求旅行社承担违约责任，赔偿全部旅游费用。旅行社辩称，此次旅游景点的遗漏，完全是地接社的原因造成的，组团社并没有过错，但同意先退赔遗漏景点门票费。

【法律解析】

游客可以要求部分赔偿。本案中，旅行社按合同约定履行了绝大部分义务，旅游者也享受了旅行社提供的各项服务。个别景点遗漏，不应赔偿全部旅游费用。

【法条链接】

《旅行社质量保证金赔偿试行标准》第八条 导游擅自改变活动日程，减少或变更参观项目，旅行社应退赔景点门票、导游服务费并赔偿同额违约金。

第十三条 旅行社安排的观光景点，因景点原因不能游览，旅行社应退还景点门票、导游费并赔偿退还费用百分之二十的违约金。

宾馆过了中午 12 点加收半天房租的惯例合法吗

【案例】

前不久，谭女士出游到外地，在一家宾馆住宿，入住时间是下午5时多，次日下午2时多退房，宾馆服务台向谭女士收一天半的房租。谭女士提出实际只住了不到一天，宾馆应按一天住宿标准收费。可服务小姐说，凡住本宾馆的顾客在中午12时后退房的，按惯例要加收半天住宿费。

【法律解析】

宾馆的做法不合法。顾客住宿一天，实际就是在旅馆停留一天的时间，这一段时间在法律上就是一个期间。顾客住宿一天的时间应为 24 小时。如果住宿时间不超过 24 小时，只能按一天的房价计算。

本案中，谭女士实际住宿时间不足 24 小时，宾馆却要其交一天半的住宿费，宾馆的做法违背了《民法通则》关于期间的规定。不仅如此，宾馆的做法也与《民法通则》第四条所规定的公平、等价有偿的基本法律原则相悖，因而是错误的。

【法条链接】

《民法通则》第四条 民事活动应当遵循自愿、公平、等价有偿、诚实信用的原则

第一百五十四条 民法所称的期间按照公历年、月、日、小时计算。

游客住宾馆被盗，可以向宾馆索赔吗

【案例】

梅先生到湖北旅游，住进一家三星级宾馆，支付260元房费。没想到第二天一早醒来，发现自己装有一台手提电脑和2000元现金的公文包不翼而飞。向公安机关报警后，案子一直未能侦破，梅先生向宾馆提出索赔要求。宾馆答复道："东西不是宾馆拿的，这盗窃防不胜防，你应该找公安局、找小偷索赔。"

【法律解析】

梅先生可以向宾馆索赔。游客按规定向宾馆支付了房费，双方就形成了消费合

同关系。游客据此享有人身财产受安全保障的权利。游客在宾馆这一特定场所被盗，是与宾馆本身防盗措施不力、管理不善有关，宾馆方面是有过错的，其违反法定义务，构成了违约。

【法条链接】

《人身损害赔偿解释》第六条 从事住宿、餐饮、娱乐等经营活动或者其他社会活动的单位，未尽合理限度范围内的安全保障义务致使他人遭受人身损害，赔偿权利人请求其承担相应赔偿责任的，人民法院应予支持。

……

◎ 产品"三包" ◎

售出7日后，可不可以要求退货

【案例】

李先生买了一辆电动车，但是骑了10天左右以后，却怎么也充不上电了，于是李先生找到专卖店要求退货。专卖店的负责人说已经售出7日了，不能退货，只能换一辆或者是帮忙修理好。那么售出7日以后，到底可不可以要求退货呢？

【法律解析】

不能退货。根据《部分商品修理更换退货责任规定》，产品自售出之日起7日内，发生性能故障，消费者可以选择退货、换货或修理；产品自售出之日起15日内，发生性能故障，消费者可选择换货或者修理。本案中李先生购买电动车已经超过了7天，所以不能要求退货，而又在售出后15日内，因此专卖店的负责人的说法是成立的。

【法条链接】

《部分商品修理更换退货责任规定》第九条 产品自售出之日起七日内，发生性能故障，消费者可以选择退货、换货或修理。退货时，销售者应当按发票价格一次退清货款，然后依法向生产者、供货者追偿或者按购销合同办理。

第十条 产品自售出之日起十五日内，发生性能故意，消费者可选择换货或者修理。换货时，销售者应当免费为消费者调换同型号同规格的产品，然后依法向生产者、供货者追偿或者按购销合同办理。

○ 哪些商品不适用"七日无理由退货"

1.拆封后易导致商品性质改变、影响人身安全或者生命健康的商品。

2.一经激活或者试用后价值贬损较大的商品。

3.销售时已明示的临近保质期的商品、有瑕疵的商品。

送货上门没检查，质量问题由谁负责..

【案例】

    韩某于2007年5月10日在某电器商场购买了一款空调，等新居装修完毕后安装。5月16日，空调送到，韩某收货时没有开包装检查。6月5日，韩某新居装修完毕，要安装空调时，经安装人员调试发现不能制冷。韩某找到商场要求换空调，商场声称购买已超过15天，不予退换。韩某有权要求换货吗？

【法律解析】

　　韩某有权要求换货。销售者在出售商品时，应当开箱检验，正确调试，介绍使用及维修事项等。也就是说，销售者负有验货义务，应该对售出的商品进行开箱检验，调试商品功能是否完好、配件是否齐全等。在本案中，商场没有履行验货义务，应视为有过失，应该为此承担责任。

【法条链接】

　　《合同法》第一百五十八条 当事人约定检验期间的，买受人应当在检验期间内将标的物的数量或者质量不符合约定的情形通知出卖人。买受人怠于通知的，视为标的物的数量或者质量符合约定。

◎ 消费纠纷的解决 ◎

消费者有权要求商家兑现"假一赔十"的承诺吗..

【案例】

　　方某在一家标着"假一赔十"的店中购买了一部手机。事后鉴定该手机非原装，进网许可证标志也是伪造的。方某拿着手机和鉴定书找到商家兑现承诺，却遭到拒绝。该店只同意按照购买手机费用的双倍赔偿。消费者有权要求商家兑现"假一赔十"的承诺吗？

【法律解析】

　　有权要求商家兑现承诺。"假一赔十"是商家取信于消费者而自愿作出的承诺，应当理解为买卖合同内容之一，是约定责任。《消费者权益保护法》规定，经营者和消费者有约定的按约定履行。

【法条链接】

　　《消费者权益保护法》第四十九条 经营者提供商品或服务有欺诈行为的，应当按照消费者的要求增加赔偿其受到的损失，增加赔偿的金额为消费者购买商品的价款或者接受服务的费用的一倍。

消费者维权，可以就近选择法院吗..

【案例】

　　家住苏州的小程去上海出差，在上海买了一口高压锅回家。使用刚一个月，高压锅因质量问题发生爆炸，致使小程妻子受伤。事故发生后，小程发现高压锅厂家就在苏州。小程能否直接在苏州起诉高压锅厂？是否需要到上海去起诉出售的商家？

【法律解析】

小程可以在苏州起诉产品的生产厂家。经法院审理后，如果查明属于经营者的责任，厂家在赔偿以后可以向商家追偿。在连带被告的诉讼中，最终应由责任人承担赔偿责任。作为消费者，只需从方便角度考虑法院的选择即可。

【法条链接】

《消费者权益保护法》第三十五条 消费者在购买、使用商品时，其合法权益受到损害的，可以向销售者要求赔偿。销售者赔偿后，属于生产者的责任或者属于向销售者提供商品的其他销售者的责任的，销售者有权向生产者或者其他销售者追偿。

消费者或者其他受害人因商品缺陷造成人身、财产损害的，可以向销售者要求赔偿，也可以向生产者要求赔偿。属于生产者责任的，销售者赔偿后，有权向生产者追偿。属于销售者责任的，生产者赔偿后，有权向销售者追偿。

消费者在接受服务时，其合法权益受到损害的，可以向服务者要求赔偿。

商场可以对消费者搜身吗

【案例】

女生小颖在与同学购物后离开商场时，商场门口的电子警报器响了起来。商场保安与值班经理要求对小颖的背包进行搜查，但是什么也没有搜出来。于是经理与保安把小颖带到值班室，强制要求小颖脱衣检查，但还是什么也没有搜出来。小颖非常气愤，但又不知道该如何出这口气。

【法律解析】

商场这样做是违法的。《消费者权益保护法》赋予了消费者受尊重权，即消费者在购买、使用商品和接受服务时享有人格尊严、民族风俗习惯受尊重的权利。本案中商场的搜查行为明显侵犯了小颖的受尊重权，其可以依法要求商场赔礼道歉并赔偿精神损失。

【法条链接】

《消费者权益保护法》第二十五条 经营者不得对消费者进行侮辱、诽谤，不得搜查消费者的身体及其携带的物品，不得侵犯消费者的人身自由。

第四十三条 经营者违反本法第二十五条规定，侵害消费者人格尊严或者侵犯消费者人身自由的，应当停止侵害，恢复名誉，消除影响，赔礼道歉，并赔偿损失。

知识产权篇
保护我们的无形产权

◎ 商 标 ◎

将他人的注册商标作域名是否构成侵权..

【案例】

　　2007年5月，A公司获得了"TIT服装"商标权，后经国家工商总局认定为全国驰名商标。2008年6月，A公司发现"TIT服装"被B公司注册成了域名，输入"TIT服装.CN"即可进入B公司网站，B公司也是一家服装公司。A公司是"TIT服装"商标的合法持有人，应当享有该注册商标的专用权。B公司将他人的注册商标作域名是否构成侵权？

【法律解析】

　　B公司为商业目的将他人的驰名商标注册为域名，这种行为已经构成侵权。B公司对该域名或其主要部分不享有权益，也无注册、使用该域名的正当理由，应当认定B公司的行为构成侵权。

【法条链接】

　　《最高人民法院关于审理涉及计算机网络域名民事纠纷案件适用法律若干问题的解释》规定四个构成侵权行为的要件：

　　（一）原告请求保护的民事权益合法有效；

　　（二）被告域名或其主要部分构成对原告驰名商标的复制、模仿、翻译或音译；或者与原告的注册商标、域名等相同或近似，足以造成相关公众的误认；

（三）被告对该域名或其主要部分不享有权益，也无注册、使用该域名的正当理由；

（四）被告对该域名的注册、使用具有恶意，应当认定该公司的行为构成侵权。

利用名牌提包做广告构成侵权吗

【案例】

2004年7月至10月，甲公司和乙公司在上海市某路口处的大楼上竖立一块高300米、宽60米的户外广告牌，为其开发、经营的楼盘进行宣传。广告牌上的宣传画是一个半蹲模特图像，模特手中拎一只印有某著名品牌的商标的提包。

该商标注册人丙公司得知此广告后，认为两房产开发商未经注册人许可擅自使用其商标，侵犯了其商标权，且构成不正当竞争。

【法律解析】

本案中，甲、乙两公司虽然与原告不是同行业的竞争者，但是由于原告的商品作为时尚、高档的象征本身就是原告的一种有利资源，是其经过长期的经营才获得的，被告故意利用原告资源，不正当地获取利益，因此损害了原告的合法权利。被告的行为不但是不正当竞争行为，而且侵犯了原告的合法权益，所以使用他人名包做广告构成了侵害他人权益的不正当竞争行为。

【法条链接】

《反不正当竞争法》第九条 第一款 经营者不得利用广告或者其他方法，对商品的质量、制作成分、性能、用途、生产者、有效期限、产地等作引人误解的虚假宣传。

第二十条 第二款 被侵害的经营者的合法权益受到不正当竞争行为损害的，可以向人民法院提起诉讼。

某厂为打开产品销路，使用未经注册的商标标识合法吗

【案例】

某食品厂效益一直不好，市民对其产品也知之不多。后该厂负责人设计了"kk哇"商标，但是没有通过注册。后来，该厂大肆利用"kk哇"商标做广告，以求打开销路。那么，该食品厂的做法合法吗？

【法律解析】

商标具有表明商品来源，标明商品质量和宣传商品的作用。《中华人民共和国商标法》（以下简称《商标法》）第四十八条规定，冒充注册商标的，由地方工商行政管理机关予以制止，限期改正，并可以予以通报或者处以罚款。商标必须到商标局

进行登记注册后方可使用。案例中的食品厂未经注册，就擅自使用商标标识，是违法的，应当立即停止。工商行政管理机关有权依法对食品厂作出行政处罚。

【法条链接】

《商标法》第四十八条 使用未注册商标，有下列行为之一的，由地方工商行政管理部门予以制止，限期改正，并可以予以通报或者处以罚款：

（一）冒充注册商标的；

（二）违反本法第十条规定的；

（三）粗制滥造，以次充好欺骗消费者的。

○ 正确使用商标

不少人在对于商标的使用认识上有误区，认为使用未注册的商标不会对商家有什么影响。其实，使用未注册商标是会受到处罚的。

贵公司商标使用了违反《商标法》禁用条款的标志，不得作为商标使用。

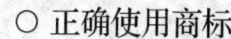

使用了违反《商标法》内容的标志、文字或者图形的会受到处罚。

另外，仿冒名牌商标，以普通商品冒充高端产品，欺骗消费者的也会受到处罚。

散装白酒

两个企业同时申请一个商标怎么办······

【案例】

2001年12月20日，广东某化工有限公司和广州某涂料厂在同一天就同一种涂料分别向国家工商行政总局提出某商标注册申请。2002年1月8日，商标局依法书面通知两申请人在30日内提交其申请注册前在先使用该商标的证据。2002年1月21日化工公司向商标局提交了其于1998年8月8日使用该商标的书面证据资料；1月25日涂料厂向商标局提交了其于1998年5月10日起使用该商标的书面材料。2002年3月5日商标局初步审定并公告使用在先的涂料厂的某商标。驳回化工公司的申请，不予公告。请问，商标局的做法对吗？

【法律解析】

本案涉及相同商标同时申请的先用权纠纷。商标权的取得，一般采用注册在先原则、使用在先原则。我国《商标法》规定商标权的取得采用注册在先的原则，即谁先申请商标注册，商标权就授予谁。商标注册是商标权受法律保护的前提。同时，我国《商标法》在一定条件下采用使用在先原则，即两个或两个以上申请人同时就相同或相似商标在同种或类似商品上申请商标注册的，初步审定并公告使用在先的商标，驳回其他人的申请，不予公告。

本案中，化工公司与涂料厂同一天就相同商标在同种商品（涂料）上使用向国家商标局申请注册，依法应采用使用在先的原则予以审查确定。由于涂料厂提交的证据表明其先于化工公司使用该商标，故初步审定并公告的是涂料厂使用在先的该商标。化工公司的申请被驳回是正确的。

【法条链接】

《商标法》第二十九条 两个或者两个以上的商标注册申请人，在同一种商品或者类似商品上，以相同或者近似的商标申请注册的，初步审定并公告申请在先的商标；同一天申请的，初步审定并公告使用在先的商标，驳回其他人的申请，不予公告。

第三十一条 申请商标注册不得损害他人现有的在先权利，也不得以不正当手段抢先注册他人已经使用并有一定影响的商标。

第三十二条 对驳回申请、不予公告的商标，商标局应当书面通知商标注册申请人。商标注册申请人不服的，可以自收到通知之日起十五日内向商标评审委员会申请复审，由商标评审委员会作出决定，并书面通知申请人。

当事人对商标评审委员会的决定不服的，可以自收到通知之日起三十日内向人民法院起诉。

◎ 专利 ◎

委托别人研发产品，研发人是否享有专利申请权.................

【案例】

2005年10月，A公司接受B公司委托为该公司研发一种新型材料。双方签订了书面合同，约定了开发费用和开发时间，但是对专利申请没有约定。2006年10月，A公司如期完成了新材料的研发，把该技术成果交与B公司。B公司也认定新材料符合合同约定的性能。A公司现在想对新材料申请专利，不知是否享有专利申请权。

【法律解析】

委托开发完成的发明创造，除当事人另有约定的以外，申请专利的权利属于研究开发人。因A、B两公司签订的委托技术开发合同中对专利申请权没有约定，所以申请专利的权利应属于A公司。但是，在A公司取得专利权后，B公司可以免费实施该专利。如果A公司转让专利申请权，B公司享有以同等条件优先受让的权利。

【法条链接】

《合同法》第三百三十九条 委托开发完成的发明创造，除当事人另有约定的以外，申请专利的权利属于研究开发人。研究开发人取得专利权的，委托人可以免费实施该专利。研究开发人转让专利申请权的，委托人享有以同等条件优先受让的权利。

老师完成的发明，专利权归本人还是学校.................

【案例】

胡老师是某大学资源环境学院的辅导员。一日，胡老师应市环保局的邀请，帮助研究有关"造纸水污染控制技术"的课题。暑假里，胡老师在学校实验室里利用废旧的原料以及工具等，进行实验和测试，终于完成了课题研究。之后，胡老师与学校就该项发明的专利申请权归属问题产生了争议。学校认为胡老师的发明是在学校完成的，专利申请权应该归学校所有；胡老师则认为这项发明是自己受环保局的委托在暑假期间利用业余时间完成的，专利申请权应该属于自己。那么，职务发明和利用业余时间完成的发明到底归谁呢？

【法律解析】

本案的关键在于胡老师的发明到底是否属于职务发明。首先，胡老师虽然是学校工作人员，但是其担任的职位是辅导员，和造纸水污染没有任何关联。其次，胡老师是受市环保局的委托进行课题研究，而非学校布置的课题任务。再次，胡老师虽然利用了学校的实验室，但是只是利用了其中的一些废旧原料以及工具，没有达到主要利用单位的物质条件的程度。因此，胡老师的发明不属于职务发明，该项专利申请权应该归胡老师所有。

【法条链接】

《中华人民共和国专利法》(以下简称《专利法》)第六条 执行本单位的任务或者主要是利用本单位的物质技术条件所完成的发明创造为职务发明创造。职务发明创造申请专利的权利属于该单位；申请被批准后，该单位为专利权人。

非职务发明创造，申请专利的权利属于发明人或者设计人；申请被批准后，该发明人或者设计人为专利权人。

利用本单位的物质技术条件所完成的发明创造，单位与发明人或者设计人订有合同，对申请专利的权利和专利权的归属作出约定的，从其约定。

◎ 著作权 ◎

著作权不分老幼，一经征用就需付费..

【案例】

万某的儿子今年9岁，不久前在新华书店里，万某发现某儿童作文集中收录了儿子的一篇文章。经与出版社联系，出版社以万某的儿子是未成年人为由拒绝支付稿酬。那么，未成年人有著作权吗？

【法律解析】

著作权属于作者，不管是成年人还是未成年人，均可依法享有。万某的儿子是作品的作者，因此依法享有著作权。出版社已出版发行了作品集，无论其出版目的、用途如何，都应在作品集上署上万某的儿子的姓名，并按规定支付报酬。如出版社拒绝万某与万某的儿子的请求，则万某可以向人民法院起诉，要求保护儿子的著作权。

【法条链接】

《中华人民共和国著作权法》(以下简称《著作权法》)第十一条 著作权属于作者，本法另有规定的除外。

创作作品的公民是作者。

由法人或者其他组织主持，代表法人或者其他组织意志创作，并由法人或者其他组织承担责任的作品，法人或者其他组织视为作者。

如无相反证明，在作品上署名的公民、法人或者其他组织为作者。

《民法通则》第九十四条 公民、法人享有著作权（版权），依法有署名、发表、出版、获得报酬等权利。

因职务作品获得的奖励归谁

【案例】

梁某是一名国有企业的员工，由于做秘书工作兼任企业信息宣传，经常写些新闻信息。在2008年全市新闻信息评比中，梁某所在的企业被评为新闻信息宣传二等奖，梁某个人获新闻信息宣传先进个人奖。奖金是由市局拨下来的，而且附说明是给梁某个人的奖励，但单位领导说奖金应当归单位所有。企业的这种做法是否合法？

【法律解析】

公民为完成法人或者其他组织工作任务所创作的作品是职务作品。著作权由作者享有，但法人或者其他组织有权在其业务范围内优先使用。作者享有署名权，著作权的其他权利由法人或者其他组织享有，法人或者其他组织可以给予作者奖励。因此，该新闻信息虽然属于职务作品，但梁某仍有权获得奖励，市局拨下来给梁某的个人奖金，单位无权占有。

【法条链接】

《著作权法》第十六条 公民为完成法人或者其他组织工作任务所创作的作品是职务作品，除本条第二款的规定以外，著作权由作者享有，但法人或者其他组织有

○ 哪些职务作品可以给予作者奖励

对于下述情形的职务作品，作者享有署名权，著作权等其他权利由单位享有，单位可以给予作者奖励。

多亏了公司的栽培！

听说你的产品设计图拿奖了，可真棒！

您的作品被我们选用了，谢谢！

教材

1.利用单位提供的物质技术条件创作出来的职务作品。

2.法律条款规定著作权是由单位享有的职务作品。

权在其业务范围内优先使用。作品完成两年内，未经单位同意，作者不得许可第三人以与单位使用的相同方式使用该作品。

有下列情形之一的职务作品，作者享有署名权，著作权的其他权利由法人或者其他组织享有，法人或者其他组织可以给予作者奖励：

（一）主要是利用法人或者其他组织的物质技术条件创作，并由法人或者其他组织承担责任的工程设计图、产品设计图、地图、计算机软件等职务作品；

（二）法律、行政法规规定或者合同约定著作权由法人或者其他组织享有的职务作品。

著作权的保护期限有多长

【案例】

董某于1954年创作了一部作品，并于1955年在甲出版社出版。2001年董某去世，其子小董继承了父亲的所有遗产。2006年，小董在一次偶然中发现父亲的书被乙出版社出版。小董遂以乙出版社侵犯了自己的权利为由提起诉讼，请求法院判令乙出版社停止侵权行为，并赔偿自己的损失。而乙出版社则以该书已过了保护期限为由拒绝承担任何责任。那么，本案中的作品是否如乙出版社所说已过保护期呢？

【法律解析】

乙出版社侵犯了董某的权利。我国《著作权法》规定公民的作品，其发表权的保护期为作者终生及其死亡后五十年。本案中的作品于1955年发表，而董某于2001年去世，那么，根据法律规定该作品的保护期应为董某生前及其死亡后的五十年。所以，乙出版社未经董某的继承人小董的允许而使用其作品，已经构成了侵权，理应停止侵害并赔偿其损失。

【法条链接】

《著作权法》第二十一条 第一款 公民的作品，其发表权、本法第十条第一款第（五）项至第（十七）项规定的权利的保护期为作者终生及其死亡后五十年，截止于作者死亡后第五十年的12月31日；如果是合作作品，截止于最后死亡的作者死亡后第五十年的12月31日。

......

什么情况下属于一稿多投

【案例】

卢某就自己创作的一篇散文向甲杂志社投稿。2个月后，卢某未收到甲杂志社的任何答复，卢某遂向乙杂志社投稿，并很快收到乙杂志社使用稿件的答复。1个月后，卢某的作品在乙杂志上刊出。甲杂志社获知后，以卢某一稿多投为由，要求卢某承担法律责任。卢某的行为是否构成一稿多投呢？

【法律解析】

卢某未构成一稿多投。我国法律规定作者向杂志社投稿，自稿件发出之日起三十日内未收到杂志社决定使用的，可以将同一作品向其他杂志社投稿。本案中，卢某在向甲杂志社投稿后的2个月内未收到任何答复，此时，卢某有权向其他任何一家杂志社投稿。所以，卢某在向乙杂志社投稿并顺利出版文章后，甲杂志社以一稿多投要求其承担法律责任是毫无法律根据的。

【法条链接】

《著作权法》第三十三条 著作权人向报社、期刊社投稿的，自稿件发出之日起十五日内未收到报社通知决定刊登的，或者自稿件发出之日起三十日内未收到期刊社通知决定刊登的，可以将同一作品向其他报社、期刊社投稿。双方另有约定的除外。

作品刊登后，除著作权人声明不得转载、摘编的外，其他报刊可以转载或者作为文摘、资料刊登，但应当按照规定向著作权人支付报酬。

用作教学材料，可以合理使用已发表的作品吗...

【案例】

某学校老师段某从国内公开出版的一些报刊中收集了几十套法律方面的案例分析题，一一标上原文标题、原作者及报刊名称和期号后，按主题整理成复习资料，复印后分发给班上的同学作为学习资料使用。因该资料使用效果不错，段某将该资料简单装订后向邻近学校分发，并收取少量成本费用。段某的这一行为属于合理使用吗？

【法律解析】

段某的行为属于合理使用。我国《著作权法》规定，为学校课堂教学或者科学研究，少量复制已经发表的作品，但不得出版发行，属于合理使用。段某将已发表的资料进行收集，其目的是为了教学使用，虽然此后又将其简单装订向其他学校分发，并收取成本费用，但这一行为并未构成出版发行，也未以此获取利益，所以这一使用方式属合理使用。

【法条链接】

《著作权法》第二十二条 在下列情况下使用作品，可以不经著作权人许可，不向其支付报酬，但应当指明作者姓名、作品名称，并且不得侵犯著作权人依照本法享有的其他权利：

......

（六）为学校课堂教学或者科学研究，翻译或者少量复制已经发表的作品，供教学或者科研人员使用，但不得出版发行；

……

双方在合同中约定侵权责任，出版者就一定无责了吗

【案例】

杜某就自己创作的一部书稿与某出版单位签订出版合同。双方在合同中对稿费标准、出书时间等其他事项做了约定，同时还在合同中注明：如果稿件有侵犯他人著作权的情况，由作者自行承担责任。同年年底，该出版社出版了该书。后读者郑某发现该书有大约两万字抄袭了自己已出版过的一本图书，遂找出版社理论。出版社以与杜某有约在先，侵权责任应由杜某承担而未予理睬。该出版单位真的无责吗？

【法律解析】

出版社不能仅以合同约定为约免除责任。合同约定仅对当事人有效，不能调节当事人与其他人的法律关系。根据《著作权法》的规定，复制品的出版者不能证明其出版、制作有合法授权的，应当承担法律责任。该出版社未经郑某同意以出版方式使用其部分作品，这一行为侵犯了郑某的著作权，理应承担侵权责任，赔偿郑某的损失。

【法条链接】

《著作权法》第五十三条 复制品的出版者、制作者不能证明其出版、制作有合法授权的，复制品的发行者或者电影作品或者以类似摄制电影的方法创作的作品、计算机软件、录音录像制品的复制品的出租者不能证明其发行、出租的复制品有合法来源的，应当承担法律责任。

保险篇

让我们的人生更保险

◎ 投保 ◎

商业保险能否代替社会保险..

【案例】

2006年10月，柳女士被某外资公司聘为副总经理，每月工资为人民币5000元，双方订立了书面劳动合同。期间，该公司为柳女士办理了商业保险，但没有为其办理社会保险，当时柳女士并没有提出异议。2008年3月，该公司要与柳女士解除合同。柳女士现在还能要求该公司给其补缴社会保险吗？

【法律解析】

商业保险是由投保人和保险人在诚信、自愿、平等的基础上达成的，与社会保险在性质上是不同的。用人单位与劳动者必须依法参加社会保险，缴纳社会保险费。

本案中，公司没有为柳女士缴纳社会保险费，只为其办理了商业保险，而商业保险不属于我国《劳动法》所规定的应当参加的社会保险的情形。虽然在劳动关系存续期间劳动者未提出异议，但纠纷发生后，柳女士有权要求公司为其办理社会保险。

【法条链接】

《劳动合同法》第十七条 劳动合同应当具备以下条款：

（一）用人单位的名称、住所和法定代表人或者主要负责人；

（二）劳动者的姓名、住址和居民身份证或者其他有效身份证件号码；

（三）劳动合同期限；

（四）工作内容和工作地点；

（五）工作时间和休息休假；

（六）劳动报酬；

（七）社会保险；

（八）劳动保护、劳动条件和职业危害防护；

（九）法律、法规规定应当纳入劳动合同的其他事项。

劳动合同除前款规定的必备条款外，用人单位与劳动者可以约定试用期、培训、保守秘密、补充保险和福利待遇等其他事项。

未征得被保险人的同意能为其购买人身保险吗

【案例】

马某与女朋友叶某相恋一年多了，双方感情很好。马某想在叶某生日之际送她一份特殊的礼物。现在社会上很流行买人身保险，马某想悄悄给她买一份，等到她生日那天再告诉她，给她一个惊喜。那么，马某可以事先不征得叶某的同意而为她买人身保险吗？

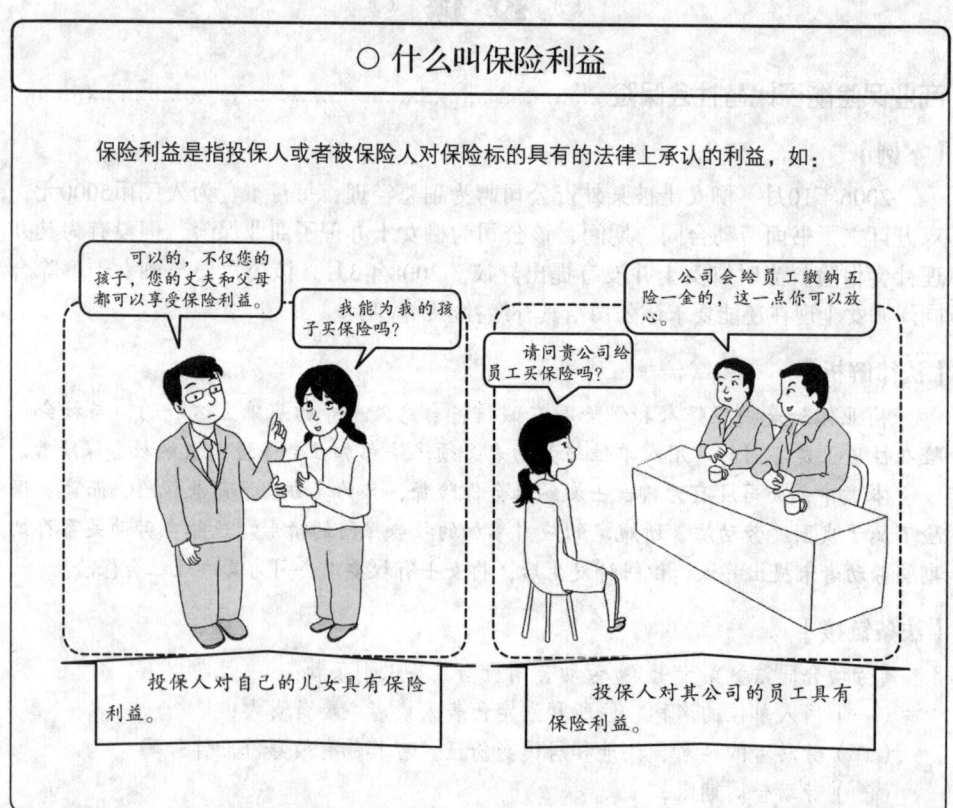

○ 什么叫保险利益

保险利益是指投保人或者被保险人对保险标的具有的法律上承认的利益，如：

可以的，不仅您的孩子，您的丈夫和父母都可以享受保险利益。

我能为我的孩子买保险吗？

投保人对自己的儿女具有保险利益。

请问贵公司给员工买保险吗？

公司会给员工缴纳五险一金的，这一点你可以放心。

投保人对其公司的员工具有保险利益。

【法律解析】

未经叶某的同意，马某不能为她买人身保险。

法律规定，投保人对保险标的应当具有保险利益。投保人对保险标的不具有保险利益的，保险合同无效。本案中，马某与叶某只是恋爱关系，两者之间没有法律上承认的利益，所以除非马某事先征得叶某本人的同意，否则他不能为叶某购买人身保险。

【法条链接】

《保险法》第三十一条 投保人对下列人员具有保险利益：

（一）本人；

（二）配偶、子女、父母；

（三）前项以外与投保人有抚养、赡养或者扶养关系的家庭其他成员、近亲属；

（四）与投保人有劳动关系的劳动者。

除前款规定外，被保险人同意投保人为其订立合同的，视为投保人对被保险人具有保险利益。

订立合同时，投保人对被保险人不具有保险利益的，合同无效。

保险公司可以因离婚而拒赔保险受益人吗

【案例】

2005年8月，杨女士为自己和丈夫黄某各投保了一份人寿保险，并指定夫妻双方互为对方的受益人。2008年，杨女士与黄某离婚。离婚后不久，黄某因病去世。杨女士要求保险公司给付保险金时，保险公司认为黄某与杨女士已离婚，故此对前夫不存在保险利益关系，不能成为其前夫的受益人，因此拒绝向杨女士赔付。保险公司的说法合理吗？

【法律解析】

杨女士可以作为保险受益人而获得赔付。按照我国《保险法》的规定，投保人对保险标的不具有保险利益的，保险合同无效。但对于出险时受益人是否仍具有保险利益，却没有作明确规定。在司法实践中，只需投保人在投保时对被保险人具有保险利益，在保险事故发生后就可要求赔偿。本案中杨女士在为前夫黄某投保时，对被保险人具有保险利益，二人离婚后也没有对原合同作任何变更，因此保险公司不能以二人已离婚为由拒绝赔付。

【法条链接】

《保险法》第二十条 投保人和保险人可以协商变更合同内容。

变更保险合同的，应当由保险人在保险单或者其他保险凭证上批注或者附贴批单，或者由投保人和保险人订立变更的书面协议。

被保险人死亡，保险公司应该向谁支付保险金.....................................

【案例】

2007年程某和妻子曾某离婚之前，曾某在某保险公司买过一份保险，受益人是程某。没多久，二人办理了离婚手续。2008年3月，曾某在一场交通事故中丧生，按照保险合同规定受益人将获得10万元的赔偿金，但她父母说这笔保险金应该作为被保险人的遗产，由他们继承。那么，保险公司应该向谁支付保险金？

【法律解析】

被保险人死亡后，遇有下列情形之一的，保险金作为被保险人的遗产，由保险人向被保险人的继承人履行给付保险金的义务：（一）没有指定受益人的；（二）受益人先于被保险人死亡，没有其他受益人的；（三）受益人依法丧失受益权或者放弃受益权，没有其他受益人的。但是程某的情况并不属于以上三种情形，因此离婚后程某的前妻如果没有变更受益人，程某仍然是合法的受益人。

【法条链接】

《保险法》第四十二条 被保险人死亡后，有下列情形之一的，保险金作为被保险人的遗产，由保险人依照《中华人民共和国继承法》的规定履行给付保险金的义务：

（一）没有指定受益人，或者受益人指定不明无法确定的；

（二）受益人先于被保险人死亡，没有其他受益人的；

（三）受益人依法丧失受益权或者放弃受益权，没有其他受益人的。

受益人与被保险人在同一事件中死亡，且不能确定死亡先后顺序的，推定受益人死亡在先。

投保人未告知疾病，保险公司可以据此不赔吗.....................................

【案例】

郭某为其56岁的父亲投保了6份重大疾病终身险。郭某在保险单关于被保险人"过去10年内是否因疾病或者受伤住院或手术"等14个栏目中作了否定表示。业务员白某未对被保险人、投保人进行任何询问的情况下就填写了投保单，并与其签订了保险合同。两年后郭某之父因病去世，郭某要求保险公司理赔，保险公司以郭某在投保时未如实告知被保险人在投保前因丙肝住院治疗的事实为由拒绝理赔。那么，保险公司可拒赔吗？

【法律解析】

保险公司应当依保险合同赔付郭某保险金。我国《保险法》规定了投保人的如实告知义务，但同时规定，订立保险合同时，保险人应当向投保人说明保险合同的条款内容，并可以就保险标的或者被保险人的有关情况提出询问。因为实践中有的投保人对保险公司提供的格式条款的理解不是很准确、充分，所以法律规定保险人必须向投保人说明合同条款的内容。据此可知，《保险法》中所说的"如实告知"并不是主动告知，如果因为保险人没有说明，没有询问而未能"如实告知"，保险人应该承担责任。

【法条链接】

《保险法》第十六条 第一款 订立保险合同，保险人就保险标的或者被保险人的有关情况提出询问的，投保人应当如实告知。

◎ 保险合同 ◎

首期保费已缴，但保单未签发，合同成立吗..

【案例】

郑某投了一份"终身寿险"，填写了投保单，并交付了首期保费，保险公司称保险计划书、保费正式收据及保单正本将延后一至五日送给郑某。投保后五天，保险公司没有通知郑某体检，也没有向郑某送达保单。在投保后一周，郑某因车祸身亡。郑某的妻子，拿着保费收据向保险公司索赔。保险公司以投保人尚未体检，保险合同未签发，双方之间不存在权利和义务关系为由拒绝赔付。本案中的保险合同成立了吗？

【法律解析】

本案保险合同已成立生效，保险公司拒绝赔付的理由不成立。我国《保险法》规定，人身保险合同约定分期支付保险费的，投保人应当于合同成立时支付首期保险费。本案中，保险公司已收取郑某的首期保费，应视为已同意承保，保险合同业已成立，而不论保险公司是否签发了保单。既然保险合同成立，保险人就应该按照约定的时间开始承担责任。

【法条链接】

《保险法》第三十六条 合同约定分期支付保险费，投保人支付首期保险费后，除合同另有约定外，投保人自保险人催告之日起超过三十日未支付当期保险费，或者超过约定的期限六十日未支付当期保险费的，合同效力中止，或者由保险人按照合同约定的条件减少保险金额。

被保险人在前款规定期限内发生保险事故的，保险人应当按照合同约定给付保险金，但可以扣减欠交的保险费。

受益人故意杀死被保险人，还能获得赔付吗

【案例】

韩某为其57岁的母亲买了一份保险金额为20万元的人身意外伤害保险，后故意纵火烧死母亲，企图获取保险金。事故发生后，案件很快被公安机关侦破。这种情况下韩某还能获得保险赔偿吗？

【法律解析】

按照我国《保险法》的规定，投保人、受益人故意造成被保险人死亡、伤残或者疾病的，保险人不承担给付保险金的责任。本案中韩某为骗取保险赔偿而杀害其母，不但不能获得赔偿，还要依法承担刑事责任。

【法条链接】

《保险法》第四十三条 投保人故意造成被保险人死亡、伤残或者疾病的，保险人不承担给付保险金的责任。投保人已交足二年以上保险费的，保险人应当按照合同约定向其他权利人退还保险单的现金价值。

受益人故意造成被保险人死亡、伤残、疾病的，或者故意杀害被保险人未遂的，该受益人丧失受益权。

紧急避险造成第三者损失，保险公司是否赔偿

【案例】

刘某驾驶车辆超车闯入逆行道，与卢某正常行驶的货车迎面相遇。卢某为了避让刘某的车辆，致使货车侧翻，造成车辆损失1万余元。交警出具的交通事故责任认定书认定刘某负事故全部责任。刘某的车辆投保了第三者责任险，于是刘某向保险公司索赔，保险公司却以两车没有发生直接碰撞，对第三者的损失不是直接损毁为由，拒绝赔付。因紧急避险造成第三者损失，保险公司是否应当赔偿？

【法律解析】

《民法通则》第一百二十九条规定，因紧急避险造成损害的，由引起险情发生的人承担民事责任。首先，卢某因紧急避险造成的损失是由引起险情的刘某直接导致，所以，应由刘某承担责任。其次，应当看刘某与保险公司签订的第三者责任险合同条款中，是否以车辆直接接触为第三者责任险的给付条件。如果保险合同中明确约定，须两车接触相撞才赔付，则保险公司可以拒赔。如果保险合同中没有明确以上约定，则保险公司应当赔偿。

【法条链接】

《保险法》第六十五条 保险人对责任保险的被保险人给第三者造成的损害，可以依照法律的规定或者合同的约定，直接向该第三者赔偿保险金。

　　责任保险的被保险人给第三者造成损害，被保险人对第三者应负的赔偿责任确定的，根据被保险人的请求，保险人应当直接向该第三者赔偿保险金。被保险人怠于请求的，第三者有权就其应获赔偿部分直接向保险人请求赔偿保险金。

　　责任保险的被保险人给第三者造成损害，被保险人未向该第三者赔偿的，保险人不得向被保险人赔偿保险金。

　　责任保险是指以被保险人对第三者依法应负的赔偿责任为保险标的的保险。

投保 2 年之内自杀身亡，保险公司是否会赔偿

【案例】

　　老张为19岁的儿子购买了一份人身保险，与保险公司签订了保险合同，合同中

○ 人身意外险不赔的情况

　　人身意外险可赔付投保人因意外导致的伤残、死亡、医疗等费用，但是人身意外险也有不赔的情况。哪些情况人身意外险不赔呢？

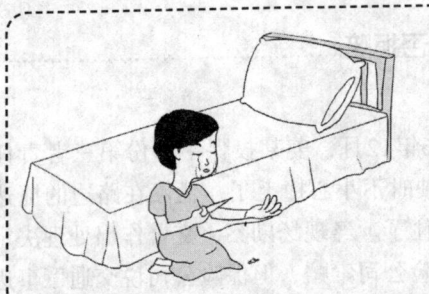

1.被保险人自致伤害或自杀或因被保险人挑衅、故意行为而导致的打斗、被袭击或被谋杀。

2.被保险人犯罪或拒捕。

　　除了上述两点，还有其他情况不属于意外险的理赔范围，在购买人身意外险时，都需要搞清楚。

包含在保险合同期限内被保险人意外伤害及死亡的赔付条款，指定老张本人为受益人，并一次性交清了保险费。1年后，老张的儿子因失恋而在校自杀身亡。那么，老张能否向该保险公司要求给付保险金？

【法律解析】

老张不能以此向保险公司要求给付保险金。以死亡为给付保险金条件的合同，自成立之日起满2年后，如果被保险人自杀的，保险人可以按照合同给付保险金。本案中，老张是在为儿子投保1年后，儿子自杀身亡的，未达到2年的期限，所以保险公司不承担给付保险金的责任，老张只能要求保险公司按照保险单退回相当于其所预交保险费的现金价值。

【法条链接】

《保险法》第四十四条 以被保险人死亡为给付保险金条件的合同，自合同成立或者合同效力恢复之日起二年内，被保险人自杀的，保险人不承担给付保险金的责任，但被保险人自杀时为无民事行为能力人的除外。

保险人依照前款规定不承担给付保险金责任的，应当按照合同约定退还保险单的现金价值。

被保险人交通肇事逃逸，保险公司能否拒赔

【案例】

姜某是一名个体出租车司机。2006年12月，姜某投保了一份第三者责任险。2007年9月29日晚，姜某驾车在路上行驶时不小心撞上了一辆停在路边的捷达车，姜某企图逃逸，但驶出不远便被交警拦住了。经现场勘察，交警作出处理决定，由姜某承担事故全部责任。事后姜某向保险公司索赔，但保险公司说交通肇事逃逸拒赔。这样合理吗？

【法律解析】

姜某在肇事后逃逸，严重违反交通管理，应受到行政处罚。但是，保险公司不能因此一概拒赔。如果姜某的行为没有造成事故损失的扩大，也没有影响现场勘察或加重保险公司的义务，保险公司不能以格式条款笼统地将交通肇事逃逸列为免责事由。

【法条链接】

《保险法》第六十五条 保险人对责任保险的被保险人给第三者造成的损害，可以依照法律的规定或者合同的约定，直接向该第三者赔偿保险金。

责任保险的被保险人给第三者造成损害，被保险人对第三者应负的赔偿责任确定的，根据被保险人的请求，保险人应当直接向该第三者赔偿保险金。被保险人怠

于请求的，第三者有权就其应获赔偿部分直接向保险人请求赔偿保险金。

责任保险的被保险人给第三者造成损害，被保险人未向该第三者赔偿的，保险人不得向被保险人赔偿保险金。

责任保险是指以被保险人对第三者依法应负的赔偿责任为保险标的的保险。

◎ 车辆保险 ◎

车辆转让未变更保单，保险人可以拒赔吗..

【案例】

贾某在汽车交易市场与黄某达成协议，黄某将一辆大货车转让给贾某，双方签订了买卖合同，并办理了车辆过户手续，但对第三者责任险的被保险人未办理变更手续。2008年4月，贾某驾驶该车时不慎撞伤行人，赔付了6万元。事后，贾某向保险公司索赔，但保险代理人告诉他，因为被保险人未更名，所以拒绝理赔。车辆转让未变更保单，保险人可以拒赔吗？

【法律解析】

在保险合同有效期内，保险车辆转卖、转让、赠送他人、变更用途或增加危险程度，被保险人应当事先书面通知保险人并申请办理批改，依法变更合同。保险车辆转让后，未通知保险人变更合同，保险人可以拒赔。

【法条链接】

《保险法》第四十九条 保险标的转让的，保险标的的受让人承继被保险人的权利和义务。

保险标的转让的，被保险人或者受让人应当及时通知保险人，但货物运输保险合同和另有约定的合同除外。

......

车辆保险是按投保时的保险金额赔付还是按车辆的实际价值赔付....................

【案例】

某保险公司接受了投保人牛某的投保，保险标的物为某型号尼桑牌轿车一辆。该车为牛某以9.7万元低价从他人手中购得，但保险金额被确定为34万元。在保险期间内，该车被盗，后发现该车时，车辆已被焚毁。保险公司对于该事故构成车辆全损，属于保险公司赔付范围没有争议，但对赔偿金额却与牛某产生意见分歧。牛某坚持认为应当按保险金额全额赔付；保险公司则认为，牛某在办理车辆保险手续时没有履行如实告知义务，即隐瞒了投保车辆是以9.7万元购进的事实，本不应赔偿。在通融的情况下，可按车辆的实际价值赔偿牛某18万元。牛某于是向法院提起诉讼。

【法律解析】

　　牛某与保险公司订立合同时，未告知保险公司该车是低于市场价购得的，但是，该未告知事项并不影响保险公司是否承保以及以何种费率承保，所以保险公司不能以牛某违反告知义务为由，拒绝赔款或减少赔款金额。同时，牛某与保险公司的车辆保险不是定值保险，因此，保险事故发生后，保险公司不应当按照保险金额来支付保险金。按照《机动车辆保险条款》第十五条的规定，应当以同类型车的价值，

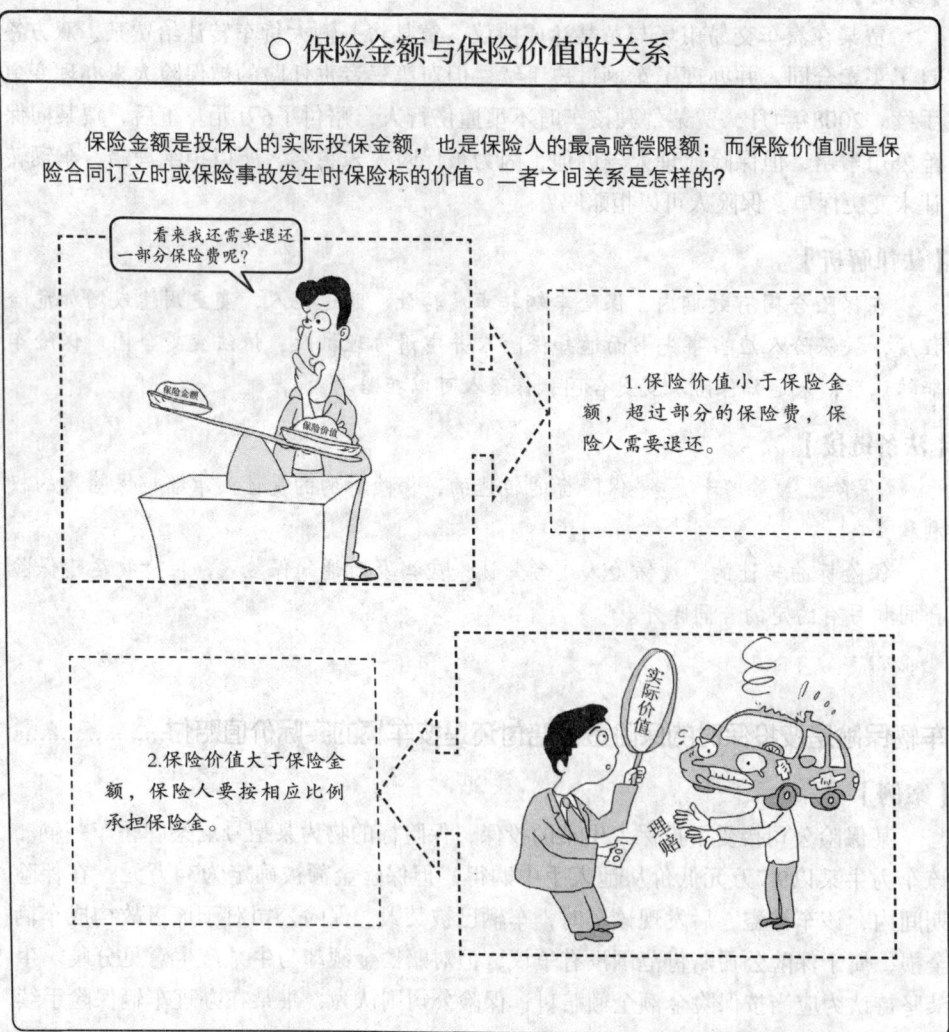

○ 保险金额与保险价值的关系

　　保险金额是投保人的实际投保金额，也是保险人的最高赔偿限额；而保险价值则是保险合同订立时或保险事故发生时保险标的价值。二者之间关系是怎样的？

看来我还需要退还一部分保险费呢？

保险金额

保险价值

1.保险价值小于保险金额，超过部分的保险费，保险人需要退还。

2.保险价值大于保险金额，保险人要按相应比例承担保险金。

实际价值

理赔

扣除一定的使用折旧来确定赔偿金额。

【法条链接】

《保险法》第五十五条 投保人和保险人约定保险标的的保险价值并在合同中载明的，保险标的发生损失时，以约定的保险价值为赔偿计算标准。

投保人和保险人未约定保险标的的保险价值的，保险标的发生损失时，以保险事故发生时保险标的的实际价值为赔偿计算标准。

保险金额不得超过保险价值。超过保险价值的，超过部分无效，保险人应当退还相应的保险费。

保险金额低于保险价值的，除合同另有约定外，保险人按照保险金额与保险价值的比例承担赔偿保险金的责任。

投保车辆被盗，保险公司该理赔

【案例】

贾某买了一辆轿车。一日，贾某邀了三个好友去某游乐场玩，并按规定把车停在停车场。可是，就在他们准备回家去取车时，却发现车被人盗走了，贾某赶紧找到停车场管理部门，要求赔偿。但停车场管理部门称该车已在保险公司投保，应由保险公司赔付。可当贾某找到保险公司时，保险公司表示，轿车被盗，要抓获盗车人后，保险公司才能行使代位求偿权，在案件侦破之前，保险公司不能给予赔偿。那么，贾某丢失轿车的责任该由谁来承担？

【法律解析】

因贾某的轿车已向保险公司投保，故贾某与保险公司已形成了财产保险合同关系。保险事故发生后，保险人应先向投保人赔偿保险金，而后在赔偿保险金的范围内向第三人代位求偿。本案尚未破案，造成保险事故发生的第三人不明确，故保险人无法行使代位求偿权，但这并不影响投保人行使索赔权。此外，贾某将车存放在停车场，已经交了保管费，即与停车场形成了保管合同关系。因此，停车场就应对车辆丢失的后果负责，理应承担赔偿责任。

【法条链接】

《保险法》第六十条 第一款 因第三者对保险标的的损害而造成保险事故的，保险人自向被保险人赔偿保险金之日起，在赔偿金额范围内代位行使被保险人对第三者请求赔偿的权利。

《合同法》第三百七十四条 保管期间，因保管人保管不善造成保管物毁损、灭失的，保管人应当承担损害赔偿责任。但保管是无偿的，保管人证明自己没有重大过失的，不承担损害赔偿责任。

使用假牌照的车发生事故，保险公司还赔吗......................................

【案例】

刘某驾驶新买的机动车在某高速公路上发生事故，轿车被严重毁坏。好在刘某给车上了保险。可后来刘某在理赔过程中遇到了麻烦。原来刘某的轿车是在经销商处购车时由经销商代办的保险与临时牌照，而这个临时牌照为假牌照。保险公司据此拒绝赔付。刘某只能自认倒霉了吗？

【法律解析】

保险公司不能拒赔。对于保险人的免责事由，保险人在订立保险合同时应当向投保人明确说明，未明确说明的，不产生效力。刘某是在经销商处购买保险与车牌，由此可以推定保险公司未向其明确说明保险人的免责事由，因此，不能依此拒绝赔付。

【法条链接】

《保险法》第十七条 订立保险合同，采用保险人提供的格式条款的，保险人向投保人提供的投保单应当附格式条款，保险人应当向投保人说明合同的内容。

对保险合同中免除保险人责任的条款，保险人在订立合同时应当在投保单、保险单或者其他保险凭证上作出足以引起投保人注意的提示，并对该条款的内容以书面或者口头形式向投保人作出明确说明；未作提示或者明确说明的，该条款不产生效力。

因紧急避险导致车损，保险公司应赔付吗......................................

【案例】

某市个体户高某驾驶小货车前往某地办货。在某路段的拐弯处，周某驾驶的三轮车突然驶出，为避免相撞，高某驾驶小货车一个急转弯，侧翻入公路边沟内。小货车受损，车上的两名乘客及高某均受伤。该市交警大队调解后认定：周某负此次事故的全部责任，应赔偿高某损失6000余元。事故处理结案后，周某向保险公司索赔，而保险公司在审理此案时则以"两车未发生碰撞"及"紧急避险超过必要限度"为由拒赔。那么，周某能否获得保险公司的赔付？

【法律解析】

本案中，驾驶员高某的行为属紧急避险行为。因此，高某因紧急避险所造成的车倾人伤的损失应由引起险情的被保险人周某承担责任。另外，在这次事故中，高某应视为第三方。根据《机动车辆保险条款》的有关规定，被保险人在使用保险车辆过程中发生意外事故，致使第三者遭受人身伤亡或财产直接损毁，依法应由被保险人支付的赔偿金额，保险人应依照保险合同给予赔偿。

周某依据第三者责任险条款索赔是合理的，保险公司应予赔付。

【法条链接】

《保险法》第四十六条 被保险人因第三者的行为而发生死亡、伤残或者疾病等保险事故的，保险人向被保险人或者受益人给付保险金后，不享有向第三者追偿的权利，但被保险人或者受益人仍有权向第三者请求赔偿。

◎ 保险公司、保险代理人与保险经纪人 ◎

投保人"耍手段"，保险公司会买单吗..

【案例】

袁某的女儿今年19岁，因精神不正常辍学在家。一天下班回家，袁某见女儿不见了，于是，决定为女儿购买意外保险，万一出了事儿还能获得一大笔保险金。袁某在保险代理人李某处顺利地为女儿购买了一份保险金额为10万元的意外保险，受益人为自己。合同中本该由被保险人签字的地方也均由投保人袁某代签。在购买保险后的第二个月，袁某的女儿被发现因交通事故死亡。袁某遂向保险公司索赔。保险公司调查后，认为袁某购买保险前其女精神不正常且已走失，故拒赔。

【法律解析】

投保人故意隐瞒事实，不履行如实告知义务，保险人对于保险合同解除前发生的保险事故，不承担赔偿或给付保险金的责任，并不退还保险费。本案中，袁某的女儿签字均为投保人袁某代写，不符合以死亡为给付保险金的保险合同的条件，故该保险合同无效。此外，袁某为其女投保，未将被保险人袁某精神不正常且下落不明的事实告知保险公司，未履行如实告知义务，所以保险公司可以拒绝赔偿。

【法条链接】

《保险法》第十六条 订立保险合同，保险人就保险标的或者被保险人的有关情况提出询问的，投保人应当如实告知。

投保人故意或者因重大过失未履行前款规定的如实告知义务，足以影响保险人决定是否同意承保或者提高保险费率的，保险人有权解除合同。

……

投保人故意不履行如实告知义务的，保险人对于合同解除前发生的保险事故，不承担赔偿或者给付保险金的责任，并不退还保险费。

……

未告知特别约定，保险公司是否应该赔偿⋯⋯⋯⋯⋯⋯⋯⋯⋯⋯⋯⋯⋯⋯⋯⋯

【案例】

2007年10月，唐某从某汽车销售公司购买了一辆轿车，业务员当即为唐某向保险公司投保了车辆损失险和第三者责任险。他并没有告诉唐某保单中的特别约定，就让其在投保单（综合险）上签名，之后唐某按要求交纳了保险费。2008年8月，唐某在高速公路上行驶过程中出了事故，车辆损坏严重，为此唐某要求保险公司理赔汽车修理费。保险公司认为，按照保险合同约定，驾驶员驾龄未满1年在高速公路上出险的，保险公司不负赔偿责任。保险公司是否应该赔偿？

【法律解析】

汽车销售公司业务员作为保险业务手续的经办人，没有向唐某告知保单中的特别约定并作出重要提示。保险公司未就免责条款向唐某尽到明确的告知义务，该免责条款对唐某不发生效力。因此车辆损坏的修理费应由保险公司赔偿。

【法条链接】

《保险法》第十七条 订立保险合同，采用保险人提供的格式条款的，保险人向投保人提供的投保单应当附格式条款，保险人应当向投保人说明合同的内容。

对保险合同中免除保险人责任的条款，保险人在订立合同时应当在投保单、保险单或者其他保险凭证上作出足以引起投保人注意的提示，并对该条款的内容以书面或者口头形式向投保人作出明确说明；未作提示或者明确说明的，该条款不产生效力。

房产车产篇
安居乐业

◎ 购房签约 ◎

买房子支付了首付及部分按揭还能退掉吗..

【案例】

　　侯先生于2007年5月购得一处商品房，并在支付了首付款后顺利办妥了银行按揭贷款。此后，由于工作调动，侯先生需去别的城市工作。侯先生欲退掉已购的房子，但是，侯先生不知如何处理已交纳了首付款和部分按揭的房子。他能否要求退掉房子呢？

【法律解析】

　　侯先生无法要求退掉房子，只能与开发商及银行协商解决。我国《合同法》规定依法成立的合同，当事人应当按照约定履行自己的义务，不得擅自变更或解除。侯先生与开发商签订了房屋买卖合同，又与银行签订了按揭贷款合同，就应当按照约定履行自己的义务，否则将承担违约责任。

【法条链接】

　　《合同法》第八条 依法成立的合同，对当事人具有法律约束力。当事人应当按照约定履行自己的义务，不得擅自变更或者解除合同。依法成立的合同，受法律保护。

○ 交了首付可以退房吗

当出现开发商与购房者约定了解除合同的情况时，购房者可以依照约定解除合同。如果没有约定，出现以下两种情况，购房者也可以要求退房。

1.购房者与开发商签订的房屋销售合同无效，购房者有权退房。

2.开发商违约的，购房者有权解除合同，并追究开发商的责任。

未写进合同的赠送内容有法律效力吗

【案例】

2007年3月，胡先生与某房地产公司签订认购书约定，房地产公司送胡先生天台花园90平方米，双方同意此认购书在签订正式预售合同前有效。同年4月，房地产公司与胡先生签订了《房地产预售合同》，但合同中未约定赠送花园一事。胡先生要求房地产公司按认购书的约定赠送，被开发商拒绝。胡先生能否以认购书上的内容要求开发商赠送其天台花园呢？

【法律解析】

不能，但可以要求开发商给予一定经济补偿。天台属整栋楼的全体所有人共有，而不应属于某个业主所有，开发商称将其赠送给某个业主，构成了对其他业主对天台使用权的侵害，其赠送行为是无效的。其无效的赠与行为，构成对胡先生的违约。

【法条链接】

《物权法》第七十条 业主对建筑物内的住宅、经营性用房等专有部分享有所有权,对专有部分以外的共有部分享有共有和共同管理的权利。

《商品房销售管理办法》第十五条 房地产开发企业、房地产中介服务机构发布的商品房销售广告和宣传资料所明示的事项,当事人应当在商品房买卖合同中约定。

开发商延期交房,可以要求退房吗

【案例】

邸先生于2007年购买了一套期房,已经交了房款的30%作为首付款。开发商承诺2008年6月份交房,但一直未通知交房。问售楼处说预售证未办好,预计9月底才能交房。邸先生能否要求退房并让开发商支付违约金?

【法律解析】

这要看合同中对此是如何约定的,如果有这方面的约定,则按约定处理。如果合同中没有约定,则需要具体问题具体处理。如果在宽限期过后,开发商仍不能交房,购房者有权解除合同,而且可以要求开发商返还所交的首付款和利息,并支付违约金。

【法条链接】

《最高人民法院关于审理商品房买卖合同纠纷案件适用法律若干问题的解释》出卖人即开发商在房屋交付时间、房屋质量、面积误差、规划设计、权利瑕疵、虚假承诺、迟延办证等方面存在违约行为时,业主方可行使法定合同解除权提出退房或降价补偿。

一房多卖怎么办

【案例】

2007年,盛先生在县城里买了一个门市。这个门市比较大,由几十个人合买。盛先生只买了其中一间,但是卖房的人同时把一间房子卖给几个人。大家都只签了售房合同,没有办房产证。现在卖房的人跑了,盛先生该怎么办?

【法律解析】

要求开发商承担民事赔偿责任。如开发商携款潜逃,还可能涉嫌刑事诈骗,可向派出所报案,将其抓获后对盛先生的损失予以退赔。

【法条链接】

《最高人民法院关于审理商品房买卖合同纠纷案件适用法律若干问题的解释》第八条 具有下列情形之一,导致商品房买卖合同目的不能实现的,无法取得房屋的买受人可以请求解除合同、返还已付购房款及利息、赔偿损失，并可以请求出卖人承担不超过已付购房款一倍的赔偿责任：

（一）商品房买卖合同订立后，出卖人未告知买受人又将该房屋抵押给第三人；

（二）商品房买卖合同订立后，出卖人又将该房屋出卖给第三人。

对于开发商隐瞒实情，能否要求其双倍赔偿

【案例】

李某于2006年购买某某房地产公司一套预售商品房。后来，李某向房产公司交付了房款，房产公司也按合同约定将房屋交付李某使用。李某在办理房屋所有权证时得知购买的商品房并未取得商品房预售许可证，暂时无法办理房屋所有权证。李某要求房地产公司返还房款及利息，并承担双倍赔偿责任。李某的主张能否得到法院支持。

【法律解析】

不能要求双倍赔偿。李某可以请求返还已付购房款及利息、赔偿损失，可以请求出卖人承担不超过已付购房款一倍的赔偿责任。所以，对于出卖人的恶意程度、买受人的损失大小应由具体案情来裁量，而不能一概以双倍赔偿论之。

【法条链接】

《合同法》第一百一十四条 当事人可以约定一方违约时应当根据违约情况向对方支付一定数额的违约金，也可以约定因违约产生的损失赔偿额的计算方法。

约定的违约金低于造成的损失的，当事人可以请求人民法院或者仲裁机构予以增加；约定的违约金过分高于造成的损失的，当事人可以请求人民法院或者仲裁机构予以适当减少。

当事人就迟延履行约定违约金的，违约方支付违约金后，还应当履行债务。

房价下跌，是否可以退房

【案例】

2008年7月，高先生购买了一套商品房，每平方米1.2万元，并付了30%的首付。谁知刚过半个月，同样的户型每平方米降为1.1万元。这样算下来，高先生的房子整整降了10万元。高先生是否可以退掉房子，重新以现价购买？

【法律解析】

无权要求退房。已购房屋价值的下跌并不构成开发商违约的法定事由，如业主没有确切证据证明开发商存在违约事实，那么无权要求退房。

【法条链接】

《最高人民法院关于审理商品房买卖合同纠纷案件适用法律若干问题的解释》出

卖人即开发商在房屋交付时间、房屋质量、面积误差、规划设计、权利瑕疵、虚假承诺、迟延办证等方面存在违约行为时，业主方可行使法定合同解除权提出退房或降价补偿。

◎ 交房收房 ◎

商品房交房条件是什么...

【案例】

何女士在上海买了套商品房，按合同约定，房屋所在的楼层应安装入侵探测器、防盗报警器等安全防范设施。但何女士入住时发现这些设施中的红外探测器是三无产品，没有"3C"认证，防盗报警器也没有"3C"认证。开发商却说交房条件是商品房验收合格，欲强行交房。开发商的做法对吗？

【法律解析】

该房竣工应经有关部门验收合格后，还应具备《上海市新建住宅交付使用许可证》。此外，开发商须向购房者提供《新建住宅质量保证书》、《新建住宅使用说明书》。在房屋交接过程中，如果认为安全防范设施有质量问题，可向上海市房地资源局或者区、县房地产行政管理部门申诉，或根据合同追究开发商责任。

【法条链接】

《上海市新建住宅交付使用许可规定》第二条 本市对新建住宅实行交付使用许可制度。新建住宅建设工程竣工验收合格后，其配套设施应当具备居民入住的基本条件，并取得新建住宅交付使用许可证，方可交付使用。个人建造的自住房屋不适用本规定。

新房出现质量问题应如何解决...

【案例】

张某购买了某房地产公司开发的住宅楼。然而，住进去没多久张某发现客厅地面出现了下沉，四周墙角也出现了裂缝。经鉴定，主体结构不符合国家建筑结构规范，墙角的裂缝宽度超过允许范围。张某找开发商交涉，要求退房，而开发商承认房子存在质量问题，只同意维修，不肯退房。

【法律解析】

张某可以要求开发商退房并为其损失承担赔偿责任。我国法律规定，主体结构质量不合格的，购房人有权退房，给购房人造成损失的，房地产开发企业应当承担赔偿责任。本案中，张某的房屋经有关部门鉴定为主体结构不符合国家建筑结构规范，显然属于主体结构质量不合格。

【法条链接】

《城市房地产开发经营管理条例》第十六条 房地产开发企业开发建设的房地产项目，应当符合有关法律、法规的规定和建筑工程质量、安全标准、建筑工程勘察、设计、施工的技术规范以及合同的约定。房地产开发企业应当对其开发建设的房地产开发项目的质量承担责任。勘察、设计、施工、监理等单位应当依照有关法律、法规的规定或者合同的约定，承担相应的责任。

○ 怎样认定房屋主体质量不合格

《建筑法》第60条规定："建筑物在合理使用寿命内，必须确保地基基础工程和主体结构的质量。建筑工程竣工时，屋顶、墙面不得留有渗漏、开裂等质量缺陷；对已发现的质量缺陷，建筑施工企业应当修复。"

房屋假层能否按实际建筑面积计算

【案例】

江先生与某置业公司签订了《商品房预售合同》，合同规定：房屋为复式结构，房屋交付时以房屋土地管理局认定的测绘机构实测面积为准，并特别注明房屋的上层为假层，净高1.8米的部分计算建筑面积。后来，交房时，江先生以假层为阁楼，不应按实际建筑面积计算为由要求退还该部分房款。江先生的要求合理吗？

【法律解析】

不合理。本案中，当江先生与置业公司在签约时，双方在合同中已经就房屋的建筑面积的实际情况作了约定，而江先生也明知假层与建筑面积一并进行销售的事实，且双方均同意对于该房屋的建筑面积应以测绘中心的测绘结果为准。该约定合法有效，双方均应遵照执行。

【法条链接】

《最高人民法院关于审理商品房买卖合同纠纷案件适用法律若干问题的解释》第十四条 出卖人交付使用的房屋套内建筑面积或者建筑面积与商品房买卖合同约定面积不符，合同有约定的，按照约定处理；合同没有约定或者约定不明确的，按照以下原则处理：

（一）面积误差比绝对值在3%以内（含3%），按照合同约定的价格据实结算，买受人请求解除合同的，不予支持；

（二）面积误差比绝对值超出3%，买受人请求解除合同、返还已付购房款及利息的，应予支持。买受人同意继续履行合同，房屋实际面积大于合同约定面积的，面积误差比在3%以内（含3%）部分的房价款由买受人按照约定的价格补足，面积误差比超出3%部分的房价款由出卖人承担，所有权归买受人；房屋实际面积小于合同约定面积的，面积误差比在3%以内（含3%）部分的房价款及利息由出卖人返还买受人，面积误差比超过3%部分的房价款由出卖人双倍返还买受人。

房间面积有误差，是否要补交房款

【案例】

2007年5月，代某买了一套期房，合同约定面积102平方米。2007年2月交房时，开发商说房管局测量的面积是112平方米，多了10平米。现在开发商让代某补交房款。当时合同中对面积误差是这样规定的：房屋面积以最终房管局测量为准，房款实行多退少补。代某是否应该补交房款？

【法律解析】

不需要补交。据相关法律规定，房间误差面积超过3%部分的房价款由出卖人承担，所有权归买受人。而代某房间面积误差超过了 3%。

【法条链接】

《最高人民法院关于审理商品房买卖合同纠纷案件适用法律若干问题的解释》第十四条 出卖人交付使用的房屋套内建筑面积或者建筑面积与商品房买卖合同约定面积不符，合同有约定的，按照约定处理；合同没有约定或者约定不明确的，按照以下原则处理：

（一）面积误差比绝对值在 3% 以内（含 3%），按照合同约定的价格据实结算，买受人请求解除合同的，不予支持；

（二）面积误差比绝对值超出 3%，买受人请求解除合同、返还已付购房款及利息的，应予支持。买受人同意继续履行合同，房屋实际面积大于合同约定面积的，面积误差比在 3% 以内（含 3%）部分的房价款由买受人按照约定的价格补足，面积误差比超出 3% 部分的房价款由出卖人承担，所有权归买受人；房屋实际面积小于合同约定面积的，面积误差比在 3% 以内（含 3%）部分的房价款及利息由出卖人返还买受人，面积误差比超过 3% 部分的房价款由出卖人双倍返还买受人。

◎ 房屋贷款与抵押 ◎

贷款买房提前还贷，是守信还是违约···

【案例】

卫小姐于2007年贷款买了一套房子，由于连续加息，她感到还款有很大压力。后来，卫小姐将自己的一处店铺出售后欲办理提前还款。当她去银行办理相关手续时，银行人员说：贷款未满一年不能办理提前还款，否则将以违约追究其责任。卫小姐很疑惑：提前还款还违约？

【法律解析】

这是一种单方违约行为。一般来说，当购房人与银行依法签订了抵押贷款合同后，自合同成立时即已生效，双方应按规定履行。作为银行，在为购房者做房贷时付出了一定的人力成本，如果购房者在一年之内提出提前还贷的申请，无疑会打乱银行的正常计划。因此，银行要求购房人承担一定的违约责任是合法的。

【法条链接】

《合同法》第一百零七条 当事人一方不履行合同义务或者履行合同义务不符合约定的，应当承担继续履行、采取补救措施或者赔偿损失等违约责任。

《贷款通则》第三十二条 贷款归还：借款人应当按照借款合同规定按时足额归

还贷款本息。贷款人在短期贷款到期一个星期之前、中长期贷款到期一个月之前，应当向借款人发送还本付息通知单；借款人应当及时筹备资金，按期还本付息。贷款人对逾期的贷款要及时发出催收通知单，做好逾期贷款本息的催收工作。贷款人对不能按借款合同约定期限归还的贷款，应当按规定加罚利息；对不能归还或者不能落实还本付息事宜的，应当督促归还或者依法起诉。借款人提前归还贷款，应当与贷款人协商。

房屋买卖合同解除，按揭贷款怎么办

【案例】

周女士购买了一套房子，合同签订后，并按照约定交了首付款，在指定的银行办理了按揭手续。之后她发现该楼盘有问题，于是与开发商交涉，最终其同意解除合同，返还首付款，并给她一定的补偿。房屋买卖合同解除，按揭贷款合同是否也随之解除？

【法律解析】

按揭贷款合同并不是房屋买卖合同的从合同，房屋买卖合同解除，贷款合同并不随之解除，只有购房者或者银行提出解约主张，才能解除。

【法条链接】

《最高人民法院关于审理商品房买卖合同纠纷案件适用法律若干问题的解释》第二十四条 因商品房买卖合同被确认无效或者被撤销、解除，致使商品房担保贷款合同的目的无法实现，当事人请求解除商品房担保贷款合同的，应予支持。

夫妻双方其中一方不同意，能把房子抵押出去吗

【案例】

吴小姐结婚5年了，婚后吴小姐和她丈夫买了一套两居室的房子，产权证上写的是夫妻俩的名字。现在因为她丈夫做生意需用钱，他想用房子作抵押向银行贷款，但吴小姐不同意。如果吴小姐坚持不同意，她丈夫可以把房子单独抵押出去吗？

【法律解析】

不能。他们居住的房子是夫妻共同共有财产。根据相关规定，在共同共有关系存续期间，部分共有人擅自处分共有财产的，一般认定无效。吴小姐的丈夫若想将该房屋设定抵押，必须得到她的书面同意。如果吴小姐坚决不同意，则她丈夫单独抵押房屋是无效行为。

【法条链接】

《物权法》第九十七条 处分共有的不动产或者动产以及对共有的不动产或者动

产作重大修缮的，应当经占份额三分之二以上的按份共有人或者全体共同共有人同意，但共有人之间另有约定的除外。

◎ 房屋产权与登记 ◎

已经登记的买卖合同是否可解除

【案例】

2007年5月，孙先生将自己的一套商品房卖与马先生，并办理了房屋登记手续。后来，由于孙先生的儿子要结婚没有房子可住，孙先生欲将卖与马先生的房子要回，解除双方的买卖合同，并愿意退还马先生购房款。孙先生能否将已作登记的房子要回呢？

【法律解析】

可以解除合同，只要孙先生与马先生能够协商一致。我国实行房屋产权登记制度，一方当事人反悔要求解除合同，一般法律不予支持。但是，只要不违反法律，不损害国家和社会公共利益，经双方当事人协商一致，就可以解除合同。合同解除之后，房屋返还出卖人，并须办理产权变更手续；出卖人返还买受人相应的价款。

【法条链接】

《合同法》第九十三条 当事人协商一致，可以解除合同。当事人可以约定一方解除合同的条件。解除合同的条件成立时，解除权人可以解除合同。

《城市私有房屋管理条例》第六条 城市私有房屋的所有人，须到房屋所在地房管机关办理所有权登记手续，经审查核实后，领取房屋所有权证；房屋所有权转移或房屋现状变更时，须到房屋所在地房管机关办理所有权转移或房屋现状变更登记手续。数人共有的城市私有房屋，房屋所有人应当领取共同共有或按份共有的房屋所有权证。

买了夫妻共有的房子过不了户，房产中介有责任吗

【案例】

李某在某中介看中了一处房产，后与卖方段某及中介公司签订了三方房屋合同。后来，李某了解到该房产是段某婚姻存续期间的夫妻共有财产，其离婚协议中未明确该房属谁，无法办理过户手续。李某要求中介退还收取的服务费并向段某追回定金，而中介认为责任应由段某承担，与己无关。那么，李某该怎么办呢？

【法律解析】

李某应向段某依法主张自己的权利，要回所交购房定金。根据我国《婚姻法》的规定，离婚时，夫妻的共同财产由双方协议处理。本案中所交易的房屋是段某婚姻存续期间的夫妻共有财产，但双方在离婚协议中并没有明确规定该房屋归谁，因此，该房屋的所有权存在瑕疵，此类房屋是不能进行交易的。

【法条链接】

《合同法》第五十八条 合同无效或者被撤销后，因该合同取得的财产，应当予以返还；不能返还或者没有必要返还的，应当折价补偿。有过错的一方应当赔偿对方因此所受到的损失，双方都有过错的，应当各自承担相应的责任。

○ 法律规定哪些二手房不能买卖

所谓二手房，也就是经人居住使用过的房屋。这些房屋的价格往往比一手房要低许多，因此，不少人会选择购买二手房。不过，不是所有的二手房都是可以买卖的。

1.所有权共有且其他共有人不同意出售的房屋。

2.依法被查封、扣押或者依法以其他形式限制权属转移的房屋。

开发商拖延，业主拿不到房产证该怎么办......

【案例】

2006年5月，赵小姐在某社区购买了一套房子，开发商承诺在交房之日起3个月内为其办理房产证，逾期未办理，将向其支付购房款1%的违约金。2006年12月赵小姐拿到了房子钥匙，可直到2008年1月赵小姐仍未拿到房产证。赵小姐多次与开发商协商此事，均未果，而开发商也未按照承诺向其支付违约金。那么，赵小姐该怎么办呢？

【法律解析】

赵小姐可以要求开发商退房返款，并赔偿其损失。我国法律规定，房地产开发企业应当协助商品房购买人办理土地使用权变更和房屋所有权登记手续。开发商在交房后的1年时间里都未为赵小姐办理房产证。我国法律规定，由于出卖人的原因，导致买受人无法办理房屋所有权登记，买受人请求解除合同和赔偿损失的，应予以支持。

【法条链接】

《最高人民法院关于审理商品房买卖合同纠纷案件适用法律若干问题的解释》第十八条 由于出卖人的原因，买受人在下列期限届满未能取得房屋权属证书的，除当事人有特殊约定外，出卖人应当承担违约责任：

（一）商品房买卖合同约定的办理房屋所有权登记的期限；

（二）商品房买卖合同的标的物为尚未建成房屋的，自房屋交付使用之日起九十日；

（三）商品房买卖合同的标的物为已竣工房屋的，自合同订立之日起九十日。

合同没有约定违约金或者损失数额难以确定的，可以按照已付购房款总额，参照中国人民银行规定的金融机构计收逾期贷款利息的标准计算。

◎ 物业纠纷 ◎

物业管理费是从业主入住才开始交吗......

【案例】

2006年，李小姐购买了一套房子。当年11月进行房屋验收，李小姐发现有多处装修质量问题，拒绝收楼。2007年1月初，物业公司要其再次验收。李小姐发现仍有3处问题存在。当年6月问题解决后她才入住。物业费应以何标准开始起交呢？

【法律解析】

物业费应以购房人验收合格之日起算，李小姐应交纳自2007年1月起的物业费。虽然在2007年1月物业维修结束，李小姐仍发现有3处未达到自己满意，但房屋已经不存在影响实现合同的质量瑕疵，也就是说，李小姐应按照《商品房预售合同》的约定接收房屋而不得拒绝。

【法条链接】

《物业服务收费管理办法》第十五条 业主应当按照物业服务合同的约定按时足额交纳物业服务费用或者物业服务资金。业主违反物业服务合同约定逾期不交纳服务费用或者物业服务资金的，业主委员会应当督促其限期交纳；逾期仍不交纳的，物业管理企业可以依法追缴。

业主与物业使用人约定由物业使用人交纳物业服务费用或者物业服务资金的，从其约定，业主负连带交纳责任。

物业发生产权转移时，业主或者物业使用人应当结清物业服务费用或者物业服务资金。

物业管理公司可以随意提高物业管理费吗

【案例】

林先生于2006年9月份买了一套商品房。2007年3月交房时，物业管理费为每年0.96元/平方米。但2008年收到物业管理公司书面通知要求按每年6.54元/平方米缴纳。对此，林先生不能接受。他该怎么办？

【法律解析】

物业公司的做法不对。该公司如要涨价，应与业主对该物业服务合同进行协议补充，并应经专有部分占建筑物总面积过半数的业主且占总人数过半数的业主同意。如果对该收费有异议，除双方协商外，也可向县级以上人民政府价格主管部门或同级房地产行政主管部门申诉。

【法条链接】

《物业管理条例》第四十一条 物业服务收费应当遵循合理、公开以及费用与服务水平相适应的原则，区别不同物业的性质和特点，由业主和物业服务企业按照国务院价格主管部门会同国务院建设行政主管部门制定的物业服务收费办法，在物业服务合同中约定。

物业服务合同未签订，业主可以拒交物业费吗

【案例】

2008年初，物业管理企业对小区进行物业管理，进行口头协定，未签订物业服务合同。当年7月，因狂风袭击，导致小区内花草树木受到严重损坏。物业公司为此花费了大笔的维护费用，随后贴出公告称要增收物业服务费，而业主以没有委托物业管理这么多事项为由拒交增收的服务费。业主的做法有法律依据吗？

【法律解析】

业主不能拒交服务费。对于未以书面形式签订物业服务合同的法律后果，我国《合同法》规定，当事人未采用书面形式订立合同，但一方已经履行主要义务，对方接受的，该合同成立。也就是说，合同形式违法并不必然导致合同无效。本案中，物业管理企业实际上已经履行了服务，而业主也已接受，故业主不能拒交增收的服务费。

【法条链接】

《合同法》第三十六条 法律、行政法规规定或者当事人约定采用书面形式订立合同，当事人未采用书面形式但一方已经履行主要义务，对方接受的，该合同成立。

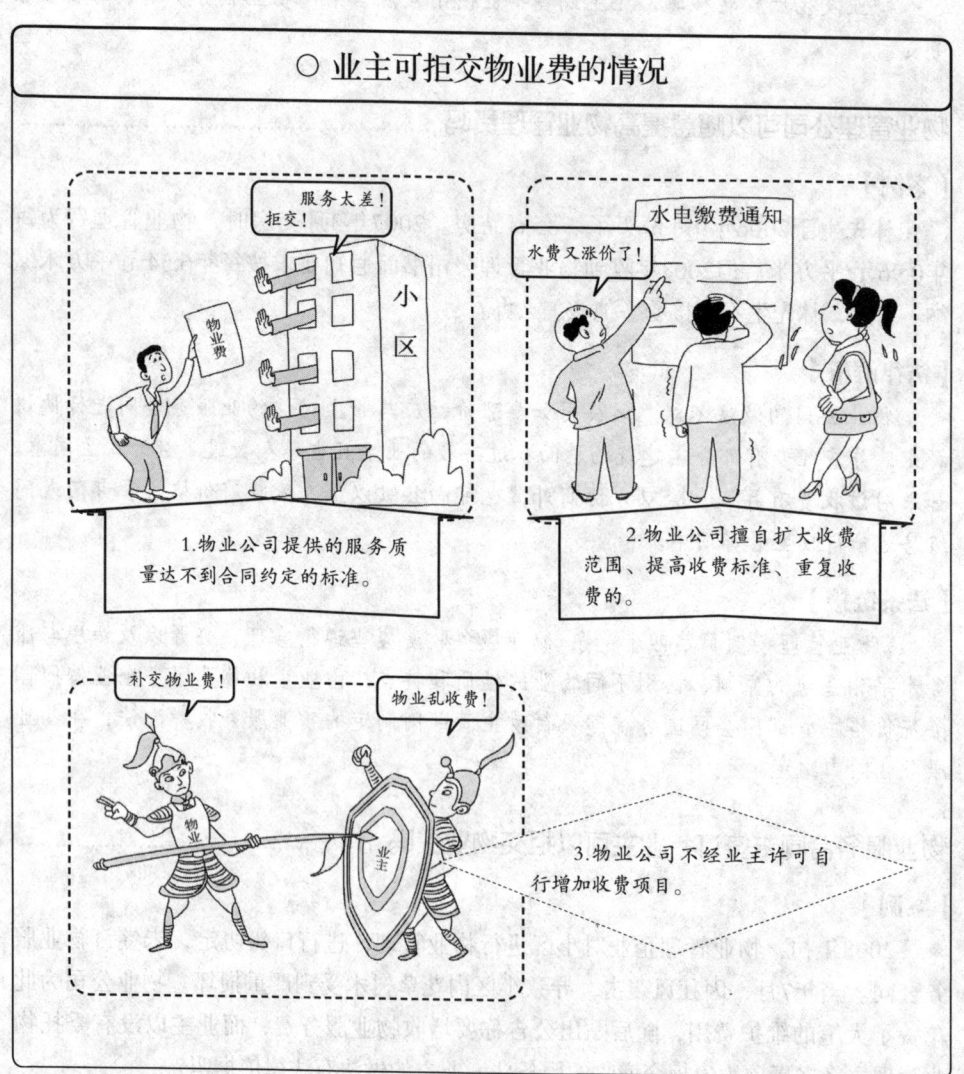

○ 业主可拒交物业费的情况

1.物业公司提供的服务质量达不到合同约定的标准。

2.物业公司擅自扩大收费范围、提高收费标准、重复收费的。

3.物业公司不经业主许可自行增加收费项目。

《物业管理条例》第三十五条 业主委员会应当与业主大会选聘的物业管理企业订立书面的物业服务合同。物业服务合同应当对物业管理事项、服务质量、服务费用、双方的权利义务、专项维修资金的管理与使用、物业管理用房、合同期限、违约责任等内容进行约定。

业主与前物业公司的约定对新物业公司还有效吗......

【案例】

2006年，乔某与A物业公司签订合同，不接受其负责的小区供暖服务。2007年，B物业公司接手小区的供暖服务。B公司要求乔某支付自2006年起的供暖费被拒。乔某称B物业公司不是供暖单位，无权要求其支付供暖费，且自己在入住之初已经约定不接受小区供暖。乔某的理由能否成立呢？

【法律解析】

乔某只需交纳2007年B物业公司共有部分的供暖费即可。乔某与A物业公司约定自行供暖，实际也未接受供暖，所以可不支付其房屋专有部分的供暖费，但对共有部分仍需交纳。乔某与A物业公司的约定对B公司不具有约束力，且实际上乔某专有部分未接受供暖。

【法条链接】

《物业服务收费管理办法》第十五条 业主应当按照物业服务合同的约定按时足额交纳物业服务费用或者物业服务资金。业主违反物业服务合同约定逾期不交纳服务费用或者物业服务资金的，业主委员会应当督促其限期交纳；逾期仍不交纳的，物业管理企业可以依法追缴。

业主与物业使用人约定由物业使用人交纳物业服务费用或者物业服务资金的，从其约定，业主负连带交纳责任。

物业发生产权转移时，业主或者物业使用人应当结清物业服务费用或者物业服务资金。

◎ 房屋拆迁 ◎

未经行政裁决，房子能否被强制拆迁......

【案例】

因旧城改造，罗某的房子被划定在拆迁范围内。拆迁人就拆迁补偿安置与罗某有过多次协商，但因罗某家人口较多，拆迁人给出的补偿安置条件不太理想，所以就一直没有签订拆迁补偿安置协议。拆迁人已经向房屋拆迁管理部门申请了行政裁决。在行政裁决没有作出的情况下，房子能否被强制拆迁？

【法律解析】

不能。拆迁裁决是强制拆迁的前置程序，必须先有拆迁行政裁决，才能进行强制拆迁。强制拆迁是拆迁裁决没有得到执行情况下采取的措施，是执行裁决的一个重要措施。

【法条链接】

《城市房屋拆迁行政裁决工作规程》第十八条 房屋拆迁管理部门申请行政强制拆迁前，应当邀请有关管理部门、拆迁当事人代表以及具有社会公信力的代表等，对行政强制拆迁的依据、程序、补偿安置标准的测算依据等内容，进行听证。

房屋拆迁管理部门申请行政强制拆迁，必须经领导班子集体讨论决定后，方可向政府提出行政强制拆迁申请。未经行政裁决，不得实施行政强制拆迁。

被拆迁人有权知道房屋拆迁评估报告吗

【案例】

一家工厂承租某闲置土地，自建加工车间以及加工制造等设施，并对原土房进行了大修。2008年9月，当地建委发布公告在该工厂所在范围内进行拆迁。2009年3月，评估公司进行评估，但一直没有告诉该厂评估结果。该厂多次找有关部门询问，但他们说评估报告是保密的。该厂有权知道评估结果吗？

【法律解析】

该厂有权知道评估结果。房子属于该厂自建，该厂是被拆迁人。委托人应当向被拆迁人转交分户估价报告。评估报告保密这种说法是错误的。

【法条链接】

《房屋拆迁估价指导意见》第十八条 估价机构应当将分户的初步估价结果向被拆迁人公示七日，并进行现场说明，听取有关意见。

公示期满后，估价机构应当向委托人提供委托范围内被拆迁房屋的整体估价报告和分户估价报告。委托人应当向被拆迁人转交分户估价报告。

拆迁范围内的房屋能否出租

【案例】

2008年7月，陈某租了一间房，跟房主签订了为期半年的租赁合同，并一次性支付了1000元押金以及3个月的房租。不久陈某得知，搬过来之前已经有拆迁公告告知小区要拆迁。如果房屋真的被拆，陈某能否要回房租及搬家的损失？

○ 拆迁范围内的房屋不能做什么

在确定拆迁范围后，如果你的房子刚好属于这个范围，那么就不得进行下列活动：

1.新建房屋：为了获得更多的拆迁补助，有些人会在原有房屋的基础上，新建更多的房子。

2.在住宅土地上种植苗木，改变房屋土地的用途。

【法律解析】

陈某可以要求要回房租及搬家的损失。房主明知房屋已在拆迁范围之内，还与陈某签订租赁合同，违反了行政法规的强制性规定，故租赁合同无效。

【法条链接】

《城市房屋拆迁管理条例》第十二条 拆迁范围确定后，拆迁范围内的单位和个人，不得进行下列活动：

（一）新建、扩建、改建房屋；

（二）改变房屋和土地用途；

（三）租赁房屋。

房屋拆迁管理部门应当就前款所列事项，书面通知有关部门暂停办理相关手续。暂停办理的书面通知应当载明暂停期限。暂停期限最长不得超过一年；拆迁人需要延长暂停期限的，必须经房屋拆迁管理部门批准，延长暂停期限不得超过一年。

房屋在未过户的情况下，拆迁款应给谁

【案例】

2008年12月，肖某把自己的房子卖给了刘某。刘某付清了房款，合同中约定购

房后双方必须在2个月内办理过户手续，否则为违约。肖某把房产证、国有土地使用证等证件都给了刘某。2009年1月，市拆迁办与刘某签订了拆迁补偿协议，赔偿刘某18万元，房子已经被拆除。那么，在未过户情况下拆迁款应给谁？

【法律解析】

应该给肖某。虽然二人已经签订了房屋买卖合同，但由于没有办理房屋买卖过户手续，房屋的所有权还属于肖某。按照《城市房屋拆迁管理条例》的规定，拆迁人应当对被拆迁人给予补偿，而该条例所称被拆迁人是指房屋的所有人，所以尽管刘某实际上已经开始使用该房屋，但在办理房屋过户手续之前他并非是所有权人。那么根据上述规定，他不是被拆迁人，因此拆迁补偿款也不应当给他。

【法条链接】

《城市房屋拆迁管理条例》第四条 拆迁人应当依照本条例的规定，对被拆迁人给予补偿、安置；被拆迁人应当在搬迁期限内完成搬迁。

本条例所称拆迁人，是指取得房屋拆迁许可证的单位。

本条例所称被拆迁人，是指被拆迁房屋的所有人。

◎ 车的购买与维修 ◎

刚提的新车有损伤能否要求更换

【案例】

施某于2008年7月在某汽车经销处购得新车一辆。当年8月，施某发现车门上有一道明显的裂纹。经维修中心认定，车门是出厂后受损并重新喷漆的。施某找到经销商，以车存在质量问题要求更换新车，而经销商则称车门有损伤，并不能认定车的其他部件也有问题，只同意维修而不同意更换或退款。施某该如何维权呢？

【法律解析】

施某可以要求经销商给其更换。我国法律规定，销售者不得以不合格产品冒充合格产品。本案中的经销商将经过喷漆的不合格产品冒充合格产品卖给施某，其行为已经构成以欺诈手段签订合同，所以，该合同无效。

【法条链接】

《合同法》第五十二条 有下列情形之一的，合同无效：

（一）一方以欺诈、胁迫的手段订立合同，损害国家利益；

（二）恶意串通，损害国家、集体或者第三人利益；

（三）以合法形式掩盖非法目的；

（四）损害社会公共利益；

（五）违反法律、行政法规的强制性规定。

第一百一十一条 质量不符合约定的，应当按照当事人的约定承担违约责任。对违约责任没有约定或者约定不明确，依照本法第六十一条的规定仍不能确定的，受损害方根据标的的性质以及损失的大小，可以合理选择要求对方承担修理、更换、重作、退货、减少价款或者报酬等违约责任。

没有按时换证，车管部门就可以进行注销吗..

【案例】

华某是一名机动车驾驶员。一日，他在接受执勤交警例行检查时被告知，因为没有按时申请换证，他的机动车驾驶证已被当地车辆管理所注销了。交警以无证驾驶为由对华某进行了处罚。华某没有及时去换证，车管部门就可以进行注销吗？

【法律解析】

在我国，机动车驾驶证有不同的有效期限，机动车驾驶人应当在机动车驾驶证有效期满前的九十日内向驾驶证核发地车辆管理所申请换证，未按时申请换证的机

⊙ 机动车驾驶证被注销的情形

机动车驾驶证有可能会因为驾驶者的一些行为而被注销，通常什么情况下机动车驾驶证会被注销呢？

1.机动车驾驶证到期未换证，且过期超过一年的。

2.机动车驾驶人健康状况不符合安全驾驶条件的。

动车驾驶人，必须承担相应的法律后果。机动车驾驶人超过机动车驾驶证有效期一年以上未换证的，驾驶证核发地车管理所可以依法注销其机动车驾驶证。所以，华某不管是什么理由没有按时换证，只要是超过了有效期满一年以上，车管部门就可以注销他的机动车驾驶证。

【法条链接】

《机动车驾驶证申领和使用规定》第三十五条 机动车驾驶人应当于机动车驾驶证有效期满前九十日内，向机动车驾驶证核发地车辆管理所申请换证。

第四十二条 机动车驾驶人具有下列情形之一的，车辆管理所应当注销其机动车驾驶证：（一）死亡的；（二）身体条件不适合驾驶机动车的；（三）提出注销申请的；（四）丧失民事行为能力，监护人提出注销申请的；（五）超过机动车驾驶证有效期一年以上未换证的。

修理机动车不当出了问题，可以要求无偿返修吗......................................

【案例】

严某的出租车出现机械故障，经修理厂检查是化油器老化需要更换。修理厂的老板问严某是更换好点的还是一般的，并告诉严某一般的没有保修期，严某同意换一般的。刚换上3天化油器就又坏了。于是严某找到修理厂要求返修，但修理厂的老板却以当时有约定为由不予理睬。那么，严某可否要求修理厂进行无偿返修？

【法律解析】

严某可以要求修理厂无偿返修。根据相关法律规定，不管修理厂对严某出租车进行的是何种级别的维护，其质量保证期最短也是10天。可是严某的车辆在修理后不足3天就出现了维修质量问题，所以，修理厂应该对其进行无偿维修。

【法条链接】

《机动车维修管理规定》第三十七条 机动车维修实行竣工出厂质量保证期制度。汽车和危险货物运输车辆整车修理或总成修理质量保证期为车辆行驶 20000 公里或者 100 日；二级维护质量保证期为车辆行驶 5000 公里或者 30 日；一级维护、小修及专项修理质量保证期为车辆行驶 2000 公里或者 10 日。

第三十八条 在质量保证期和承诺的质量保证期内，因维修质量原因造成机动车无法正常使用，且承修方在三日内不能或者无法提供因非维修原因而造成机动车无法使用的相关证据的，机动车维修经营者应当及时无偿返修，不得故意拖延或者无理拒绝。

教育培训篇
保障我们受教育的权利

◎ 学前教育 ◎

宝宝没有免疫接种证不能入托吗..

【案例】

赵某想把自己的女儿送到单位附近的一家幼儿园，但是幼儿园的负责人得知其女儿没有免疫接种证之后，拒绝了其女儿入托。那么，宝宝没有免疫接种证就不能入托吗？

【法律解析】

不是。但是根据《疫苗流通和预防接种管理条例》第二十七条的规定，儿童入托、入学时，托幼机构、学校应当查验预防接种证，对于没有受种的儿童，应向相关单位报告，并配合相关单位督促其监护人在儿童入托、入学后及时到接种单位补种。

【法条链接】

《疫苗流通和预防接种管理条例》第二十七条 儿童入托、入学时，托幼机构、学校应当查验预防接种证，发现未依照国家免疫规划受种的儿童，应当向所在地的县级疾病预防控制机构或者儿童居住地承担预防接种工作的接种单位报告，并配合疾病预防控制机构或者接种单位督促其监护人在儿童入托、入学后及时到接种单位补种。

幼儿园由于生源太多采取考试录取，是否合法..

【案例】

　　高某的儿子到了入托的年龄，高某想让儿子就近在某幼儿园入托。但是由于该区幼儿园较少，在此幼儿园入托的孩子非常多，幼儿园于是采取了考试录取的方法，考察古诗和算术。高某不禁疑惑，入托也要考试吗？那么，幼儿园的做法是否合法呢？

【法律解析】

　　根据《幼儿园工作规程》第十条的规定，幼儿入园前，须进行体格检查，合格者方可入园。除此外，严禁任何形式的考试或测查。因此，本案中，该幼儿园的行为不合法。

【法条链接】

　　《幼儿园工作规程》第十条 幼儿入园前，须按照卫生部门制定的卫生保健制度进行体格检查，合格者方可入园。幼儿入园除进行体格检查外，严禁任何形式的考试或测查。

◎　义务教育　◎

如何维护外地务工人员子女的受教育权..

【案例】

　　小夏在北京做生意已经快8年了，现在有了自己的房子，想把孩子从老家接过来上学。但是当小夏到小区附近的一所小学申请借读时，学校却以户口不在本地为由拒绝接收。小夏该如何维护子女的受教育权？

【法律解析】

　　当地人民政府应当给予小夏孩子同等的教育机会。北京市流动人口中凡随父母来京，年龄在6至15周岁，未完成9年义务教育的儿童少年，都应当入学接受义务教育。户籍所在地没有监护条件，且其父母在北京居住半年以上并已取得暂住证的，可以申请在本市中小学借读，接受义务教育。因此，小夏可以找当地教育部门协调解决。

【法条链接】

　　《义务教育法》第十二条 适龄儿童、少年免试入学。地方各级人民政府应当保障适龄儿童、少年在户籍所在地学校就近入学。

　　父母或者其他法定监护人在非户籍所在地工作或者居住的适龄儿童、少年，在其父母或者其他法定监护人工作或者居住地接受义务教育的，当地人民政府应当为其提供平等接受义务教育的条件。具体办法由省、自治区、直辖市规定。

县级人民政府教育行政部门对本行政区域内的军人子女接受义务教育予以保障。

对于特殊儿童的义务教育学校有什么特殊要求

【案例】

村民乔某的儿子小亚先天耳聋，到了入学的年龄，乔某很是着急。因为小亚虽然耳聋，但是聪明异常，经常自己拿着书本看，并能默写出来。乔某想让小亚入学接受正规的教育，但是又不知道哪个学校肯接收小亚。

【法律解析】

根据《义务教育法》第十九条的规定，乔某可以将小亚送入所在市的特殊教育学校或教育班，以使小亚接受义务教育。如果小亚到市里就读不便的话，也可以就近入学，学校应为其学习、康复提供帮助。

【法条链接】

《义务教育法》第十九条 县级以上地方人民政府根据需要设置相应的实施特殊教育的学校（班），对视力残疾、听力语言残疾和智力残疾的适龄儿童、少年实施义务教育。特殊教育学校（班）应当具备适应残疾儿童、少年学习、康复、生活特点的场所和设施。

普通学校应当接收具有接受普通教育能力的残疾适龄儿童、少年随班就读，并为其学习、康复提供帮助。

◎ 高等教育 ◎

自考注册信息与身份证不一致怎么办

【案例】

范某的第一代身份证名字中有一个字弄错了，在办理二代证时进行了纠正，但这使范某原来填写的北京市高等教育自学考试注册信息与现在的身份证不符，按规定考籍文件上所使用的姓名须与考生身份证原件上的信息相一致。注册信息与身份证不一致怎么办?

【法律解析】

注册信息与身份证不一致，可以进行变更。考生注册后，若出于特殊原因需要变更身份证号码或姓名，须持公安局户籍管理部门有关证明材料及户口簿、身份证、准考证，首先在区、县自考办申请变更，由区、县自考办审核同意后，持证明材料和区、县自考办审批手续到北京市自考办备案，区、县负责修改系统内该考生的相关信息和重新制作准考证事宜。

【法条链接】

《北京市高等教育自学考试考生注册及考籍管理暂行办法》第六条 考生注册后，若出于特殊原因需要变更身份证号码或姓名，考生须持公安局户籍管理部门有关证明材料及户口簿、身份证、准考证，首先在区县自考办申请变更，由区县自考办审核同意后，持证明材料和区县自考办审批手续于每周一、四考生接待日到市自考办备案。区县负责修改系统内该考生相关信息和重新制作准考证事宜，收取相应成本手续费。

考生一旦取得专业计划规定的全部课程合格成绩，申办毕业手续，不论何种原因都不能变更姓名。

学校可以因学生违反校规而拒绝颁发学位证书吗..................................

【案例】

曾某是某大学四年级的学生，由于考试作弊，被留校察看一年。毕业时，学校根据学校的《学籍管理规章》第三十条"在校期间受过留校察看处分者不能授予学士学位"的规定，拒绝给曾某颁发学士学位证书。学校依据校规拒绝颁发学位证书

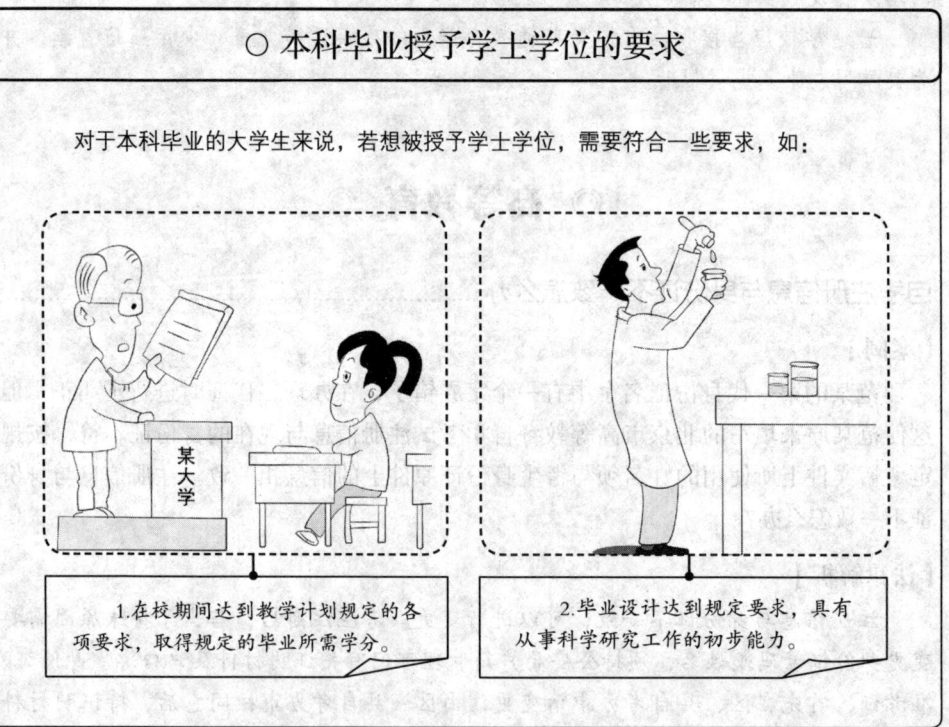

○ 本科毕业授予学士学位的要求

对于本科毕业的大学生来说，若想被授予学士学位，需要符合一些要求，如：

1.在校期间达到教学计划规定的各项要求，取得规定的毕业所需学分。

2.毕业设计达到规定要求，具有从事科学研究工作的初步能力。

合法吗?

【法律解析】

符合学位授予条件者,学位授予单位应当颁发学位证书。因此,该校规有违法律规定,如果曾某符合学士学位的授予条件,学校应当给曾某颁发学位证书。

【法条链接】

《普通高等学校学生管理规定》第三十三条 符合学位授予条件者,学位授予单位应当颁发学位证书。

《学位条例》第四条 高等学校本科毕业生,成绩优良,达到下述学术水平者,授予学士学位:

(一)较好地掌握本门学科的基础理论、专门知识和基本技能;

(二)具有从事科学研究工作或担负专门技术工作的初步能力。

对学校作出的处分不服怎么办

【案例】

程某是某理工大学大二的学生。程某在食堂打饭时与林某发生口角。晚上林某带着五六个人准备要教训程某,程某班上的两个同学过来帮忙,后来被校领导制止,没有造成严重后果。学校认为程某和林某是这起打架事件的策划者,且此事在学生中产生了不良影响,故对程某和林某作出了勒令退学的处分。那么,对学校作出的处分不服怎么办?

【法律解析】

根据相关规定,程某可以在接到学校处分决定书之日起5个工作日内,向学校学生申诉处理委员会提出书面申诉。学生申诉处理委员会在接到书面申诉之日起15个工作日内,作出复查结论。如果程某对复查决定有异议,在接到学校复查决定书之日起15个工作日内,可以向学校所在地省级教育行政部门提出书面申诉。

【法条链接】

《普通高等学校学生管理规定》第六十条 学校应当成立学生申诉处理委员会,受理学生对取消入学资格、退学处理或者违规、违纪处分的申诉。

学生申诉处理委员会应当由学校负责人、职能部门负责人、教师代表、学生代表组成。

第六十一条 学生对处分决定有异议的,在接到学校处分决定书之日起五个工作日内,可以向学校学生申诉处理委员会提出书面申诉。

第六十二条 学生申诉处理委员会对学生提出的申诉进行复查,并在接到书面申诉之日起十五个工作日内,作出复查结论并告知申诉人。需要改变原处分决定的,由学生申诉处理委员会提交学校重新研究决定。

第六十三条 学生对复查决定有异议的，在接到学校复查决定书之日起十五个工作日内，可以向学校所在地省级教育行政部门提出书面申诉。

省级教育行政部门在接到学生书面申诉之日起三十个工作日内，对申诉人的问题给予处理并答复。

◎ 民办学校 ◎

民办小学为追求特色可以只开所谓"国学课"吗..

【案例】

小梁上的是一所民办小学，为弘扬传统文化，该校决定把学校办成一所特色小学，学校只开设国学课程，其他课程均未开设。那么，该校只开设国学课的做法是否可行呢？

【法律解析】

一般情况下，凡是正式设立的民办小学是不可以的。实施义务教育的民办学校可以自主开展教育教学活动，但是，该民办学校的教育教学活动应当达到国务院教育行政部门制定的课程标准，其所选用的教材应当依法审定。因此，实施义务教育的民办小学不能单纯为了追求特色而只开"国学课"，但可以在完成相应的课程标准之外增设这类特色课程。

【法条链接】

《民办教育促进法实施条例》第二十二条 实施高等教育和中等职业技术学历教育的民办学校，可以按照办学宗旨和培养目标，自行设置专业、开设课程，自主选用教材。但是，民办学校应当将其所设置的专业、开设的课程、选用的教材报审批机关备案。

实施高级中等教育、义务教育的民办学校，可以自主开展教育教学活动。但是，该民办学校的教育教学活动应当达到国务院教育行政部门制定的课程标准，其所选用的教材应当依法审定。

学生中途退学，可以要求退还学费吗..

【案例】

小丘是一所民办高中高二的学生，上学期刚开学不久，由于父亲工作调动，要搬到另一所学校去。小丘可以要求学校退还该学期的学费吗？

【法律解析】

小丘可以要求学校退还其学费。学生中途退学,学校应当按学生实际学习的时间,退还其余的所收费用。学生如交赞助费、建筑费等项目,是属于学生对学校的捐赠,学生不能要求学校退还。

【法条链接】

《关于加强社会力量办学管理工作的通知》第六条 加强对学校收费及财产、财务的管理和监督。

社会力量办学不得以营利为目的。学校应按照教育行政部门和物价部门核准的收费项目和收费标准收取学杂费及其他必要费用。学生退学,学校应按学生实际学习时间核退所收费用。学校因刊登、散发虚假招生广告(简章)等违反国家规定造成学生退学的,应退还所收的全部费用。学校应配备具有任职资格的财会人员,应建立健全财产、财务规章制度。要分清学校中的国有财产、创办者投入到学校的财产和学校通过办学积累的财产,分别登记建账。学校接受的捐赠、收取的建设费等款项和学杂费的结余归学校集体所有,只能用于学校的建设和发展,不得归举办者所有。

民办学校招生简章虚假欺骗学生怎么办

【案例】

严某是高三的学生,由于高考成绩不理想,情绪非常低落。一次,严某在市里闲逛,发现一所民办高校正在招生,于是就过去询问了一下情况,并索要了一份招生简章。招生简章上介绍的学校的专业设置、校园环境、师资力量等都非常好,于是严某按招生简章上的要求报名入学。等到了学校后严某才发现实际情况和招生简章上的不符。那么,严某应该怎样维护自己的权益?

【法律解析】

民办学校的招生简章和广告应当报审批机关备案。民办学校发布虚假招生简章或者广告,骗取钱财的,由审批机关或者其他有关部门责令限期改正,并予以警告;有违法所得的,退还所收费用后没收违法所得;情节严重的,责令停止招生、吊销办学许可证;构成犯罪的,依法追究刑事责任。

【法条链接】

《中华人民共和国民办教育促进法》第六十二条 民办学校有下列行为之一的,由审批机关或者其他有关部门责令限期改正,并予以警告;有违法所得的,退还所收费用后没收违法所得;情节严重的,责令停止招生、吊销办学许可证;构成犯罪的,依法追究刑事责任:

（一）擅自分立、合并民办学校的；

（二）擅自改变民办学校名称、层次、类别和举办者的；

（三）发布虚假招生简章或者广告，骗取钱财的；

······

◎ 学生伤害事故处理 ◎

学生擅自离校后发生的事故，学校承担责任吗..

【案例】

　　乔某的儿子是某县实验小学四年级的学生。2007年6月16日下午，因为最后一节课是自习，他就提前离开了学校，和同学一起去河边游泳，在玩耍过程中不慎被淹死了。乔某认为学校没尽到管理义务。可是学校说，当时乔某的儿子骗管理人员说他生病了，后来才让他离开的，学校行为并无不当。学校对此是否应当承担责任？

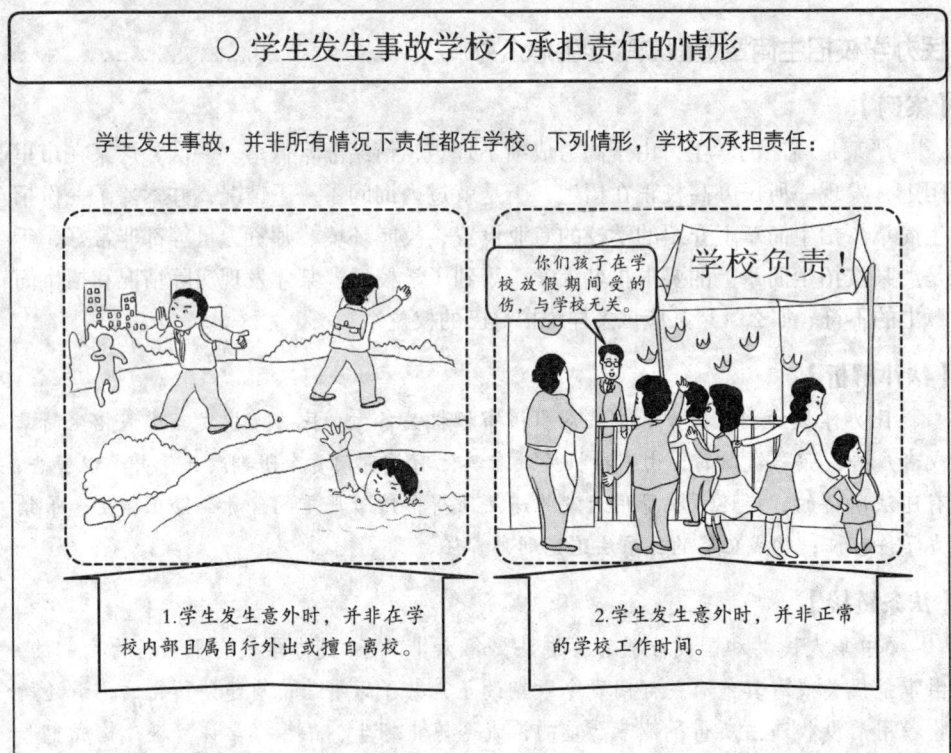

○ 学生发生事故学校不承担责任的情形

学生发生事故，并非所有情况下责任都在学校。下列情形，学校不承担责任：

1.学生发生意外时，并非在学校内部且属自行外出或擅自离校。

2.学生发生意外时，并非正常的学校工作时间。

【法律解析】

在学生自行外出或者擅自离校期间发生的事故，学校不承担事故责任。本案中，该损害后果是乔某儿子在上自习课时自行离校期间发生的，而且学校行为并无过错，所以学校不应当承担事故责任。

【法条链接】

《学生伤害事故处理办法》第十三条 下列情形下发生的造成学生人身损害后果的事故，学校行为并无不当的，不承担事故责任；事故责任应当按有关法律、法规或者其他有关规定认定：

（一）在学生自行上学、放学、返校、离校途中发生的；

（二）在学生自行外出或者擅自离校期间发生的；

（三）在放学后、节假日或者假期等学校工作时间以外，学生自行滞留学校或者自行到校发生的；

（四）其他在学校管理职责范围外发生的。

假期补课期间学生死亡，责任由谁来承担

【案例】

周某是某学校老师，利用暑假到各村张贴广告，非法招生，进行有偿补课。赵某的儿子交钱后参加补习，由于天气炎热，办学条件简陋，无降温措施，课间休息时，赵某的儿子与几个同学到附近的河里冲洗降温，溺水死亡。对于赵某儿子的死，周某所属的学校是否应当承担责任？

【法律解析】

周某利用暑假非法招生，进行有偿补课，是个人行为，与学校无关。由于天气炎热，办学点无降温措施，致使参加补习的学生课间休息时跑到附近的河里冲洗降温，最终赵某的儿子不幸溺水死亡。作为办学者周某对参加补课的未成年人有管理和保护的义务，但其没有尽到职责范围内的义务，根据过错责任原则，应当承担与其过错相应的赔偿责任。

【法条链接】

《人身损害赔偿解释》第七条 对未成年人依法负有教育、管理、保护义务的学校、幼儿园或者其他教育机构，未尽职责范围内的相关义务致使未成年人遭受人身损害，或者未成年人致他人人身损害的，应当承担与其过错相应的赔偿责任。

第三人侵权致未成年人遭受人身损害的，应当承担赔偿责任。学校、幼儿园等教育机构有过错的，应当承担相应的补充赔偿责任。

在学校受伤，由谁来承担赔偿呢......

【案例】

小牛是某初级中学一年级的学生。一次，小牛和同学小林在学校打羽毛球时，小林不小心弄伤了小牛的眼睛，之后家人带小牛去治疗，做了三次手术花了许多医药费，一直没有中断过治疗，但小牛还是看不清书本上的字。那么，在这件事上学校和小林要承担什么样的责任呢？

【法律解析】

对未成年人依法负有教育、管理、保护义务的学校，未尽职责范围内的相关义务致使未成年人遭受人身损害，或者他人侵权致未成年人遭受人身损害的，应当承担赔偿责任。学校和第三人应当承担相应的补充赔偿责任。因此，小牛可以向法院起诉，要求小林和学校承担赔偿责任。

【法条链接】

《人身损害赔偿解释》第七条 对未成年人依法负有教育、管理、保护义务的学校、幼儿园或者其他教育机构，未尽职责范围内的相关义务致使未成年人遭受人身损害，或者未成年人致他人人身损害的，应当承担与其过错相应的赔偿责任。

第三人侵权致未成年人遭受人身损害的，应当承担赔偿责任。学校、幼儿园等教育机构有过错的，应当承担相应的补充赔偿责任。